ART OF WAR

战争的艺术

［瑞士］ 若米尼 著　　盛峰峻 译

Wuhan University Press
武汉大学出版社

译 序

安托万·亨利·若米尼（AntoineHenri Jomini，1779.3.6－1869.3.22），军事理论家，法国拿破仑时期的将军，俄国步兵上将。

1779 年，若米尼出生在瑞士帕耶纳市的市长家。若米尼从小就对军事十分向往，其父母有意将其送往军校学习，但因种种原因没有达成。而后，若米尼供职于银行。

当时，拿破仑在军事上取得的一系列成功，激发了若米尼对军事的热爱，若米尼毅然放弃了原有的工作，转而执着于对军事理论的研究。

若米尼曾多次参加拿破仑战争，在拿破仑一世的司令部任职，卓有功勋。后来，因为自己的才华遭到拿破仑的参谋长贝蒂埃的嫉恨，若米尼转而投奔俄国，分别给尼古拉一世和亚历山大一世做过军事顾问，时间长达二十年之久。

若米尼的著作主要有《论大规模军事行动》《法国大革命战争军事批判史》《拿破仑的政治和军事生涯》《战争的艺术》（又名《战争艺术概论》）等，其中影响最大的就是这本《战争的艺术》。

《战争的艺术》最初是用法文撰写，于 1897 年发表，后来很多国家对其进行了翻译、出版，更是受到一些著名军事人物的重视。在美国内战时期，《战争的艺术》成为美国南北两军将领必读的书。

曾经有这样一段有趣的传闻，日本的一位海军军官秋山真之到美国进行深造，向著名的军事家马汉请教关于海军的知识，而马汉只是劝他先去学习一下若米尼的《战争的艺术》。秋山真之对马汉的这一举动十分费解，直到后来，马汉才对他说，自己正是认真地研究了《战争的艺术》后，有所领悟，才创作出了《海权论》（又名《海上实力对历史的影响》）。

从学术价值来看，《战争的艺术》完全可以和孙武的《孙子兵法》以及克劳塞维茨的《战争论》相提并论，而若米尼本人，更是被奉为"19 世纪上半叶资产阶级军事科学的两大代表之一"，恩格斯则评价若米尼是军事理论方面"全世界公认的权威人士"。

《战争的艺术》通篇引用中外著名的战例，涉及的著名军事人物有五百余人，重要的地名超过一千个，信息量极为丰富。

本书总结了拿破仑时期和法国大革命时期的战争经验，奠基了18世纪末期和19世纪初期战争理论基础；同时提出了许多关于未来战争的很有远见的想法，这些想法对当代战争来说仍然有着重大的指导意义。

本书的主要内容包括：
· 战争史与军事理论间的关系
· 战略与战术间的关系
· 进攻与防御间的关系
· 正面闪击和侧面迂回理论
· 分割包围、逐个击破理论

由于本书写成的年代较为久远（19世纪上半叶），以及译者水平有限，虽然在翻译的过程中译者力求准确表述作者的本意，但难免有疏漏之处，希望本书的广大读者可以谅解，并且欢迎指正。

盛峰峻

2013年3月于哈尔滨

现代战争理论及其作用（原序）

我写《战争的艺术》这本书，最初的目的其实是为了写给皇太子作为教材使用，后来我又对这本书进行了补充。对于这本书的内容和价值，我是满意和充满自信的。

为了更好地说明出版这本书的目的，我认为有必要讲述我的军事理论在我的脑海里是怎样形成的，这样更有利于我来传达自己的思想。

我在以前发表过的文章中曾说，战争的艺术是永远存在的，尤其是战略。无论在什么年代，这一点永远不会改变。但是，这种艺术仅仅存在于众多名将的头脑中，在以往的著述里很难找到。以往的著述，内容往往是战争中一些最次要的细节，实际上，战术却是战争最重要且又没有规律可循的部分。

福基耶尔、福拉尔和皮塞基尔都是著名的军事理论家。但是，他们的理论研究，我个人认为还不够深入。要想了解18世纪中叶关于战争的艺术，则应该研读萨克森元帅的《幻影》中的序言。

该序言说："战争是蒙着阴影的艺术，在这阴影之下，人们每走一步都如履薄冰，如临深渊。如果你认为战争的艺术源于一些既定的法则和观念，那只能说明你对战争是多么的无知。

"科学有自己的规律，而战争则没有规律。那些伟大统帅们的著述并没有为我们提供任何既定的战争法则。要领悟战争的艺术，必须要有丰富的经验。

"古斯塔夫·阿道夫创造了一种法则，但很快便被人们摒弃了。因为他把战争视作一成不变的。可见，过去的方法只是对当时的情形管用，而其背后的艺术，我们都是一无所知。"

该序言写于"七年战争"的时候，遗憾的是，尽管萨克森元帅认识到了战争毫无规律的道理，可他还是成为了一位墨守成规者：他麾下的士兵仍旧穿着毛料短衫，排成四排，第二排的士兵手持长矛……

　　"七年战争"之后，出现了许多好的军事理论著作。显然，腓特烈并不满足于当一个伟国王、一个统帅、一个哲学家和历史学家。他为自己的将领们编写了一本关于军事训练的著作，从而进入了军事理论家的行列。此外，梅兹鲁阿、吉沙尔、蒂尔宾、梅斯尼尔他们对古今的战术进行了一番论战，也根据这些问题发表了一些引人注意的论证著作。蒂尔宾对蒙特库克利和韦格蒂乌斯做了评论。戴西里瓦侯爵在皮埃蒙特，圣克鲁茨在西班牙，也成功地对军事上的某些领域进行了讨论。戴斯克列维尔写了一部很有价值的战争艺术史。但是这样也没有扫除在丰特努阿时胜利者抱怨的那种阴影。

　　在这之后又出现了吉贝尔、格里毛尔和劳埃德。前两个人把战术和战争勤务向前推进了一步。劳埃德在其有趣的回忆录中谈及了战略的一些重要问题，但不幸的是，在他谈到这些问题的时候，都带有一些有关战术部署和战争哲学的一些细节问题。尽管劳埃德没有把他所理解的任何问题很好地联系起来，让它们变成一个体系，但是我要在这里说句公道话，应该承认他是第一个指出了正确的道路的人。他写的一本关于七年战争的书，尽管只有两个战局，却比他以往所写的一切著作都更有意义。

　　在七年战争与法国大革命战争之间的一段时间里，德国出现了许多关于战争艺术的述记著作，这些著作或深或浅地对战争艺术进行了一定的论述，但是最终也没有解决实际的问题。蒂尔克和费施在萨克森发表了两部著作。霍尔岑道尔夫男爵出版了一部关于机动战术的著作。在奥地利，科文秀列尔伯爵出版了一本野战和围攻战规则集。但是，对于军事科学的高级领域，所有这些著作都还没有提出任何一个令人满意的见解。

　　后来，米拉博从柏林回国，发表了一篇关于普鲁士战术的巨著。这本书阐述的内容非常枯燥，重复排队形和线式队形变换规则，过去的人过分地轻信腓特烈的大部分胜利都是这种排列的功劳。如果这种书能使这种谬论加以扩散，那我们必须承认这类书也能使1791年的机动条令得以完善，而机动的结果也只有在这一类书中才能推测出来。

　　19世纪初的战争艺术就是这样的，当时波尔别克、文图里尼和比洛发表了关于法国大革命的头几个战局的小册子。特别是比洛曾在欧洲轰动一时，因为《现代战争精神》是他发表的。这部书是一本天才之作。但是这本书只是一个草稿，对劳埃德最初阐述的概论并未增加多少内容。就在同一时期，在德国也出现了一本书，这本书的作者是拉罗什埃蒙，标题谦逊，名为《军事艺术初探》。这本书是非常有价值的，对于除战略以外的战争艺术所有领域来说，的确是一部真正的百科全书。尽管这本书的缺点是几乎没有提到战略，但是这本书仍然是最全面、最值得推荐的著作。

我在瑞士的时候离开军队，开始自学充实自己，那个时候我不知道的事情还很多。后来我开始研究战史，想从伟大统帅们的办法中找到这些作家所不能给予我的答案。腓特烈大帝的作战报告已开始使我们发现他在莱顿大获全胜的秘密。我个人认为这个秘密是很简单的，就是用全部的兵力去攻打敌人的一翼而已。这一观点得到了劳埃德的认可。我又从拿破仑在意大利初期胜利中发现了同样的秘密。这让我意识到，如果在整个战争局面上都能从战略上采用腓特烈在战场上所采取的原理，那必将发现全部战争科学的枷锁。

后来我研究了第雷纳、马尔波罗等人的著作，我深信自己已经掌握了研究战争理论的不二法门。为了发现战争的规律，摒弃其他人在这方面总是那么模棱两可很不肯定的观点，我开始像一个狂热的新教徒一样从事我自己的工作。

1803年我写了一卷，先送给俄国驻巴黎公使馆秘书德乌布利二看，后来又送给了内伊元帅看。但是当我看完比洛关于战略的著作后，我又有了别的想法。结果我放弃了我的第一本著作，打算重新开始工作，把劳埃德未写完的《七年战争》写完。这非常符合我的愿望，当时我只有二十四岁，经验明显不足，而要唐突的却是很多持偏见的人和一些多少是盗名窃誉的人，因此我需要做很多事情作为强大的后盾，可以说，我要让这些事情本身为我说话，所以当时我就开始实施我认为最适合各种读者的这个最后的计划。毫无疑问，一部教学理论著作，不论从其总目的来看，还是从对其阐述军事学科的组成部分来看，都应该是最受欢迎的著作。因为我认真地读过一本详细讲解战局的著作，也细读过许多本因循惯例的著作。

几年后，奥地利卡尔大公在其闻名的佳作中写了一篇幅很长的关于大规模战争的前言，其中已谈到了军事巨匠方面的天才。大约就是那个时期，出现了一本关于战略的小册子，作者是当时在奥地利军队供职的瓦格涅尔少校。这是充满理智观点的概论。随着时间的推移，作者将使这一概论表述得更加完善。

在我第一部著作《论大规模军事行动》出版十年后，卡尔大公的一本重要著作出版了，卡尔大公在这一重要著作中结合运用了教学理论叙述法和历史叙述法，而且他先出版了一卷，后来又出版了四卷。第一卷的内容是战略基本原则，后四卷写的是各种战局的批判史，其目的是阐明战略基本原则的实际运用。这部著作使这位杰出的大公如同赢得一场大战一样获得了崇高荣誉。

在拿破仑垮台的时候，很多爱好科学的人又重新获得了希望。罗尼亚将军从某种程度上攻击了拿破仑的冒险体系，主张恢复军团或第一共和时期的师的体制，所以引发了许多争论。

在俄国，奥库涅夫将军编写出一部非常重要的关于论三兵种联合作战和独立作战方面的著作，这是作战的理论基础，作者认为对青年军官做出了实际的贡献。

当时我根据自己的经验确信，我的第一部论著不能像卡尔大公一样在他的著作的前言中充分地阐述基本原则，这促使我在1829年出版了第一本真正意义上的分析评论概述。在这本概论里面，我增加了两章节十分有价值的内容。

我利用这一机会为我在作战线的那章节里说到的原理进行了辩护，因为有很多作者对我们这个原理理解得还不够全面，不够透彻。这场论战也承认了集中作战的优点，也使其他的许多定义变得合理了。

这本分析评论出版以后，普鲁士的将军克劳塞维茨去世了，他在去世之前把自己的遗愿告诉了他的妻子。他希望把尚未完成的草稿作为遗著进行发表。这本书曾经在德国轰动一时，但是让我感到遗憾的是，克劳塞维茨将军在写作之前并没有看我写的《战争的艺术》，而且我相信我的这本书对他来说有很多用处。

任何一个人都不能否认克劳塞维茨是一个学者，但是他的笔法有时候太过玄妙了，尤其是教学法的讨论有些过于自负。而且他对军事上的一些问题持有的怀疑态度，也稍有一些过分了。在他的著作中，他用非常夸张的手法反对一切战争理论。

我承认，在这部概论的大部分章节中，我对所阐述的问题极少赋予绝对规则，对这一点可能有人表示异议。我非常高兴地承认这种指责的正确性。但是，这并不代表这里面什么问题都没有。

当克劳塞维茨努力地挖掘着这些军事理论的时候，在法国却出现了一本和他对立的著作，作者是在英国供职的法侨德泰尔内侯爵。这个作品是当时最全面的战术著作。

通常情况下，对那些勇于为科学献身的人，以及那些勤勤恳恳工作的人，我们是不会用自己的笔墨去玷污他们的，也不会对他们进行人身攻击。如果我们不赞同他们的学说，可以公平公正地去发表自己的意见，我也希望大家都能做到这一点。

有人试图撰写从古到今的战争艺术史，并涌现出了很多作家。看到这么多现代作家，我可以说，如果萨克森元帅今天能够复活，他对我们今天军事著作的丰富状况一定会感到非常惊喜，而且不会再抱怨笼罩着军事科学的阴影了。所以到了今天，对于那些比较喜欢学习、刻苦钻研的人来说，不再缺乏好书了。

但是我要说的是，我们要让理论更加完善起来，这样我们就还缺少一种工作，即继续研究七年战争体系、法国大革命初期战局体系、拿破仑大规模入侵的体系，等等。我在书中各章节中也没有做详细的论述，这样的详细论述是留给那些有着坚定意志愿意去研究的人的，况且他们有很多的空余时间可以来研究这个。

对于以我的概论和我的第一本论著为对象的这一论战，我暂且正式声明，将结束我的这一简要概述。要把所有的赞成和反对都做一个比较，我认为可以得出这样的结论：对于我提出的一些原则，有很多作家并不了解，有些人则完全应用错误，对此我并没有过多地去理会，因为我是一个将军，参加过很多战争，我知道战争是一幕伟大的戏剧，有上千种精神和物质因素在里面起着不同程度的作用，因此它是不可能用数字计算的方式来解决的。

但是我还是要说，这个是我这二十年的经验，它使我坚定以下信念：

"战争的确有几条为数不多的基本原理，若是违反了它们，就一定会发生危险；若是能好好地运用它们，则差不多总是可以成功的。

"从这些原理中引出来的应用规则，也只有为数不多的几条，尽管根据不同情况,有时需要加以修改,但是一般情况下,在混乱和动荡的战争中,却可以当作是一个指南针,指导军队的统帅去完成困难而复杂的任务。

"毫无疑问,一个天才,由于他得天独厚的灵感,对那些原理的运用,也可能做得像经过了反复研究的理论的指导那么好。即使是一个简单的理论,只要不是绝对化的公式,而且可以言简意赅地指出基本原理,那么它对于天才来说也还是有用的,而且还可以促进天才的发挥,提高天才的灵感和思维。

"在所有的战争艺术理论中,唯一合理的理论就是以研究战史为基础的理论。这样的理论都具备规律性,但可使一个最伟大的天才,在战争的一般指导中,发挥最大的自由,而不受一些固执的规则所束缚。

"通常最能压抑天才的就是那些充满学究气的理论,其基础是一种错误的观念,认为战争是真正的科学,一切行动都可以用计算的方式来解决。有些作家的著作都是些形而上的怀疑论,也不强求任何人相信战争是毫无规律的,因为他们的著作毫无证据,并不能推翻以当代最光辉的战斗事件为依据的原理,而有些想反对这些原理的人所发表的意见却又恰恰证明了这些原理是正确的。"

我希望在承认上面说的这些问题后,大家不要再指责我,我是想把战争艺术变成一个装有固定转轮系统的机器。我认为学问的主要问题不是在于博,而是在于精。在这里我也衷心希望热爱军事科学的读者们能够喜欢我的这部作品,我也相信,我的这本书无论是作为皇太子的教材还是政客的军事教材都是最合适的选择。

安托万·亨利·若米尼

什么是战争的艺术

　　战争的艺术，通常由五个部分组成，依次是战略、大战术、战争勤务、工程艺术和基础战术。但是，还有一项往往是容易被我们忽略的，那就是战争政策。虽然看起来战争政策和政治家的关系要比和将领们的关系更为密切，但是我们仔细分析一下，就会发现这部分内容对一个下级军官来说，没有什么用处，但是对一个统帅来讲，是很有必要的。所以，战争政策也在我们的研究范围之内。

　　由此，可以得出这样的结论，战争的艺术包括以下六个部分：

　　一、战争政策；

　　二、战略，入侵别人和包围本国的全局指挥的艺术；

　　三、大战术，针对某一战役和战斗的指挥艺术；

　　四、战争勤务，对于指挥作战的实际操作；

　　五、工程艺术，对于阵地、要塞的攻坚、防御的艺术；

　　六、基础战术。

　　我们在这里还可以加上哲学或者战争精神等方面的内容，但我还是认为这些和政治放在一起是最合适的。

　　我们的主要任务就是研究前四部分，因为我们的任务不包括研究属于独立学科的基础战术和工程艺术。

　　如果只是为了做好一个指挥，那就不需要精通这四部分，但是为了成为一个优秀的参谋人员，这些知识是必不可少的。精通这些知识的人是幸福的，能够很好地运用这些知识的政府也是幸福的。

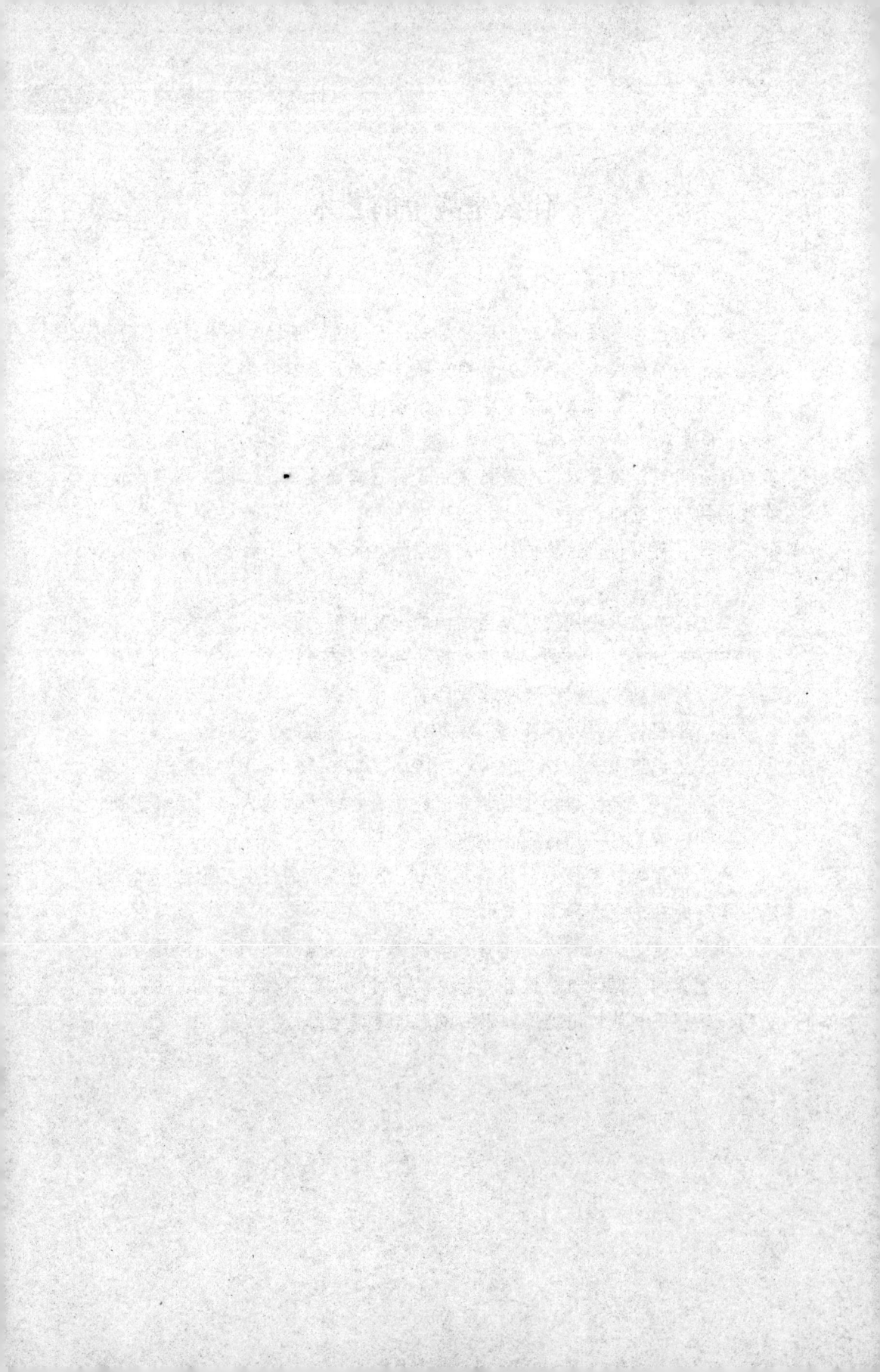

目 录
Contents

译 序　001

现代战争理论及其作用（原序）/ 003

什么是战争的艺术 / 009

第一章　战争的政治决策 / 001

第一节 捍卫权利而发动战争 / 002

第二节 政治上主守，军事上主攻 / 003

第三节 战争的目的 / 005

第四节 有无同盟国参战 / 005

第五节 干涉性战争 / 006

第六节 侵略性战争 / 009

第七节 信念之战 / 012

第八节 民族战争 / 015

第九节 宗教战争和国内战争 / 020

第十节 同时进行两场战争和两线作战的危险性 / 021

第二章　军事系统或战争哲学 / 023

第十一节 军事统计学和军事地理 / 024

第十二节 影响战争胜败的其他因素 / 026

第十三节 军事制度 / 028

第十四节 军队统帅和高级指挥机关 / 034

第十五节 民族的尚武精神和军队的士气 / 042

第三章　战略 / 047

定义和基本原理 / 047

战争的基本原理 / 051

第十六节 作战体系 / 053

第十七节 战区 / 056

第十八节 作战基地 / 059

第十九节 战略点和战略线 / 066

第二十节 作战正面 战略正面 防线和战略阵地 / 072

第二十一节 作战地区和作战线 / 079

第二十二节 战略线 / 106

第二十三节 通过临时基地或预备队保障作战线 / 110

第二十四节 旧式阵地战体系和现代运动战体系 / 113

第二十五节 补给仓库及其与行军的关系 / 119

第二十六节 边境及其靠要塞和筑垒线的防御围攻战 / 123

第二十七节 营垒和桥头堡与战略的关系 / 131

第二十八节 山地的战略行动 / 137

第二十九节 大规模入侵和远征战略 / 145

第四章 大战术 / 153

第三十节 防御阵地和防御交战 / 154

第三十一节 进攻交战和各种战斗队形 / 159

第三十二节 迂回机动和过大规模的运动 / 172

第三十三节 行军遭遇战 / 174

第三十四节 突然袭击 / 176

第三十五节 对要塞及筑垒营地或筑垒线的攻击 一般性突
然袭击 / 177

第五章 混合作战 / 183

第三十六节 钳制攻击 / 184

第三十七节 渡河 / 190

第三十八节 退却和追击 / 195

第三十九节 军队行军宿营和冬季舍营 / 206

第四十节 登陆作战 / 208

第六章 战争勤务 / 209

第四十一节 战争勤务 / 209

第四十二节 侦察和及时查明敌人移动情况的其他方法 221

第七章 战斗部署和联合作战 / 229

第四十三节 战斗线上的军队部署和配置 / 230

第四十四节 步兵的部署和使用 / 240

第四十五节 骑兵的部署和使用 / 254

第四十六节 炮兵的部署和使用 / 267

第四十七节 步兵、骑兵、炮兵的联合使用 / 273

结 论 / 274

补 遗 / 278

《战争的艺术》续编（一）/ 300

战略概述（1837 年 3 月 20 日 献给亲王殿下）/ 300

培养优秀的战略眼光 / 307

《战争的艺术》续编（二）/ 315

军队的作战部署 / 315

附图 /329

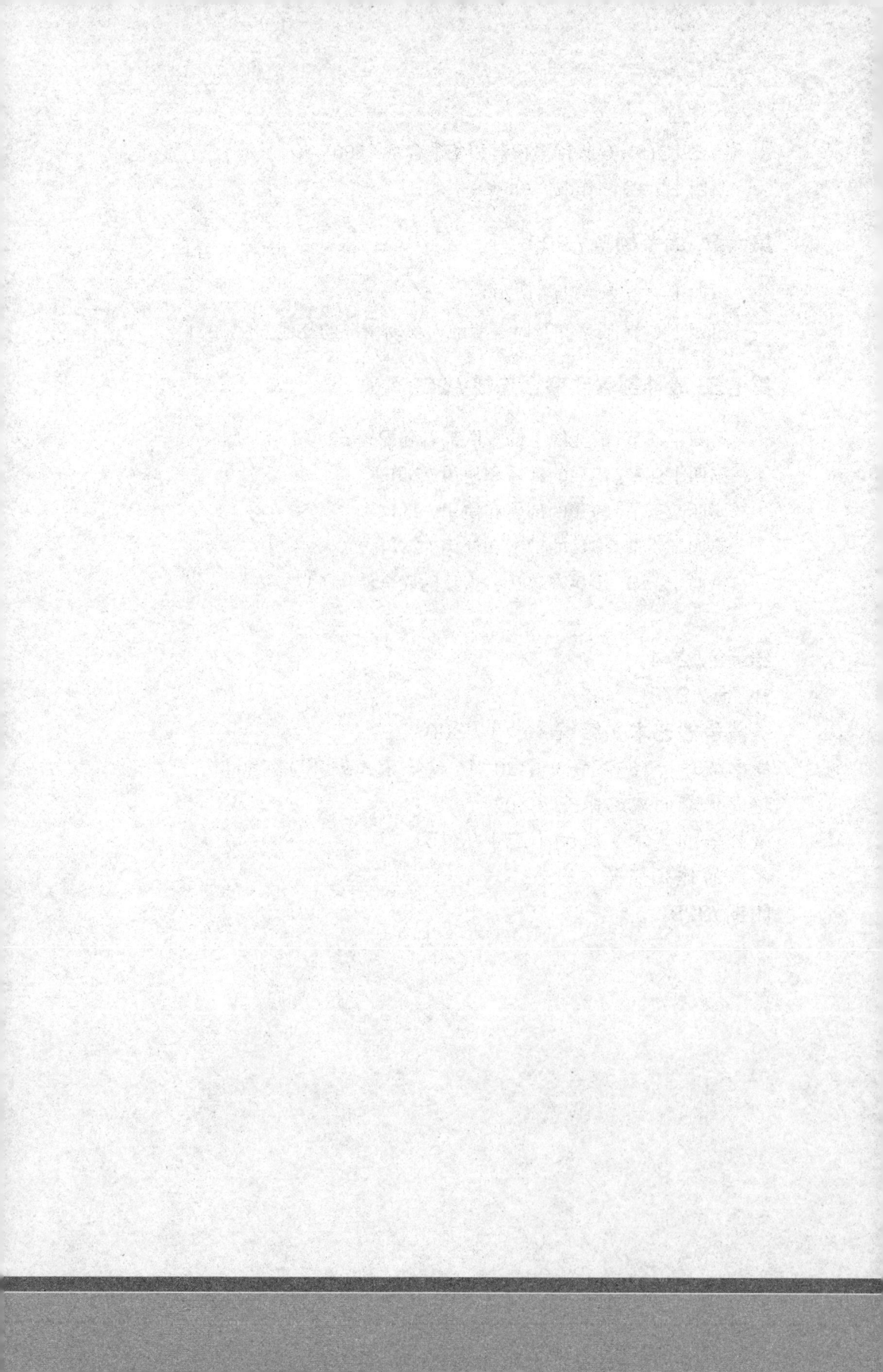

第 一 章

战争的政治决策

战争是人类文明发展和进步过程中不可缺少的因素，自人类出现以来战争就一直伴随着我们。一场战争反映了一个国家的实力。本章的内容，目的是帮助判断战争是否正当、是否符合时机、是否必要，从而做出准确的判断，以达到战争预想的目的。

国家之间要进行战争，其目的主要有：

（1）保卫或恢复某些权利；

（2）满足国家利益，比如商业、工业利益和一切能使国家繁荣昌盛的利益；

（3）援助对本国安全或者对保持政治均势具有必要关系的邻国；

（4）履行攻守同盟的义务；

（5）推行、保卫、压制某些运动或者学说；

（6）扩大国家的实力和影响力；

（7）保证国家主权独立自主，不受到侵略和威胁；

（8）雪耻和报复行动；

（9）满足侵略和征服欲望。

不同目的的战争，其采取的军事行动、战争的性质、所需要投入兵力的数量，以及作战的范围都会不同。

战争充满着变数，有时进攻的一方因为某些原因失去主动，变成了防御的一方；而防御的一方，因为准备充分，谋划得当，从而转守为攻。战争，可以是进攻，也可以是防御。有时，因为双方的地位不同，还会产生一些复杂的情况：

（1）可以是两个独立的国家进行交战；

（2）可以是一个独立的国家和一些联盟的国家进行交战；

（3）可以是一个联盟和一个单独的敌国进行交战；

（4）一个国家可以是战争的主力，也可以是辅助；

（5）一个国家可以在战争开始的时候就参战，也可以在战争正在进行的时候参战；

（6）战争可以在本国领土，也可以在联盟国或是在敌国；

（7）如果是侵入敌境，侵入的距离可深可浅，可以是盲目入侵，也可以是非常理智地占领；

（8）战争可以是我们与反对我们的敌人之间的民族战争；

（9）战争也可以是国内战争和宗教战争。

战争一旦开始，我们就必须按照战争的原理进行，但是我们必须承认，战争的起因都是不同的，遇到的状况也都是不同的，所以各种战斗的特点就会有差异。举例来说，西班牙团结一致、奋起抵抗二十万法军的时候，他们的行动完全不同于向维也纳进军的时候，也不同于让对方接受不平等条约而向其首都进军的时候。就拿这二十万大军来说，他们在进行斗争的时候，对莱茵河与因河之间、多瑙河与易北河之间的各国政府和人民置之不理吗？他们还要一意孤行向维也纳进攻吗？对整个军队来说，每一场斗争都是一样的，每次作战采取的方法也大同小异，但是对一个军队的统领来说，就应该另当别论了，统领对一个军队起着至关重要的作用。

我们还有仅属军队统率方面的其他考虑，我们把这种考虑叫作"军事政策"或"战争哲学"。它们不完全属于外交领域，也不属于战略领域，但是对政府的计划和军队统率计划来说却有着重要的意义。下面我们就来分析一下关于外交政策的考虑。

第一节　捍卫权利而发动战争

一个国家在决定发动一场战争的时候，要先评估这场战争会给本国带来什么样的利益，或者会有什么样的伤害，要准确地权衡利弊。很多时候，不一定非要依靠武力来解决问题，要懂得适当地变通。

只有为了恢复不可争议的权利而进行的，能使国家获得最大正当利益的战争才是最正确的战争，才是最明智的战争。但是在我们这个时代，有争议的事情太多，可以提出异议的权利也太多，比如：遗嘱权、婚姻权、继承权，等等。正是因为这些权利的存在，导致了一些战争看似是为了争取这些权利，实则是为了让自己获得最大利益。就拿路易十四当政时来说，他是按照遗嘱行事并有着家族关系的支持，继承西班牙王位也是顺理成章的事情，更是西班牙人民的共同愿望。但是正是因为这个王位继承权在欧洲引发了空前的争论，并且还出现了一个反对法定继承人的全欧联盟。

腓特烈二世在奥法两国交战的时候，趁机在档案馆里面找出了一批古老的文件，并根据此文件率领士兵进入并占领了西里西亚，使普鲁士帝国的势力增加了一倍。腓特烈这种做法是双面性的，假设他没有成功，这次行动就是个错误，腓特烈也会受到人们的指责。但是他成功了，我们可以说腓特烈的这次行动正合时机，这样就使腓特烈的突然袭击的错误降到了最低，并且可以得到人们的原谅。

对于这样的战争，我们是没有规律可循的，全部的战争艺术就在于善于伺机而动。在战争开始时我们就应该明确战争的目的，只有这样才能达到我们想要达到的目的。采用怎样的战争手段也可以根据作战的情况而定，比如说可以根据双方的兵力和具体情况来决定作战方案。在众多因素中，作战双方的军事装备起到了决定性的作用。还有一个问题就是，在作战的时候，我们一定要对邻国做出相应的保证，不要引起其他国家的猜忌，防止他们援助我们要进攻的国家，给我们造成不必要的麻烦。

第二节　政治上主守，军事上主攻

每个国家都会面临这样的问题，就是领土问题，有些邻国借口有权收回某块土地而发起进攻。通常来说，被进攻的国家不会坐以待毙，他们对自己国家的土地和自己的权利有着坚定的信念，不会轻易放弃自己的土地，从而会用全部的力量去捍卫这片土地。这样的战争必定是先下手为强的战争，必须先发制人。首先战争应该在敌国的领土上进行，这样可以减轻我国人民的压力，把伤害降到最低。从军事的角度来看，这一切都决定于双方所处的位置。

在战争中，发动入侵战争是相对有利的，但是也有少部分战争是在自己国土上进行的。一个强大的国家，内部没有民族矛盾以及民族纷争，就没有了后顾之忧，在国外不用担心第三国的进攻。在这样的情况下，在敌国的领土上进行战争是最好不过的了。这样自己的国家可以免受战争的迫害，而敌国需要承担战争带来的后果。在敌国的领土上作战还可以长自己军队威风，灭敌国军队士气，让他们产生惶恐。但是，从纯粹的军事观点来看，一支军队如果在本国的领土上作战，也是有许多优势的，他们比较了解本国的环境、地形，并且可以得到全国、全民和各级政权的帮助和支持，做到真正的天时地利人和。

上述的这些道理，对于所有战争都是适用的，这一点毋庸置疑。如果说战略原则是不可变动的，那么就绝不能说战争政策也是不可变动的，因为战争政策会受到很多方面的影响，比如民意、地理环境、领导人以及当地局势等。基于这些因素，战争政策经常会发生变化，就是这样的变化会经常蛊惑人心，让人们相信那些粗浅的、错误的论断。

我们要向大家表明的是，军事科学是有自己的原理的。当和强敌交锋而欲免遭失败时，绝对不能违反这些原理，但是这些原理是绝对不可能有把握地预计到的。即使如此，我们还是可以对各种可能性进行有把握的预测。我们可以根据实际情况去修改军事行动计划，但是在执行这些计划的时候，我们必须按照战争艺术原理实施。如果我们要制订对土耳其或者任何其他东非国家的作战计划时，必须区别于制定对俄国、奥地利、法国等国家的战争计划，因为前者的军队虽然人数众多，比较勇猛，但是他们的军队缺乏纪律性，没有秩序，不能在战争失利的时候调整好自己的状态，做不到沉着冷静地应战。

第三节　战争的目的

战争的最终目的都是为了争权夺利，就拿腓特烈二世入侵西里西亚和西班牙王位继承战争来说，都是为了夺取利益。

这种争权夺利的战争一般可分为两类：第一类，利用某些手段，阻止对自己有危险的敌人力量的增长，或者是减弱具有危险性的敌人的力量；第二类，一些强国利用自己的实力，去夺占有利的位置，以取得政治或贸易上的优势。实际上第一类战争一般是不会发生的，这类战争属于武装干涉，很少有国家可以不借助外力单独去对一个敌国进行进攻，这种战争通常是以联盟的形式进行的，并且这种联盟的纽带就是国家和国家的利益关系发生冲突。

鉴于所有问题都与政治有着重大的关系，比与军事的关系更大，而军事行动的问题又将在下面有关部分进行阐述，有些问题就不在这儿一一说明了。

第四节　有无同盟国参战

如果在其他条件都相同的情况下，一场有同盟国的战争会比没有同盟国取胜的概率大很多。这样是完全符合自然规律的。然而如果两个各方面都比较弱的国家联合起来和一个比较强大的国家进行斗争，那可能还是这个强大的国家获胜的可能性大一些。但是谁都知道多一个帮手就多一份力量，有其他国家的支持总比自己孤军奋战要好许多。这样可以削弱敌人的气势，增加自己的兵力，因为敌人不仅要动用很大一部分军队来对付我方同盟国的援军，还要去防备本来不可能遭到进攻的安全领土。我们在下一节会告诉大家：这个世界上没有弱小的国家，也没有弱小的同盟，一个国家无论有多么强大，也不能忽视这些弱小的存在，否则一定会受到教训。所以不要试图去推翻这些真理了，因为历史的教训是刻骨铭心、不容置疑的。

第五节　干涉性战争

干涉性战争是指在一个国家可能进行的所有战争中，最适合的和最有利的，是在战斗已经开始的时候发起的战争。这个原因也是显而易见、非常容易理解的，这样进行干涉战争的国家，可以把自己的力量和其他同盟国的力量放在一起，可以改变力量对比，随时参加斗争，也就是上面说的最适合的和最有力的时机。

干涉可分为两类：第一类，某国在适当时机干涉邻国的外交；第二类，某国力图干涉邻国的内政。

通常干涉邻国的外交是比较正常的，也是合法的。但是一个国家是否可以随便干涉别国的外交，是一个值得怀疑的问题。如果甲国把国家纷争扩大化，对乙国产生了一定的危害，那么乙国对甲国进行外交干涉的理由就是绝对正当的。

对于干涉别国内政，政治家们从来都没有表示过一致的意见。我们也就不对干涉别国内政是否合理来进行讨论了。我们只是指出，这种情况在战争中是经常出现的。罗马人的辉煌业绩有一部分就得力于干涉别国内政。这种干涉内政的办法是具有双面性的，成功与失败的概率是并存的，俄国干涉波兰内政，曾经使波兰的国家实力得到了提高。而奥地利在法国大革命的时候，干涉法国内政，结果却恰恰相反，差点使自己遭到覆灭。

要想介入邻国的外部战争有三个理由：

（1）为了避免使已经爆发的战争产生对自己不利的后果，并能从中获取一些利益；

（2）为了保持所谓的政治均势——为了维持几世纪以来的局势，这种局势看来极其平常，但往往被那些本应该特殊维护的人们所忽视；

（3）攻守同盟可能要求干涉，有义务支援盟国。

历史上有无数的例子可以证明，有些国家之所以会灭亡，就是因为它们没有记住这个真理：首先我们要确定的一点是，从政治观点来看，干涉性的战争是有利的，如果一个国家任由自己的敌国自由发展，这个国家就会逐渐走向衰弱，而其他的国家，即使是一个二等的国家也会因为运用恰当的时机，成为一个有发言权的国家。

从军事观点来看，对战争有着决定性作用的就是作为第三方力量参加已经开始的战争的这支军队。这个军队力量的大小，将取决于它对已经开展两军所处地理位置是否有利而定。

在1879年的冬天，拿破仑渡过维斯瓦河，并且冒险直抵克尼斯堡城下，导致后方受到了奥地利的威胁，而前方正面对沙俄帝国的全部力量。如果当时奥地利派出十万人的军队，我想拿破仑就彻底走投无路了。当时他的军队如果能回到莱茵河地区就算是幸运了。但事情却不是这样。奥地利并没有对其进攻，而是坐等时机，养精蓄锐。两年后，奥地利把自己的军队增到了四十万人，这才发动进攻。但是结果是不尽如人意的，进攻失败了。这个例子告诉我们，选择适当的作战时机才是最为重要的。如果当初奥地利能及时发动战争，结局会是另一番景象。

由于外交干涉和内政干涉，又产生了以下几种不同的战争：

（1）一个国家可以在战争未开始的时候进行干涉，也可以在战争爆发以后进行干涉；

（2）一个国家作为主力参加战争的时候，其目的就是为了帮助弱小国家，保证其土地上的人民不受迫害，要把战争的地点转移到离自己国家较远的地区；

（3）当几个实力都比较强的国家联盟对付一个实力比较强的国家时，那些地理位置接近战争区的国家，也可能作为主力参加战争。

（4）一个国家按照条约规定，参加干涉性战争只是一个辅助性的参与，要按照兵力大小规定编组，只能派出辅助军队。

如果你在这场战争中派出的是辅助军队，那么在整场战争中你就处于辅助的地位。而作战的指挥权是属于主要进行战争的国家的。如果在战争中我们一同盟国派出了大军进行干涉时，那我们的地位就另当别论了。

在这些战争中，军事上的幸运是不同的。在七年战争中，俄军实质上是奥、法两国的辅助力量。在俄国占领旧普鲁士以前，它是北面作战的主力。当费尔莫尔和萨尔特科夫率军进入勃兰登堡后，他们就只是为了奥地利军队的利益而行动的。这些远离自己基地的军队，只能依靠于同盟国的军队行动。

这种远离自己基地的远征军队，其实是非常困难的，也是极其危险的，他们只能依靠同盟军的行动，没有别的出路，而且远征的军队的统领也是非常难当的。在 1799 年和 1805 年的战局中就充分地说明了这一点，我们会在后面的章节对这些远征军进行详细讨论。但是用远征军的形式也不是完全没有好处的，比如战争距离本国比较远，减少了本国的危险，减少了国家要承担的战争后果。一般来说，这对军队的统领会有非常巨大的压力，但是对国家来说是有利的。

在这类远征战争中我们应该注意的是：一定要选择一个正确的领导者，这个才是至关重要的。他应该是一个在政治和战争艺术方面都是专家的司令，必须明确地与各同盟国确定各自在军事行动中要承担什么样的责任。保障自身的利益，拟定一个双方共赢的作战计划，设立一个符合共同利益的作战目标。历史上也有很多例子，就是因为同盟国之间没有协商好，忽略了一些必要的措施，导致了战争的失败和一些不和谐因素的存在。

第三类干涉性战争，也可称为时机有利的战争，因为不仅可以全面参战，还可以接近本国国界作战，所以说是一种时机有利的战争。奥地利在 1807 年遇到过这样的机会，但没有有效地利用。后来在 1813 年，它又获得了一次这样的机会，它与萨克森接壤，当时拿破仑刚刚在萨克森集中了兵力，它只要从后方对在易北河地区的法军进行正面实施突击，就有百分百的把握赢得战争的胜利。在这样的情形下，奥军投入了二十万兵力，可以说是稳操胜券的。在两个月之内，它恢复了对意大利的统治和对德国的影响，而这些都是它已经丧失了长达十五年之久的权利。奥地利的这场干涉性的战争获得了很大的利益，无论是在军事上还是政治上都是最后的赢家。

维也纳之所以能取得这样的胜利，就是因为这次干涉战争属于我们第三节提到的一种干涉战争，因为这种战争可以在本国的国界作战，这样的战争一旦展开，对战争是很有利的，我们可以不断地增加自己的兵力；而且，这次战争是在战争已经爆发的情况下进行干涉的，这样还可以选择最佳的参战时机。单凭这两种优势在战争中就会产生决定性的意义。这种作战方式不仅适用一些实力比较强的大国，对一些实力较弱的小国也一样适用，只要选对了时机，善于把握局势，在战争中就会取得优势。

下面我们就举两个例子来说明这个观点。在 1552 年的时候，选帝侯莫里斯·萨克森公然起义反对查理五世，尽管查理五世当时是意大利、西班牙和德国的统治者，曾经打败过法兰西一世，控制过法国。这次武装起义，一直把战争引向蒂罗尔心脏，制止了这个统治者吞并一切的野心。在 1706 年，萨瓦公爵、维克托·阿梅杰对路易十四宣战，从这时候开始改变了意大利战争的进程，迫使法军从阿迪杰河退至都灵城下，遭到了失败，但却使欧根·萨瓦亲王永垂不朽。我想很多国家的领导者在面对这两次战争的领导人或者是策划人的时候，都是相形见绌的。

第六节　侵略性战争

在侵略性的战争中有一个很重要的问题，就是有两种区别很大的入侵，第一种入侵就是入侵比较遥远的国家的领土；另一种入侵是入侵邻国的领土。第一种入侵是有一定困难的，我们需要越过一些辽阔的地域。在这个过程中会遇到许多困难，也许你路过的国家对你表示赞成的态度，也有些国家对你的做法持敌对的态度，事情就变得比较复杂。

亚历山大、恺撒和拿破仑业绩的一半就可以证明，出于征服欲望而进行的入侵战争，并不是最不利的战争。这种利益也是会受天然的制约，并不是没有限度的，超出了这种限度，就会离危险近一步。

大流士同斯基泰人的作战、冈比西在努比亚的作战、克拉苏和朱利安皇帝同安息人的作战，以及拿破仑对俄国的远征，这些都是用鲜血换回来的真理。但是征服的欲望并不是促使拿破仑发动战争的唯一原因，他的个人地位和对英国的战争，迫使他不得不铤而走险。他的目的非常明显，就是取得战争的胜利。虽然他喜欢冒险和战争，但他还是考虑了其他方面，最终使他发动战争的原因就是如果战争没有胜利，就得向英国投降。也许我们会说拿破仑来到这世界上就是要向我们说明一些道理的，告诉我们一个国家的元首是非常重要的，要让领导者知道自己应该去避免什么样的问题。他的胜利告诉我们，做事情要灵活，善于思考，要积极勇敢地去面对；他的失败又告诫我们，做事情要小心谨慎，要经过深思熟虑再做出最后的决定。

如果一场战争没有适当的理由，就像成吉思汗的侵略战争，这样的战争就是对人类的犯罪；如果一场战争有它发动的理由和它能带来的利益，即使这场战争得不到大家的赞同，最终也会得到原谅。

在 1808 年和 1823 年法国先后对西班牙进行了两次侵略战争。两次战争的性质无论从目的还是结果来看都是不同的。第一次侵略威胁了整个西班牙民族的生死存亡，绝对是一次贪婪的、诡秘的侵略。这次入侵的结局使入侵者本身也遭到了不幸。第二次入侵是一次符合共同利益的入侵，都是为了打倒一种危险学说而进行的。这样的战争会得到当地人的支持，其结果是取得了胜利。在这里我们不用拟定自然法则的观点来评论这些入侵。我们之所以要提出这些问题，只是想说明，入侵并不是成吉思汗所为。我们所提到的这些入侵中，第一次入侵致使拿破仑垮台，第二次入侵则恢复了法国和西班牙之间的邦交关系。

当然，我们并不希望入侵战争的发生。但是我们不得不承认，对任何一个国家来说，主动入侵别的国家，比等着别的国家入侵自己要有利。所以我们要克制征服者的野心，但我们也必须承认，最可靠的方法还是善于选择时机，找最适当的时机进行斗争。

如果决定好了要展开一场入侵战争，那么在确定这场战争的规模时，要考虑到战争的目的，考虑到作战企图和作战中我们会遇到的一切问题和阻碍。除去要征服一切的野心和欲望，我们一定要给自己一个合理的战争理由。

如果在入侵一个国家的时候，那个国家的人民奋起反抗，而且还有比较强大的国家给予帮助，那么这样的入侵就很困难了。拿破仑对西班牙进行的战争就很明显地说明了这一真理，还有 1792 年、1793 年和 1794 年的法国大革命的几次战争也能说明这一真理。法国受到了几乎整个欧洲从陆地到海上的攻击。法国虽然没有像西班牙一样遭受突然的占领，但没有一个强大的同盟国愿意援助。我们说了这么多的例子，就是为了从这些伟大的历史事件中总结出一些经验和规律。

在俄军对土耳其的战争中，也同样激起了人民的愤怒。但是这次情况和以往的情况还有所不同，虽然奥斯曼土耳其是因为仇恨异教徒而拿起了武器，但是他们的这种做法并没有得到被他们征服的希腊人的支持。土耳其全国的人民都是伊斯兰教的信徒，如果土耳其人能像法国人一样聪明，善于把希腊人的利益和自己的利益联系在一起，就能得到希腊人的支持，从而让自己变得更加强大。

土耳其只有在靠近边境的地区才受到尊重，因为他们在国内日趋没落的时候，在这些地区集中了最多的民警部队。拿破仑在对意大利、奥地利、普鲁士进行入侵时，就不必对当地居民有所顾虑，决定一切的就主要是应予重视的战略法则。

如果不是入侵邻国而是入侵遥远的国家，我们在途中必定会经过许多国家，我们要考虑到我们的做法会不会引起这些国家的反感，会不会引发一些不必要的麻烦，入侵成功的一半靠的是外交，而不是战略。入侵这样的国家时，我们一定要让这个国家的邻国成为我们的同盟国，让他们成为我们坚实的后盾，这样我们才不会在战斗的时候受到威胁，也防止了战争开始后邻国会帮助自己的敌国。这样做既减轻了我国的外患，也强大了我们的军队，还可以把邻国当作我们的临时基地，必要时给我们提供可利用的可靠掩蔽地区。所以我们必须得到这种国家的支持。如此，我们就必须找到共同的出发点、共同的利益。这会成为入侵的关键所在。

对于长距离远征，政治是具有决定意义的因素，这样绝不意味着政治对于邻国的入侵没有影响，因为充满敌意的干涉行为会阻止取得辉煌胜利的进一步发展。法军在 1805 年和 1809 年入侵奥地利时，假使普鲁士能适当予以干涉，结果可能会完全相反。法军在 1807 年对北德意志的入侵就是如此，其结果在很大程度上决定于维也纳内阁。其次，1829 年法国对鲁米利亚入侵的时候，如果采取了英明适当的政治措施予以保障，如果不重视利用谈判来消除干涉的可能性，那么后果就会变得很严重。

第七节　信念之战

人们常常会把信念战争、民族战争和国内战争弄混淆，它们之间其实是存在着很大的差异的。所以我们必须把以上几种战争分开论述。

信念战争可分为三种：

（1）局限于外部冲突，这样的情况很少出现，但是也有；

（2）既是内部斗争，也是外部斗争；

（3）局限于内部斗争，也叫作国内战争。

这种在两个国家之间进行的信念之战，或者说是学说战争，也是一种干涉性战争。战争的起因可能是因为想用自己的思想学说，去打败邻国的学说；也可能是想把自己的学说强加在邻国身上，在这两种情况下发生的战争都属于干涉战争。

这样的战争，结果通常都是很惨烈的，无论是因为宗教教义的不同，还是政治信仰的差异。因为这样的战争很容易让人们产生一种复仇心理，这是一种残酷的欲望和可怕的情绪。十字军远征的战争、三十年战争、回教徒的战争和神圣联盟战争，都在不同的程度上具备了这个特点。

宗教其实并不是单单的一种信仰，有的国家可以利用宗教夺取某些政治权利，宗教有时候会被用作达到某种目的而采取的手段。战争是为了获得更多的利益，有的时候这些利益是和宗教利益息息相关的，而文化利益本身也包括作为一种文化形态的宗教方面的利益。

在世界战争史上，宗教对战争的影响是很深远的。宗教曾经是反对战争热爱和平的，也是许多战争的重要起因，并且作用于战争的进程。很显然，穆罕默德的继承人关心宣传《可兰经》不如关心扩张他的帝国，同样毋庸置疑的是，腓力二世之所以支持法国的神圣联盟，并不是因为罗马教廷的胜利。

其实我们也可以说教义只是一种手段，因为这个交易可以达到双重目的，宗教战争是战争中的一个类别，宗教战争也是宗教斗争的一种形式。在西方国家，宗教战争是常见的现象，相对来说东方国家就比较罕见了。三十年战争在一开始是罗马帝国内部的新、旧教派发生了争执，起因是神圣罗马帝国皇帝镇压境内的新教徒，激起了波西米亚新教徒的叛变，并意图寻求独立。后来随着瑞典、丹麦等国的参战，逐渐演变成了全欧洲的大战争。

政治性的信念战争得到支持和抵抗的机会差不多是均等的。例如，1792年出现的那种荒诞的社会现象，实际上是想在全欧洲取消著名的《人权宣言》，各国的政府都处于惶恐不安之中，他们当时的想法只有一个，便是拿起武器铲除火山口上的熔岩，并且把喷熔口堵上。但是其办法并不尽如人意，因为对于医治因一时极度冲动引起的狂热情绪而造成的病痛，用战争和入侵的办法并不是一个好的措施，越是狂烈，持续的时间就越短。只有时间才能抑制狂热的感情。一个有教养的民族，它可以出现狂暴分子的捣乱，但是风雨过后总会有彩虹出现，理智必定会战胜冲动。想要凭借外国的武力来平定一场骚乱，就像是在地雷刚要爆炸的时候去排雷，这样会把自己炸得体无完肤。其实最明智的办法就是，让地雷自己爆炸，之后我们再去把弹坑填平，这样比在炸弹旁边被炸死强得多。

对法国大革命的深入研究，让我深信如果不是对吉伦特派和国民议会实行武力威胁，那么他们永远也不敢把大不恭的手伸向软弱的却是令人尊敬的路易十六身上。而且，如果没有迪穆里耶的惨败和外敌入侵的威胁，那么吉伦特派永远也不会被山岳党人击败。而如果放任各党派这么随意地斗争下去，那么很有可能国民议会不会让位于可怕的国民公会，还会依据情况的需要和法国历来的传统习惯而逐步地恢复温和的君主政体。

从军事的角度看，战争是非常可怕的，那些军队在进行侵略的时候目标不仅仅是那些军队的士兵，如果有民众进行反抗，他们也会毫不留情地屠杀他们。可见战争是多么的残酷。可能这么说有些人会不认同，因为一方的暴力行动往往会引起另一对立面给予被攻击者的支持，这样的结果比宗教战争要肯定得多。如果被激怒的一方拥有强大的兵力、有利的地形，还有民众的支持，那么并不具备这一条件的另一方会怎么样呢？就像是十万名法国西部保皇党人和十万名联邦派分子那样，在1793年的联盟中他们到底做了什么？

历史上能证明这种斗争的就只有法国大革命时期的斗争。这些斗争告诉我们要想攻打一个有着爱国主义精神的国家，一个民族凝聚力十分强大的国家，是一件多么愚蠢、多么危险的事情。当然，不善于采取军事行动也是导致出现这种结果的原因。当法军在迪穆里耶溃退后，如果联军不以炮火破坏并亲自占领那些要塞，就不会有仇恨的存在，而另一方面又率领二十万大军直取巴黎，如果采取这样的行动会出现一种什么样的局面呢？如果没有一支强大的军队掩护他们向莱茵河退却，他们很有可能全军覆没。这样的问题对那个时候来说应该是相当棘手的，因为这样的情况没有发生过，没有有经验的人可以来主持大局，这时候，一切都决定于法国民族和法国军队所采取的决心。所以这个问题是一个难以解决的设想。1793 年战争仅在一个方面解决了这个问题，而另一方面却不是轻易就可以解决的。要想解决这个问题我们只能依靠经验。

信念战争的军事规模与民族战争的军事规模大致相同。但是，前者与后者有一个主要的不同之处，在民族战争中我们必须去征服另一个民族，要有压倒式的优势，对其要塞必须加以包围和夺取，对其军队必须加以歼灭，对于他们的一切我们都要征服。

在信念战争中，我们的主要目的并不是征服敌国，而是要尽全力去实现自己的目标，达到战争的最终目的。在作战的时候，我们一定要拟定好作战计划，决不受细节问题阻挠。还有一个值得注意的问题就是，我们一定要避免敌方人民因顾虑其民族独立和领土完整受到威胁而激起反抗心理。他们一旦产生了这种心理，对我们作战是十分不利的。

在前面的章节我们提到，1823 年西班牙战争与法国革命战争是相反的，可以把它们当作证明真理的例子。但是，这两种战争的条件还是有所不同的。因为 1792 年法国军队的成分比莱昂岛的激进党人的军队更为可靠。法国大革命的战争既是信念战争，也是民族战争，还是国内战争。而 1808 年的第一次西班牙战争则完全是民族战争，1823 年的西班牙战争并不完全是信念战争，只有一部分是信念战争。毫无民族性质，所以其结果也就有很大的差异。

从实施的技术来看，总的来说，安古林公爵的远征是成功的。他的军队就是完全按照这个原则进行战斗的，他的军队从来不攻占要塞。因为他们深知，由于已获得大多数人民的支持，这样分散行动是没有任何危险的。所以他们采用了一到埃布罗河后就分散行事，攻占敌人的基地的策略。如果他们按照内阁的指示，一步一步去攻占敌国的领土，攻占比利牛斯山脉与埃布罗河之间的全部要塞，以获得作战基地，我想最后的结果是不会令大家满意的，或者说这次战争会成为一次永远的教训，会流更多的血，会使这次战争变得持久。

他深知这是一场政治性的战争，在这场战争中他采取了适当的手段，获得了广大人民的支持，并尽快地结束了这场战争。如果在这场斗争中他企图占领这个国家，那就会像 1807 年那样再次激起西班牙人民进行反抗的民族热情。他的这次行动与 1793 年联军的行动是完全不同的。他在不到三个月的时间里，就到达了加的斯城下。所以我认为凡是要指挥这一类远征战役的人，都应该研究他的行动，向他学习。

从发生的事情我们可以看出，当时政治上未能善于利用取得的成功，未能善于建立适当的巩固秩序，这个错误只能归结到西班牙政府，和西班牙的军队没有关系。费迪南德作为两种敌对利益的裁判者，没有做好自己的本分，轻易地倒向了一派，表面上是为了国家而忠心耿耿，其实是为了满足自己的一些利益，为自己服务，不关心他人的死活。西班牙政府就这样服从了反革命分子的劝说，却没有做好自己的本职工作。人们也因此分成了两个对立的阵营。随着时间的推移，这种激烈的情绪也许会平息下去，双方的接近也就会变成可能。历史不只一次地告诫我们，革命和暴力的反革命是建立不起来的，也不可能得到巩固。而这个教训在这个美丽而不幸的国家里，没有人认真对待。其实在这个时候应该出现一个皇帝，他应该是一个强有力的，可以受到尊重的，可以得到一支训练有素的军队的支持的领导者，他把国家利益看作一切。最终这个王位要能够把这个不可思议的西班牙民族重新联合起来。这个民族是一个美德与瑕疵共存的民族，我们一直以来也不能恰当地予以评价。

第八节　民族战争

在谈到干涉性战争的时候，我们不得不提一下民族战争。民族战争也称为人民战争，是所有战争中最可怕的一种战争。人民战争指的是全民都参加的战争，或者是全民精神振奋而决心捍卫自己独立的、多数人参加的战争。如果进入了这样的军队，能控制的就只有其所驻地点，只能用武力获取补给，每占领一寸土地，都必须经过斗争。

全民参战的现象是很少见的，如果真的出现了某些能够引起轰动的伟大事件或英雄业绩，那么随之而来的结果会是相当可怕的。出于对人类利益的考虑，这种战争还是永远不要出现为好。

有时这种战争的起因也是人们想不到的，可能是被奴役的人在政府的带领下一哄而起，也可能是这些人的主人以身作则，带头发动起来，这时支配他们的是对本国的统治者和对祖国的高尚的热爱感。还有一种就是非常迷信的，这些人的迷信思想都已经根深蒂固了，可以在别人的煽动下加入斗争。再一种就是人们处于对某种政治的信仰，为了保护自己认为宝贵的东西而参战。

制海权对入侵的结果有很大的影响。拥有了制海权，或者是与一个拥有制海权的强国缔结了同盟，并且这个民族的人民是团结一致的，那么这个国家的抵抗力量就会增加几十倍，这不仅是由于起义的烈火便于得到支援，也不仅是由于敌人可能在所占领的地方受到袭扰，还由于敌人从海上输送给养比较困难。

在人民战争中，一个国家有什么样的地形也是很重要的，第一是有着辽阔的土地或森林的国家，还有就是山路比较多的国家，这两类都是敌人比较害怕的。

俄国人在征服高加索民族中所经历的困难，以及蒂罗尔人的再次起义、瑞士人反抗奥地利和反抗勃艮第公爵的斗争，都证明了山地比平原的优势大很多，它们的差距就在自然条件上。隘路深林和悬崖绝壁一样，都有利于防御。法国西部旺代地区的地形（该地区地形经过依法认真改造，所有田地和草地均为树木围隔）也证明，所有地形崎岖不平的国家，即使仅有横断的围墙、峡谷和沟渠，只要人民愿意英勇捍卫，就都对防守有利。

在我们所说的例子中，像荷兰人反抗腓力二世的斗争和美国人反抗英国人的斗争，都表明了正规的军队在信念战争和民族战争中，可能会遇到很多棘手的问题，对一个军队的统领来说任务也是相当艰巨的。还有一些例子可以进一步说明这一点，如旺代反抗取胜共和国的不平凡斗争，西班牙、葡萄牙和蒂罗尔反抗拿破仑的斗争，以及摩里亚人反抗土耳其和纳瓦拉人反抗克里斯蒂娜女王的斗争等都是更具有说服力的例证。

要进行这样的战争还是比较困难的，特别是当敌对民族拥有一支纪律严明的军队作为抵抗核心时，更是如此。对于入侵者来说，这样的战争是十分危险的，他们参加战斗的只有自己的军队，可以控制的地区也是少之又少，离开了这个地区也许会遇到未知的危险，要想给敌人造成威胁很困难，而且他们要面对的是一个团结的民族。

如果敌国的地形比较复杂，山地较多，障碍纵横，那么这次入侵更是寸步难行了。因为这个民族的每一个人都了解熟悉这些地形，即使是一条林间小路他们也了如指掌。如果他们遇到了困难，也能及时地找到援助的人。而且他们在自己的领土上可以很好地控制敌军，可以很快地了解敌人的动向，有充足的时间制定出比较好的对策来毁掉敌人的作战计划。相反，入侵的军队就做不到这一点，他们在这片土地上得不到任何情报，对地形和环境都不了解，还需要时间去摸索。他们不敢轻易开战，他们只有紧紧地握住手中现有的武器，因为他们再也找不到别的办法。无论进行什么样的行动，都会犹如盲人一样，所以入侵的军队每一步都有可能落空。在经过似乎是周密协调和精确计算的调动之后，当完成快速的急行军时，入侵的军队一定会认为他们有机可乘了，结果突然发现敌人除了他们营火的余烟之外已经无影无踪。这种情况和堂吉诃德的境遇十分相似，费了很大的力气，冲过去对付的却是一盘风磨；而这时你的对手正在破坏你的交通线，并歼灭交通线上的警卫部队，袭击你的辎重队和仓库，并给你一场灾难性的反击；在这场战争中，久而久之，你必不可避免地要被拖垮。

我在西班牙斗争中亲眼看到了两个相当可怕的例子。当内伊的军队在科罗尼亚接替苏尔特的军队时，我把炮兵辎重队各连安置在贝坦索斯和克罗尼亚之间的舍营里，即在四个旅的配置地的中央，各旅距这些连队为二至三古法里（8～12千米）。在二十古法里（约80千米）周围当时没有发现西班牙的任何部队。苏尔特仍占领着圣亚哥德－科伯斯特拉，莫里斯在埃尔佛罗尔和卢戈，马尔尚师在可多尼亚和贝坦索斯。尽管如此，在一天夜里，这些辎重连队，包括人员和马匹，竟全部失踪。而我们却一直不知道这究竟是怎么回事，只有一个受伤的军士得救，从他那里我们得知，他们都是被教士和僧侣带领的农民杀害的。

四个月后，内伊元帅亲率一个师去征服阿斯图里亚斯，沿维纳河谷而下。与此同时，克勒曼则由莱昂出发，沿着通向奥维耶多的道路前进。而防守阿斯图里亚斯的德拉罗曼军的一部则冲向维纳河谷周围高地的另一面，离我军纵队不超过一古法里（约 4 千米）的地方。但是内伊元帅对此却一无所知。当他进入吉荣时，德拉罗曼的军队便向为警卫整个吉利西亚而分散行动的马尔尚师各独立团发起猛烈进攻。这几个团当时面临被各个歼灭的危险。最后由于内伊元帅迅速退向卢戈，他们才脱险。在西班牙战争中，像上述有趣的情况不胜枚举。把墨西哥的全部黄金都用上，法国人也得不到任何情报，即便得到了，那也是假的。敌人故意欺骗法国人，使其陷入他们早已布下的天罗地网中。

如果在战争中碰见一个比较强大的民族，无论你的军队被训练得多么有素，想要取胜也是非常困难的。如果在入侵之前有十足的把握取胜，可以掩护自己的交通线，而且有着强大的军队，这种情况就另当别论了。如果敌方也有旗鼓相当的实力，而且地方的军队和你们军队也是旗鼓相当的，那么你们在这次入侵战争中也许也能取得一点优势，给你自己找到一点保障。

为了评价一个军事统帅或某些英勇部队在征服或占领这样一个奋起反抗的国家所遇到的各种障碍，需要特别研究一下伊比利亚半岛的战争。在这场战争中，武装起来的西班牙人和葡萄牙人约有三十万至四十万之众，支援他们作战的也有威灵顿、贝雷斯福德、布莱克、拉罗曼纳等人的正规军，面对这样的敌人，拿破仑、马塞纳、苏尔特、内伊和舒舍等人的军队竟能整整与之对峙达六年之久，这需要何等的耐心、勇气和忍耐力？

在此类战争中，想要取胜的手段是相当复杂的。首先必须根据预期的抵抗和可能遇到的一切障碍来扩充军队；必须使用一切可能的方法来安抚人民的情绪，使他们的情绪慢慢地稳定下来；广泛采取恩威并用的手段，特别要坚持公正。这都是为取胜而必须首先坚持的一些原则。亨利四世在神圣联盟战争中的战例，贝尔维克在加泰罗尼亚、叙舍在阿拉贡和瓦朗斯以及奥什在旺代的战例，虽然情况各不相同，但是他们都根据具体情况取得了成功。季比奇和帕斯科维奇将军在后来的战争（1829 年）中所指挥的军队，都有良好的秩序和严明的纪律；这种良好的秩序和严明的纪律在很大程度上促进了他们远征的成功，可以作为值得我们仿效的范例。

在企图侵略别的国家的时候遇到困难是在所难免的，途中会遇到许多阻碍，这个时候有些人就会想投机取巧，钻个空子。他们一定是不希望再有这样的战争发生。如果他们的这种想法成真了，要想征服一个国家就更难了。所以对有野心的人来说，这样的战争就失去了诱惑力。

这样的想法我们看似是有道理的。只有唤醒了人民的民族斗争精神，才能承认这种想法所产生的后果。所以如果要进行一场战争，我们始终要相信，这场战争是正义的。我们也应该相信只有征服性的战争才能胜利，目的只是为了保持政治均势或捍卫社会利益的合法性，而属于次要的战争，则将永远消失。这样我们就不会知道战争会在什么时候、什么情况下发生。十万德军要渡过莱茵河进入法国的时候，他们征集所有阿尔萨斯人、洛林人、香槟人、勃艮第人，不分男女老少都让他们参军，他们最初的目的只是反对法国政府比利时，而对法国没有什么企图。如果他们认为这样是对的，那他们把每个小城都变成萨拉戈萨，从而用压制手段，对全国进行掠夺烧杀也是对的吗？如果是这样，则难以担保德军不会在这个过程中占领别人的领土，虽然当初德军没有这样的想法，但是战争是不断变化的，可能每天都会有变化，所以我们也不能轻易下一个定论。

我们提出上面那样的问题，谁也没有办法很好地解答并给出定论，我们只能说是有人在利用战争。有时人们也想找到别的办法来对抗这样的侵略战争，但是好像无从下手，只能用民族战争来对抗外敌的侵略。人们认为这种战争只是全民战争和常备军折中的办法，也许他们认为国家后备军是没有办法保卫国家的。这里的后备军指的是响应国家的号召，自愿参军的人组成的军队，他们的作战也是合法合理的。

如果要问我的看法，我对这两个问题也是持肯定的态度。上面说到的两种情况，如果用混合体制，我想五万人的军队再加上来自东部各省的国民自卫军的援助，一定可以打败德军。如果要想达到这种折中的目的，我想我们一定要制定一些规章制度，从人民队伍中为军队准备精良的预备队。这种做法有很多优越性，不仅可以减少平日的开支，还可以在战争开始后保卫国家的安全。1792年法军所采用的就是这种体制。后来有人把这种体制当作目标对其发动进攻，这是我没有想到的。

在归纳这种想法的时候，我相信，我们绝对不应该做空想家、慈善家，也不应该做雇佣兵；仍然可期望消耗战能从国际关系的法典中消失，而正规警察部队在政治联盟的帮助下所维护的国防今后足以保障国家的独立性。

从我作为一个军人的角度看，忠实的具有侠士风度的战争比有组织的屠杀好多了，如果可以让我选择生存的时代，我宁愿生存在慈善的现代也不愿生活在充满战争的古代。就像丰特努一样，英法两国的士兵都曾彬彬有礼地邀请对方首先开火，但是在现代，妇女、教士，还有儿童，在西班牙到处组织屠杀散兵。

我认为这两种体制中间确实有我们可以接受的折中办法，这种体制必须满足人们的一切要求，就是因为我提出了这样的体制，所以才惹来大家攻击的目光。

第九节　宗教战争和国内战争

在中世纪，各封建集团之间发生的冲突是由于不同的政治或宗教派别而引发的，与国外纠纷无关，主要是意见上和思想上的冲突。而最值得我们研究与讨论的是宗教战争。对于一个政府而言，令人难以理解的行为是那些承认外国教皇的最高权力，以及为了其目的，迫使他们统一使用法语或拉丁语祈祷。至于一味地剥削和镇压人民的王权，以及政治上的反对党的自相残杀，这种做法我们还是可以理解的。

如果我们想给这样的战争几个准确的定义，那么这种想法一定是很荒谬的。我们应该明智地承认，它只有一个。应该把两个教派或者是两个党派联合起来，先把插手他们纠纷的别国的人赶走，然后他们再进行会谈，在相互制约的情况下，让双方都得到自己想要的利益。如果第三方介入纷争，那么它的野心是毋庸置疑的，没有其他的理由可以解释这种现象。

有时候我们会认为有的国家可能是出于好意才来干涉本国内政的，这些过分的政治狂热的信念会威胁社会秩序。虽然平常这种害怕比较过分，而且常常只成为一种借口，但是我们避免不了有的国家真的会去相信它，相信自己的国家可能因此受到威胁。但是在神学的辩论中，这样的情况是永远不会发生的。所以说，腓力二世对神学联盟的干涉没有其他的目的，只是为了去分裂或者制服法国，方便以后的进一步瓜分。

第十节　同时进行两场战争和两线作战的危险性

有一条闻名于罗马人的古训，人所共知，众所公认，那就是千万不要同时进行两场大规模的战争，否则具有极大的危险性。

一个政府、一个国家可能会被迫和两个邻国同时作战，但是出于自卫，保护自己的安全和维护政治的平衡，如果找不到一个可以帮助自己的同盟国，那是极其不幸的。不过将进攻的两个邻国结合起来，它们对战争的兴趣却不一定完全相同，也许其中一方并不尽全力，而是以一种助攻的姿态，那么这种战争和普通战争没有太大区别。

法国的路易十四、普鲁士的腓特烈大帝、俄皇亚历山大和法皇拿破仑，都曾和欧洲的联军作战。假使这种群起而攻之的情况是由于某一国家的侵略野心所引起的，那可以说这是错误的决定，不值得同情。若是一个国家非要与几个国家同时作战，在这种情况下，最重要的应对办法就是寻求同盟国，利用一定的均势手段，来抵消敌方的优势。

路易十四之所以会受到欧洲联军的攻击，表面上是因为西班牙的问题导致的，但实际上是他的侵略野心已经威胁到其他邻国，让他们感到惶恐不安。腓特烈大帝仅仅得到了英国的经济援助，却经历了与欧洲三个最大王国的战争，只是由于这三个国家相互不配合，以及兵力不足等因素，腓特烈大帝才勉强渡过了难关。

这两次战争以及俄皇亚历山大在 1812 年所遭遇的战争，似乎都是不可避免的。

1793 年，法国遭遇了整个欧洲的攻击，由于雅各宾派制造了各种离奇曲折的混乱场面，接着又是两个党派的对立局面，之后又由于吉伦特派的妄想造成了种种混乱。吉伦特派的荒谬行动导致局面混乱，他们甚至宣称，蔑视世界上所有在英国舰队支持下的国王。然而法国却在这次行动中不了了之。

从某一方面来讲，在近代各国的统治者当中，只有拿破仑一个人，曾经自主地发动两方面甚至是三方面的战争，对西班牙、英国和俄国。不过在这种情况下，他还是认为奥地利和普鲁士会伸出援助之手，更相信土耳其和瑞典会给予更大的帮助。虽然大家都觉得他冒了很大的风险，但是拿破仑本人却对自己有着极大的信心。

由此可以看出，两种战争的差别是极大的。一种战争：一个国家只会对另一个国家作战，而有一个第三强国以辅助者的姿态帮忙同敌人作战。另一种战争：一个国家同时从两面对两个强国作战，投入其所有兵力震慑对其造成威胁的任何敌人。例如，1809 年拿破仑如果只是以辅助的姿态按照条约派遣兵力协助奥地利一国作战，而不是与英国所支持的奥地利以及西班牙两国分别作战，也许情况会得到改善。这种形式的战争与真正的两面作战并不相同，只不过是比普通的战争略复杂了一些。

因此，一般来讲，应该可以得出这样的结论，真正意义上的两面作战，应该是尽量设法避免的。若是这两个国家同时都具有开战的理由，那么最好采取忍辱负重的态度，等到有了适当的机会，再雪耻。不过，这条规律也是有例外的，双方的实力、兵力对比、地形条件、当时的情况，以及同盟国的关系，这些情况都会对战争产生影响。如果我们想完成自己的任务，要做的就是既指出这种战争的危险性，同时又找到避免这种危险性的办法，这样才算真正意义上的成功。

第 二 章

军事系统或战争哲学

在本书的前面，我们已经对军事政策或战争哲学的含义做过解释了，一切与军队行动有关的精神手段都包括在其中。我们刚刚谈到了一些政治手段，如果这些政治手段也属于影响作战方法的精神因素的范畴，那么还有一些既不属于战略手段和战术手段，也不属于外交的其他手段。这些手段我们赋予它们最合适的名称就是军事政策或战争哲学。

就"军事政策""战争哲学"两个名称来看，"哲学"可以划归战争范畴，就像其可以划归形而上学的思辨范畴一样，但我们对于哲学这一概念毕竟没有固定的解释，所以同时来谈战争哲学和军事政策，容易给大家造成困惑，那么，我们就先来谈谈第一个名称——军事政策。我们要区别"战争政策"和"军事政策"，"战争政策"就是外交与战争之间的一切相互关系，而"军事政策"则仅指政府和统帅采取的一切军事手段。

军事政策所涉及的范围非常广泛，除了外交政策和战略性质的手段之外，有关战争计划的一切手段都囊括其中。这时大家可能关心还有什么手段，我想要强调的是，因为我们的目的不是要全面分析所有和军事政策相关的问题，而只是要指出这些问题与军事行动的联系，所以我们不能脱离我们的目的，不能超出概论的范围，关于有关战争计划的种种手段我们在此就不一一详述了。

实际上，军事政策这个范畴内，可以包括敌对民族的战斗意志、军事组织、现役兵力、预备兵力、经济资源，以及他们对本国政府或国家制度的忠诚程度。此外，还必须考虑政府或军事委员会在首都对战争所施加的影响，以及国家领袖或军队长官自身的特性与才干；更有必要了解敌军总参谋部遵循的主要作战原则、双方军队的兵力编成和武器装备、所企图入侵国家的军事地理和军事实力统计、一切可能遇到的阻力及一切可利用的资源。这些既不属于外交，也不属于战略的所有重要问题，才是需要我们研究的。

有人会问，关于这些问题的解决，是否有固定的法则，答案是否定的。在这里唯一能够告诉大家的是，政府在制订战争计划时必须充分考虑这些问题，绝不应忽视对所有这些情况的详细资料的获取。现在我们探讨的仅是在这些方面必须遵循的一些基本观点。

第十一节　军事统计学和军事地理

对假想敌国的实力和资源，要想进行彻底的了解，就得利用所谓的军事统计学这门学科。我们主要说说军事地理研究的对象：战争区的战略形势和地形；可能遇到的各种天然或人工障碍；具有决定性意义的国家边界或国家全部幅员所形成的要点。所有这些情况，内阁、统帅和参谋部都应该了解。否则，在计算过程中一定会出现严重的失误。虽然，在文明高度发达的今天，很多国家在统计学、政治学、地理学和地形学等各个学科方面都已取得了巨大的成就，但这种情况依然经常发生。下面我们可以用两个例子来证明这一说法。1796 年，莫罗将军带领军队入侵所谓的黑森林时，很多人想起了古代可怕的赫尔西尼亚，因此他们以为该地区会存在可怕的大山、隘路和森林。可事实是什么呢，当法军登上与莱茵河相望的这片辽阔台地的陡坡之后，他们惊奇地发现，从多瑙河发源地到多瑙佛特，全部都是辽阔富饶的平原，头脑中的山只不过是这些山坡和坡地。

再来看看距离现在非常近的第二个例子，时间来到了 1813 年。拿破仑这位伟大的统帅以及整个军队，都坚定地认为波西米亚内部山地纵横，然而，行军之后他们却发现，在整个欧洲再也找不到一个像波西米亚这样地形平坦的国家了。

在估计巴尔干山脉以及奥斯曼土耳其人真正实力这件事上，几乎所有欧洲的军人都犯有此类错误。他们认为这一山脉是土耳其帝国不可克服的屏障和壁垒，甚至觉得这似乎像从康士坦丁堡发出的命令一样，因此无条件地遵守着。但是我作为阿尔卑斯山的居民，却一直不同意这个错误的认识。由于有这样的错误认识，他们会觉得，土耳其人民一定能组成一支可怕的军队，进而抵抗到最后，因为印象中这些人民是普遍武装的。经验证明，在多瑙河沿岸各边境城市居住的都是土耳其的近卫军士兵，这些士兵非常强悍，致使这些城市的居民比帝国内地的居民尚武，然而这仅仅是沿袭古时的规定。实际上，土耳其边境地带只不过是一道精神屏障，没有任何力量支撑。一旦俄军穿过这道屏障，想象中的幻影就会消逝了。有人也许会问，苏丹马哈茂德曾经不是放弃了古代的那套体制，并想出了一套改革措施吗？这确实有过，但他还没有来得及实施新的措施，就遭遇了敌军的攻占。战争的经验表明，哪怕武装到牙齿，一群乌合之众还是不能形成一支精良的军队，无法保障国家的疆土。

看完了真实的例子，我们再回到主题，研究一下为什么必须熟悉军事地理和统计学的问题。这门学科虽然被提出来了，但还缺乏理论基础，还需要进一步发展。劳埃德在其《回忆录》的第五部分，提出了从地理上概述欧洲各大国边界的经验，但是这些见解和预言并没有得到证实。其中有一处，奥地利在蒂罗尔至帕绍市之间沿莱茵河的边境被劳埃德说成是不可攻破的。而实际上，就像大家都知道的那样，在1800年、1805年及1809年，莫罗和拿破仑曾率领十五万大军对这一地区实施机动，并且打败了奥地利人。劳埃德大部分的这些观点都同样遭到了批判，因为在他眼中似乎到处都是障碍。

军事地理和军事统计学的相关知识还没有达到全面普及的阶段，但在欧洲各国总参谋部的档案馆里，应该有很多足以供总参谋部的专门学校和机关学习之用的珍贵资料。希望善于钻研的军官，能够利用所有资料——发表的和不曾发表的，站在共同利益的立场上，编写出更好的军事地理和战略地理著作；同时希望伴随着现代地形学的巨大进步，以及最近二十年来各国出版的一些很好的地图，军事地理这一空白部分能得到添补。地形学在法国大革命开始的年代还处于萌芽时期，地形性质的地图非常少，除了卡西尼的半地形图性质的地图之外，只有巴肯堡的一些地图才有资格算是这一类地图。反观现在，未来统帅的前辈们从未见过的非常重要的材料频频出现，比如不久前在维也纳、柏林、慕尼黑、斯图加特和巴黎出版的地图，以及在布里兹高的弗里堡闻名的赫德尔专科学校所出的地图。另外一些学校也正在建立，比如奥地利和普鲁士总参谋部已经创办了很好的学校，并且在后来取得了丰硕的成果。

对于军事统计学，相信一般人和对军事地理一样不够了解，军事统计学中很多内容都影响着军事结果。目前关于军事统计学只有一些表面化的、不全面的图表，这些图表上简略、胡乱地标记着一些关于国家军队和军舰数量的资料，以及关于国家预期收入的资料，但是这一切还远不足以构成完全适应联合作战需要的科学。在这里我们不打算对军事统计学相关的重要问题做深入的探讨。

第十二节 影响战争胜败的其他因素

战争过程中有一个极易成为大敌的因素，这就是在人民中激起的过分的激情。这种激情必须加以克制，军队统帅和政府都应该竭尽全力来平息这种激情。这个问题在前面人民战争那一节已经谈过，在此不再详谈。

另一方面，军队统帅应该激起战士的激情，使自己的战士在战争过程中保持振奋的状态；相反，当敌军的战士有这种激情时，则应尽力抑制。其实，任何一支军队都有可能具有这种激情，只是激发这种激情的原因和手段可能有所不同，而造成这种不同主要还是因为各国人民的特性不同。军事上的雄辩术是许多著作研究的对象，在这里我们只把雄辩术作为一种激发激情的方法来提出。我们熟知的拿破仑和帕斯克维奇将军都宣扬古代统帅及苏沃洛夫在训导其军队时使用的训词，简明有力，堪称典范。以相反的办法取得了同样效果的有西班牙政务会的雄辩术，以及马顿纳·德尔·皮拉尔创造的奇迹。那么鼓励军队士气，并促进军队取胜的强大武器是什么呢？其中必然包括与人民有密切关系的战争起因和具有常胜威名的统帅。

有些军人喜欢在战斗中保持坚定不移、沉着冷静的态度，对上文提到的激情带来的好处持否定态度。我不能否定任何一种观点，因为必须承认，二者各有优劣。激情能使部队建立伟大的功勋，但激情不能长久，军队一旦失利，战士中间就会出现沮丧情绪，进而失去勇气，整个军队很快就会溃散。

在决定战争胜败的因素中，双方军队司令官的积极性和无畏精神也至关重要，但其关系的大小却是没有定律的。任何政府和统帅，都应该随时考虑自己军队的内在价值，并能把自己军队的力量和敌军进行比较。一支士兵勇敢却无组织无纪律的军队，会被一个俄国将领带领一支在欧洲算是纪律严明的军队，在开阔地区轻而易举地战胜。"一致"和"秩序""纪律"三者关系密切。"一致"可以产生力量，"秩序"可以保证一致，而"纪律"又是秩序的先导。如果没有纪律和秩序，想要取得胜利是不可能的。仍然是那支战士都很勇敢的军队，这次他们在训练和纪律上大致与俄军相似，仍然是那位俄国将领，再次发生战争时，俄国将领的行动就要谨慎小心，否则最终未必能够取胜。就像对马克将军那样的统帅作战能够取胜，而对拿破仑作战却会惨败。

在很大程度上，政府及政府对军队的影响决定了军事行动的勇敢程度。一场战争中，一方的统帅可以完全自由地行动，而另一方的统帅却要受制于二百古法里以外的最高军事委员会，其天才和行动都受到约束。在这种情况下交战，前者相较后者一定处于极大的优势地位。

一场战争中，取得胜利的最可靠的保证之一是统帅高超的指挥艺术，尤其是交战双方在其他条件完全对等的情况下，这一点就更加突出。有人会说历史上也常有一个庸才打败一个伟大统帅的例子，但个例不能形成一条定律，我们一定要承认统帅的魅力。还有一种情况，当统帅的命令被部下误解，或者出现偶然情况时，原本能够带来成功的有利条件，可能转化为不利条件。这是一种既不可预见，又不可避免的偶然性。然而，我们能因为这种偶然就否定在一般情况下原理和科学对作战的影响吗？当然不能。因为偶然性本身就是原理的胜利。

但是可否由于承认这些理由，而得出结论反对科学呢？这也是坚决不行的，因为军事科学是一门艺术，它能使所有可以预见的幸运变得有利于自己一方，但这种艺术不能适用于变化多端的偶然。哪怕由于偶然性而获胜的交战次数多于由于调度得当而获胜的交战次数，也一定要坚持我的论断。

经过上述文字，我们都已知晓统帅的才能是决定胜利的最主要因素之一，那么对统帅的选择，就应该成为国家管理科学中最复杂的问题之一，也是国家军事政策中最重要的部分之一。可是事实呈现给我们的却是另一番认识，选择统帅时，影响较多的是偶然性、年龄、私人好恶、党派倾轧和嫉妒竞争，并不是我们所想的是否符合社会利益，是否正确。因为这个问题至关重要，本书将以专门章节进行详细分析。

第十三节　军事制度

有关支配军队的制度是政府军事政策中最重要的组成部分之一。很多事实证明，在一个才能平庸的司令官指挥下，一支精锐部队能够创造出战场奇迹；在一个充满智慧的统帅的指挥下，一支并非精良的部队，也同样能创造出战场奇迹。由此我们可以推断出，如果总司令官有超人才能，并有一支精良部队匹配，一定能创造出更大的奇迹。

在这里，我要指出，想使军队达到完善的程度，有十二个条件是必须具备的：

（1）良好的兵员补充体制；

（2）良好的军事组织；

（3）组织良好的国民后备军体制；

（4）部队和军官在机动、内务和野战勤务方面，都有良好的训练；

（5）严厉但不带屈辱性的军纪，以信念为基础，而不是靠形式主义的队列勤务所培养起来的服从和执行命令的精神；

（6）有效的奖励和竞赛制度；

（7）特种兵（工兵和炮兵）有充分良好的训练；

（8）尽可能在武器装备方面，包括进攻性武器和防御性武器，保持着对敌人的优势；

（9）一个总参谋部，既善于利用上述一切因素，又善于很好地组织军官的理论和实践训练；

（10）一个良好的仓库、医院和一般行政管理体系；

（11）统帅部和高级领率机关都有健全的组织体制；

（12）善于提高士气。

　　上述十二条都是非常重要的，想要获得重大胜利，避免巨大的损失，这任何一条都不能忽视。给大家举两个例子：1806年，普鲁士的军队训练精良，纪律严明，但是缺少一位杰出的统帅，又没有国民后备军的支持，结果在拿破仑的突击下，普鲁士十五天内就被击败了。再来看一个拥有精良军队的国家的例子。腓力二世和亚历山大·马其顿之所以能够以少数精兵征服波斯和印度，就是因为他们善于建立和训练方阵，善于使群众迅速机动。值得一提的是腓力二世的父亲非常重视训练士兵，其结果就是一支能够完成国王一切企图的军队诞生了。

　　军队的重要性大家可想而知，一个政府如果轻视军队，哪怕它的借口多么冠冕堂皇，也会受到后人的谴责。因为一旦政府轻视军队，不仅会使国家和军队遭受无尽的失败，更会给国家和军队带来耻辱。在这里我并不是想传达政府应该为了军事牺牲一切的信息，因为这种主张也是荒谬的，我的意思是军队一定要成为政府经常关注的对象。这就对国家的统治者提出非常高的要求，国家的统治者如果没有接受过军事教育，那么他在这方面就很难达到他应该达到的目的。遗憾的是，国家统帅缺乏军事教育这种现象经常发生。那么，为了弥补这一不足，就需要建立起英明、富有远见的制度，其中首先最应建立的是良好的征兵制度以及良好的国民后备军制度。

　　实际上，因为政府形式的限制，一些国家元首不被允许采取最好的军事体制。如果罗马共和国的军队，甚至法兰西共和国的军队、路易十四的军队和腓特烈大帝的军队都能证明，哪怕各国政府的组织原则不同，也能够有良好的军事组织和英明的作战指挥，可惜没有。那么我们还是要认可，现代的风尚、现代的政府形式，在促进国家军事力量发展、提高国家民兵真正的军事价值方面，起到了很大的作用。

　　当一些代表地方利益或代表狭隘小集团利益的人操控国家的财政权时，行政当局的各种军事考虑就会受到非常严格的限制，哪怕是一些细节问题也是完全有可能被否决的。这种情况会产生误解，许多人会认为这样的政府无法代表全国利益，是与人民为敌的。人民滥用所谓的自由同样能引起这种恶果。正因为有以上两种可能存在，一个哪怕最有远见的政府，本来能够根据国家的最大、最长远利益行事，甚至面对敌人时也已拥有充分的准备，面对突然侵略也能组织抵抗，却也不可能针对大战事先做准备了。

民选立法院的代表们，其中多数并不是里舍利厄、皮特、鲁瓦的门徒，他们被纳税人授予了权力，所以总是想着如何讨得纳税人的欢心，进而以达到一些经济目的为借口，其实很可能他们自己也不懂这些经济目的，就来削弱为建立训练有素、纪律严明的大军所必需的制度。他们利用最富诱惑力的乌托邦——过于慈善行为的成果——来让自己相信，并且让选民相信，眼前和平带来的愉悦，远比最英明的军事和政治的预见要好很多。

以上言论并不是说国家每天都要为假想的战争做准备，人民每天都要在剑拔弩张的状态下生活，如果真是这样，那对全人类来说都是最大的悲哀和祸害，而且从现在各个国家的情况来看，这种情况也是不可能出现的。我想说的是一个文明国家的政府在军备上绝对不能懈怠，以便在战争开始时让自己处于有利的位置。要达到这个目的，政府当局就要心怀远见，时刻保持良好的军事制度和完善的军事政策。

在立宪政体的大环境下，立法议会在一定程度上会牵制政府的一些行为，以致政府在建设和完善强大的军事体制方面，可能表现得不够有力。但是有一点我们一定要承认：这种咨议性议会在国家面临生死存亡的危机时，往往可能发挥另一种作用，可能使国力得到更大的发展。然而，历史上还是有一些非常少见的例子，如国民议会在生死攸关的时刻，为了拯救国家和自己的首领，很可能采取非常行动来振奋精神。这种非常行动如果是借口保护自由和私人财产而剥夺自由和没收私人财产，那就是实行独裁统治，或者是完完全全地、骇人听闻地篡夺国家政权，尽管其形式是咨议性议会。这种议会，有时却促进了国力的增长。比如罗伯斯庇尔和他搭建的公安委员会垮台后，在国民公会里发生的一切，就能够证明这一点。同样，1815 年的议会和葡萄牙群众起义（由摄政委员会一份公告所引起的）也都是明证。此外，当国家面临大危机时，集中在少数人手中的独裁权力很可能是最后一个靠山。我们是否可以这样说，在政治和军事上，凡是控制在民选议会手中的国家，较之君主政体要弱，尽管从其他的一些内部关系来看，前者拥有无可争辩的优势。

因为本书篇幅的限制，或者是本人个人地位的限制，在本书中我没有谈及一些微妙的问题，仅仅提出了简单的"拥护"和"反对"的理由，没有做出彻底的结论，希望读者能够原谅我。在这里我所谈的一切问题并不想影射当代的一些事件，我只是想揭示一些真理，尽管这些真理是以猜测的形式出现的，但各个时代和各个国家的真实情况还是通过这些真理得到了反映。希望我提出的这些问题能供政界要人参考，为其行事提供借鉴。

保持军队的战斗力非常重要，尤其是在长期的和平年代，因为在和平年代军队的战斗力最容易退化。那么如何保持军队的战斗力呢？最重要的是通过举行大规模演习训练来保持军队的士气，虽然演习无法完善地比拟真正的战争，但必须承认，这是训练军队准备战争最有效、最实用的方法。另外，还应让他们经常参加一些有益于国防的劳动，以培养其吃苦耐劳的作风。

有的军队被习惯性地分散成一个团一个团，驻扎各地作为守备部队，其实这是一种最坏的制度。在俄国和普鲁士，军队都是按师、军固定建制的形式编组，集中驻防，这比起前者似乎要好很多。我们来看看俄国，其实它有很多制度对别国的军队来说是毫无用处的或根本无法实施的，但仍然要承认，它确实有很多好的东西值得学习，一般来说，现今的俄军在很多方面都堪称典范。

在平时的奖励和晋升问题上，年资是一个很重要的衡量标准，但是提醒大家，功绩是绝不容忽视的。每年办理奖励和晋升时，总人数当中应该有四分之三的军官按职资晋级，另外四分之一，按照选拔的原则，则应根据个人的才能和勤奋程度来决定。以上说的是和平年代。当战争爆发时，按职资晋升的办法应该完全停止，起码应该减少，仅让三分之一的人凭借职资得到晋升机会，另外三分之二则应从能力出众或战功卓著的人员中进行选拔。

战争胜利的机会可以靠武器装备的优势来争取，但我们应该清醒地认识到，单有武器装备的优势，未必一定能够取得战争的胜利，它只是一个促进的因素。能够证明武器的重要性的战例非常多，我们应该都记得，法国人在艾劳和马伦戈由于非常缺乏炮兵而遭受的重创，法国重骑兵采用了过去长期拒绝使用的胸甲后取得的重大胜利。最后，我们来看看长矛带来的利益：当散开作战时，枪骑兵不如骠骑兵条件优越，这是众人皆知的；但是当在线式作战时，却是另一番情境。因为对长矛抱有成见，认为使用长矛不如使用马刀方便而拒绝使用长矛，无数的骑兵勇士在战场上牺牲。

　　而今，武器正在以日新月异的速度发展。举两个例子：有一种叫作康格里夫的火箭，据说奥地利人已经能够控制其飞行和运动的方向；另外有一种叫作什拉普耐尔的榴弹炮，在其射程内可以喷出弹流；还有一种叫作珀金斯的气枪，能发射出整整一个营能发射的弹药。伴随这些武器的发展，杀人的机会似乎也可能成百倍地增加，但在艾劳、博罗季诺、莱比锡和滑铁卢等会战中发生的大屠杀事件中，似乎并没有杀死过多的欧洲良民。

　　毁灭性武器令人生畏的危害必须关注，世界各国必须联合举行会议，达成限制所有毁灭性武器的发明的协议，如若不能做到这一点，那么只好将全部陆军的一半都变成装甲骑兵，然后以最快的速度摧毁这些机器。对于步兵来说，很可能会重新使用中世纪的盔甲，不然完全有可能被全部歼灭，因为在到达敌人的阵地之前已经迎来了敌军毁灭性武器的打击。因此，闻名于耳的宪兵队即将重新出现，其所用的马匹极有可能全部戴上铠甲。

　　目前来看，这种情况离我们还很遥远，但是完全有可能出现。我们确信，如果炮兵和所有这些杀人武器以现在的趋势继续发展，我们就必须考虑改变纵深战斗队形，哪怕这是被拿破仑经常使用的。在"战术"那一章我们将就这一话题展开阐述。

　　接下来我们就来归纳一下一个英明政府所应采取的基本军事政策的要点。

　　（1）一个国家的君主在接受政治教育的同时也接受军事教育。另外他自己还要成为一个政客或军事家。因为在君主众多的谋士中，物色到精明的行政长官相对容易，但要找到一个政客或军事家就比较困难。

　　（2）一个国家的君主最好能亲自统率军队，如若不能，找到一个称职的代理人就显得尤为重要，也就是说要将国君的职责和维护国家安全的责任委托给在指挥军队方面最有才干的将军。

　　（3）国家的常备军应该经常处于备战状态，还要能够在必要时利用早已适当准备的后备队进行扩编。同时军队的训练和纪律都要与先进的编制相匹配。其次，军队的武器至少要与邻国一样完善，当然要力争超过邻国。

　　（4）全部物质器材都必须优良，并且要有储备。要善于发现和尽量采用邻国发明和采用的一切有益的新东西，避免因一些不必要的民族自尊心而带来无谓的损失。

（5）要保护和奖励军事科学研究，就像每个民族都会褒奖和发扬勇敢、勤奋的精神一样，这一点是非常重要的。想要从军队内部吸收具有专长和功勋的能干人才，唯一的办法就是要对有军官热心研究军事科学的部队，给予尊重和荣誉。

（6）非战争时期，总参谋部也应竭尽全力做好战争准备。在总参谋部的资料室里应储存有大量的战史资料，以及各种统计、地理、地形和战略方面的文件。在和平时期，总参谋长和分军官常驻首都的时候，在建立必要的保密室以专门保管对初级军官保密的文件之外，军事资料室应当成为所有参谋人员的资料室，这一点非常重要。

（7）一定要重视搜集有关邻国军事地理和军事统计的情况，用以了解敌人在进攻和防御方面的物质能力和精神能力，同时在战略形势上对敌我双方的优劣做出判断。由于这一点非常重要，并具有科学性，所以必须交给各方面都最为优秀的军官，同时对出色完成工作的军官给予奖励。

（8）制订计划非常重要。当决定进行战争后，要尽可能制订出详细的作战计划（要有这种计划，但是并不可能经常有），如若不能，至少应制订出一个概略计划。按照计划执行，明确作战目标，并保障建立作战基地，供给一切必需的物质器材，从而保证整个战争的胜利。

（9）上一点提到的概略作战计划在制订时要考虑以下几个方面：战争的目的；即将面对的敌人的特点；敌我双方的自然及物质条件；敌我双方民族本身及军政领导人本身的特性；战争过程中敌人用以对付我们的，在进攻和防御方面的物质能力和精神能力。其次还应注意战争期间可能争取与之缔约的同盟，敌我双方的都应关注，因为这一点会影响预计成功的概率。

（10）一定要清楚掌握国家的财政状况。对财政状况及决定战争胜负的其他军事因素要一视同仁。但是根据腓特烈大帝的《我的时代的历史》来看，现在如果仍像他那样经常重视财政是行不通的。这是因为，在他所处的时代，志愿兵是军队士兵的主要来源，最后一个埃居也只能雇到最后一个士兵。但是，在现在军队组织良好的国家，金钱对军队的影响已经大大降低，至少对一两个战局是如此。英国向我们证明，金钱可以提供士兵和辅助军队；法国则向我们证明，提供士兵的也可以是爱国心和荣誉感，而且必要时还可以"以战养战"。我们可以确定的是，法国暂时找到了威力的源泉，这源泉就来自本国的财富和领袖们的鼓励。但是，绝对不可以把这种源泉作为一种制度的基础，尽管它能达到令人惊异的效果。伦敦内阁，特别是戴维诺伊斯，几乎每年都在散布谣言，谣言的内容就是法国政府因为财政困难即将垮台，但事实是拿破仑在正常地支付国家开支和军饷的同时，还储藏了两亿法郎在他的杜伊勒丽宫地下室里。

按照常理，富有黄金的大国，其国防能力应该会很强，但有的时候并不是这样。历史已经证明，最强大和最幸福的民族并不一定是最富有的民族，因为如果把军事力量当作天平，那么钢铁和黄金在重量上起码是一样的。但是我们不能因为这样就忽略财富的作用。我们应该毫无疑问地承认，要是一个国家具有强大的国力，并能接受长期战争，就必须同时具有英明的军事制度、爱国精神、大量财富和社会信用，并将这些因素有机地结合起来。

如果一个国家想利用黄金或者钢铁顺利发展国家威力，那么弄清什么情况下可以以战养战，恐怕需要一整卷的书来说明。要达到这种结果的唯一办法，就是派遣自己的军队进入别国领土；不过也不是所有的国家都能对进攻者提供同样的补给。

不过，在这里，我们只能按照原计划，指出与战争计划相关的因素，不可能深入地来研究与战争艺术无直接关系的其他所有问题。那么由于环境和地域不同而引起这些因素的变化的问题，我想应该是那些政客应该了解和掌握的。

接下来我们将要谈谈战略问题，不过在那之前，我们先来谈谈统帅的选择、高级作战领率机关和军队的尚武精神，并以此作为关于国家军事政策的叙述的结尾。

第十四节 军队统帅和高级指挥机关

国王亲自统率军队对国家利益是有利还是有害呢？关于这个问题看法很多。但是有一点是明确的，那就是假如这位国王具有卓越的能力和天才，可以和腓特烈、彼得大帝或拿破仑比肩，那么他应该自己去完成伟大的事业，毫无必要交给下属将领去做，让下属将领去获得这份荣誉。只有这样，才是重视自己荣誉和国家利益的表现。

人们有的时候也在争论，爱好和平的国王和爱好战争的国王，哪一个能更好地保障人民的幸福。我想说的是，这样一个有争论的问题，在本书中不是我们讨论的任务，也不是我们研究的对象。在这里我们应该指出的是，两类国王在具有同样优势和成功条件的情况下，兼任统帅的国王要比不兼任统帅的国王更占优势。我们就来说说这其中的原因。一方面，在战场上，国王可以对自己的全部行为负责，能够做到毫无顾虑地勇往直前；另一方面，由于国王深信自己掌握着一切国家资源，可以为他达到目的来服务，自然可以做更多的事情。此外，由于他掌握着类似奖惩和宽恕这样强大的权力，一切忠诚和自我牺牲精神都将帮助他完成他的使命。嫉妒心不能破坏他的计划，即使可能，也是很少，而且只有在离他遥远的次要地方才有可能。

我们可以确定，国王因为以上各种原因就会在他认为时机合适，而且斗争又需要的时候，下定决心，亲自统率军队走上战场。但是有一点我们要清楚，如果这位国王没有坚定的意志，容易受到其他人或事的影响，那么亲自统率部队这件事不仅不会给战事带来益处，反而会给部队带来不利；在军队中每个将领都会将自己的计划部署呈报给国王，但是因为国王缺少经验，而这个经验恰恰能够帮助国王下定决心，于是国王无法在将领的计划中辨别好坏，故而容易受到左右亲信的影响。这样一来，在他领导下的将领在各种行动中都有可能受到无理干涉，在作战过程中也会受到限制，那么这位将领将一事无成，哪怕他具备进行战争所必需的才能。也许有人反对这种看法，并提出了另一种主张，认为国王只是随军作战，可以不对统帅的职权加以限制，反而能够利用自己的最高统帅权来帮助统帅，给予统帅完全的信任，让统帅在作战过程中将自己的军事能力淋漓尽致地发挥。这种看法有一定道理，国王随军有时会对战斗有利，但在很多时候往往也会造成很大的困难。比如，一旦敌人把军队包围，并将交通线切断，要求军队强行突围时，由于国王在大本营，很可能等待整个军队的将是一个悲惨的结局。

假设国王一方面感觉自己有亲自统率军队的能力，而另一方面又感觉自己指挥军队的信心不足，在这种情况下，最好的方法就是学习普鲁士政府和布吕歇尔曾采用过的方法。这个政府选派了两名能力最强的将领，一个善于执行命令，另外一个足智多谋，并将此二人配备在国王身边。如果国王和这两位将领能够协调一致，那么这三位一体的制度，就会迎来一个非常好的局面，为战争胜利奠定基础。

还有一种方法可以采用，那就是国王指派一个王子去统率部队，当然这位王子要有足够的能力。自路易十四时代起，这种办法经常被采用。然而事实上，由王子统率的部队中指挥作战的往往是王子的顾问，王子本人很可能只是名义上的统帅。起初，奥尔良公爵和马尔森在著名的都灵会战中是如此，后来布尔衮公爵和旺多穆在奥德纳德会战中也是如此。我甚至认为，费迪南德大公和马克也是如此。

其实后面这种方法是很无奈，也很可悲的，因为如果采用这种办法，军队很可能陷入无人负责的状态。我们都知道，在都灵会战中，奥尔良公爵在判断情况方面，其洞察力远远超越了马尔森元帅，因而马尔森元帅只能通过使用国王秘密授予的全权来违反奥尔良公爵的意见，致使会战失败。乌尔姆会战发生的情况也是这样，马克无论在指挥艺术上还是作战胆略上，都比费迪南德大公逊色不少，然而，马克却被指定为费迪南德的良师。

如果这位王子能够天赋异禀，拥有卡尔大公的天才和经验，那么指挥的全权就可以交给他，让他有全权自由选择自己的部属。相反，如果这位王子没有这份能力，那么给他指派一个极富素养的参谋长和一个有经验的顾问则显得尤为重要，但对这二位顾问不能授予其他权力，只能给予其发言权，这是无论如何不能违背的。

前面我们已经说过，作为国王，如果不能亲自统率军队，选择一个优秀的代理人就成了他最重要的责任，然而事实却让人嗟叹，想达到我们说的目的往往是不可能的。早一点的我们不说，路易十四和路易十五时代的一些较近的例子就足以说明这个问题了。欧根亲王是当时最伟大的统帅，然而却去了敌方，这是因为当时全凭外貌来判断其才能。鲁瓦死后，塔拉尔、马尔森和维里鲁阿便代替了蒂雷纳、孔代和卢森堡。再往后我们还可以看到，萨克森元帅被苏比兹和克莱蒙代替。有一个时期，在一些沙龙里善于乔装打扮者能被予以重用，比如后期被证实来自蓬巴杜和克莱蒙两个沙龙里的官员。到了拿破仑时期，剑士又受到了追捧。这两个时期一定经历了很多不同的阶段。因为人类存在不同的弱点，这些弱点往往让人才的选拔发生不同形式的变化，其实，一个稍微明智的政府完全可以公正地任用人才。在现实中，有的人狡猾而随和，有的人谦虚而羞怯，当这两种人同时希望受到合理使用时，前者往往更容易实现自己的愿望。

其实，摒除由于人类心灵的天性所产生的一切偶然性，我们不得不承认，选贤任能并非一件易事，哪怕我们把这个任务交给最热心于为国家谋福利的国家元首。如果想要选拔出真正的将才，负责选拔的人首先必须是善于分析判断的军人，否则，在进行人才选拔的过程中，难免会受到各种派系的干扰，将一些庸才纳入帐下。假设目前是一位过去打过多次胜仗的名将在主持选拔工作，那么，这种困难就会减少。不过曾经打过一次胜仗的将军未必是伟大的将军，而且有些国家确实找不到常胜将军，例证就是茹尔当和洛雷尔。经历过长久的和平时期后，在整个欧洲也许都找不到一个曾担任过总司令的将军。在这个前提下，想要根据个人的表现来断定哪个将领更加出众，还是比较困难的。同时，判定他是否为伟大的将军这件事情也值得思考。有的人因为服役时间长，以致资历最老，也获得了统率军队所需的官衔，可是，这样的人一定是担任军队总指挥的最佳人选吗？

此外，因为国君特殊的身份，与部下接触时机少，接触时间短，在用人这一问题上不可避免地会出现不当的情况。一个国君在选择人才时，哪怕不再以貌取人，哪怕他本身具有高尚的思想，也有可能出现错误，不过这也是不容非议的。

为了避免在选拔人才时出现错误，我们应该采取一种非常可靠的办法，但是这种方法可遇不可求，恐怕只有实现费内隆极具代表性的小说《泰勒马克》中所描写的那样，找到费洛克莱斯这种可靠、忠实而豁达的朋友。这位朋友在国王和竞相争夺军队指挥权的将领们之间活动，与公众接近较多，为国王选拔德才兼备的人才就变成了可能。但是，哪怕是这样可靠的朋友，难道没有受个人好恶影响的可能吗？难道苏沃洛夫不是由于外貌而被波将金否定了吗？难道要授予能为其军队增光者军衔而可以不需要叶卡捷琳娜的全部洞察力吗？

有部分人认为，对某人的认识，公众的意见是最好的指导，但实际上这个是最没有把握，最不可靠的。我们来看个例子，被公众认为是恺撒大帝一样的人物——迪穆里耶——根本对大战一窍不通；还有差点按照民意被选为意大利军团总司令的波拿马，如果不是因为两个领袖人物了解他，将会铸成大错。但是我们还是要承认，有时公众意见会存在错误，但我们却不能忽视，尤其是当公众经历过严重危机而具有判断时间的经验时，更应如此。

一个军队总司令永远要具备以下几项主要的素质：

（1）必须具备顽强的性格或勇敢的精神，并以此为基础保证自己能够做出伟大的决定。

（2）冷静沉着，或具有体魄上的勇气，不怕任何危险。

（3）具备学问，我们不能做瞎子，要承认仅排在第三位的学问能够起到有力的辅助作用。此外，我们一直在说，不是博学之人才是有学问之人，知道得少而精才是最妙的，特别是应该深刻而透彻地掌握指导原则。

素质谈完了，我们再来说说个人品质问题。一个优秀的统帅必须是一个勇敢、正义、坚定和公正的人，面对别人的功绩能做到尊重而不是嫉妒，并且能够巧妙地利用这些功绩来为自己增加荣光。这样的统帅不仅将成为优秀的统帅，甚至完全有可能成为一个伟人。遗憾的是，能够正确对待别人功绩的人实在太少了。那些思想品质不高尚的人，不喜欢选择能力高超的助手，因为他们总是不由自主地心生嫉妒，只有选择能力差的助手，才能防止助手领导自己的状况发生。其实，他们不懂得，统率军队的总司令可以承受一切胜仗的光荣，哪怕这位总司令可能没有亲自参加这些胜仗，或者参加很少。

有这样一个问题经常被人们提起：对于军队统帅这一职务，究竟是一个富有经验并善于指挥军队的将领合适，还是一个不善于亲自领兵，但来自参谋部或其他专业兵种的人合适呢？其实答案很简单，一个本身并未指挥过对敌作战的指挥官，完全可能巧妙地计划和指挥大军联合作战，因为大战本身就是一门特种科学。彼得大帝、孔代、腓特烈和拿破仑都证明了这一点。因此，我们可以说，和其他人一样，来自参谋部的将领，也可以成为伟大的统帅。但这并不是说，作为幕僚资历深厚的人就可以担任高级统帅，只有具备军事天才和应有的素质的人才有能力担任高级统帅。故而哪怕是一个出身步兵或骑兵的将军，也和一个有学识的战术家一样，有担任军队统帅的机会。

由上述可见，这个问题是很难有绝对的答案的，重要的还是个人的品性和素质。要正确解决这个问题，必须采取中庸之道，认可以下几点：

（1）条件完全相等的前提下，一个出身参谋、炮兵或工兵，同时指挥过师、军的将军，相较一个仅熟悉一个兵种或一个专业的人更占优势；

（2）已经担任部队领导同时对战争又有较深研究的将军，同样可以胜任统帅职务；

（3）在总司令身上应该具备的所有品性当中，顽强的性格是最主要的；

（4）丰富的理论知识与顽强的性格如果同时出现在一个人身上，那么，这个人就是一个伟大的统帅。

说起参谋部，鉴于合理选拔合适的司令比较困难，故而人们联想到需要给总司令增设一个得力的助手，参谋部就是最好的形式；为了使参谋部能真正对作战过程产生影响，可以采用会议的形式。毋庸置疑，一个能保持优良传统并将其发扬光大的参谋部军官团，将永远是一个最有益和最成功的机关。但是必须注意，为了避免这个机关成为无用的废物，一定要让机关中的人物正确理解理论原则，灵活运用。腓特烈大帝创办了波茨坦军事学院，但是在创办初期，恐怕他本人并没有想到，他会把一切归结成布吕歇尔将军的"右肩向前"一条原则，斜形战斗队列也成为最可靠的取胜护身符在所有交战中使用。其实从伟大到谬误之间往往是一墙之隔、一步之差。

总司令和参谋长在战争中是非常关键的两个角色，所以尽力避免二者之间发生冲突就变得尤为重要。总司令是军队中的中枢，参谋长是他最好的助手，尽管参谋长要从参谋部最优秀的军官中选拔，总司令也应该有权力选择一个他认为能够跟他完美合作的人来担任参谋长一职。当部队出现无组织状态时，很有可能是总司令身边被派遣来了一个反对他意志的参谋长。反过来，我们也应该认识到，总司令如果被赋予过大的权力，能够全凭个人的意志选定参谋长，其实很有可能产生更大的危害，因为假使他是靠恩遇或机遇而侥幸中选的，而他其实根本就庸碌无为，那么他也许就会从那些盲目崇拜他的人中选拔一个一事无成的人物。有一个折中的方法可以避免出现此类不良现象，那就是由上级给总司令提出几个德才兼备的将军，让总司令从这几个人选中最终选定目标。

为了更加重视对作战行动的指挥，几乎所有的军队都会召开军事会议，以期来帮助总司令。如果总司令是一个很平庸的统帅，比如苏比兹、克莱蒙或者是马克那样，那么军事会议往往会提供给他意见，而他自己也无法提出更高超的意见，甚至参与会议的每个人几乎都可以定下比他更好的决心。但是，假如作战计划是由代言者执行，而不是由制订者执行，那它究竟能带来多大的胜利呢？假使总司令因为计划不是出于他自己，他对这个计划理解得并不深刻，那么又怎么指望他执行这样的计划来获得胜利呢？

我本人就曾给总司令部充当过顾问，这真是一个可怕的经验，基于自己的经验，我敢说没有人能够比我更好地给予这种作用应有的评价。这种角色在军事会议进行中间会显得很荒谬，尤其是出席会议的人越多，军阶越高，便越难办，因为当出现哪怕一点分歧的时候，真理和理智都很难再占上风。

我们可以大胆地想象一下，假使拿破仑以顾问的身份参加军事会议，并就向阿尔科莱进军，实施里沃利会战计划，越过圣贝尔纳山口的行动，以及在乌尔姆或格拉和耶拿实施机动等问题提出建议，那么将会有什么情况发生在这次军事会议上呢？有两种情况，胆小的人可能认为这些行为是鲁莽的，甚至是疯狂的，而另一些人虽然胆子不小，但没有坚定的意志，认为执行这些建议时会遇到重重阻挠，最终的结果就是所有人都可能否定拿破仑的建议。如果情况与此相反，拿破仑的建议被军事会议采纳了，但是执行人不是拿破仑自己，而是由别人去执行，那么这些建议注定是要失败的。

所以我认为，对于总司令来说，军事会议的帮助其实并没有想象中的那么多。只有二者意见完全一致的情况下，军事会议的作用才是有益的。因为只有在这种情况下，总司令才能相信他的部下已经彻底地领会了他的意图，一定能尽全力让他的意图得以实现，故而更加坚定自己的决心。这才是军事会议作为一个永远只能起咨询作用的机构所能带来的唯一的益处。但是，假如在这种会议上不仅不能统一意见，反而发生分歧，那么最后留下的只能是不幸的后果。

据前面所述，我认为，在无法找到一个经过多次战争考验，积累了一定经验并富有天才的伟大统帅时，组织军队的统帅部最好坚持的原则便是以下几种：

（1）担任军队指挥官的人必须是一个在战斗中勇敢果断、在危险面前坚定不移、经历过战争经验考验过的将军；

（2）给总司令指派的参谋长，必须是一个具有高度能力和坦率性格的人，同时这个人必须能与总司令保持完全协调一致的行动。胜利是无上荣光的，胜利者的荣誉同样是相当大的，大到足以把其中一部分分给有功的朋友。布吕歇尔就是这样与格乃泽瑙和谬夫林格合作的，并获得了荣誉，这种荣誉是他单独一个人所无法取得的。可以确定的是，这种双重指挥绝不可同腓特烈、拿破仑或苏沃洛夫的指挥相提并论。但是，如果找不到一个具备伟大统帅的全部条件的人，在没有办法的情况下，这可能还是一个最好的解决办法。

在这些重要问题讨论结束之前，另一个有关作战指导的问题我们还要再来说一说，这便是有关政府在首都设立的军事会议的问题。长期在巴黎指挥路易十四军队的鲁瓦，取得了成功；在巴黎指挥过共和国军队的卡尔诺，在1793年取得了很大的成功并拯救了法兰西，1794年虽然在后期偶然改正了错误，但最初的行动很不成功，1796年他就完全失败了。不过鲁瓦和卡尔诺都没有召开军事会议，都是自己亲自指挥战斗的。

经常执行指挥军队作战任务的只有设在维也纳的枢密院会议。欧洲各方面的意见都认为之所以造成可悲的后果，正是由于这种指挥。关于这种意见正确与否，只有奥地利的几个将军才能给出正确的答案。

对于这一问题我认为，这种会议唯一的职责应该就是通过一般的作战计划。通过前面的陈述，大家应该已经知道，这种计划如果对整个战局的进程规定过细，就束缚了将领们的行动自由，则必将招致失败。我认为这种计划所决定的范围应仅限于下面几个方面：规定作战目标、作战性质（攻势或守势）；规定保障战斗初期需要的物质器材的数量，保障预备队的需要，保障当敌人入侵时全国民兵的需要。必须承认，政府所召集的将领和大臣会议可以，甚至是应该对所有这些问题加以讨论的。但是，这种会议的活动应该仅仅以此为限，因为如果命令向维也纳或巴黎进攻，给军队规定为到达目标所采取的机动方法被会议认为是自己的权力，那么这个总司令就是不幸的，是注定要失败的，而远离敌人二百古法里外的那些人就是应该为这一失败负全责的人，他们觉得自己有权指挥现在本来就很难指挥的军队。

第十五节　民族的尚武精神和军队的士气

人民的尚武精神非常重要，哪怕政府为建设军队采取了所有最好的措施，但如果没有采取培养人民尚武精神的措施，那么一切也都是徒劳。如果真像人们所形容的那样，在伦敦旧城的金融中心区，一个军功勋章获得者和一个最富有银行家头衔的人相比，后者更加为人们所尊重，那么培养人民尚武精神的情况就只能发生在靠强大海军保护的岛国。一个大陆国家一旦染上伦敦旧城金融中心区或巴黎交易所的风气，那被邻国征服就是迟早的事。人民的勇敢精神和生物精神使罗马人及罗马国家变得强盛，然而，后来他们遗失了这种美德，服兵役不再被视为光荣的义务，他们甚至把服兵役的义务转交给了充当雇佣兵的哥特人、埃卢尔人和高卢人来执行。持续一段时间后，罗马帝国迎来了不可避免的灭亡。我们不能忘记或忽视一切能够增加国家实力的因素，哪怕是平凡而勤劳的人们，理由很简单，因为他们才是促使国家繁荣的主要因素。但这一切做法都要服从能形成国家力量的伟大制度，并且是永远服从。而鼓励果断和英勇的精神正是实现这一点的重要途径。政策和公道在这方面是完全一致的，因为只要不怕牺牲，像恺撒大帝那样，就比那些利用国家危难之时来中饱私囊的庸人要光荣得多，不管布瓦洛怎么说，事实就是如此。在一个国家里，假如那些为了保卫祖国而牺牲生命、财产和健康的勇士们，还不如那些纳税者和交易所的生意人受到尊重，那么这真是一个可悲的国家。

鼓励尚武精神的方法有两个：第一，就是使军队受到普遍的尊重和关怀；第二，提高曾为国家服役的人的待遇，比如，当政府官员出现空缺时，享有优先候补权，甚至可以规定某些职务必须由服役满多少年者来充任。近代社会出现一些不和谐的声音，就是乌托邦者反对军官参与社会活动，他们认为军官应转任文职，主张政府的一些高级职务应由那些能说善辩的人来充任。一个严重的问题摆在我们面前等待我们慎重考虑，那就是要把罗马的古代军事制度同俄国和普鲁士的制度加以比较，然后再把所有这些制度同上述乌托邦主义的最新学说加以对比研究。

毫无疑问，很多职务对专业知识有很高的要求。军人其实一样可以在服役期满后继续为一些专业献身，只要他利用和平时期相当多的时间来学习。假使规定只有大尉以上的退役军官才能改任文职，那么就可以大大鼓励军人们去争取这个官衔，可以促使军人们在营区里不仅仅考虑看戏、喝咖啡，更要考虑别的消遣方式。

军职转文职这种现象，在有些人看来，对提高士气来说，有害而无利。他们认为与此相反，让军人没有任何可能在军外谋求职业，才是巩固事业的手段。埃及中世纪的近卫兵和土耳其帝国的精兵就是这样建立起来的。有的国家则教育被买来充作士兵的七八岁的孩子，让他们树立终身服役的理想。比如以自己的权利而自豪的英国人，甚至以终身服役为荣；同时看看俄国，它也规定军人的服役期限为25年，这同英国的终身服役制度制定的期限几乎相同。

就像在以志愿兵役制为基础的军队里一样，军人不被允许转任文职，这种做法的确可能有益。然而在服兵役为居民的临时义务的国家里，则应做另外一种考虑。在罗马的法律里有这样的规定，在军团里服兵役必须满十年者，才有转任各种文职的权利。这种方法可以用来保持旺盛的士气，特别是争取物质福利的热情在整个社会上占统治地位的时代。

然而不管怎样，我总认为，一个英明的政府，无论实行的是什么制度，有一个宗旨是必须贯彻到底的，那就是：为了培养居民的光荣感和英勇精神，必须提高军职的地位。否则，这个国家就会遭到和拜占庭帝国一样的命运，并受到后世的谴责。

上面我们一直在说要在居民中提倡尚武精神，其实这是远远不够的，在军队中也必须鼓励尚武精神。哪怕公民做到了尊重军人，哪怕提高了作为公民义务的服兵役的地位，但是如果军队本身并没有这种英勇精神，实际上并不能带来多大的好处。如果真的发生了这种不好的情况，那么，国家的军队很可能会变为没有价值的警察部队，仅仅是人数众多而已。

值得注意的是，激奋精神和尚武精神不能混为一谈，它们是两种不同的性质，虽然它们可以产生同样的效果。激奋精神，前面我们说过，从某种程度来说，它是一种政治或宗教信仰，以及爱国心等暂时感情冲动的结果。而尚武精神呢，是统率领导艺术和英明军事制度共同作用产生的，环境对其影响较小，它是任何具有远见的政府都应该重视的。

正因为这样，英勇精神必须得到尊重和钦佩，军人必须得到尊重，纪律和信念必须深入思想，不能仅停留在表面。

自我牺牲精神、英勇精神和责任感，毋庸置疑都是美德，这一点军官和一般干部都必须坚信；如果没有这种美德，所有的军队都将失去尊重，失去荣誉。人人都要懂得，失败时的坚定不移与胜利时的精神振奋相比，前者更为可贵，因为攻占敌人的阵地靠勇气就能实现，但是面对占据上风的强大的敌人的进攻，英雄主义才是必需的，他们能够完成艰巨的退却，并不制造出混乱，反而凭顽强的抵抗，给敌人造成无限的阻力。面对这一次巧妙的退却，国王的天职就是，像奖赏辉煌的胜利一样奖赏这次退却中的功臣。

在平时的训练中，士兵就应该养成吃苦耐劳的精神，切忌庸庸碌碌，无事可做；应该使军队永远具有优势，并且是一种压倒性的优势；应该让士兵意识到伟大功勋具有荣誉感。简单来说，鼓励勇敢，惩罚懦弱，把胆怯视为可耻，是提高军队士气的有效方法。

让我们看看罗马军团衰亡的主要原因，难道不是娇生惯养吗？在西庇阿时代，那些士兵穿戴甲胄，在非洲的烈日下作战，却未表现出疲累，这难免让人望而生畏。可是后来到了日耳曼和高卢的凉爽的天气下，他们反而渐渐觉得甲胄过重，罗马帝国的末日也就来临了。

我曾经说过，敌人的力量是绝对不可以过分轻视的。一旦遇到敌人顽强的抵抗，因为过分的轻视，自己的军队无法接受事实，士气就可能动摇。拿破仑在耶拿会战之前，对拉纳军训话时，一方面称赞普鲁士骑兵的英勇，另一方面更强调了普鲁士骑兵终究抵挡不了他的埃及士兵的刺刀。

统率还必须善于逐级警告。首先是军官，再由军官警告士兵，要他们预防突然恐惧的冲击。要知道秩序就是安全的保证，假使纪律不严格，又意识不到这一点，那么即使这是一支非常勇敢的军队也可能出现突然恐惧的现象。就像不缺乏勇敢精神的十万土耳其大军在彼得拉登之被欧根·萨瓦亲王击溃，在卡古尔之被鲁缅采夫击溃。之所以发生这样的情况，是由于敌人很容易就粉碎了他们无秩序的攻击，各自逃生的士兵成了乌合之众。惊慌失措的军队，丧失了秩序，个人的意志便无法协调一致，于是纪律紊乱，军心涣散，指挥官的命令不能得到贯彻，要恢复战斗的命令都无法执行后，唯一的出路就是狼狈可耻地逃跑了。

　　什么样的民族最容易受到这种恐惧症的感染呢？就是那些怀有强烈幻想的民族，南部各国的民族几乎都是如此。想要战胜这种危害，必须拥有稳定的秩序和卓越的统帅。虽然法军在良将的指挥下在作战时有着毋庸置疑的英勇精神，但往往也不能例外地出现这种看似笑话的恐惧症。大家应该都记得维拉尔元帅的步兵在弗里德林根会战取得胜利后，还莫名其妙地出现过丧魂落魄的恐惧症。更夸张的是，拿破仑的步兵在瓦格拉姆胜利后，在敌人全部退却的情况下，也曾出现过这种情况。此外，更让人匪夷所思的，还有第九十七旅围攻热那亚失败后，有一千五百名士兵却突然袭击并攻占了迪亚曼特要塞。可大家知道吗，这一千五百人竟然是当时面对一个小分队的骠骑兵就落荒而逃的士兵，事过两天，这一千五百人就创造了历史上著名的最大胆的行动。

　　当遭遇部队被打散时，落荒而逃与重新迅速组织起来一致进行抵抗比较，前者更容易遭到伤亡，这一点，看起来很容易使勇敢的士兵相信。在这一方面，俄军做得非常好，堪称欧洲各国军队的典范。所有生生需要退却情况的战争中，他们都表现得非常坚定，这一方面是由于民族性格，另一方面，也是更为重要的方面，是由于他们具有严格的纪律条令。实际上，军队思想活跃并不完全是引起恐惧现象的原因，军队平时没有维持秩序的习惯，长官没有采取预防措施的经验也是原因之一，并且占有很大的比重。有些时候大多数将领在这方面的疏忽大意，让我感动惊讶。当一些小部队或分散人员迷失方向时，他们竟然不采取任何预防措施，不规定任何信号，这样自然就无法保障有些分队可能由于突然恐惧或无法抵抗敌人的冲击而陷入混乱时能够集合起来。当有人想建议他们采取此类预防措施时，他们居然还会抱怨。然而，关于部队迅速恢复集合这件事，有时依靠最大的勇气和最严格的纪律未必可行，但往往可以依靠部队信号。毋庸置疑，使用任何人力的方法都不能维持秩序的情况是经常会出现的。例如，有时当士兵因为体力上受到极大的痛苦而对任何指示都置若罔闻时，长官想要把他们组织起来就非常困难了，无论采取何种措施。1812 年法军撤退时，就曾有这种情况出现。假设平时能养成维持秩序的良好习惯，采取巧妙的预防措施，并有严格的纪律，当然排除一些特殊情况，但一般情况下是能够帮助军队改变这种状况的，哪怕不能完全避免惊慌失措，迅速恢复秩序也是可以实现的。

　　因为我对以上这些问题原拟只做简要概略的分析，所以研究到此告一段落，接下去研究的将是纯军事性的问题。

第 三 章

战 略

定义和基本原理

我在前面的章节里，简明介绍了战争艺术的几个组成部分。除此之外，据我前文所讲，它还包括战略、大战术、战争勤务、基础战术和工程艺术五个部分。这里，我们首先研究战略、大战术、战争勤务这三个部分。如果要对这三部分进行研究，就必须先研究其定义。

如果想更加详尽地研究其定义，我们就要对军队首长在对敌宣战时会产生的与此相关的问题按照顺序进行阐释。不过，我们首先需要研究的问题，是关于作战计划。所以，关于研究顺序，研究战略与研究战术恰恰相反。究其原因，是因为研究战术的程序，应该先着眼于细节，其次才是研究大部队的编成和使用。

我们就此进行假想：此时有一支即将参战的部队就在我们面前，首先需要这支部队的总司令注意的问题，是对马上开始的战争性质有着清醒的认识，并且，在这一点上，要与政府保持一致；其次，需对战场的情况进行仔细研究，并根据政府首脑的要求，参照本国、同盟国边境的相关情况，选定作战基地，这个作战基地，必须是最适合部队的。

作战基地辅以预定的作战目标，据此二者即可确定作战地区。待作战地区被确定之后，总司令就应该明确军队的首个作战目标，并根据此作战目标选择作战线，此作战线可以是临时的，也可以是不变的，但必须是能达到这个作战目标的。在选择作战线时，要选择最有利于部队的，能保障部队规避大危险，并最大可能取得胜利的作战线。

部队在沿着这条作战线移动时，会遇到两个正面：即作战正面和战略正面。如果部队在此正面后方遇到一条可作为敌人依托的防线，那么部队在行动时应小心谨慎。同时，如果作战线或防线上的临时阵地被部队占领，那它则会变成战略阵地。

军队在接近它预定的第一个目标的过程中，如果遇到敌人的抵抗，那么军队对敌人的攻击要及时展开，也可以机动作战，以击退敌人。想要实现这一作战目的，提前预定一条或者两条战略机动线十分必要，但是它们在一定程度上可能与一般作战线有所偏离，所以不要将其与一般作战线同样看待。

联系战略正面和作战基地，除上述条件之外，根据军队前进的情况，恰当建立宿营地线、补给线、补给站等设施也是十分必要的。

有这样一种情况：当作战线过长地纵深延伸，同时，在可以对军队产生威胁的距离中有部分敌军存在。就此，我们提供了两套方案供部队司令进行选择：

（1）攻击此部分敌军，强迫他们撤退；

（2）对此部分敌军置之不理，继续按原定计划行动，同时，对敌军的后续支援部队进行监视乃至无视。

如果决定采取第二套方案，后果就是军队将面对战略正面和大部队正面的双重正面。

军队渐渐接近预定的作战目标，这时，敌军也将采取抵抗行动，战斗就此打响：如果这次的战斗没有分出胜负，双方会进入暂时性的对峙，对峙之后，战斗会重新打响；如果此次战斗中军队获得胜利，军队将会继续进攻，直至攻占第一个预定目标，或者继续按照预定路线前进，直至实现第二个预定目标。

如果以夺取一个战略要塞作为开始作战的目标，那么一场围攻战就不可避免地要发生。可是，当军队去进行围攻后，所剩兵力不足以继续进攻，那么，我们应该在准备夺取的要塞附近攻占一战略阵地，这样就可以对负责围攻的军队继续掩护。1796 年，当时的意大利军团兵力不足五万人，就因为上述原因不能越过曼图亚抵达奥地利的心脏，于是，意军便无视在曼图亚的二万五千名敌军，专门对付在蒂罗尔和弗留尔这一双重作战线上的四万奥地利军队。

当然，如果军队本身有足够的兵力，就可以继续扩大胜利果实；要是已经没有需要继续围攻的要塞，就要向着下一个既定的战略目标继续前进。

在这个过程中，如果此战略目标距此过远，建立中间依托点就势在必行了，这样可以保障军队的后续行动。在建立中间依托点也就是中间基地时，我们可以选取一两个已经被我们占领且确定不会突然被敌人攻破的城市，如果没有，就要临时搭建建筑物作为中间基地，同时辅以小型战略预备队，作为后方的掩护部队，并对中间基地、部队补给进行警卫。在行军过程中，遇到大江河时，军队在渡河之前，桥头堡必须尽快建立起来。如果桥的那头位于四面有墙的城市中，为加强防御，就必须建筑一些筑垒工事，这样中间基地的力量会得到加强，那些配置在此的战略预备队的力量也会相应加强。

如果战斗遭遇失败，就要退回中间基地，这样可以休养生息，吸收留守在此的军队，并依靠要塞和营垒，增强自己的抵抗力量，阻止敌军继续前进，或者以此分散敌军兵力。

如果冬季到来，军队就要转移进入冬季营舍。当然，一方如果已经取得决定性优势，可能会继续发起战斗。作战中，如果未遇到敌方防线的严重阻碍，同时，又想要进一步扩大战果，冬季作战就在所难免了。面对冬季作战，交战双方的困难都是巨大的。但是深究起来，相对于普通作战，冬季作战并无特殊之处，只不过需要更大的决心与毅力，才能战胜对方，取得胜利。

以上就是一般战争的过程，我们研究各种作战问题需要遵循的程序也在于此。

总体来说，凡是涉及战争整体的问题，都归属于战略范畴。分析战略，可发现战略包含以下内容：

（1）对战争区及战争区可能出现的各种情况进行调查、明确。

（2）根据战争区及战争区可能出现的各种情况，决定战略战术，并在所有选择中确定最有利的作战方案。

（3）选择地点建立固定的作战基地及作战地区。

（4）对预定的进攻目标或防御目标进行选择。

（5）对作战正面、战略正面及防线进行确定。

（6）对军队的基地、作战目标乃至军队占领的战略正面的作战线进行选择。

（7）为本次作战选择一条最佳战略线，以包围战略线的各个部分为目的，实施行军及机动。

（8）建立一个短期的、临时的作战基地和战略预备队。

（9）研究部队的机动行进问题。

（10）处理好补给中心跟军队行动的协同关系。

（11）对要塞的战略意义、军队的掩蔽部和军队移动的障碍等方面进行研究；对如何实施和掩护军队围攻要塞方面下工夫。

（12）对需要时在什么地方建立营垒、桥头堡等工事做出决断。

（13）对牵制性进攻及派出大支队的有利时机或必要时机进行研究。

以上 13 点原则，是在战局初期制订作战计划时拟定的。而在这些内容之外，值得我们注意的还有一些从方向上看属于战略内容，从执行角度看又属于战术的混合性行动，例如：冬季宿营、渡河、突袭、登陆、后退，以及护送车辆运输，等等。

战术是战争艺术的第二部分，指的是军队投入冲击的各种部署及在战场上的机动。

战争勤务是战争艺术的第三部分，别称为军队移动的应用艺术。战争勤务包括遂行行军、编组战斗队形和宿营等技术性细节问题，也就是指战略和战术的实际执行。

有很多无结果的争论是针对在一种科学的所有不同部门间确立绝对的界限问题，对此，我曾经说过，战略是在地图上进行战争的艺术，是研究整个战争区的艺术。在冲突发生的现场并根据当时的实际条件进行兵力配置的艺术就是战术，在战场中的各点合理分配使用兵力也是战术，这些点多数时候分布在十六到二十公里间。而十六到二十公里，正是多数时候作战部队接受和执行命令的地方。战争艺术的第三部分——战争勤务，正是针对战争准备阶段的一门科学。有人对这种定义表示怀疑，但是又找不到更好的定义对其进行代替。显然，在很大程度上，战略行动决定了战争的胜负，甚至有的交战本身就是战略行动，这种情况仅仅适用于分散的军队，这也是一种例外情况。

因此我认为，战术所研究的对象，除了应该根据实际情况采取措施之外，还应该具备以下内容：

（1）采取积极的战略防御；

（2）选择正确的阵地和防线；

（3）两军行军遭遇交战和不预期交战；

（4）为攻击敌人防线，可采取多种多样的战斗队形和基本机动样式；

（5）对全军范围的突然袭击；

（6）明确军队进行战斗的号令；

（7）攻击阵地和营垒；

（8）采取突然袭击。

在战争中，例如运输、饲养、前卫或后卫的局部战斗等，属于小规模战争的具体细节行动。换言之，凡是由师或者独立支队采取的单独行动，不应该算作是大规模战争的范围而进行研究，而是都应该归属此类。

战争的基本原理

证明存在一条适用于所有战争的军事行动的基本原理，正是本书的主要目的。这条原理，必须对一切军事计谋进行支配，目的是使其变成巧妙的计谋。该原理的主要内容为：

（1）通过战略计谋的运用，以此将军队的主力向战争区域投递，并且尽量保证将这些军事力量投向敌人的交通线，与此同时还要保证自己的交通线不受袭击。

（2）实施机动，这样就能保证主力部队可以对敌军部分部队作战。

（3）在交战的时候，也应该采取同样的办法，做好战术机动，让主力部队用在对战场具有决定意义的点上，或者用来攻占敌军的战线要点。

（4）在具体的战斗中，主力部队不仅要用在决定点上，而且应该保证这些主力部队在决定点上能够顽强一致地投入到战斗中去，从而取得战争胜利。

对于这样一条普通的原理，有些人认为太过简单，因此受到了一些批评。有人对我的观点表示反对，提出把主力用于决定点上并使其适时投入战斗这样的建议，是非常容易的，不过能够认清这些决定点才是战争的艺术所在。

对这个简单而又有些天真的真理，是不需要争论的。不过我也承认，如果只是提出这样一个普通的原理，而不对此加以必要的解释，以有效地帮助读者能够在具体的情况下进行运用，怎么说也是可笑的。因此我尽最大的努力，以便让每一个好学的军官能够很容易地在战略或战术的棋盘上找到这些决定点。读者可以在下面的第十九节中，找到各种决定点的定义，而在第十八节、第二十二节中，则可以知道在一场战争中这些决定点跟各个方面的联系。如果一些军人，对上述章节进行过认真研究后，还是不能准确地确定这些决定点，那以后就永远不要再想研究战略了。

实际上，一个主要的战区只有三个区域，分别是左、中、右三个区域。同样的道理，在每一个区域，每一个作战的正面，每一个战略阵地，每一条防线和每一条战术战斗线，都具有中央和两端这三个部分。我们总能够从这三个方向中，找到一个对我方达到既定重要目标有利的方向，一个次有利的方向，以及一个比较不利的方向。由此看来，在确定了这一目标跟敌人阵地和地理上的各点的关系之后，可以将每一个有关战略动机和战术动机的问题，归结为一个问题，那就是决定向右、向左还是向正前方机动。要从这三个方向中做出这样一个简单的选择未必会成为一个难题。

但是我认为，战争的艺术绝不仅仅在于选择一个有利的方向，好指导大量军队作战；当然这一点至少是战略的本质，我绝不否认。仅仅能拟定和准备英明的计划还远远不够，还应该能够很好地执行计划，要有技能，能够坚持下来，还应该有远见。

接下来的内容，我们会首先将这一原理应用在各种不同的战略和战术手段中，并且用二十次著名的战役来证明这一点。只要能够运用这一原理的战役，绝大多数都取得了辉煌的胜利，而忘记这一原理的人，最后难免遭遇到最大的失败。

第十六节　作战体系

　　战争在不可避免即将产生的情况下，我们必须确定的首要问题：这场战争是一场进攻战争还是一场防御战争？为了确定这一问题，就必须准确理解进攻和防御的含义。

　　首先说说进攻。进攻一般可以分为三种类型：假使即将进攻一个大国，目标是这个大国的大部分领土乃至全部领土，那么这次战争应该被定义为一场入侵战争；假使即将进攻的是一个省，或者只是一个有限的防线，那么这次战争应该被定义为一次普通的进攻；又假如这次进攻的只是某个敌军的阵地，也就是说只是进行一次作战，那么这次战争就可以称为"主动运动"。回顾上一章，我们已经了解到，不论是从精神观点，还是从政治观点看，有利的往往是进攻方。这是因为，进攻会把战火烧到敌方的国土之上，避免自己的国家遭到战争破坏；从资源角度讲，敌方资源会因此减少而我方资源会因此增加；从士气上看，进攻可以提升我军士气，同时，进攻往往会给敌人带来恐惧感。不过，从另一角度看，有时候进攻反而会令敌军的反抗情绪高涨，这种反抗情绪，往往伴随着爱国情感，当他们觉得自己的行动已经关乎国家命运的时候，这种情绪会愈发高涨。

　　如果换一个角度，从军事角度看，进攻则有利有弊。在战略层面上，假如这次进攻的程度是入侵战争，那么进攻方也就是我方的作战线就在敌人的国境内，这自然会给我军带来危险。因为，敌人国境中的山川、河流、关隘、要塞等障碍，是有利于敌人进行防御的，也就是说，不利于我军进攻；同时，对方的国民和政府也一定会对我方即他们眼中的入侵者抱有强烈的敌对情绪，从而不会听从我方摆布为我方服务。但是如果我们成功地完成了进攻，那么就能直捣黄龙，打击敌军心脏，夺取敌军军事资源，而这些，是促使战争早日结束的重要条件。

从战略方面来看，如果为了争取战争主动权而实施进攻，即采取一次小规模的作战行动，那么这样的进攻就是有利的。实际上，如何把军队的主力用到决定战争胜负的点上，就是战争艺术，而要实现这一点，最重要的方法就是夺取战争主动权，这是显而易见的。如果夺取了主动权，就能清楚地明白我方的行动目标，也就能率领主力部队到达可以对敌军实施突击的地点。换言之，如果只能待在一处，等待敌人的进攻，那么，我方也就被动了。敌人的进攻方式是多种多样的，是各个击破，还是攻其一点，我们对此是不清楚的。如果不知道敌人的进攻方式、进攻方向，我们也就无法找到最恰当的防御方法。

从战术方面来看，虽然进攻在战略方面的益处很大，但显然战术的益处不如战略中的明显。这是由于在较小的作战区域内，即使一方夺取了战争主动权，但是无法将自己军队的行动完全隐蔽，那敌人还是可以快速识破我方军队的行动，随后针对这些行动做出部署，并派出实力强大的军队来进行防备。除此之外，想要到达敌人的战线，进攻军队一定要越过中间的地形障碍，这些地形障碍，多数是不利于进攻军队前进的。综上所述，我们可以发现，进攻对于战术来说，利弊其实是相当的。

但是，无论对战略、政治来说，进攻的利益有多大，在整个战争过程中，军队是无法总是保持进攻状态的。原因是战争以进攻开始的话，绝对会转入防御。

这也正如我们在前文中说到的，如果经过周密的计划、详细的部署，防御战争如进攻一样，也有着其有利的一面。防御一般分为两种：一种是惰性防御，也可称为消极防御；另一种是积极防御，就是要防御遭到突袭。消极防御经常具有危害性，反观积极防御，则会给防御方带来巨大的胜利。实施防御战争，其主要目的是在于一方希望在尽可能长的时间中，抵抗敌人进攻，保护国家部分领土不受威胁。因此，防御战争中的所有作战，目的都在于阻止敌人前进，令敌人在行军过程中遭遇困难，同时，避免我军遭受严重损失。一般来说，进攻方是具有某种优势才敢于发动进攻，而在进攻中，又希望可以尽快结束战斗。有时进攻方不得不调整兵力部署、行军路线或者遭遇其他困难，军队也因此疲惫不堪，并受到严重削弱，此时，与进攻方恰恰相反，防御方应该尽量推迟战争的结束。

如果遭遇到失败，或者敌人的兵力优势十分巨大，那么军队才应该采取消极防御。而在消极防御中，军队可以利用自身的地形优势，利用天然的或者人工制造的障碍，尽可能地达到与敌军相当的实力，同时制造所有有利于抵抗敌军的障碍。

在防御体系中，消极防御也有有利的一面，前提是不走极端。而如果想造成这样的局面，前提是指挥官已经认识到自己是被迫采取防御的，同时具有非常正确的作战思维，也就是说，不仅仅是简单地采取消极防御，换言之，就是绝对不会消极地等待敌人来攻击自己，而在一个固定位置静止不动。恰恰相反，他应该利用更加活跃的作战行动，积极争取主动，抓住敌人弱点，动用自身的一切手段进行进攻。

曾经，我把这种战争称为攻势防御战争，因为在战略上抑或是战术上，这种战争都是有利于我方的。我们可以利用攻防两种优势，采取这种作战行动。原因是战场的中心部位已经做好准备，我们位于其中，也就是本国资源和依托点的中央，就既能争取战争的主动，又能抓住有利时机对敌方进行突袭。

腓特烈大帝在七年战争中，最初的三次战争都采取了具有侵略性的行动，在之后的四次战争中，才真正创造了典型的攻势防御。对此，我们也必须承认，是敌人给了他机会，帮了他的忙，给了他完成这个成就的机会，因为是敌人让他顺利夺取了战争的主动权。

将军威灵顿，纵观他一生的多数活动，如在葡萄牙、西班牙和比利时的时候，攻势防御也起了极大的作用。回视他当时所处的环境，采取这种作战方式，确实是最为正确的。因为他是在盟国领土上作战，这样就不需要考虑自己国家的首都或者正在遭受威胁的领土的安危，所以就可以只对战争的实际情况进行考虑，但是这样，经常会成为非比阿斯。

究其根源，我们可以明显地发现，作为一个将领，最大的才能、智慧，就是可以将上述两种作战体系进行灵活交替运用，特别是在防御交战最激烈的阶段，重新将战争主动权抢夺过来。

第十七节 战 区

战区，即战争区，一般包括两个大国间展开交战的所有地区。这些地区可能包括这两个国家的国土，也可能包括它们相关盟国的国土，甚至还包括一些因为恐惧或者想争取某种利益而被牵扯进战争的次要大国的国土。如果这场战争还包括海上作战，那么情况会更加复杂，这样，战争区就不会仅仅局限在某一国境内，极有可能会涉及两个半球，这种情况从当年的路易十四战争一直延续到后来的英法战争，从未改变过。

综上所述，战争区的范围其实并不是十分固定的，战争区很容易被偶然情况影响，因此，切记不可以把一般战争区与战区互相混淆，原因就在于战区并不一定受所有这些复杂情况影响，而是由每个军团占领的范围决定的。

就像法奥之战为陆战，仅仅只有意大利成为战争区。假如德意志各邦全都加入到这场战役中，那么战争区肯定不会只有意大利，德国也要加入进来。

有时候，几个军团可能彼此协作进行作战；有时候，也可能是各个军团独立进行作战。如果是第一种情况，就应该把整个战区作为一个棋盘来看，为了达到既定目标，可以在这个棋盘上运用战略调动军队；如果是第二种情况，各个军团就会有各自单独的战区，彼此独立进行作战。

对于一个军团来说，战区包括该军团所要夺取的全部地区，当然，也可能是该军团必须防守的全部地区。如果这个军团是在独立进行作战，则这个战区就是它的棋盘，尽管军团的三面同时被围时，军团也能撤离，但是这种情况下，对机动的考虑往往就不会十分周密，原因是这时无法提前计划好自身与在另一棋盘上的作战军团的配合，也就无法共同行动。而假如是几个军团按计划进行作战，则各个军团的棋盘事实上就是一个总战争区中的一个作战区，即一个大棋盘；在这个棋盘之下的所有军团的行动是为了达到一个共同目标而进行的。

不管是一个军团，还是数个军团，也不管地形如何起伏，战区都要包括以下几个部分：

（1）固定的作战基地；

（2）防线、作战正面及战略正面；

（3）有一个主要的作战目标；

（4）确定作战地区和作战线；

（5）确定临时战略线和交通线；

（6）准备各种天然和人工障碍物，用以克服、阻止敌方；

（7）确定战争中应该攻占或防守的战略要点；

（8）确定需要在作战目标和主要基地间建立的临时基地和中间基地；

（9）确定行动失利时可以掩蔽军队的地方。

为使上述论点更加形象，我们可以假设，法国将要入侵奥地利，兵力为两到三个兵团，由一个总指挥官统一指挥。这几个兵团分别从美因茨、上莱茵、阿尔卑斯或萨瓦出发，进入奥地利。显而易见的是，这些兵团会经过不同国家，但是不论经过的是哪个国家，都会成为总战争区下的一个作战区。不过，如果不越过阿迪杰河是意大利军团规定的行动范围，同时，该军团不与莱茵军团彼此合作、协调的话，意大利军团的唯一战区，也就是唯一的棋盘，就是总计划中所规定的作战地区的范围。

综上所述，自己的特别基地、行动目标以及作战地区，是一个战区应该普遍具备的，这样，在进攻时己方就会拥有从基地到作战目标之间的作战线，也会拥有从作战目标到基地之间的作战线。

对于分布在战区各方向上的物质点或者地形点，有很多关于军事的书籍已经针对它们在战略或战术上的种种特点及特性进行了探究、讨论。一直以来，许多人争论的对象为道路、江河、山脉、森林和城市，也就是那些能提供防止敌人突然袭击的障碍，当然，还包括战争要塞等，可是，虽然见解很多，但是多数人的论点并不十分高明。

对于这些名称，有些学者赋予了它们许多莫名其妙的含义。比如说，一些军事书籍喊出了这样的口号：最优良的作战线就是江河！但是类似这样的一条作战线，一定会有两到三条道路，以便在其作战地区内运动的军队行动，这其中，还只要有一条退路存在。也正是因为这一点，今天的穆瓦兹们竟然主张将江河作为退却线，甚至是机动线使用！在我看来，最合理、最正确的说法应该是：江河本身并不是一条作战线，而应该是一条良好的补给线，是一种有助于建立良好作战线的有力工具。

有些观点让我们感觉十分奇怪，一些著名作家认为，假如想把某个国家建设成一个良好的战争区，则不用必须在这个国家修建交会道路，原因是交会道路有利于敌人的入侵。貌似一个国家可以没有首都，也可以没有经济发达的工商业城市，事实上，所有代表国家全部利益的城市，似乎不应该成为道路的汇聚点！根据某个作家的想法，也许会把德国变成一片沙漠，从而使它成为一个战争区，这样的话，就会重新出现一个商业城市，而国家的主要城市仍然可以得到复兴，这样，道路会再一次在这些繁华的中心交会。在这里，顺便回顾一下，1796 年，卡尔大公能轻而易举击败茹尔当的原因，最终就归功于交会道路。事实证明，这种道路对进攻比对防御更加有利。假如两支军队各自沿着交会于一点的道路撤退，则他们会比追击他们的两支敌军先会合在一起，这样，他们的实力就会大于分别追击他们的敌军，也因此有可能将追击他们的敌人各个击破。

还有些作者认为，山地国家中战略点更多一些，另外有些作者却反对这个观点，他们的论据是阿尔卑斯山中的战略要远远少于谷地中的战略点，可是也正因为少，这些战略点才具有更加重要的、决定性的意义。

有些作者有这样的观点，不管对于谁来说，崇山峻岭都和中国的长城一样，不可逾越。但是拿破仑在谈到雷蒂凯山时曾说："凡是人能涉足的地方，军队就有办法通过。"

有的将领，山地作战经验并不少于拿破仑，他们态度一致，都非常赞同拿破仑的意见。他们补充说，其实在山地中进行防御战非常困难，不过，有一种例外是正规军与民兵互相配合。在这种配合中，民兵可以在山顶进行警卫，同时对敌人进行不间断的袭扰，正规军在大山谷交会之地与敌军作战，也就在决定点上与敌人一决胜负。

在这里提出这些矛盾的论点，并不是我们要吹毛求疵，这样做的唯一目的，是希望向读者说明一个问题：战争艺术发展到今天，还没到尽善尽美的地方，值得我们继续探讨的问题还有很多。

在这里，我们不会谈在战争区内的各种天然屏障和人工屏障的战略价值，在本章的其他各节中，我们将对一些最主要的障碍的战略价值进行分别评述。但是，总的来说，统帅的机智和智慧在很大程度上决定了这种价值。伟大统帅拿破仑，曾经跃过圣贝尔纳山口并命令军队通过斯普吕根，他绝对不相信这些山脉军队无法跨越，可是，让他没有想到的是，一条令人厌恶的、浑浊的小河和一堵围墙竟然改变了滑铁卢之战的结果，也同样改变了他的命运。

第十八节　作战基地

有一个良好且可靠的基地作为保障，是作战计划实施的基本要求。作战基地，指的是一个国家的全部或部分领土，这个国家的军队可以从作战基地中获得战争中需要的物质器材和增援部队。当军队准备采取进攻时，可以把这里作为进攻起点；在必要时，军队也可以在这里找到掩体；如果军队的任务是对本国国土进行防守，则可以把这里作为依托。

如果一个国家的边界是一个良好的天然或者人工屏障时，军队就可以将此边界作为一个良好的进攻基地；如果这个国家想要预防敌人的入侵，此边界还可以成为一条良好的防线。

而在后一种情况，也就是成为防线时，这个国家还应在第二条线上建立一个良好的基地。虽然军队可以在本国境内的各个地点得到支援，但是我们应该知道，某些地区实际上根本不具备军事要点和军事器材，这里既没有武器库，也没有要塞，更没有仓库等军事设施，而某些地区则恰恰相反，这类资源十分丰富，军队轻易就可以得到。

对于一支军队来说，拥有数个逐次分布的基地是十分必要的。举个例子，在德国境内作战的法军，它的第一基地就是莱茵河，而它的第二基地就是莱茵河后面所有有盟军的地区，也可能是一条具有非常大的优势的防线。可是，当法军被迫退至莱茵河的左岸时，法军则可能在马斯河或者摩泽尔河找到新基地；而法军的第三基地可能设置在塞纳河，第四基地也许会设置在卢瓦尔河。

　　为什么我要在此处提及上述这些连续的基地呢？我绝不是想说明这些基地应该完全或者几乎相互平行。恰恰相反，我们有时候还得改变它们的方向。比如说，当法军撤退，渡过莱茵河之后，法军也许在贝尔福和贝桑松地区，也许在梅济埃尔和色当地区，都有找到新的主要基地的可能。当年，俄军撤离莫斯科之后，沿着奥卡河以及南部诸省建立了新基地，而放弃了东面和北面的基地。这些侧面基地，与防御正面互相垂直，这样就经常能起到决定性的作用，至少可以说，这样的侧面基地可以长时间地阻碍敌人，使敌人行动迟缓，也可以阻止敌人深入到本国的心脏地区。

　　如果一个基地依托于一条宽广、湍急的大河，这条河的两岸可以凭借坚固的越河工事加以控制，那么毫无疑问，这个基地将会是一个最佳基地。

　　基地的正面设置得越宽，对基地的掩护效果就越低。但是，相对来说，敌人也就越难将我军和这个基地的联系切断。

　　如果一个国家的首都或者国家中心距离国界过近，那么在一场防御战争中，它作为作战基地的优势就远远低于首都远离国界的国家了。

　　作为一个完善的基地，必须拥有两到三个要塞，这些要塞要有足够的面积，供军队建立兵站和仓库等设施。如果基地中有不能徒步通过的江河，那么至少要对应占领一个桥头阵地。

　　以上我们刚刚提到的与基地相关的特性问题，大家的意见十分统一。但是，对于一些关于基地的其他问题，大家所持意见的分歧还是比较大的。有人认为，作为一个完善的基地，必须与敌人的基地平行。我的意见则恰恰与之相反，作为一个基地，与敌方的基地垂直才最为有利，如果有两个边几乎相互垂直，则效果更为明显，特别是二者构成一个凹角，效果就更好了。如果有必要，可以把这种基地作为双重基地使用，这样，既能对战区的两个边进行控制，又可以对两条彼此距离较远的退却线进行保障。如果战局正处于转折关头，这种基地有利于改变作战线。

　　大概三十年以前，我就曾经在我写的《论大规模军事行动》这本书中指出过，边界的方向对作战线及基地的方向一定是有影响的。在分析各种各样不同的战争区时，我一直运用这一命题，并将这些战争区与那些或者依靠一个中立大国或者一边靠海，会构成许多不可克服的障碍的战区进行比较。在那本书中，我是这样表述我的思想的：

"战争区的一般外形对作战线的方向具有非常大的影响，因此，对作战基地也有非常大的影响。"

现实中，如果将一个战争区比喻为一个棋盘，或者比喻成一个等边正方形，则也许会出现下面的情况：战局甫一开始，我方军队只占领了敌方的一个边，有时是两个边，敌方占领了第三个边，那么第四个边就成了不能克服的障碍。针对这种战争区，可以有许多不同的占领方式，在此，我们提供了一些不同的设想和计谋供大家参考。

为了更好地阐述此思想，我们在下面举例进行说明。如图所示，是用来表示 1757 年至 1762 年间法军在威斯特巴伐利亚的战争区，以及 1808 年拿破仑的战争区。

先看第一个战争区，AB 边代表北海；BD 边代表威悉河义县，就是费迪南德公爵的基地；CD 边代表美因河一线，也就是法军的基地；AC 边代表莱茵河一线，当时由路易十四的军队进行防守。

根据这幅图，我们可以看出，法军采取的是攻势，占领了两个边，同时可以利用北海也就是第三个边的优势。所以，法军可以实施机动作战，攻击并占领 BD 边，对全部四个边进行控制，也就控制了上图中显示的敌方基地以及全部的交通线。

法军 E 从基地 CD 出发，希望攻占作战正面 FGH，从而切断敌方盟军 J 与它的基地 BD 的联系。当 J 军不得已需要撤退，退向由莱茵河、埃姆斯河和北海岸在埃姆登构成的 LAM 角时，法军 E 则一直与美因河与莱茵河上的基地保持着联系。

1806 年，拿破仑在萨勒河上的机动，其实就是完全依照上述设想进行的。当时，拿破仑在耶拿和瑙姆堡占领了 FGH 一线，随后军队越过德绍和

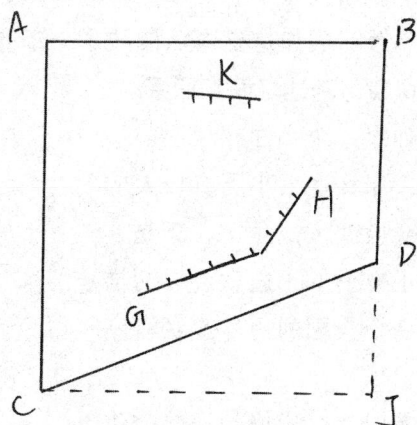

哈雷，使普鲁士军 J 被迫退向 AB 边，而 AB 边靠海，这样的结果就不言而喻了，法军大败普鲁士军。

　　综上所述，赋予作战线正确方向的伟大艺术，就在于如何合理协调它的行动，在不丧失己方交通线的前提下，夺占敌人的交通线。显而易见，FGH 一线的地理位置具有延伸性，同时，与敌方一翼的尖端构成了一个钩形，这样就可以始终保持它与基地 CD 的交通联络。这种正确的机动就是在马伦戈、乌尔姆和耶拿实施的。

　　如果战区不与海岸相连，而是与一个中立大国边界相连，那么这个中立大国会在自己的国界上设置防线，将这个四方形的一边封锁住。毋庸置疑，这个防线不会像海那么难以突破。可是，如果战败的军队向其撤退，还是很危险的，相反，如果把战败的敌军赶向这种障碍却有利于己方。因为如果一个国家拥有十五至二十万的军队，别的军队想要进入，就一定会受到它的制裁。假如这支军队战败了，却还是想进入这个国家，则这支军队会被其切断与基地之间的联系。

　　如果一个小国在战区的边界上，那么这个小国有极大的可能会被并入战争区，于是，这个正方形的一边就会逐渐推移至一个大国的边界或者海岸线。

　　有时候，边境的地势会将这个四边形的形状改变，大家可参照下图，有时候会变成长方形，有时候会变成梯形。

　　如果遇到这两种情况，将其中两个边控制住的军队就可以在那里建立双重基地，这样做的好处是很明显的，原因在于这样做会轻而易举地将敌军与短边之间的联系切断。正如 1806 年的普鲁士军，他们位于 BDJ 边上，当时的情况就是如此。那时，莱茵河、奥得河、北海和弗兰肯山地构成了这个长方形。

　　1813 年，波西米亚基地的情形和上述情况相同，这些例子十分明确地

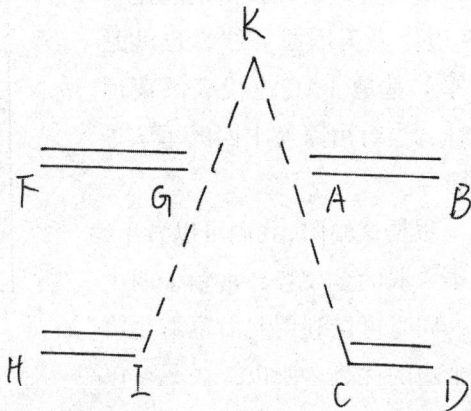

证明了我意见的正确性。当时，同盟国军基地的方向与法军基地彼此垂直，正是这个原因，同盟国军才使拿破仑之前在易北河之战中获得的巨大优势化为乌有。1812年的俄军也遭遇了相同的情况。当时，俄军在奥卡河和卡卢加的基地与敌军基地彼此垂直，仅仅由于这个原因，就完成了向维亚济马和克拉斯诺耶的敌军的进军。

如果要确信上述这些真理，我们就必须对此有清醒的认识：如果我方的基地能够垂直于敌方基地，那么我方的作战正面就可以平行于地方的作战线，如此，我军就能十分便利地对敌人的交通线和退却线发起进攻了。

在前文中我已经表述过，从前文的两幅图中我们也可以看出，相互垂直的基地确实对作战十分有好处，因为这样就可以得到双重作战线。不可否认的是，有人提出了相反的意见，说这个论点与我在第二十一节中的论点有矛盾之处，即边界向地方突出并不一定有利，将兵力平分以适应这种双重作战线也并不是一个好办法。

这种反对意见并不准确，也没有根据，因为互相垂直的基地所具备的最大好处正是其形成了一个突出地带，这个突出地带可以从翼侧和后方获取部分战区。此外，如果基地占领了两个边，就不要求同时对这两个边以重兵把守。恰恰相反，只需要在其中一个边上设置少数工事，同时派少数的部队进行监视就可以了，而主力部队应该集中把守另一个边。1800年和1806年的战局中就是上述这种情况。莱茵河在康斯坦茨湖到巴勒和巴勒到克尔间地形近似一个直角形，这样，莫罗将军就有了两条战线，其中一条平行于敌人的基地，另外一条垂直于敌人的基地。莫罗将军在第一条基地上，也就是左边到克尔间的基地上仅仅驻扎了两个师，用以转移敌人的注意力，而他本人，亲自率领九个师转移到与沙夫豪森边垂直的那个边的顶点，所以在行进了较近的路程之后，军队直逼奥格斯堡城，随后，第一条基地上的两个师与其会合。

拿破仑在1806年也有一个双重基地，即在莱茵河和美因河上构成了一个近似凹入的直角。他和莫罗将军一样，也在莱茵河上，就是平行的那一边上，让莫蒂埃部留下，自己却亲自率领大部分军队抵达垂直边的顶点，进而将普军向格拉和瑙姆堡的退路切断。

以上这些大量的事实似乎足以证明，如果具有两个边，且其中一个边与敌人的基地几乎垂直，那么这种情况是最有利的。同时，我们还应承认，当不具有这种基地时，就应该改变战略正面，以便可以适当弥补这一不足。这一点的内容，我们会在第二十节中详细阐述。

此外，还有一个重要问题，即赋予海岸作战基地最佳方向的问题。这个问题，也常常导致人犯重大的错误，这是由于这种基地对于作战的一方优势越大，对于另外一方的劣势就越发明显。这一点从前文所讲的内容就可以得到证明。一个陆地国家的军队，如果被迫被赶向海岸，是十分危险的，所以我对有人说海岸基地是十分有利的观点感到非常奇怪。不过，海岸基地倒很适合岛国军队。当年威灵顿将军率领舰队去援助西班牙和葡萄牙时，选择的最佳基地正是里斯本，可以这样说，最佳基地就是托雷斯－维德拉斯半岛，这是因为托雷斯－维德拉斯半岛可以掩护该首都靠近大陆一边的唯一一条道路。军队在这里不仅可以依托塔霍河岸和海岸掩护它的两翼，同时，还可以保障它依靠舰队实施撤退时的道路。

大多数将军，一般来说，都具有较高的学问，但是他们经常不会探究原因，只看到战争结果。因此他们只看到托雷斯－维德拉斯这一著名的营垒对英国将军提供的优势这一表象，而没有进行进一步的探究，这导致他们对除了海岸线基地以外有可能还有其他具有优势的基地不抱有希望，更加开始对方便给养输送和防止翼侧遭受袭击的掩护产生了较大的非议。1812 年，普尔夫将军曾主张，俄军的天然基地应该位于里加，一个将军竟然迷惑到这种程度，真是难以想象。甚至有法国一位著名的将军也讲过上述同样有悖于战争原理的话，这是我曾经亲耳听到的。

卡利昂·尼札上校受这种思想影响较深，他甚至曾经著文说，1813 年，拿破仑应该将他的普通军队驻扎在波西米亚，而将另外十五万人转移至易北河口，也就是向汉堡行进！他完全忽视了一点，对于一支陆地国家的军队来说，选择基地的首要原则，应该是以远离海的正面为依托，也就是以能保障军队处于军事力量和民众的中心位置的正面为依托。假使在这方面犯了大错，即背海进行战斗，这支军队就会被敌军孤立，其退路也会被切断。

反之，当在陆地上作战的是一个实力雄厚的岛国时，则应该与陆地军队做相反的考虑。但是他们应该遵循同样的要求：建立基地的各点。目的是要能保证有得到一切军用物资的资源，与此同时，还要有非常可靠的掩蔽部。

　　只有那些在海上和陆地上都强大的大国，他们的舰队才足以对邻近战区的地区加以控制，海岸才可以成为少量军队，即四至五万人的作战基地，才能够使良好的隐蔽地带和各种补给得到有效的保障。但是有一种情况值得我们注意：当敌军是一支十五万人的陆军，并且纪律十分严明，训练十分有素，就算这个时候他们以海岸作为基地，这种行为也是十分疯狂的。

　　但是，不管任何原则，例外也是不可避免的。有的时候，我们不遵循上述原则作战，而是背海作战，也有可能找到对我军有利的时机。这种例外的情况出现的条件如下：拥有绝对的制海权；从海上补给比从国家腹地补给更加容易；敌人在陆地上不会形成很大的威胁。虽然要同时具备上述三个条件十分困难，但是这种情况还是在1828年和1829年的土耳其战争中出现了。当时俄军对舒姆拉则进行监视，几乎全部的注意力都用在了瓦尔纳和布尔加斯上。如果作战对象是欧洲的军队，采取这种办法是非常危险的。即使能控制海，失败的风险也是非常大的。

　　尽管有一些非常自大的旁观者，自以为能够支配自己的命运，对这次战争说三道四。虽然这次战争也犯了一些错误，但还是进行得非常好，当时尽了最大的努力来掩护自己一方的军队，在攻占了布拉伊洛夫、瓦尔纳和锡利斯特拉要塞之后，还在这个地方准备了伏击战。基地刚一建立，便向安德里诺波尔挺进，这被很多人认为是一种疯狂的行为。1828年，如果好天气没有持续两个月，那么远征的距离也不会那么远，所有的一切都有可能在第一个战局中就全部结束了。

　　有一种暂时性和偶然性的基地，是在永久性基地之外的。永久性基地常常在本国建立，或者至少是建立在可靠的盟国境内。暂时性和偶然性的基地的建立，总要根据敌国境内作战的进展情况来决定。但是这种基地只能是一种暂时性的依托点，为了避免名称概念的互相混淆，我们将在第二十三节进行详述。

第十九节 战略点和战略线

战争区的决定点和作战目标

　　战略点和战略线有各种不同的类别，永久性地理战略点是由于所处的地理位置对战区的不同价值而命名的。其他的一些点，叫作机动战略点，主要是因为敌军主力的配置和我军欲对其采取的行动有所不同而具有不同的价值，这完全是一种偶然性的要点。最后，有一些战略点和战略线是次要的，而有一些战略点和战略线则具有永久性的价值，这一种战略点就是我曾经提到过的战略决定点。

　　我想方设法按照我的设想来论述这些关系，但是要做到这一点，并非人们想象的那样容易。

　　地区性的或者地理性的战略点，它们在战区上都有非常重要的价值。一般而言，交通中心或者重要的军事设施、筑城，也就是对战略棋盘有直接或者间接影响的所在地，都是战略点。

　　有人曾经对此提出过反对意见，他是一位著名的将军，在他看来，并不是所有具有上述条件的点都可以成为战略点；要成为战略点，一定要对正在计划中的作战有利。我的看法与他完全不同，希望读者能够理解。战略点的形成，一定是以它本身的性质为基础，甚至一些战略点在战争刚刚开始的时候，基本没有多少价值，并且距离作战区很远，一旦战局突然发生变化，它的重要性就会显现出来。因此，在我看来，需要更加明确说明的一点是，并非所有的战略点都是决定点。

　　战略线也有两种类型，一种是由于临时机动决定的，而另一种是由于地理位置决定的。后一种战略线，又可以分为两类：一类是具有永久重要性的，是属于战区的决定点；另一类是因为连接了两个战略点而具有战略价值的线。

　　为了不使这两个术语彼此混淆，我们将在单独的一节中具体论述有关计划机动的战略线问题；在这里，我们只研究作战地区的作战目标和决定点。

　　这两点之间的联系非常密切，原因是作战目标必然是战区的一个决定点，然而对这种决定点又必须加以区分，因为并不是所有的决定点都能够同时成为作战目标。因此，在这里我们首先需要研究决定点的准确定义，这对我们选择作战目标非常有用。

在我看来，可以称为"战略决定点"的是对整个战区或者是某一次战役具有很大影响的点。那些由地理位置或者人为造成的优势，对作战正面或攻防有利的每个点都可以称为"战略决定点"，而其中最重要的一种，是大型要塞和屯兵场。

由此可以看出，有多种类别是战争区的决定点。在这些点中，最重要的一项是地理上的点或者线，由于战争区本身的配置，因此它们的价值通常都是非常重要的。我们可以从法军在比利时的战争区来说明这一点。当时，谁要是能够控制马斯河一线，谁就具有了攻占这个地区的绝对优势，因为一方面可以避免自身被全歼的危险，另一方面还能够将敌人封锁在马斯河与北海之间。在多瑙河谷上有很多战略要点，正是这一点让它成为了南德意志的锁钥。

能够控制住河谷中的几个会合点，或者是能够对主要交通枢纽进行控制的一方，也就具有了地理上的决定点。比如，法国的里昂就是一个重要的战略点，因为它控制着罗纳河跟索恩河这两个河的河谷，不仅如此，它还位于法国跟意大利中间，是法国南方与东部之间的交通中心。但是它还必须具备要塞、营垒或者是桥头堡，只有这样才能够真正地成为一个决定性的点。

莱比锡是德国唯一的中心，因此它无疑是一个战略点。如果这个城市能够将防备做得更加坚固，然后又位于一条大河的两岸，那么它必定会成为国家的锁钥（如果一般国家有锁钥的话，或者是别的什么名称，而不仅仅是指决定点）。

所有国家的首都无疑都是战略的决定点，这一方面是因为上面所说的原因，另一方面还是由于能提高它价值的其他经济和政治原因。

当然，出于上面所说的点，在那些山地国家中，还有一种军队唯一能够通过的隘路；这些地理上的点，都有可能是该次作战的决定点；虽然只有少量的堡垒的掩护，但是巴尔德隘路在1800年起了多大的作用众所周知。

第二种决定点，是由机动而偶然产生的，它的价值是相对的，这也受到了双方军队部署的制约。例如，1805 年，马克将他的兵力集中在乌尔姆方向，然后在那里等待从摩拉维亚来的俄军，他选择进攻的决定点就是多瑙佛特或者下来希河。他之所以这样做是因为他知道，如果敌人比自己先到达这里，敌人就会切断他向奥地利撤退的路，还能切断前来援助他的俄军，进而孤立他。而 1800 年克赖也在乌尔姆这个地点作战，但是前来援助他的是在意大利所向无敌的来自蒂罗尔的梅拉斯的军队，而不是来自波西米亚。因此对他进攻的时候，决定点就在沙夫豪森而不是在多瑙佛特了：只有在这里，才能够逼近他作战正面的后方，进而切断他的退路，逼迫他向美因河撤退，将他跟辅助他的军队和基地切断。在 1800 年的整个战局中，拿破仑的首要目标就是越过圣贝尔纳，然后猛烈进攻梅拉斯的右翼，以便攻占他的交通线；非常明显，圣贝尔纳、伊夫雷和皮亚琴察能够成为交通线上的决定点，唯一的原因就是因为梅拉斯的军队在向尼斯行进。

从这里可以得出一条非常普遍的原则：机动性的决定点是在敌方正面的翼侧，从那个地方我们能够很好地切断敌人跟基地以及援军的联系，而我军还能够避免冒着同样的危险。对着海洋的侧翼能够方便将敌军赶下海去，因此是非常有利的。但是，如果跟我们作战的不是一个有着明显劣势的岛国陆军，那我们也有着同样被赶下海去的危险。在这种情况下，我们应该做的就是力求切断敌人跟他们舰队的联系，虽然这样做也同样具有危险性。

如果敌人的兵力在正面延展过宽，进行分散布置，那他们的决定点就是其中央，这个时候向敌军的中央进攻，就可以让敌军的兵力变得更加分散，从而让他们变得更加弱小。毫无疑问，这样敌军就会被分散击破，直至被全歼。

总而言之，战场上的决定点主要由以下几点决定：

（1）地形；

（2）我军的战略目标跟确定的地点的结合情况；

（3）双方军队的部署情况。

为了不将叙述的顺序打乱，不过早在这里谈论战术问题，因此有关的这些问题，我们将会在"交战"那一章进行详细介绍。

作战目标一共有两类：机动目标和地理目标。一个重要的要塞、一条大河、一个能为今后的行动提供可靠防线或者良好依托点的作战正面，都可能是地理目标。然而，既然对一个地理目标的选择也是实施机动范畴的问题，因此可以确切地说，某些地理目标只与地区点有关，而剩下的地理目标只是跟占领这些地区点的敌人的兵力有关。

从战略上来讲，作战目标是由战局的目的决定的。如果这个目的是进攻，那么敌国的首都或者军事要地就成了作战目标，如果敌人失去了它，就会被迫求和。在入侵的战争中，侵略者的主要目的常常是对对方的首都进行侵占，不管怎么说，这个首都的地理位置、战争双方与各自邻国的政治关系、交战双方拥有的资源——从实质上讲，跟战斗的科学性并不相关，但是它们跟作战计划的联系都非常深刻，它可以影响到能不能占领敌国的首都。

如果最后的决定并不是以攻占帝国的首都作为目的，则某一部分作战正面或者其中的一部分防线（其中有重要要塞）就可能成为其作战目标；对这部分作战正面或者防线的占领，能够保障军队控制所占领的领土，法奥战争就是一个很好的例子。当时，如果法军侵入意大利，那么它们的第一个作战目标就应该是提契诺河和波河一线，曼图亚和埃奇河一线则是之后的作战目标。

在防御战中，作战目标是想要掩护的点，而不是想要夺取的点。因为一个国家实力的中心是首都，所以首都自然会成为主要的防守目标。但是还有一些更近的防守目标，例如第一道防线和第一个作战基地。因此，如果法军当时没有办法凭借莱茵河进行防御的话，那么防止敌军渡河就是他们的第一个作战目标。如果敌人渡河成功，并且包围了阿尔萨斯州要塞，那么法军的主要目标就是援救这些地区。第二个作战目标是，对设在马斯河或者摩泽尔河上的第一作战基地进行掩护，为了达到这一目标，需要采取侧面防御或者正面防御的手段。

说到机动目标，尤其是要消灭或者瓦解的敌军目标，我们已经在由于机动而产生的决定点这一部分讨论到它的重要性，从某种意义上说，一个统帅善于选择这种目标，是他最可贵的才能，也是取得伟大胜利的最基本的保证。大家都非常清楚，拿破仑在这一方面具有非常明显的优势。他不仅仅满足于攻下一两个要塞，或者占领一个不是特别大的边境省份，他推翻了那些陈旧的理论。他深知，分割和消灭敌人的军队才是创造伟大战绩的最主要的办法。在他眼中，不管是一个国家还是一个省份，一旦它们失去了组织的部队，一定会自行陷落。从而他会正确而迅速地对战区内的利弊进行判断；将主力集中到一个最为有利的作战地区；对敌军兵力的配置进行真正的了解；如果敌人的兵力分散，就会以闪击的速度对敌人的中心进行猛烈的攻击；假如从敌人两侧切断他们的交通线，就方便实施迂回分割，然后向敌军的侧翼突击；敌人一旦败退，就应该立即追击，逼迫其向离心的方向退却，直到将他们全部打败或者歼灭——这就是拿破仑进行头几个战局提供出来的最好的办法，或者是他非常所惯用的那种办法的基础。

　　尽管后来，拿破仑在对俄国人民采用这种机动方法的时候，并没有像在德国那样取得成功。但我们还是得承认，尽管这种战争并不一定适用于所有国家的情况，也不是每一个人都能够适应这种战争，但是获得成功的可能性还是很大的，并且这种可能性是以能够切实运用战争原理作为基础的。就算拿破仑对这一方法的运用不是很恰当，但是也不能够否认这种方法的真正优点；不过要对有限的目的和自己行动范围完全适应交战双方的兵力对比，以及包括邻国在内的各个方面的情况真正把握。

　　我们在有关决定点的那一部分中，几乎已经完全谈到上述那些重要战略行动的原则，我们还会在有关战线选择部分（第二十一节）继续阐述。

　　作战目标的选择，一般都是由战争的目的、战争的性质或者是政府的企图，还有两方所拥有的兵力和武器决定的。我们在大多数情况下，避免风险的理由都是充分的。在这里，如果将作战目标仅仅局限于获得某些局部利益，这样的决定是慎重的，比如说军队仅仅攻占区区几个城市，或者将敌国较小省份内的敌人肃清。要不然，如果像拿破仑那样以消灭敌军作为作战目标，就应该不惜一切代价冒险取胜。而如果一支军队，它只是以围攻安特卫普作为作战目标，那么像在乌尔姆和耶拿会战中所采用的那种机动方法它当然就不需采取。同样的道理，我们也不应该采取这样的机动方法，像法军越过涅曼河远离本国国境五百里的那种方法，这是完全基于另一些原因，而采取这种冒险手段，也是弊大于利、得不偿失的。

　　还有一种特种作战目标必须提到。它的决定因素多数时候属于政治上的考虑，而不属于战略上的考虑，虽然这种目标也是一种军事目标。值得我们特别提到的是，这种目标发挥作用较大的时候，是在几个国家联合作战时，不管是对军事行动抑或是政府部门，都有较大的影响，因此，这种作战目标也可以被称为政治性的作战目标。

事实上，除了政治和战争之间有深刻的内在联系之外，在绝大多数的战局中，很多军事行动是为了达到某种政治目的而进行的，这些军事行动往往都很重要，但是也常常很不合理。我们从战略观点来看这些战争，会发现这并不是一场值得发生的战争，它们反而会让我们犯严重的错误。我在这里只举两个例子。第一个例子，发生在1793年，当时约克公爵对敦刻尔克进行远征，这场战争是英国人受到旧的海权和贸易目的影响而发动的。在这次远征中，同盟军的行军路线是沿着离心方向，结果导致了失败。如果从所有相关的军事观点来看，这次远征的作战目标本身就不正确。第二个例子，发生在1799年，是约克公爵在荷兰的远征。而这次远征被发动的指导思想，是与奥地利希望夺取比利时的计划相吻合的，这也是伦敦内阁持有的观点。但是，这次远征在发动之初就注定是要失败的，原因是这次远征促使卡尔大公从苏黎世向曼海姆行进，所以，这次远征与当时联盟军队所追求的共同利益是彼此矛盾的。

根据上述事实，在选择政治性作战目标时，我们应该服从战略要求，在军队以武力还没有解决战争之前的最主要问题，就是这个问题。

总体来说，上述问题比较广泛且复杂，因此我们没有办法归纳总结出几条简单的规则，而唯一一条能够说明的规则，就是上面我们刚刚提及的。如果要将这条规则加以贯彻，我们就必须保证在战局中确定的政治性作战目标与战略原理保持一致，否则，就应该等战局取得了决定性胜利后，再实施这种政治性作战目标。反观上述两个战例，如果我们把这一准则运用于其中，就能看出康布雷或法国中心就是1793年攻占敦刻尔克和1790年解救荷兰时的政治性作战目标。所以，联盟的全部力量应该被我们联合起来，并将其统一用于边境的决定点上，这样就可以在那里实施强大的突击。换句话说，所有此类远征绝大多数属于牵制进攻，我们将在另一节阐述这一点的相关内容。

第二十节 作战正面 战略正面 防线和战略阵地

有一些名词在军事科学中的含义是非常相似的，这就导致它们虽然存在着本质的区别，却仍然经常会被混为一谈。

"作战正面""战略正面""防线"和"战略阵地"都属于上述这类名词。在下文中，我们即将阐述的是这些名词之间的联系和区别，这是十分重要而密切的。因此，我们把这几个术语编入一节中进行说明。

作战正面和战略正面

不管是为了进攻还是为了防御，一支军队都要配置在它应该包围的战区里的作战地区，多数时候是要占领战略阵地的。下面，我们将对此具体说明该如何理解这一点。

敌人的正面是战略阵地所要包围和面对的，这个正面被我们称为战略正面。根据我们的估计，如果敌人从战区里的一部分地区出发，经过一两天的行军，就可以到达这个战略正面。那么，这一部分地区就被称为作战正面。

"作战正面"和"战略正面"这两个名词十分相似，所以有不少军事家经常把它们混为一谈，他们有时候用这个名词，有时候又会用另一个名词。如果我们能对二者细加思考，就可以十分明确地看出，被军队实际占领的阵地，就是所谓"战略正面"；而两军之间的地区，其两翼距双方战略正面的两翼的距离大概有一至数日的行程，也可能就是两军交战的地带，就是所谓的"作战正面"。

就算还是有人指责我，说我过于迷信术语，对这两个定义的使用我也决不会动摇，对于我来说，这样做理所应当。在实际的使用过程中，很可能有的人还是会将这两个定义混为一谈，也有可能仍然用这两个术语来表述同一个含义。不过，令我十分满意的是：在本书中，我不仅指出了这个差异，而且在今后的实践中我还会继续坚持区分这个差异。

当战争开始的时候，两军之间肯定有一方是为进攻敌军做好准备的。因此，这一方就必须保证自己能够事先准备好一条防线；这条防线或许在战略正面的后面，也有可能与战略正面在同一条线上。正是因为如此，战略正面有时候同时也就是防线，例如 1795 年和 1796 年战争中的莱茵河一线就是如此。这条线一方面是奥军和法军的防线，同时也是双方的战略正面和作战正面，这就常常造成人们将这三个概念混淆起来。那是因为这三个概念所表述的东西在某些时候指的是同一位置，但实际上它们是完全不同的。不是每支军队都有自己的防线，特别是当他们侵略别国时；当他们在一个营内集结时，就没有战略正面；但是作战正面总是有的。

为了更加明确地区分上面几个概念，我们可以再举两个例子。1813 年，拿破仑重新恢复对敌行动时，他的总作战正面开始是从汉堡延伸到威腾堡。他就是从这里沿着盟军的战线一路进攻到格洛高和布雷斯劳的。又因为他的右翼在勒文贝格，最后他从波西米亚边界上撤退到德累斯顿。在这一宽大的正面上，他将军队分作四部分配置，其中内线或中央是战略阵地，而且呈现出不同的三个面。后来，他被迫退向了易北河，将自己的防线仅仅保持在威腾堡和德累斯顿之间，在向马林堡推移过程中，军队是一个钩形机动的，那是因为汉堡和马格德保已经被他排除在战略棋盘之外了。此时，他如果还把战端向该地转移，等待他的肯定是灭顶之灾。

第二个例子是 1796 年，拿破仑的军队在曼图亚周围的阵地。从贝加莫山延伸到亚得里亚海是他的作战正面，不过根据当时的需要，位于加尔达湖到莱尼亚诺之间的阿迪河一线才是他的实际防线，而后来却发生了改变。到了佩斯杰拉和曼图亚之间明乔河一线，相应地，他的战略正面也随着阵地发生了变化。

如果一直纠缠于这一点，似乎对读者显得不是十分尊敬，我们已经对这三个概念的差异进行了阐释，接下来就应该分别进行研究，给读者总结出几条对各个概念不同特点的一般原则。

所谓的"作战正面"是两军战略正面之间的地理空间。一般而言，它们是跟作战基地平行的，这也是它们可能交战的地区。实际上，作战正面所占据的空间比可能或者预想的作战正面要小一些；在一个方向上，战略正面必须横穿主要的作战线，并且尽可能地向两边延伸，这样才可能掩护主要的作战线。

不管怎么说，战略正面的方向都有可能随着敌军进攻的情况和指挥官对情况的理解而发生变化。一般而言，这个战略正面都会跟基地垂直，跟原来的作战线平行。

战略正面跟战略基地垂直，有利于对战区上的两个面进行控制，因此有利于我军把握有利机会，从而从两个方面对基地进行保障。因此，战略正面的变换实际上是一个非常重要的机动。

这一特点在拿破仑对艾劳作战时的战略正面中得到了反映。当时，华沙和托伦是他的作战枢纽，而维斯瓦河就变成了一个临时性的基地。这一正面恰好和纳雷夫河平行，而拿破仑依靠着塞罗茨克、普乌图斯克和奥斯特罗文卡，从右翼进行机动，迫使俄军向埃尔宾和波罗的海撤退。在这样的情况下，只需要在新的方向找到一个依托点，那么我们刚刚指出的优点就会在这个战略正面上得到反映。不过我们在实施机动的时候，千万不能忘记军队在需要的时候一定要能够重新到达自己的临时性阵地。也就是说，该基地必须在战略正面得以延伸，并得到很好的掩护。拿破仑在由纳雷夫河一线经阿伦施泰因，也就是奥尔兹丁向艾劳前进时，将左翼后面的托伦作为一处要塞。后来，当其战略正面在向前推进的时候，他将左翼后面的普拉加和华沙作为桥头堡。如此一来，他的交通线就有了全面的保障，并且迫使贝尼格森与其正面为敌，这时战线正好与波罗的海平行，导致他跟基地的联系被切断了，无奈只好退回到维斯瓦河口。1806年，拿破仑在从格腊向耶拿和瑙姆堡进军的过程中，巧妙地变换了战略正面。莫罗在1800年以其右翼向伊勒河之线到奥格斯堡和迪伦根推进时也做过类似的变换；他从正面转向多瑙河和法国之后，便迫使克赖从著名的乌尔姆营垒撤出。

对战略正面方向的改变，以便使其与基地垂直，需要的时间不过几天而已。因为他只是为了某一战役而急速掉转部队的运动方向；如果为了一半的目的而实施这样的机动，就可能需要很久的时间，以便利用一些地区的有利地形实施坚决的突击，或者使自己有一条良好的防线和有利的作战枢纽来做保障，其价值跟真正的基地不相上下。

一些军队常常被迫有两个战略正面，这一方面是由有些战争地区的地形和其他特点决定的，也可能是由攻击作战线向纵深延伸需要保障翼侧决定的。如果是第一种情况，就能以土耳其和西班牙的边境作为例子。如果军队想要越过巴尔干山脉或埃布罗河流，就很有可能被迫有两个战略正面，

其中第一个正面，其作用就是在多瑙河谷地对自己的军队进行保障；而第
二个正面，就是用来对付来自萨拉戈萨或者莱昂的敌军。

　　如果作战地是在一个稍微辽阔的国家，就会时常出现需要有两个战略
正面的情况。例如，法军的作战地在多瑙河谷地中，或者在波西米亚那边，
或者在蒂罗尔那边，这样就会经常出现两个战略正面。当奥军针对法军在
这些省份投入大量兵力，从而使法军面对严重威胁时，拥有两个战略正面
就非常必要。只有例外的情况是战区在与敌国接壤的边界很窄的国家，原
因是当军队撤退时，会将部分军队留守在那里以便威胁敌军翼侧，但是这
些军队很容易被分割俘虏。对于进攻军队来说，这种有两个战略正面的局面，
是一个最严重的缺点，因为它会分散军队的大量兵力，而这样做经常会造
成一定的危险。而关于这方面的内容，我们会在下文中进行阐述。

　　上文中所说的一切，都是针对国家间的正规战争而言的，这是因为在
民族性战争或国内战争中，全国范围内几乎都会有敌对行动，所以不可能
采用上述的作战方法区分战略正面。但是，一般来说，每支军队都会有一
部分强大的兵力，为了达到某种作战目的，而脱离军队主力来独立作战。
这部分强大的兵力，多数时候都会有它特殊的战略正面，而这种战略正面
是根据地形特点和敌军配置的情况来决定的。在这里，我们以西班牙战争
为例，在这场战争中，叙舍在加泰罗尼亚，马塞纳在葡萄牙，二者都有其
特殊的战略正面，而这支大军的其他军队，就都没有固定的战略正面了。

防 线

　　一般来说，防线也有多种，包括战略防线和战术防线。其中，战略防
线可以分为两类：第一类是永久性防线，这种防线是国家防御体系中的一
个组成部分，比如说边境筑垒线等；第二类是临时性防线，这种防线只与
一支军队暂时占领的地域有关。

　　如果天然和人工障碍同时在一条边境线上出现，比如说山脉、大河和
要塞等，一个协调良好的体系由它们构成，则这条边境线本身就构成了一
条永久性防线。举个例子，皮埃蒙特和法国之间的阿尔卑斯山脉就是一条
永久性防线，原因是阿尔卑斯山脉拥有可以对军队构成巨大障碍的要塞或
堡垒，更有着十分便利的通路。阿尔卑斯山脉的峡谷出口建有强固的工事，

可以对皮埃蒙特的谷地形成掩护。根据一些观点，莱茵河、奥得河和易北河都可以被视为永久性防线，这是因为它们都具有重要的掩护作用。

关于上述防线与要塞体系的关系比与作战行动的关系更加密切的问题，我们会在本书中关于要塞的那一节，也就是第二十六节里进行研究。

我们可以说，对于那些可能的防线，任何有相当宽度的河流、山脉，以及那些大的隘路，如果在它们的易接近处修筑一些野战工事，这些地点就可以作为战略性和战术性防线使用，因为它们可以在数日之中阻止敌人前进，甚至可以迫使敌人偏离既定的方向，转而去寻找较为方便通过的通路。在这种情况下，明显的战略优势就显现出来了。反之，当敌人从正面进攻，企图以显而易见的兵力来夺取它们，那么，它们在战术上的优势就被显示出来。事实上，如果一支军队想要击破一支凭借河流固守、具有强固的天然或者人工工事的军队，比进攻一支暴露在平原的敌军要困难许多。

但是不管怎样，我们对这种战术的优势也不应该做过高的估计，因为如果过高的估计这种优点，那么军队就会陷入一个泥坑，这个泥坑就是导致很多军队覆没的僵硬教条主义。因为无论防御工事被修筑得如何坚固，只是躲在工事里消极地等待敌人的进攻，那么最终势必会被敌人击败。此外，任何依傍天然形势险要的强固阵地，虽然表面上难以攻入，但相对地，里面的军队也是难以攻出的，所以敌人可以针对此弱点，以少数兵力警戒阵地的各个出口，更可以用比我军少得多的兵力，将我军封锁在防御阵地内，使其无法机动。这种情况，撒克逊人在皮尔纳和维尔姆泽在曼图亚都曾遇到过。

战略阵地

有一种军队的配置位置如果被称为战略阵地可能更加恰当，因为它明显区别于战术阵地或战斗阵地。这里提及的战略阵地，指的是一支军队在一定时间内占领的阵地，而选一个范围比实际战斗地点更大的作战正面就是占领这一阵地的目的。各个师之间要间隔一定的距离来进行防守，只要是在江河后面的或在防线上的阵地，都属于战略阵地。过去，这类战略阵地指的是：拿破仑军队在里沃利、维罗纳和莱尼亚诺布置的阵地，目的是警戒阿迪杰河，还有，1813 年在萨克森和西里西亚设置的在其防线前面的阵地。1814 年，英普军队在利尼会战中，在比利时边境上所设的阵地，以及 1799 年马塞纳军队在阿尔卑斯沿里马塔和阿勒所设的阵地。甚至还有一些军队，它们占领的土地面积并不大，既没有停战保障，又处于敌人视野之内，这也属于战略阵地。例如，1807 年冬季，拿破仑在帕萨格河之线所设的冬营，就是这种战略阵地。军队在敌人到达不了的地区每天行军所占领的阵地就属于这种战略阵地，有时，还特指那些为改变运动或便于运动而延伸的阵地。

由上述内容我们可以知道，那些军队为掩护很多点或为构成监视线而设置的所有阵地都可以称为"战略阵地"，这一名称也适用于一切待机阵地。沿防线延伸的阵地，以及配置在双重作战正面的各个军队，或为掩护大部队从另一方向行动而进行围攻时所设的阵地都属于这种战略阵地。总而言之，大部分大支队的阵地都属于这类阵地。

从上述各点内容，我们可以归纳出为数不多的准则，这是因为作战正面、防线和战略阵地等，绝大多数时候都要根据当地环境而定，而这些环境又是十分复杂的。

无论如何，被大家公认的第一条原则，就是它们的配置地都必须与作战线上的各点保持着可靠的交通联系。

在进行防御的时候，天然障碍或人工障碍都应该出现在战略正面和防线的正面及两翼上，以作为军队的依托点。我们一直提及的"战略枢纽"指的就是在战略正面上的依托点。战略枢纽指的是局部性的临时基地，但是作战枢纽与战略枢纽二者决不能互相混淆。举个例子，1796 年发生的一次战局中，拿破仑在曼图亚周围整整八个月期间所采取的行动中，维罗纳就一直是一个极好的作战枢纽。1813 年，德累斯顿也是拿破仑当时一切运动的枢纽。对于这些点来说，它们都是暂时的或短时的基地、要塞。

留在一个以占领为主要目的的点上的快速部队就是机动枢纽。机动枢纽的使命是保障主力去完成它的主要作战任务。例如，当年拿破仑通过多瑙佛特和奥格斯堡，切断马克的退路时，布置在内伊的那个军就是个机动枢纽。这个军的兵力多达五个师，围住乌尔姆，防守多瑙河左岸就是它的任务。后来，机动结束，这个机动枢纽也就没有存在的必要了。对于作战枢纽来说，它是一个实质的点，在战略和战术两方面都有着重要的意义，因此，它也是整个战局过程中的一个依托点。

在我看来，一条最理想的防线当然是越短越好，这是因为，当防线越短，被迫采取防御的军队进行防守时就更加便利。一个战略正面的范围不能过大，而应该有一定限度，这样才能迅速地将部队集中到对自己军队有利的点上。不过，这一原则对于作战正面来说却不适用。这是因为，当作战正面过窄时，进攻的军队就很难就此实施战略机动，也就无法保证取得大的胜利；反之，作战正面过宽时，在战略性进攻战役中也不利于军队取得胜利。如果作战正面过宽，即使不会导致敌军拥有一条良好的防线，但至少也会使敌人在逃避我军实施周密的战略机动时拥有相当宽阔的空间，如此，我军的机动效果就大打折扣了。例如，1812年时，拿破仑在俄国这样辽阔的战争区未能取得预期的战果，而在马伦戈、乌尔姆和耶拿都打得十分精彩，原因就在于敌军虽然被拿破仑的军队切断了主要的退路，但是敌军可以在放弃原来占领的作战地区之后，重新找到一个新的作战地区。

对于战略阵地来说，几乎也有着与上述同样的问题。所有这些战略阵地的主要条件都是：相对于即将对付的敌人阵地，它们应该更为集中；各部队都应该具有便于自己机动的集中的安全道路，这样可以阻止敌人阻碍自身的集中。因此，当交战双方的兵力接近或者相等时，所有的中央阵地或内线阵地，都要比外线阵地对自身更为有利，这是因为外线阵地的正面一定是比较宽的，往往会有兵力分散的危险。但是如果占领这些阵地的部队拥有高度的快速反应能力，那就不仅让自身更加安全，而且对比敌人来说，优势也更加明显，原因就在于他们可以将兵力用在战略棋盘的任何一点上。如果一支军队对占领一两个预先选定的战术阵地不重视，那么它就没有确定的把握去占领任何战略阵地。集结军队，迎击敌人，在敌人的企图充分暴露后全力投入战斗，正是占领战术阵地的目的。当年，拿破仑在里沃利和奥斯特利茨，威灵顿在滑铁卢，卡尔大公在瓦格拉姆，都是按照上述方法来准备他们的战场的。

当一支军队驻扎在营地，或者是在阵地附近寻找一些密集的营地来配置其一部分兵力时，对于指挥官来说，他应该特别密切注意：必须防止这些阵地的正面过宽。如此一来，最佳的做法就是将军队驻扎在一个三面几乎彼此相等，可以被称为战略方阵的面积上，这样每个师能够经过相同的距离，从方阵上的任何一点，运动到预定的共同中心点，以便针对敌人的突袭还以迎头痛击。

但是由于战略阵地与战争的所有问题都有关系，所以在本书的大部分章节里都论述了关于战略阵地的问题。为了避免不必要的重复，在这里我们就不再对这一问题做过多的阐述了。

研究这些课题时，往往容易互相混淆，因此在进行研究之前，我必须就战略防线的问题再谈几句。毋庸置疑，任何战略防线在其发展中都必须有一个特别集合点，以便在敌人越过我军战略阵地的正面时，我军可根据这个特别集合点进行战术防御。例如，当一支军队的防守目标是一段相当长的河流时，如果军队的兵力不足以在全线配置同样强大的兵力，那么，这支军队就必须在防线中央的后方有一个预先经过周密选择的、可以集合监视的战场，以便这支军队集中全力来抵抗渡河之敌。在此，我不想对战斗阵地有所涉及，因为这个问题属于战术范围，对于这个问题我们将在第三十节进行研究。在此，我必须谈的是战略防线的问题。

在此，我们再提出一点关于战略防线问题的意见。一支进入他国的进攻军队，不论它的目的是长期征服抑或是短期占领，也不论其最初的战果是如何巨大，这支军队也一定要准备一条防线，目的是准备在局势逆转时用以扭转局势。归根结底，这种防线与设置暂时基地有着密切的联系。我们将在第二十三节对这种基地进行详细研究，只是为了问题叙述的完整性起见，在这里简单提及而已。在军事科学上，这种重复的现象是在所难免的，因为很多东西彼此之间都有着密切的联系。

第二十一节 作战地区和作战线

什么是作战地区？我的定义是一支军队在战争区单独作战或联合作战时，必须通过一部分地区，他们这样做是有特定目的的。例如，在 1796 年战局的总计划中，右翼军团的作战地区就是意大利，中央军团的作战地区就是巴伐利亚，而弗兰肯则是左翼军团（桑布尔河－马斯河军团）的作战地区。

一个作战地区，常常会受到作战地形和道路数量的影响，有时候只能够提供一条作战线。不过这种情况并不多见。一般而言，一个作战区有很多条作战线，它们的数量是由统帅的计划和可用的交通干线来决定的。

但是，如果就此得出结论，每条道路本身就是一条作战线那是不正确的。不过随着战争的变化，一些一开始并不是作战线的道路也可能暂时成为一条作战线。由于这种道路只能够供侦察支队使用，其位置在主要作战地带以外的方向上。所以要将这种道路与真正的作战线混为一谈，是非常荒谬的事情。此外，如果有三条相互相距一到两天行程的良好道路都通向同一个作战正面时，就认为它们会构成三条不同的作战线，那就是错误的。因为作战线必须是这样的一个空间，可使一支军队的中央和两翼都能在该空间有一个从每翼移动一至两日行程的范围。因此想要达到这一点，在这个空间里面，至少要有三至四条通向作战正面的道路。

根据上述我们可以看到，直到今天，人们还常常把"作战地区"和"作战线"混为一谈，甚至将它们代替使用，而且也经常把"作战线""战略线"和"临时交通线"混淆。

我认为所谓的"作战区"应该用来表示整个战争区的大部分地区。"作战线"这个术语应该用来表示军队在这个大部分地区中沿其中的一条或者是几条道路执行任务的那一部分地区，而"战略线"表示的则是连接战争区各个点之间以及军队作战正面之间的几条重要线。同样的原因，一支军队为了到达一个决定点，或者为了能够更好地实施一次坚决的机动，他们使用主要作战线时所使用的路线，也能够被称作是"战略线"。我们用"交通线"这个术语来表示配置在作战地区内各部队之间的通行道路。

为了能够更好地进行说明，我还将举一个例子。1813年，奥地利参加了反对拿破仑的联盟，然后派出三支联军进攻，这三支联军分别以萨克森、巴伐利亚和意大利为入侵目标。因此，萨克森就成了主力部队的作战地区，因为它位于德累斯顿、马格德堡和布雷斯劳之间。在这个作战区内，一共有三条作战线通向作战目标：波西米亚军队是第一条作战线，经德累斯顿和克姆尼茨到莱比锡；西里西亚军团的作战线是第二条作战线，它是从布雷斯劳，经德累斯顿或维滕堡，到莱比锡；瑞典荣王军团的作战线是第三条作战线，也就是从柏林起，经德绍，到莱比锡。这三个军团中的每一个军团都沿二至三条相互平行、相互之间距离并不是很远的道路行进。不过，我们一定不能够说每个军团有三条作战线。

通过这个战例我希望能够完全证明，"作战线"一词不是指战争区内的每条道路，而是指统帅计划中所包括的，所有军队在战争区内所要经过的地方。军队主力经过的路线是主要作战线；在这些路线上还可以建立兵站、梯次弹药库和给养库；在某些情况下，这些路线还可用作退却路线。

等我们明白了这些区别之后，我们还需要说明的就是关于这些具体"线"的科学概念，因为战争计划最主要的部分是要确定这些线的选择、设置和方向时所依据的打算。

为了能够只用一个词就将这些具体"线"跟与它们相关的战争艺术各部分区别开来，我们将前面的称作"区域线"，把后面的称作"机动线"。在我看来，这是一个非常好的办法，一个统帅能够用一个词来表示自己选择这些线所可能想象出的各种不同的战略概念；最灵活、最符合原则、最可保证取得巨大的胜利是他选择这些线的最基本的要求。"机动线"这一词是完全正确的，因为这些概念可以被看成是某些相互之间有区别的机动。不过，很多军人却不想深入地理解这一术语的真正意义，而是轻率地用那种平庸的道理来表述什么线不可能是机动。因此，为了避免把这一名词跟真正的作战线混淆不清，我除了在第二十二节里将要用到这个名词后，之后就不会使用了。

选择和调整作战线的战略理由

作战地区所涉及的问题的选择是有限的（一般而言，一个战区只有两到三个作战区，并且这些作战区的利益常常由地形条件所决定），但是作战线的情况基本上就是这样的。作战线可以依据与敌人阵地的关系，与战略棋盘内交通线的关系，与最高统帅所计划实施的机动的关系分成很多种不同的类型，并且决定各种作战线的名称。

在边境的一个方向作战，而不会从其编成内往外派出大量独立部队的一支军队作战线被称作是"单一作战线"。

形成"多重作战线"的情况有两种：两支相互独立的军队在相同的边境线上作战；沿着这条作战线行进的部队，可以分成两个几乎相等的部分，由一个指挥官指挥，但是他们相互之间的距离并不是很远，也不需要太多的时间独立作战。

"内线作战线"，是一支或两支军队在对抗几支敌军时所采用的路线，要在敌军对我军采取行动之前，能够迅速调动和集中全部兵力对付敌人。这是其构成和方向的选择。

"外作战线"造成的结果可能恰恰相反。只要是一支军队同时对敌军的两翼或者是很多个部分作战，他们所采用的这种作战线就属于"外作战线"。

"向心作战线"是指它们相互之间的距离比较远，然后它们从各个点出发集中到基地前面或后面的同一个点上。

"离心作战线"指的是沿着它们行动的军队，从一个共同的点出发，然后分成不同的部分，向各自的目标进发。

"深入作战线"，即由基地出发、延伸距离比较大的作战线。

"辅助作战线"，指的是相互可以支援的两支军队之间的相互关系。举一个例子，桑布尔河－马斯河军团在1796年曾是莱茵军团的辅助作战线。1812年的时候，巴格拉季昂军团也曾经是巴克莱军团的辅助作战线。

"偶然作战线"，这种作战线是由于战局发生了变化，不得已改变原来的作战计划，而采用新的作战线。虽然这种战线不是很多，但是它的重要性是不言而喻的，并且采用这种作战线的人一定是学识渊博、思维活跃的天才。

最后还有两种作战线，也就是临时作战线和最后作战线。前一种作战线是能够让军队完成最开始的作战任务，以便在初战胜利后再选择一条更重要、更直接的作战线。这些看起来属于偶然性的作战线，其实也属于作战线。

通过前面列举的这些定义表明，我的思想跟前人的思想还是有很大的区别的。实际上，在此以前，这些线一直被认为只是跟物资有关。劳埃德和比洛都只是从与军队兵站和仓库的关系方面来对这些线进行评价的。比洛甚至还提出一个观点，一旦军队驻扎在了营地，就没有了作战线。下面我们举一个例子，就会看出这样的奇谈怪论是站不住脚的。我们假设有两支军队都驻扎在营地,一支驻扎在莱茵,另一支驻扎在杜塞尔多夫前面的营地,或驻扎在这条边界上的任何一点。我们继续假设,靠近莱茵河的后面是他们的仓库,可以肯定的是,他们一定会想要得到最可靠、最有利和最接近的阵地。这两支军队接受的任务有可能是进攻任务,当然也有可能是防御任务,因此他们都会按照计划规定的各种作战行动选择作战线的。

这两支军队是以他们所在的点为基点来选择地域防线的,这种防线会一直延伸到他们所应防守的第二线。所以,如果敌人想要在分割这两支军队的地区进行顽抗,那这两条线很有可能被敌人切断。梅拉斯在亚历山大里亚储存了可以用一年之久的弹药,他们还有可能将其在明乔河之线的基地的联系给切断,前提是一旦取胜的敌军占领波河一线。

不过当敌人集中力量对这两支军队进行逐次压制的时候,那么这两支军队的作战线就可能成为双重作战线对单一作战线。如果敌人能够非常迅速地集中其全部主力,也将自己组成两个军,将自己分成两个部分,那形成双重外线对双重内线的可能性也很大。

如果比洛能够提出,在本国作战的军队不如在敌国作战的军队的时候就会对最初的作战线进行依赖,那他的这个观点就会正确得多。之所以这样说,是因为在本土作战的军队,可以在必要的方向上拥有为确定作战线所需要的优势和依托点。当然,这种优势也可能会失去,尽管它不像在敌国作战会遇到那么大的危险。但是这绝不意味着,这支军队没有任何作战线。

从以上分析可以看出,比洛的依据是不精确的。这样一来,此观点就会在他的著作中所列举的一些原理上错误地体现出来。我们想要就此确定一些更加符合战争一般原则的原理。这些原理没有任何的随意性。我们会尽力找出一些具有充分说服力的事实来证明它的正确性,因此在这里我们不妨重复一下前面对 18 世纪最后几次战争中对作战线做过的分析。但是,这仅仅局限于法国大革命的战争。这一切我们将会在之后的章节中给予补充说明。

评法国大革命战争时期的作战线

这场战争的胜利是千变万化的,在这场可怕的战争开始的时候,法国的主要敌人是普鲁士和奥地利。因为意大利距离作战目标太远,因此战争

区仅延伸到意大利驻有相互监视的部队的地区。胡宁格到敦刻尔克的这个
空间成为了战区扩展到的地方，并且这个地方主要分成了三个地区：包括
从胡宁格至朗道的莱茵河一线右面地区；位于摩泽尔河至马斯河之间的中
央地区；包括日韦至敦刻尔克之间的边境阵区的左面地区。

　　1792 年 4 月，当法国宣战的时候，它的目的是预防敌军会合。当时的
法国有一支数量达几十万人的军队，并且在上述三个地区都有配置，而当
时的奥军在比利时只有不超过三万五千人的兵力。所以要对法军进行阻止，
这样的理由是不充分的。他们花了整整四个月的时间才完成了从宣战到联
军的集结。有人认为，入侵比利时可能妨碍了对香槟的入侵，因为当时的
普鲁士国王或许已经对法国的力量给做出了正确的判断，因此牺牲自己军
队，去实现一种次要目的的可能性并不是很大，即强加于法国一个政府形式。
这种说法也并不完全真实。如果对香槟的入侵并没有得到人们所期待的后
果，那到底是什么原因使得这次入侵没能改变欧洲的面目呢？

　　当普军于 7 月底到达科布伦茨的时候，法军想要进行入侵战争已经不
可能了，因此这个作用就落到了联军的身上。至于他们是怎么做的，是所
有人都明白的。

　　法军在我们之前介绍过的边境地区已经部署了十一万五千人的兵力。
他们配置在长达一百四十古法里（约 560 千米）的正面上，要想进行有效
的抵抗是不可能的。因为只有对其中央进攻，并且阻止其会合，才能够使
其受挫。这种纯军事性的见解得到了全国的同意，但是国家提出的目标却
是纯政治性的。只有采取速战的办法才能达到这一目标。在摩泽尔河和马
斯河之间的区域线，有一处设防没有其他地方严密，那里有一条中间线。
盟国军队可以用优越的要塞卢森堡作基地，现在可以知道这个基地的选取
是非常巧妙的。但遗憾的是，后来并没有按照这个企图执行。

　　不过如果考虑到其家族的关系，或者从其领地在战争一旦失利可能遇
到的危险考虑，维也纳宫廷跟这次战争的利害关系是非常大的。然而他们
的主要任务却落在了普鲁士人的肩膀上，这实在是令人难以理解。当时的
奥地利当局仅仅派出了三十个营的兵力支援入侵，而有四万五千人布置在
布里兹高、莱茵地区和佛兰德一带，他们的主要目的是对其进行监视。后
来奥地利所展开的重兵究竟隐蔽在什么地方？奥地利政府赋予了这些重兵

什么样的任务，而不是让他们保障入侵军队侧翼？顺便说一下，奥地利本身花了很大的代价做成了这一惊人体系，不也能说明普鲁士人在不久之后所定下的决心吗？他们的决心是完全退出在他们本应登台时所不幸放弃的舞台。

因为与一个军的存在有着密切的关系，所以对这些从战争艺术观点来看颇为奇怪的看法也有了关注；吕克涅尔的这个军所应掩护的不是布里兹高，而是普军翼侧，它面向摩泽尔河的配置，扼守梅斯营垒的做法正好说明了这一点。但需要说明的是，普军并没有为了保障胜利而充分发挥其应有的积极性而采取行动，这使得它在康斯营地白白耗费掉了八天的时间。做一个假设，如果这支军队能够在伊莱特赶在迪穆里耶前面，或者能够用全力把迪穆里耶从那里赶走，那么这支军队就有可能集中优势兵力，夺取优势，并将其各个击破，有效地阻止其会合。在这种情况下，我认为，腓特烈一定会承认迪穆里耶的话是正确的（迪穆里耶曾对格朗·普莱说过，如果他遇到了国王，他就会被远远超过夏龙）。

在这个战局中，奥地利证明了，他们对虚伪的道恩和拉西体系仍然在坚持，他们这么做是为了保存一切而掩护一切。他们认为，在摩泽尔河和萨尔河根本没有任何防卫的时候，应该将两万人布置在布里兹高。这样的做法表明，他们由于害怕失去某一个乡村而按照自己的体系派出了许多大规模的独立支队，这样反而使自己军队的力量被削弱了。其实胜利总是属于具有更多人数的一方，这一点他们恰好忘记了，这也导致他们为了占领边境，防止入侵，而在边境全线陈兵：这恰恰是导致敌人得以在全线越境的重要原因。

关于这一战局的利益，我不想在这里赘述。我想要指出的是，迪穆里耶停止对联军军队的追击只是为了想要把战争区从中央转移到总战场的极左翼，这样做根本没有什么依据。顺便指出，他对蒙斯的萨克森－特申公爵的军队的正面进行进攻，而没有提出这次进攻的深远目标；如果他率主力顺马斯河而下，直接指向那慕尔，他就有可能将敌军逼退到北海、纽波特或奥斯坦德，然后在热马普交战的时候很容易地将其歼灭。

1793年的战局对说明错误作战方向的影响也是非常恰当的。奥军获胜，并收回比利时，这主要是因为迪穆里耶没能将其作战正面成功地延伸到鹿特丹。在这之前，只能对联军的行动进行称赞。他们的目的是想要收回几个富饶的省份，因此认为必须善于针对迪穆里耶的宽大正面的极右翼采取攻势。不过他们在将法军逼退到瓦朗谢讷，造成了法军的瓦解，指挥也混乱，根本没有力气进行抵抗的时候，为什么在要塞前面停留了六个月之久呢？这使得公安委员会有足够的时间组织新军。这个时候如果想到法国的悲惨处境和皮埃尔将军的军队的混乱状况，我们怎么能够理解联军进攻佛兰德要塞的行动呢？

当一个国家的首都成为决定这个国家全部命运的时候，入侵战争特别有利。假如国家是由最强有力的帝王掌管，就算是在最普通的战斗中，大本营也是帝国最重要的点。不过，如果一个国家被一个弱君管辖，当为信仰而战斗的时候，首都会在更大程度上成为国家的威力中心。

如果有人对这一真理表示怀疑，那么我就可以举一个例子对此进行回答。这种程度已经在法国的巴黎表现出来了：有三分之二的人民奋起反抗压迫他们的政府。假如法军于法马尔失败后，能留下荷兰和汉诺威的军队监视法军残余部队，而英军和大部分奥军同普军及在莱茵无用的军队则会一起向马斯河、萨尔河和摩泽尔河进攻，那么在作战之中，就会有十二万人的大军保证在作战中从翼侧用两个军掩护其入侵路线。我甚至还有这样的想法，不需要改变作战方向，不需要冒更大的风险，只要让荷兰和汉诺威的军队监视莫伯日和瓦朗谢讷要塞的任务，就可以让主力去追击皮埃尔残部。不过在取得了胜利之后，二十万人只忙于围攻，连一寸土地都不占领。在他们遭遇到法国的进攻之后，却分成了十五或者是十六个军占领防御阵地来掩护自己的边境。但是在瓦朗谢讷和美因兹被攻占的时候，他们并没有采取全力去对康布雷营垒作战，而是采取离心攻击，一方面向敦刻尔克进攻，一方面指向朗道。

还有一种情况，不得不让人感到惊讶，那就是在战局开始的时候，最大的努力是用于总战场的右翼作战，但是后来却转为了对极左翼作战。当联军在佛兰德采取军事行动的时候，驻守在莱茵地区的大量军队一点也没有想要援助他们，而当这些部队开始进攻时，联军在桑布尔河一点措施都没有。难道说这些错误的行动跟 1761 年的苏比兹和布罗格里的行动以及法军对腓特烈进行的七年战争中的行动不相似吗？

1749年，双方原来的角色都完全改变了。法军从艰巨的防御态势转为胜利进攻。这无疑是一个制订得非常巧妙的作战计划。不过如果认为这就是一种新的进行战争的体系，那就是夸大了这些计划的优点。我想要让我的论断得到证实，于是我们来对比一下双方的军队，看看他们在这一战局和1757年战局中的态势，并将两者进行对比。毫无疑问，这两个战局的计划几乎没有什么区别，并且作战的方向也完全一样。当时的法军一共有四个军，编为两个大军团。而普军只有四个师，不过在山地出口处也编有两个军团。跟腓特烈和施威林元帅在1757年将其部队指向布拉格那样，法军的两个军团在1794年开始向布鲁塞尔进攻。这两个战局之间的唯一区别就是1794年分布得不是很分散的奥军在佛兰德的阵地，要比1795年在波西米亚的布朗阵地较短。虽然这只是一个不大的差别，但是这种差别并不利于1794年的计划。因为当时法军的配置面向北海，因此在反对法军的这一战局中，就对奥军右翼实施迂回很是不利。皮歇格吕想要迂回到奥军右翼，只能够从北海岸在敌军主力之间通过，这显然是一个非常危险和错误的方向，是一个仅适用于大规模军事行动的方向。这次行动跟贝尼格森在下维斯瓦河地域采取的行动几乎没有什么区别。1807年的时候，它也几乎让俄军遭遇到了很大的危险。向波罗的海败退的普军，它的交通线被切断之后的结果也说明了这一真理。

不过，如果科布尔格亲王能够像我们现在这样采取行动，那他肯定会为在茹尔当给予协助之前一个月采取这一大胆的机动而感到后悔。奥地利大军主要负责进攻任务，他们的大军位于朗德勒西要塞前面的中央。它一共有一百零六个步兵营和一百五十个骑兵连的兵力。负责掩护佛兰德的是右翼的克莱尔法特军，负责掩护沙勒罗瓦的是左翼的考尼茨军。朗德勒西之战的胜利，将这个要塞的大门打开了，并且在沙皮伊将军的文件中发现了向佛兰德进攻的计划，因此他们就向克莱尔法特派出了十二个营。约克公爵的军队在得知法军胜利的消息后，过了很长的时间才去支援他。不过这个时候的奥军余部究竟在朗德勒西做了些什么呢？因为当时的奥军已经遭到了削弱，因此进军的速度也降低了很多，却还在这个时候往外派兵。难道科布尔格亲王在让法军得以各个击破他的各大部队，并在比利时巩固后，就没有丧失掉中央阵地的全部优势吗？他向沙勒罗瓦的考尼茨亲王派出其中的一部分兵力，并且将一个师留在了卡托，然后才向前行军。如果一开始奥军的主力就不分散兵力，而是向图尔宽进发，那么他在该地集中一百个步兵营和一百四十个骑兵连是非常有可能的。在这样的状况下，被切断与边境的联系，然后又被夹击在北海和两个敌军要塞之间的皮歇格吕将军的著名进攻又将会出现一种什么样的结局呢？

法军的入侵计划不仅具有一切外作战线的严重缺陷，而且没有得到很好的执行。4月26日，是向库尔特莱进攻的时间，不过茹尔当却是在一个月之后才到达沙勒罗瓦的，也就是6月3日。这对奥军来说，是一个多么难得的可以利用的中央配置的良机。我认为，如果普军机动它的右翼，而奥军机动它的左翼，就算是普奥两军都能在马斯河地域进行活动的话，那结果肯定会完全相反。实际而言，只要能够对分散的法军中央配置联军主力，一定能很好地阻止法军各个部队的会合。当然，在正规的作战中，沿着绵亘战线配置的敌军中央攻击的危险性是不言而喻的，那是因为敌军有可能利用其翼侧和各预备队同时展开行动，不过这种情况对延伸长达一百三十古法里（约520千米）的作战线发起进攻，就完全不会适用的。

1795年，普鲁士和西班牙宣布退出联盟，莱茵河地区的战争区域就缩小了，不过意大利这个时候为法军开辟了新的光荣的战场。在此战局中，法军的作战线还是双重作战线：法军企图同时通过杜塞尔多夫和曼海姆行动；克莱尔法特将军要比他的前任明智得多，他以此将主力逐渐转移到了上面所说的两个地方，并在曼海姆附近及美因兹附近的筑垒阵地取得了决定性的胜利，这样的状况迫使桑布尔河－马斯军团向莱茵河左岸转移，这样就可以很好地掩护摩泽尔河，迫使皮歇格吕将军返回朗道。

1796年，在莱茵河地区的作战线方向和1757年波西米亚和1794年在佛兰德的作战线方向一样。但是结果却和1794年完全不一样。莱茵军团及桑布尔河－马斯河军团从基地的两边出来，然后沿着中心方向向多瑙河进军。这样一来，它们就构成了两道作战线，这跟1794年一样。卡尔大公比科布尔格巧妙，他巧妙地利用内线作战，提前向法军集结靠近。之后，他利用拉图尔军有多瑙河掩护的机会，花了好几天的行程追过莫罗，然后以全力进攻茹尔当的右翼，将茹尔当击败。维尔茨堡之战决定了德国的命运，迫使莫罗军队在极长正面上退却。

那个时候，拿破仑已经在意大利开始了自己非凡的业绩。他的主要目标是要孤立皮埃蒙特军队与奥地利军队；他的这个目的通过米列季莫之战得以实现，迫使皮埃蒙特军队和奥地利军队各沿一条外战略线行动，然后在蒙多维和罗迪将其各个击破。这个时候，有一支敌军为了解救被他围攻的曼图亚，在蒂罗尔集结。但是，这支大军犯了一个错误。而法国将军的行动比闪电都要快，他从围攻中撤出来，放弃了其他的一切，刚刚从布雷西亚隘路走出的敌军第一纵队，被他就地击破，并且被赶进了山里。接下来不久，在同一个地方他又将敌军第二纵队击破，并迫使其恢复与右翼的交通联络，然后向蒂罗尔退却。不过维尔姆泽则早已经将这些教训忘到了九霄云外，他想要做的是掩护罗韦雷托和维琴察附近的两条线。不过当拿破仑将其第一军击破后，迫使其退向拉维斯，并且转向右侧，从布伦塔河谷前出到敌军左翼，结果这支所谓的名牌军队的余部向曼图亚逃生，并且在该地投降。

他们在1799年的时候又恢复了敌对行动。虽然在1796年，法军因为错误地选择两条外作战线而尝到恶果，但是他们在这一战局中又选择了三条外作战线，选择的区域是在莱茵河和多瑙河地域。下莱茵地区被左路军团监视；向多瑙河挺进的是中路军团；负责占领可以侧防意大利和瑞士的施瓦本是跟前两军团一样强大的第三军团。这三个军团只有在离开其作战基地八十古法里（约320千米）的地方，也就是在因河河谷才能够会合。卡尔大公的力量跟他差不多，不过他将全部的军力用来对抗敌军中央，在施托卡赫将其击败，逼迫赫尔维蒂的军队放弃格里宗和东瑞士。

不过联军也犯了同样的错误。他们没有继续争夺后来为此付出很高代价的中央地带，却采取了在瑞士和下莱茵的双重作战线。就在他们的莱茵军团在曼海姆作乐的时候，他们的瑞士军团在苏黎世被击破。

1800年的时候，这里的一切都发生了变化。拿破仑从埃及班师回朝，于是在这一战局中出现了新的作战线：从瑞士两翼经过的是十五万大军，其中一边指向多瑙河，而另一边则指向波河。正是这一巧妙的运动让夺取的大片领土有了保障。直到那个时候，近代史上还没有出现过这样的作战线呢。法国的两支军队构成了可以相互密切支援的内作战线。奥军却被迫外线作战，这样他们的交通线就不能够相互支援。预备军团以巧妙的行军，切断了敌人与其作战线的联系，却保持了自己与本国边境的联系。

　　这个真理在附图Ⅱ中的第3图得到了证明，对双方的态势有了明确的显示。A和AA分别表示的是预备军团和莱茵军团的作战线；B和BB则分别表示了志梅拉斯军团跟克赖军团的作战线；圣贝尔纳、辛普朗、圣哥达、斯普吕根各个山口则分别由CCCC来表示；预备军团的两条作战线由D来表示；保持退却线的法军各师由HJK表示；马伦戈发生冲突的地点则由LG表示。我们从这幅图中可以看出，梅拉斯被切断了与其他基地的联系，但是法军统帅却没有任何风险，那是因为他一直保持了与其边境和辅助作战线之间的所有交通线。

　　依据对这些可以回忆起来的事件的分析，还有我们刚才对这些事件所做出的概述，就足以让人相信，选择机动线在作战中是非常重要的。非常明显，如果能够正确地选择战线，就能够在失利后迅速地恢复态势，将敌人入侵的成果给剥夺，从而扩大自己的战果，并且攻占敌军的领土。

　　我们在对这些最著名战局的计谋跟战果进行对比之后发现，只要是有益利于取得胜利的一切作战线，都跟我们多次提到的基本原理是密切相关的，不管是单一作战线还是内作战线，它们所追求的目的，就是通过战略运动，将敌人非常强大的兵力——很多师，在关键点投入战斗。我们还可以看出，一切导致战争失败的作战线都是跟这些原理相违背的，作战线太多，势必要以劣势和孤立的部队来跟敌人的优势兵力对抗，这样的结果不言而喻。

作战线的规律

　　在我看来，以我所阐述的一切事件作为根据，针对作战线这一问题，可以归纳出以下几条规律：

　　（1）如果战争艺术就是将军队最大优势的兵力用到战区的决定点上，那么在选择作战线时，主要的选择方法就要以达到这一目的为优先考虑，这也是一个良好的作战计划的重要基础。1805年，拿破仑为向多瑙佛特进军和1806年为向格拉进军的部队制订的方向是这条规律的最佳证明。对每个军人来说，这种机动是巧妙的，我们应该对此进行最认真的思考和学习。

　　（2）选择作战线方向。作战方向不仅是由我们在下文中即将谈及的战区的地理形势决定，也是由敌军在这一战略棋盘上的兵力配置决定。但是作战线的方向仅仅是敌军的中央或者它的两翼之一。只有当兵力占有非常大的优势时，我军才能针对敌军的正面和两翼同时采取行动。要不然，无论是在什么样的情况下，如果同时对敌军的正面和翼侧采取行动，都犯了极大的错误。

总的来说，我们可以确定这样一条原则：如果敌人犯了错误，军队的兵力过于分散，正面过宽，那么我军机动线可选择的最佳方向就是敌军配置的中心。但是，在其他的情况下，只要可以自由选择，作战线的最佳方向就是敌军的一个翼侧，进而可以对敌军防线和作战正面的背后进行机动。

之所以这样的方向比较有利，不单是因为对敌军侧翼冲击时只需要与部分敌军进行交战，还因为敌军的防御正面会有从背后被攻破的威胁。举个例子，如 1800 年莱茵军团前进并抵达黑森林防线的左翼边缘，随后，该防线的敌军几乎不战而退，同时，莱茵军团在多瑙河的右岸与敌军进行了两次交战。尽管这两次交战并不具有决定性的意义，但是由于选择了恰当的作战线方向，经过这两次交战，莱茵军团进入了施瓦本和巴伐利亚。同时，指挥预备军团通过了圣贝尔纳山口，并指挥米兰指向敌军的极右翼，随后向梅拉斯后方行军，使其获得了更加辉煌的战果。这些战果早已为大家所熟知，所以我们在此就不重复了。

我们在阿尔卑斯山地图（见附图 II 第 3 图）上显示的机动与这种机动是完全相似的。当然，这种机动与那种机动的对立极其明显，这种体系的要求之一就是要有与敌方的基地平行的基地，还要有可以构成直角的双重作战线，同时，它的顶点直指敌军的战略正面的中央。不过，关于这种体系，为了证明我们提出的原理的优势，我在前文中已经多次提及。事实上，如果军队的行动是指向敌军中央的，那么在我们看来，采用比洛的直角体系也是恰当合理的；只是，我们不希望那些并不重视比洛的评论者们针对这种体系提出过高的要求，而是希望如我们在下文中所提到的，比洛认为所必需的双重作战线是一种内作战线。

（3）我们绝对不能就此认为，当在敌人作战正面的一翼作战时取得了胜利，军队就可以毫无危险地猛冲向敌人的后方，因为进攻部队在采取这些行动时，敌人可能会切断其交通线。如果要避免这种危险，我们就必须选择正确的作战线方向，以便军队能在自己的后面保持一条安全退却线，或者在必要时能控制一条可以向自己的基地快速撤退的退却线，这条退却线要位于作战正面的另一面，而这样做的方法就是改变作战线（见第12条规律）。

选择这种行动方向十分重要。如何正确选择行动方向已经成为了一个总司令应该具备的最重要的才能之一，为了更加透彻地理解这一问题，我将列举以下两个战例。

第一个例子，如果1800年拿破仑在翻过圣贝尔纳山口之后，经过都灵，直接向阿斯蒂或亚历山大里亚进军，并在马伦戈交战，那么在交战之前，就不能预先确定伦巴第和波河左岸是否可以在自己的背后进行利用，这样的话，他自己的退却线就可能被全面切断，这种情况比梅拉斯更加严重。当时，因为他从圣贝尔纳山口方面对卡札尔和帕维亚这些次要据点进行了控制，而又在亚平宁山脉方面对萨沃纳和坦达进行了控制，所以就有了退向瓦尔和瓦莱的充分可能。

假如1806年发生了同样的情况，在当时的战局（见附图Ⅰ）中，拿破仑从格拉直指莱比锡，然后在莱比锡等候由魏玛撤兵的普军与之交战，那么，有很大的可能性他会像布伦瑞克公爵当年向易北河基地的退路被切断一样，也被敌军切断其向莱茵河基地的退路。不过，拿破仑是在魏玛方向从格拉向西进军，在通向萨尔费尔德、施莱茨和霍夫的三条路前展开了自己的作战平面；而这三条路正是他当时的交通线，他对这些路布置了非常严密的掩护。因此，在战斗的紧要关头，如果普军向格拉和拜罗伊特之间挺进，妄图将他的退路切断，那么普军很可能会为他开放一条很好的天然通路，这条路是除了从萨克森经卡塞尔通往科布伦茨、科隆（科伦）甚至威塞尔的十条路以外的，即莱比锡通往法兰克福的那条漂亮的公路。为了对这种意见的重要性进行阐明，我们说得已经足够多了。下文中，我们言归正传，还是继续谈谈我们归纳的规律问题。

（4）如果想要便利实施巧妙的机动，两支相互完全独立的部队在同一条边境线上作战的情况就必须避免。两支独立部队在一条边境线上作战的情况只可能出现在大规模联合作战时，或者两支独立的大部队没有在一个作战地区作战，同时不会形成弊大于利的拥挤时。不过，就算出现了这种情况，我们最好还是保证这两支部队归同一个指挥官指挥，同时，他的司令部也应该设在主要部队。

（5）我们根据上述的原理通常可以得出这样一个结论：即使用相同的兵力在同一条边境线作战，单一作战线的益处经常大于双重作战线。

（6）但是，有时也必须采取双作战线。这样的情况一般来说有两种：第一，由于战争区特点的需要；第二，当敌人自己也有一条作战线时，我军被迫必须分别以一定的兵力迎击敌人聚集的每支部队。

（7）在上述情况之下，内线或中央线的优点总会大于两条外线，因为当军队采取内线作战时可能会把它的每一个部分都用于实施总计划，同时，还可以比敌人更早地集结自己军队的主力，这样做可以保障战局任务得以顺利完成。

如果一支军队的作战线能提供上述这些好处，甚至可能以考虑周密的战略运动，将逐次遭到突击的敌军各部连续击败，如果要保证这一运动的成功，我们应该将一部分军队留下以作为监视军，专门用来钳制敌军部队；作为监视军，必须坚决避免与敌人发生激战，它的作用是尽量延缓敌军的前进，然后利用己方对崎岖地形的熟悉优势退向主力部队。

（8）如果我军的兵力拥有了明显的优势，就算将军队分兵两路，也没有各部分军队被击败的危险，那么我军在选择作战方式时，就可以适时地采用两条作战线的作战方式。在这个时候，假若我们将全部兵力都集中于一点，那么我们就选择了一种错误的做法。我军就会丧失敌我双方在兵力对比上的优势，部队的部分机动性也有可能会丧失。所以，当军队决定采用两条作战线时，首先就应该考虑，根据地形条件和敌我双方部署情况，适当加强起主要决定作用的一线部队的军事实力。

（9）还有两条规律被近代战争的主要事件证明了它的正确性。第一条规律，如果两支军队彼此支援而采取内线作战时，并且在一定的距离上敌军在数量上占有优势，那就必须防止一点，即敌军把这两支军队逼迫到一个狭窄的空间里消灭掉。大家都知道，在著名的莱比锡会战中，拿破仑遭遇到了不幸。第二条规律，在采用内线作战时，不能够让其延伸得太远。不然敌人会对我们造成危险。如果我军的主要目的是想要对决定整个战争的命运进行把握，同样不能够延伸得太远。

（10）基于同样的理由，两条向心作战线一定会比两条离心作战线更加有利。更加适合战略原则的是向心作战线，并且，它们还具有掩护供应线和交通线的优点。不过沿作战线行动的两支军队，在没有会合之前，应该避免单独和敌军集中的部队相遇。

（11）有些时机，还是可以采用离心作战线的，比如一次战争胜利后；我军的一次战略行动将敌军的中心突破，其兵力被分割开来，这个时候，我军一定要采取离心行动，才可以完成对被打败敌军的分割。不过，就算是沿离心方向行动，我军各部仍然应该采取内线作战，也就是说，各部应该相互靠得比较近，在敌人会合之前集结。

（12）有的时候，在战斗过程中，一支军队往往被迫改变作战路线，采取我们所说的临时作战线，这是一个非常重要和微妙的机动；它可以获得巨大的成功，但也有可能因为考虑不周到或者缺乏艺术造成严重的失败，因为只有当一支军队在脱离困境的时候才能够采用这种临时作战线。我们在《论大规模军事行动》第十章中曾经举过这样一个例子，它是由腓特烈在解除了对奥尔米茨的包围后实施的。

拿破仑多次实行过这个计划，那是因为他每次都会冒险入侵别的国家，这样一来，他总会准备好一个计划，以防止事情突然发生变化。在奥斯特里茨战役中，在战事不利的情况下，他决定将作战线从波西米亚向帕绍或雷根斯堡转移，用来代替原来指向维也纳的作战线。他这样做的原因是前者能够提供一个资源丰富的崭新的国家，后者只能够提供一些遭到破坏的地形，并且卡尔大公会轻易地首先抵达该地。

他在1844年的时候，实施了一次更为胆大的机动，不过在当时，他主要是利用了有利的地形条件，这次机动的最显著特点是将阿尔萨斯、洛林森林地带作为基地，为联军开放了一条通往巴黎的道路。如果他能够跟莫蒂埃和马尔蒙会合，他的部队的数量就会超过五万人，那么他的这一计划便会取得决定意义的战果，还能对他辉煌的军事业绩有效地进行巩固。

（13）我们在上文（第2条规律）中已经论述过，在作战线的方向和利弊产生重大影响的也有可能是国家边境的地势和战场地形的性质。对敌方构成突出角的中心位置，例如波西米亚和瑞士最为有利。之所以这样说，是因为这样的位置有利于我军采取内线作战，好从背后攻击敌人。在这个突出的角的两边，可以使用一切工程技术器材，加上天然的障碍，让两边的敌人无法突破。

如果没有这种中心位置的时候，代替这种中心位置的是机动性的相对方向。如下图所示，CD 军运动到 AB 军正面的右翼，HI 军则运动到 FG 军的左翼，于是便形成了 CK 和 IK 两条内线。利用 CK 和 IK 会合而成的兵力，就能够将 AB 和 FG 两条外线上的敌军各个击破。1796 年、1800 年和 1809 年所采用的作战线所取得的战果都是因为运用了这个计谋。

（14）作战线方向的选择还会被作战基地的一般地形影响。作战线方向的选择肯定是应该根据作战基地各自的位置而决定。了解了前面我们关于作战基地的论述，对这个观点的理解也就容易多了。事实上，通过第十八节第 1 张插图可以说明，最有利的是我军作战基地跟敌军作战基地垂直延伸，也就是跟敌军作战线平行。这样一来，我军就很容易在指向敌人基地的点上夺取这些作战线，切断敌军跟他们基地的联系。

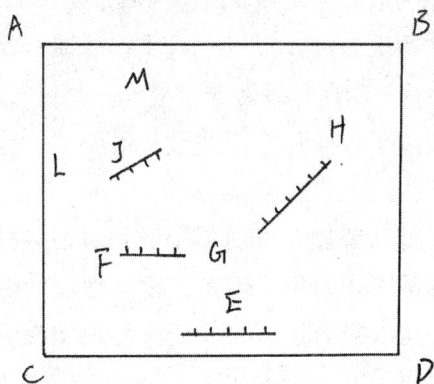

但是，如果我军的行动不能够很好地指向这个决定点，不能够很好地选好作战线的方向，那垂直基地的一切优势都将荡然无存。E 军可以占领 AC 和 CD 的双重基地。如果以右翼指向 F 点，而不向 GH 延伸，那 CD 基地的全部优势就会丧失。

由此可见，将作战线跟作战基地和军队的行动的关系联合起来，便能夺取敌人的交通线，还能使自己的交通线不被敌人切断，这就是选定作战线方向的伟大艺术所在。这当然是一个既重要又难以解决的战略问题。

（15）除了这种情况以外，还有一种情况会对作战线方向的选择产生重大的影响。这种情况就是在战局当中，主要行动是在没有受到任何损失的、人数众多的敌军面前渡过一条大河，很显然，在这种情况下，作战线的选择不仅仅决定于统帅的意志，也不仅仅是由对敌人防线某一部分的进攻所得到的利益所决定的。此时最需要考虑的是，在什么地方才能够安全渡河，还有就是在什么地方能够找到渡河所需要的材料。1795 年，茹尔当在杜塞尔多夫地域渡过了莱茵河，1831 年，帕斯科维奇在奥谢茨克附近渡过了维斯瓦河。他们在这两个地方渡河，都考虑到了自己没有足够的船只，必须从下游调用大量的商船：法国调用的商船是从荷兰购买的，俄国调用的商船是在托伦和但泽购买的，普鲁士的中立地区为这些船只向上游航行提供了方便，不然敌军非常有可能在那里设置障碍。茹尔当这次渡河，带来了很多利益，这诱使法军在 1795 年和 1796 年又发动了两次这样的入侵。但是这两次入侵又形成了双重作战线，使得法军被敌人各个击破，最后以失败告终。帕斯科维奇非常老练，并且头脑灵活，他仅仅用了一支扶助部队，就渡过了维斯瓦河。并且，他的这一行动是在主力部队已经抵达沃维奇后实施的。

部队要想在渡河当中受到各种各样的情况的影响比较小，就需要使用足够的军用舟桥。但是，渡河地点的选择仍需要由地形条件和敌人的位置来决定。只有这样，才能更好地把握取胜的机会。我已经在《法国大革命战争史》第八卷中讲过，有关 1800 年拿破仑和莫罗渡过莱茵河的争论，是这一战略战术问题所能够说明的各种不同计谋当中的一个特殊例子。

渡河地点的选定，对部队渡河之后头几天的行动也会造成影响。至少在取得胜利之前，一定要防止敌人的破坏，保护好渡过的桥梁。但是不管在什么情况下，都需要用正确的原则来作为选择的基础，归根结底，主要渡河点的选择要么是敌军中央，要么是敌军的一翼。

在敌军延伸较远的一条警戒线面前，一支集中的军队从一个中心点强行渡河后，就会沿着两条离心作战线行动。他们这样做是为了分割敌人警戒线的部队，让他们无法集中。这样一来，他们就不能破坏我军的桥梁了。

如果我军面前的河流较短，我军在渡河之后，又能够占领一条与河流垂直的战略正面，那么渡河的地点，最好是一翼，这样就能够避免敌军靠近我军渡河桥梁的方向。我们将会在第三十七节更加详细地分析有关渡河的问题。

（16）对作战线的选择还有一点不能忽视，我们必须明白，对本国境内的作战线和敌国境内的作战线，它们之间的利弊是非常明显的。敌国的自然环境也会对各种利弊造成影响。我们设想，一支军队越过了莱茵河或者阿尔卑斯山，准备在德国或者意大利境内作战，那这支军队首先面对的将会是一些次等国家。就算这些国家结成了联盟，但是因为国与国之间的利益，以及人民与人民之间的利益，还是会造成一些冲突的。这种冲突会大大削弱它们的力量。相反，假如一支德国的军队越过莱茵河或者阿尔卑斯山，侵略法国，那么它采取的作战线就要比法国入侵意大利所采取的作战线更加暴露，更加危险。因为，德军所要面对的是在行动和意志上都非常统一的整个法国。

一支以防守为主的军队，如果它的作战线设在本国境内，就可以利用当地居民、政权、要塞、产品、兵工厂、商店等一切有利因素，不过这些有利的因素在异国作战时是不能很好地被运用的。因为在敌国，要找到反对敌军的势力是一件非常困难的事情。甚至敌军还可以利用其社会上跟我军的敌对分子给我军造成不利影响。

我在前文中已经说过，一个国家的自然环境也会影响到作战线的利弊。毫无疑问，除了上述外，一个作战线如果经过一个富饶、肥沃、工业发达的地区，肯定要比经过一个沙漠贫瘠地区更加有利。特别是当进攻者与之作战的并不是该地区全部的人民时，情况更加如此。入侵者可以在这种丰富多产和工业发达的居民地区得到想要的一切。而在另外一种地区，入侵者得到的最多只有马匹的饲料，至于其他的物品全都需要自己携带。因此，在这种地方作战，困难必定会增加，也必然会使迅速、勇敢的作战行动变得更加危险。对于施瓦本的优美和伦巴第的富饶非常感兴趣的法国军队，就在 1808 年的时候，差点埋葬在普乌尔图斯克的泥土中。1812 年，他们全军覆没在立陶宛的森林沼泽地带。

（17）还有一条作战线的规律被许多作者重视，这条规律实际上是空想的，但是用几何公式来表达，好像是非常可靠的。按照这个规律，必须在设置每一条作战线的全部国家中将跟这条战线相等距离上的敌人完全肃清。不然的话，这些敌人就可能威胁到我们的退路。我们可以用下面的几个公式表述这个事情："能够保障作战行动安全的唯一行动是将所有敌人赶出一个半圆之外，最中心的目标就是这个半圆的中心，作战线的长度就是这个半圆的半径。"

想要证明这条不是很明确的定理，有些人指出，凡是以直径为对应边的各个圆周角都是直角，这也是比洛对作战线所要求的角的度数。当然这也是被认为唯一合理的体系——楔子形战略布局，根据这一点，一些好事者得出结论，凡是不愿意用三角学作战的人都是无知的人。

虽然在纸面上看起来这条规律是非常正确的，同时它也受到了热烈的支持，但是从实际情况上看，却不断地被事实所推翻。一个国家的自然环境、山川形势、军队的士气、领导者的能力和精力、人民的精神，上述种种，不管是用角还是用直径，抑或是用圆周，都无法对其进行准确估计。诚然，能严重威胁退却部队的大量敌军，绝对不允许在退却线的翼侧存在。但是，如果过分重视这条被说得神乎其神的规律，也会导致自己的军队在敌国境内寸步难行。除此之外，人们将这一规律抛弃的更重要的原因在于，不管是在近代的战争中还是在欧根·萨瓦亲王和马尔波罗的战争中，上述战役无一不证明了这些虚构的数学规律的毫无根据和毫无用处。1800年，当费森、萨尔尼茨和整个蒂罗尔还处于奥地利当局的统治之下时，莫罗将军就在维也纳的城下；当都灵、热那亚和滕达山口被梅拉斯的军队占领，拿破仑当时正在皮亚琴察。最后，我要提出的一个问题是，当欧根·萨瓦亲王的军队迫使法军留在明桥河上，也就是距离它的基地仅仅几公里远的地方，然后经过斯特拉德拉和阿斯蒂去援助都灵，这又是形成了一个什么样的几何图形呢？

在我眼中，上述三个例子足以说明，不管是在像腓特烈和拿破仑这样的天才面前还是在像马塞纳、苏沃洛夫等具备伟大性格的人面前，所有的几何圆规都会丧失其光彩。

但是，我希望大家不要认为我这样说是想对那些精通能教我们一切计算（甚至是天体运动）的科学的军官们的功绩进行贬低。与此相反，我对他们还是怀有深深的敬意的。据我个人的经验，这里有充分的理由让我们认为在绘平面图和制图，同时在构筑和攻击要塞或者营垒上，他们的科学是必须的；除此之外，确实还有一些对实际运用有利的各种计算。不过，这些计算对所有的战略和打战术的相关问题帮助很小，原因就在于战略和打战术的所有问题，是由静力学定律促进的精神激动起关键作用的。厄克里德的那些令人尊敬的学生，他们具有极高的指挥军队的才能，可是如果想赢得光荣和胜利就必须丢掉他们的一些三角学，至少拿破仑就遵循了这样的做法。我们回顾他曾经指挥的一些经典战役，显然与其说是属于准确的科学范畴，不如说是属于诗的范畴，原因很简单，就在于战争不是一种数学行动，而是一出激情四射的话剧。

我所说的上述这些离题的话，希望得到大家的原谅。曾经有人用空洞的公式来攻击我，那么自然我就会为自己辩护。对于我的批评者，我唯一的请求就是他们对待我时，能像我对他们那样公正。在他们看来，战争是有条不紊的，审慎的，可在我看来，战争是生动、勇敢、激烈的，有时甚至需要一些鲁莽。

不过，对根据这些呆板的规则提出的所有谨慎的措施，我并不想加以否认。这是因为，这些措施无论在何时都不应该被全部否定。但是如果强迫自己作战时遵照几何规律，这样的做法就相当于给那些最伟大的天才统帅套上镣铐，也就意味着他们要被僵硬的学究气控制。在我看来，我会坚定地反对这种理论，直到永远。同时，我也会反对对一切无知的辩解。

对内线的评论和反对者的意见

我为了在这里对本章课题将要进行的论述补充几句，不得不将你们的注意力暂时转移一下，对此我表示歉意。一开始我就在犹豫是否要将这些评论放在本书末尾，但是考虑到这些评论对解释上述理论非常有用，所以还是认为发表在这里最合适。

所有批评我的人，他们的指责也并不是一致的。有些人仅仅就几个词句和定义进行争辩，有些人对我的指责是一些他们自己根本没有理解的观点。除此之外，还有一种人，他们在反驳我的基本原则时往往会利用某些重要的事件，但是他们对当时的条件是不是和他们想象的一样，根本就没有考虑过，但恰恰就是这些条件可以决定使用什么原则来作战最为恰当；就算他们提出的方法是正确的，他们也没有想到，也会有例外的情况发生。不过他们就是不能够推翻根据多世纪经验归纳出来的、以自然法则为基础的规则。

一些人为了反对我的内线或中心线作战的原理，就引用了联军以相反体系在莱比锡取胜的著名机动。初看起来，这件让人难以忘怀的事件是能够动摇人们对基本原理的信念的。但是他们列举的事例是历史上非常少见的一个战例，就因为这一点，显然不能够得出与那些以千百个其他战例为依据的基本原理相违背的结论。相反，我们却能够很容易地证明，这些事实不仅不会反对我的那些基本原理，反而能够证明我的那些原理的生命力是常青的。

除此之外，如果说拿破仑在德累斯顿和奥得河之间占领的中心位置对他而言变成了灾难，那么实际上应该将这种灾难归咎于库尔姆、卡茨巴赫和登涅维茨的失败，也就是因为他们不能够完全正确地执行原则，是违背了正确体系所造成的错误。我的主张是，对最重要的点，应该以大部队兵力实施进攻，而对一般的次要的点，则可以凭借坚固的工事或者是江河进行固守，直到决战结束或者是敌军主力被消灭。在这之后才有可能将兵力指向敌人其他的受到威胁的点上。有人提出辅助部队会因为脱离主力部队而受到威胁，那是没有能够很好地对我提出的体系理解的缘故，这也是1813年所发生的新情况。

的确，如果在德累斯顿获得胜利的拿破仑，能够不停地追击像波西米亚帝王们的军队，那他就不大可能在库尔姆惨败。不仅如此，他还有可能威胁到布拉格，然后突破联军的战线。不过他在这里犯了一个大错，那就是没有对联军退却造成严重阻碍。他犯的一个更大的错误是自己没能亲自率领主力到决战点上参战。在卡茨巴赫的战斗中，他没能很好地将自己的命令执行到部队中去；如果按照他的命令规定，他应该做的就是等待布吕歇尔的冒险运动对他的军队造成有利时机的时候，再对其进行攻击；不过麦克唐纳却做出了与他相反的行动，他仅仅靠着一些独立部队渡过因大雨而不断涨水的支流去跟联军作战。

如果麦克唐纳能够很好地执行交给他的任务，并且拿破仑又能充分利用他在德累斯顿的胜利成果，那么有一个看法肯定会得到大家的认同：拿破仑的作战计划一定会取得非常辉煌的胜利，这主要是基于他的行动计划的基础是内战略线和内战略阵地，采用的是双向心半径形式的作战线。如果你对他的1796年的意大利战局和1814年的法国战局有详细的研究，那就一定可以判断出他的计划会获得很大的战果。

　　根据拿破仑在萨克森作战的遭遇来对中央作战线进行评价，到底是不是正确的？为了对此进行证明，还必须补充一个重要的情况：他的作战正面的右翼和后方，都因为受到波西米亚边境的地形而被包围。这实属少见！不过，我们决不能将具有这类缺点的中心位置跟没有缺点的中心位置同等看待。当拿破仑在意大利、波兰、普鲁士和法国境内采用这一个体系的时候，他是不会让敌人有机会从翼侧和后方来突袭自己的部队的。虽然在 1807 年奥地利能从远处对他造成威胁，不过当时的奥地利已经跟他保持了和睦的关系，并且已经被解除了武装。

　　在对一种作战体系进行判断的时候，必须要有一个大前提，即交战双方的利弊条件应当一样，但是 1813 年无论是在地理位置上，还是在双方部队的情况上，都不一样。我们虽然可以不具体论述这一事实，但是它可以证明对我进行严厉批评的人是多么的轻率。当时拿破仑虽然运用了这些原理，但是都是最基础的、最简单的态度，以致不仅没有像过去那样认真研究战斗，反而变得更加轻率。那些严厉批评我的人却引证拿破仑部将在卡茨巴赫和登涅维茨的这些失败战例作为推翻这个基本原理的依据，这不是非常荒谬吗？事实上，如果一支军队将自己的全部力量向其他地点投递，自己受到了削弱，结果犯错了，对监视军的作用不满足，而是硬要进行致命的斗争，那这种自我吹嘘中心位置体系又会有什么优越性呢？按照这种逻辑，正确运用原理的有可能变成敌人，而不是采取内线作战的部队。除此以外，继莱比锡会战之后的会战很快证实了这些有争议的原理的正确性。拿破仑在香槟的防御战，从布里安会战至巴黎会战，都完全可以证明集中主力于中心作战线这一原理的正确性。

　　这两次著名会战的经验可以表明，出现了一个战略问题是用那些以理论为基础的简单论点难以解决的。据此可以说明，当军队拥有非常强大的兵力时，内线作战的体系就相应地失去了它的优越性。我深信，就算是最伟大的行动，也会因为想要保障他的胜利而进行规模巨大的准备工作而遭遇失败，对这一问题，我的答案是肯定的。我深信如果一支十万人的部队占领了一个中心位置，与各自拥有三万至三万五千人的三支孤立部队进行作战，就一定会比一支四十万人的部队与各自拥有十三万五千人的三支部队作战，更有将敌人各个击破的把握。其主要理由如下：

（1）如果仔细加以注意，我们会发现要想在会战日同时将如此多的军队投入战斗，不论在空间和时间上，都是十分困难的。因此，一支十三至十四万人的部队，可以更加容易地与兵力上更为强大的敌军进行对抗。

（2）如果这支部队被逐出了战场，那它至少还拥有十万人的兵力，足以保障自身有秩序地撤退，这样做可以避免出现过大的损失，并方便与另外两支辅助部队中的一支进行会合。

（3）人数多达四十万人的那支军队，虽然居于中心位置，但是它所需要的给养、弹药、马匹和其他一切物质器材都要相应地增加。这便会导致部队的机动性大大降低，使其难以由战区的这一位置转移到另一位置。更不用提那些天然环境的限制，如此众多的部队的给养很难由这个地区获得保障。

（4）最后，显而易见，如果军队居于中心位置，其用以针对敌军两个外线作战的两支部队都各自需要有八至九万人，这是因为它们接到的命令是各自对十三万五千敌军的行动进行迟滞。如果监视军的指挥官十分愚蠢且十分好战，那么就有可能遭遇失败，而这样的结果所导致的危害将远远超过主力部队所取得的胜利。

虽然我们面对了这些疑问和不太充分的理由，但是如果是我来指挥军队，一旦面临我在上文中提出的最有利的时机，我一定会让我的军队占领内线位置，这是毫不动摇的；但是，如果出现了任何其他情况，我会根据上述原理命令军队指向敌军作战正面的一翼，然后任凭敌军按照与此相反的原理行动。这已由欧根·萨瓦、马尔波罗、腓特烈大帝和拿破仑的战争实例证实了我的信念，我坚信这些信念一定能够实现。

这是因为，我要开始对看似是无比正确的原理进行辩护，在此，我要利用这个机会来回答那些虽然闻名遐迩，却十分狂热和不公正的作家向我提出的那些根本毫无根据的异议。

首先，我要对巴伐利亚上校克西兰德的意见进行回答。这位作家在他自己编写的《战略教程》中，经常会将我认为是基础的原理进行错误地解释。诚然，他是一个非常博学的人，但是他在最新出版的一本小册子里和一个期刊上承认，他之前对我的著作的评价是不公正的和具有讽刺意味的。早在发表我的答复之前，他就已经认识到了自己的错误。可是，这些言论并没有妨碍他在第二版中重复他对我的攻击。

他的认错是如此真诚，让我认为没有必要再一次重复我对这一问题的意见。可是，因为他的著作会披着真正科学传统的外衣去诱惑读者，所以为了保证战争艺术的利益，我还是应该发表意见，以反驳他对我的指责：他如此指责我，说我曾经费尽心机将一套离心体系拼凑出来，可是最后又回到了向心体系。

在这里，我重申：完全不存在这种矛盾，把它加在我身上的言行是轻率的，在我看来至少是不合乎逻辑的。过去，我从来不曾绝对主张过一种向心的作战体系，抑或是离心的作战体系。我全部的著作，目的都是为了证明，战略原理永远是不会改变的，同时为了进一步说明，不论什么样的作战，如果想要符合艺术地取胜，就一定要运用这些基本原理。所以，不管是离心的作战还是向心的作战，其结果可能非常好，也可能非常坏，而上述的结果完全要依据当时敌我双方所处的情况而定。比如说，如果主力从中心位置转移出来，准备沿着分散的方向行动，以便对两支采取外线作战的敌军加以分割并各个歼灭时，我军就比较适合采取离心体系作战的方式。1767 年，腓特烈就曾经采取过这种机动，从而于战局最后在罗斯巴赫和莱顿（利萨）取得了非常辉煌的胜利。而拿破仑所有的作战绝大多数采取了这种体系，精确计算行程是他最喜欢的机动，他十分善于将人数众多的主力部队集中在中心位置，这样做就使部队在突破或迂回敌人的战略正面后，采取离心方向分兵对敌人实施追击。分割被击败的敌军就是这种机动的目的。

与此相反，向心作战体系也有其优点，不过却要在下面两种情况下：a.作战的目的是企图在敌人到达之前，把我军已经分散的几部，先行集中于某点；b.我军可以分兵两路，以同一点为进攻目标，同时在外在环境特别有利的情况下，不会被更集中的敌军察觉并各个击破。

但是人们还是可以就此提出一套与此相反的体系，当然，其结果也将完全相反。由此我们便可以确信，原理绝对是不可违反的，但是原理也不能与作战体系互相混淆。实际上，在上述两种如此有利的情况下，采取向心作战，会取得胜利，但是如果敌我双方所处相互位置完全不同，如果还是采取这种向心作战，反而会带来坏处。举个例子，如果我方有两支军队，同时从相距很远的两点向敌人做向心运动，当时敌人的兵力正处于内线，彼此间的距离又很近，那么这一运动的结果可能是敌人先于我方会合，这样就导致我方两支军队的机动必将遭受失败。1796 年，莫罗和茹尔当在对卡尔大公的作战中，这种情况就曾经发生过。甚至当从一点出发，或从比杜塞尔多夫与斯特拉斯堡之间的距离近得多的两个点出发，都有遭遇这种危险的可能。维尔姆泽和克瓦斯达诺维奇的向心运动的纵队，曾经试图沿加尔达湖两岸向明乔河运动，这样做导致了怎样的结果呢？难道由于拿破仑和格鲁希向布鲁塞尔的运动所造成的大祸已经被他们遗忘了吗？他们两支部队由桑布莱夫出发，向该城做向心运动，前者途经卡特尔布拉，后者途经瓦夫勒；而布吕歇尔和威灵顿就在战略内线作战，因此比他们更早地集中。结果，滑铁卢一役遭到了惨败。这个例子向全世界证明，如果违反了战争原理，必然会遭到惩罚。

通过这件事情，我们可以得出这样一个结论，任何作战体系，它之所以很好，那是因为它符合战争原理。我从来没有说过这些原理是由我一个人创造出来的，其实它们永远都是存在的公理，这些公理已经被恺撒、西庇阿和古罗马执政官尼禄和马尔波罗及欧根·萨瓦等一样地（如果不说是更好地）应用了。但是，我坚信我是第一个在一本书中证明了这些原理存在的人，并且指出了应用这些原理的一切主要好处，并从证明中引出了具体应用这些原理的原则。只要是那些在军事问题上的有识之士，一定都会理解这些原则并且遵守它们的。一种教条的形式，对于教授们来说，或许更为适用，这一点我并不否认。但是，如果对象是青年军官，那我就有理由怀疑了，这种教条形式能否像《论大规模军事行动》中所采用的历史形式那样能够清楚，简单，易懂，并且富有教育意义。

那些批评我的人，对我采用的"作战线"这个概念进行了指责，他们并且得出结论说，河流才是真正的作战线。这种论断是非常奇怪的，因为没有人会相信，多瑙河和莱茵河是军队可以在上面行动的作战线，这些河流顶多也就能够作为补给线，用于缓和运输，如果要勇于防御和机动，那是不可能的，除非最高统帅能创造奇迹，他的军队能够在水上行走。或许我的批评者会狡辩说，他所说的是谷地，并不是河流本身。那我就必须指出，河流和谷地完全是不同的两种概念，谷地也是面，一定不能看成是线。

因此，无论是从地理含义来看，还是从教学法理论而言，这样的定义都是非常不确切的。但是，如果我们能够容忍这种说法，我们就会看到，这条可以用作一支军队作战线的河流应该始终顺着这支部队运动的方向流去。不过事实并非如此，甚至是相反。大部分河流如果作为防线还是比较有利，但是作为作战线就不一样了。莱茵河不论对法国或德国来说，都算得上是一个障碍。多瑙河对土耳其和俄国是个障碍，而西班牙的障碍是埃布罗河，意大利进攻法国的障碍是罗讷河，易北河、奥得河和维斯瓦河，对从西向东或由东向西运动的军队来说，则是一个障碍。

　　提到道路，它的说法也不是正确的，因为我们不能够说，通过施瓦本的一百条道路就是一百条作战线。毫无疑问，如果没有道路，就不会有作战线，但是道路本身并不能够成为作战线。

　　我对这一点说得可能有些多了，那是因为我认为这是战略运动的基石。读者们可以对我的观点就行论战，并且发表意见。至于我，从内心里是真诚地想促进科学进步。此外，我还想要说的一句话就是，我已经对此做出了贡献，但这绝不是因为我自尊心的缘故。

第二十二节　战略线

　　我们在第十九节和第二十一节中，曾经提到过主要功能不同于作战线的机动的战略线。给战略线下个定义是很有必要的，因为有很多军人常常将战略线和作战线张冠李戴。

　　在第十九节中我们讲到，战略线一般有好几种。在这里我们不对由于其所处位置和国家地理形势关系而属于一般性重要战略线以及永久性重要战略线多做研究，如多瑙河和马斯河之线，以及阿尔卑斯山脉和巴尔干山脉。之所以将它们略讲，是因为它们包含在之前讲过的战争区的决定点和防线的范围；从自然地理角度去看，这些完全是研究欧洲军事地理范围应该处理的课题；再者，如此大范围的地理讲解，也没办法在这个领域做出了经典范例的卡尔大公对南德意志的细致讲解完全一致。

　　"战略线"也代表所有由某一要点至另一要点之间的、所有最短的和最有利于我方的交通线，以及连通我军的战略正面和所有各目标点的交通线。

　　在这种情况下我们发现，大量的这种交通线交错于整个战争区内。然而，真正有价值的路线，仅仅是其中至少在某一时机为我军执行某种任务时所必须使用的路线。因此，在为整个战局而设计的中心作战线同战略线之间，存在着显著的差别；战略线是不固定的，是像军队的作战行动一样随战局而动的。

　　最后，除物质战略线和地区战略线之外，我们之前讲过，还有一种在配置和选择方面包含上述两种战略线特征的战略线。这种战略线能够影响各种不同类型的行动的制定，因此被称为机动战略线。

　　假定一支军队将德国作为总战区——总棋盘，那么它对作战地区的设定，可以是在阿尔卑斯山和多瑙河之间，也可以在多瑙河和美因河之间，还可以是在弗兰肯和大海之间。在这个设定的作战地区里，这支军队可能会选择一条单独的作战线，或者最多选择两条向心作战线，而所选的作战线，也许选择内线方向，也许选择外线方向。如此一来，随着战役的进程，这支军队可能连续采用几十条变换的战略线。初始时，它的每翼都会选择一条通往总作战线的战略线；之后，假设要在多瑙河和阿尔卑斯山之间的区域作战,那么它可能随着战局的不断变换,而选择下述几种不同的战略线:从乌尔姆到多瑙佛特和雷根斯堡,或从乌尔姆到蒂罗尔,或从乌尔姆到纽伦堡和美因茨。无论选择哪条战略线,都需要由当时战况的进程来决定。

所以,我们对作战线做的所有定义,对战略线同样有效,通过这些定义所衍生的规律也同样能够应用到战略线。在展开决定性突击之前,战略线应是向心的,而当成功之后进行追击时,又应是离心的。战略线很少有单一一条的,因为一支军队很难仅在一条路线上行动;然而在战略线选择二线、三线甚至四线的情况下,如果敌我实力相当,就需要选择内线的方向;如果我军实力远远超过敌方,那么就选择外线的方向。固然,即便在敌我双方旗鼓相当的情况下,也可不依照此规律部署,而是派一支独立军选择外线的路线行动,但是选择这种形式部署需要满足一个条件,即无需承受过多的危险,就能获得重大战果。然而,这并不适合主力大部队采用,仅仅适用于一般辅助部队。关于这个观点我们以后将具体讲解。当我军攻击目标是进攻敌军战斗前端的两翼时,战略线就不可能选择内线的方向。

综上所述,上节所举关于作战线的规律无需在此重复。读者不会指责我们在此节省笔墨,因为读者自己也会应用那些规律。

但是,我认为有必要在这里讲明的,还有一条规律,即:当应用暂时性战略线时,必须要明确一点,要让我军的作战线远离敌方视线,避免遭受打击。不过当有必要为使我军远离巨大危险时,违背这一规律也可偶一为之。但是,这种危险举动一定不能在时间上拖得太久,同时也要预留自救措施,就像之前讲到的,可以顺势更改我军的作战线。

大家可以将这几种不同的方法与历史战例对比印证,这是明晰这些方法的捷径。下面就举滑铁卢会战作为讲解的第一个战例。普鲁士军队在莱茵河畔构筑基地,其作战线从科隆和科布伦茨通向卢森堡和那慕尔。威灵顿的英军则在安特卫普构筑基地,其作战线是到达布鲁塞尔的最近路线。因为拿破仑对弗勒吕斯实施快速打击,于是布吕歇尔只好下定在同英军基地平行的路线上作战的决心,而放弃选择与己方基地平行的路线作战;对自己的基地他完全放心而不做防备。布吕歇尔选择这一路线是情有可原的,因为如此一来他可以在必要时,快速返回威塞尔,至少能够退回奈梅根,另外在情况紧迫时,还能够从安特卫普获得保护。然而,普鲁士军队如果没有强大的海军盟友却犯下这个错误，那就极有可能被全歼。布吕歇尔在科尼战败以后，起先退守让布卢，之后撤向瓦夫勒。到瓦夫勒时仅仅只能从三条战略线中选择一条。这三条线包括：其一直达马斯特里赫特；其二偏向北方朝往芬洛；其三为通向驻扎在蒙圣让的英军防线。布吕歇尔果断采用第三条战略线。因为选择战略线内作战，最终获得了胜利。从拿破仑的立场来看，这可能是他生平首次轻视这种战略线。事实上我们可以轻易地看出，从让布卢经瓦夫勒至蒙圣让的一条线，既没经过普军的作战线，也不经过普军的战斗线，而仅仅是一条机动战略线；并且是中心线或内线。布吕歇尔采用这条机动战略线，应该说是非常大胆的，因为这让他的天然作战线显露于敌军的视线之中，其目标是要在双方会合时获救。这次会合不能有误。所以，从本质上分析，他的做法是符合战争规律的。

内伊在登涅维茨的举动，基本上算是一个失败的战例。他在从维滕堡到柏林的行进过程中，偏向右侧行进，希望绕到联军的最左方。然而，他这种行为让他准备好的退路暴露在数量和质量都占优势的敌军的视野中。虽然，内伊的主要目的是要和正从赫尔茨贝或卢考过来的拿破仑会合。正确的情形应该是这位元帅至少要从行军伊始，就采取所有能为保证更改战略线所需的战术和后勤举措，同时让己方知晓这些举措。然而，不知是因为健忘，还是因为他抵触撤退的这个念头，该做的一切，他都没做。所以他在登涅维茨遭受的惨烈失败，就是忽视这些举措所造成的恶果。

拿破仑 1796 年穿过布伦塔山口运动的那次战役，是最能解释战略线各种特点的一次战役。他的中心作战线是自亚平宁山到维罗纳一线。他战败维尔姆泽并使其向罗韦雷托撤退，在决定进行追击而来到蒂罗尔后，沿阿迪杰河谷到达特兰托河和拉维斯河。这时，他获悉维尔姆泽经布伦塔向弗留利进发，以期在后方对其进行突袭。这时，拿破仑只能从三个决策中选择其中一个。这三个决策：要么冒着战败的风险，固守于狭长的阿迪杰河谷；要么经维罗纳逆行，去截堵维尔姆泽；要么实施一个伟大却又危险的计划，即跟在维尔姆泽后方，进入布伦塔河谷；该河谷位于两侧围绕的险峻山峰之间，它的两个出口都可能处于奥军队控制之下。

拿破仑面对这仅有的三个选择时，没有任何的游移不定，他命令沃布瓦部驻留拉维斯河沿岸防卫特兰托，自己带领其余部队朝巴萨诺挺进。这次大胆行军的完美胜利已经是人所共知了。诚然，从特兰托到巴萨诺的这条路线，完全不属于拿破仑的作战线，仅仅是他的机动战略线。他选择的这个方案的行动，比布吕歇尔向瓦夫勒的行动更加冒险。然而，这次行军时间不长，只有三四天。自此之后，拿破仑要么在巴萨诺险胜，要么惜败。如果他获胜，他就给自己开拓了一条连接维罗纳和他的作战线的通道；反之，如果战败，他就能够用最快的速度退守到特兰托，自特兰托和他的部将沃布瓦会合，之后再向维罗纳或佩斯杰拉转移。这一区域的险峻地形，可能会造成拿破仑的行动困难，也可能为他的行动提供便利，就是哪怕维尔姆泽在巴萨诺获胜，他也不能阻拦拿破仑向特兰托退守，因为在那片区域里没有任何一处可以让维尔姆泽占领制敌先机。此时奥国将领达维多维奇正驻防拉维斯河沿岸，只有他在特兰托战退沃布瓦，才能将拿破仑置于危险之中。然而，这位奥国将领正从罗韦雷托败退，对法军最近的行动全无所知，早已变得不知所措，甚至完全想不到可以在拿破仑在巴诺萨战败后整兵再战之前参与进攻。如果达维多维奇追击沃布瓦到达罗韦雷托，那么他或许将在阿迪杰河的狭长峡谷里遭受法军两支大部队的合围，从而再现旺达姆与库尔姆所经历的一切。

围绕这一内容不厌其详地举了这么多实例，目的就是要让大家明确，如果能精确地计算好时间和距离，再配合以高度的积极性，那么一些看似完全是在冒险的举动，却常常能够取得极大的收获。所以我可以总结出一个观点，就是偶尔允许一支军队设计一个能暴露作战线的短暂的行军路线，然而同时必须预先准备好一切保障，防范敌军利用这一时机向我军袭击。要实现这一目标，首先必须行动迅速，其次必须以尽可能的行动迷惑敌人，让敌军摸不清己方的真实意图。然而，这是一种极其冒险的行动，只能在军情紧急的情况下才允许慎重使用。

我承认，有关几种机动战略线的基本问题，本书已讲得非常详细了。如此，每个读者都可以依此来分析各种功能的机动战略线，总结在使用机动战略线时所必须遵守的基本准则。

第二十三节 通过临时基地或预备队
保障作战线

如果我军准备攻入某一敌国时，需要甚至一定要设立一些临时基地。这类基地诚然没有位于本国的基地那么强力完备，却依然可作为暂时的基地驻扎。任何河川，但凡存在桥头阵地的，其附近有一个或两个能有效抵御突然袭击的大城市的，有防守严密可用于军队补给和预备队整军的宽阔场地的，都属于最合适的临时基地。

然而，如果敌军也在附近，完全可以威胁到从临时基地到本国境内主要基地之间的作战线，那么这条通道就必然无法作为临时基地使用。例如，在 1813 年，假如奥国依然保持中立，那么拿破仑就可以将易北河当作一个主要的优良基地。不幸的是，奥国已经对他宣战，易北河处于两面受敌的局面，所以仅仅只能作为一个暂时的依托点使用。假使拿破仑在此线遭到猛烈袭击，并且战败，那么再使用这条线就会非常危险了。

因为在敌国境内失利的任意一支部队，其与本国基地的联系，肯定会有被敌人拦截的危险。所以一支军队如果需要在敌国境内长期作战，就一定要认识到，这些跨度巨大的临时基地，仅仅可以当作一种不固定的依托点使用，决不可当作真正的基地驻扎，因为从另一角度来看，这只能算是临时性的防线。

无论如何，永远不要认为在敌国境内可以找到安全位置，既能防御敌军的突然袭击，又能给建立临时基地提供有利依托点。在这种状态下，这个近代专门发明的战略预备队就可以用来顶替临时基地。战略预备队的优缺点需要单独进行细致分析。

战略预备队

预备队在现代战争中拥有非常广泛的应用空间。关于这一点，在过去基本没有引起任何人的重视。现如今，上至筹备国民后备军的政府，下至一个步兵排长，都希望能配属专门的预备队。

对于国民后备军，在之前战争政策一章中已经讲过，只能在紧急情况下才可使用国民后备军。所有睿智的政府，除了筹备国民后备军之外，都一定会组建精良的预备队，来补充一线战斗部队。这就要求指挥官要能够正确使用自己所直属的预备队。一个国家，要有自己的预备队；一支军队，也要有自己的预备队；各军、各师，甚至所有支队，也都需要配备一支预备队。

一支军队一般可以有不同作用的两支预备队：（1）在战斗线上可以随时加入战斗的预备队；（2）可以提供军队补给的预备队，这类预备队在持续完善其构成时，可以兼顾在战争区防守重要区域，同时也能随时转换为战略预备队。当然，在许多战役中，有相当一部分军队完全没有配备过预备队，最终依然获得了胜利。预备队的筹建，除了要根据部队的规模决定，同时还要考虑本国边境的自然因素，以及正面战场或攻击目标与指挥基地间的距离。

不过，假若一支军队被用于深入敌国作战时，就必须考虑到可能被迫转入防御的情况。因此，如果能在基地与正面战场之间设置一支机动预备队，这支预备队就可以发挥主战部队的预备队同样的作用，因为它能够增援所有受敌威胁的区域，却无需分散正面作战的军队的兵力。尽管建立一支这样的预备队，必定要在一线作战的军队中抽调一定份额的兵力，然而也必须知道，所有成建制的部队，都能够获得国内的保障，都需要培养新兵和组织起来的民兵，都离不开补给站和归队人员。因此，如果可以为补给弹药和装备而设立中心补给站体系，让军队的各种任务支队在补给站休整，并在补给站增设一些强营，来保障其持续稳定有效，就能组成大有用处的预备队。

拿破仑在他的历次战役里，每每都会组建这样的预备队。他甚至在1797年向诺里克阿尔卑斯山的赌博式的远征中，在军队行动伊始，就将在阿迪杰河上的茹贝尔军留作预备队，后来又命由罗马返回的维克托军驻守维罗纳近郊作为预备军。1805年，内伊和奥热罗的两个军分别在蒂罗尔和巴伐利亚州顶替这种预备队，之后莫蒂埃和马尔蒙的两个军也在维也纳担任过这种预备队的任命。

拿破仑在1806年发动的战争中，也在莱茵河上设置过这种预备队。莫蒂埃也靠这种预备队征服了黑森大公国。另一边，在美因兹组建的由克勒曼率领的辅助预备队，在莫蒂埃被调往波美拉尼亚时，顺势攻占了莱茵河和易北河之间的几个国家。这年年底拿破仑准备向维斯瓦河挺进时，又大张旗鼓地下令在易北河上驻扎了一个军团。这个军团的军力在六万人左右，其作用是防卫汉堡抵御英军，并对奥地利加大威胁，所以奥地利军队的作战目标和它息息相关的利害关系更是清楚明了。

在1806年的哈雷，普军也使用过这种预备队，然而他们错误地设置了这一预备队。如果这支预备队选择在易北河上的维腾堡或德绍设置，并能正确地发挥出自己的作用，那或许可以为霍恩洛厄亲王和布吕歇尔提供更多的时间安全到达柏林，退一步讲也可到达什切青，从而改变普军的结局。

当行进在一个正处于双面作战的区域时，这种预备队的作用尤其巨大，能够同时执行双重任务：其一可以掌握第二主战方向的动向；其二，当敌军有意向攻击我军侧翼时，或者我一线部队因战局变化而向预备队方向转移时，还能够随战局需要多一线部队进行补防。然而，不言自明的是，一定不要分散兵力，以防被分而歼之。因此，只要没有设置预备队，就要准备冒险，或者只能求助于兵站。由此可见，仅仅在长途奔袭敌方时，或在本国腹地同入侵的敌军部队作战时，预备队才能发挥作用；所以，如果我军准备在与本国边境仅有五日路程的区域作战，目标是占领一块相邻的区域，那么设置这种预备队就发挥不出任何作用。而在本土作战时，又基本用不到这种预备队。只有当国家本土在面临敌军的全面入侵，需要出动所有临时征召的新兵时，就要求建立这种附属于营垒的预备队；而这种营垒也要有容纳大军团驻扎补给能力的要塞作为掩护。如何选择符合战局的准确时机建立这种预备队，需要将领们集思广益并配合国家当时的能力、作战线的纵深、布防区域的特点和同敌国的距离来制订计划。同时，将领们还要对预备队的配置位置准确设定，要尽可能避免减少主战部队的战斗力；如果抽调主力部队去执行预备队任务，那就肯定会削弱主战部队的打击能力。

或许有读者觉得我无需在此重复：这种预备队必须设置在国境线上的主要基地和主战场正面之间，或者在打击目标至主要基地之间这一区域，控制所有重要的战略制高点。它们要防卫己方的要塞，还要对敌方包括中立方的要塞进行侦查。如果没有任何可供这种预备队使用的依托工事，那么预备队就需要自行修筑一些营垒或防御工事，以期为我军的大兵站提供警戒，并提升我方阵地的防护能力。

最后，所有我们在第二十节讲到的有关防线和作战枢纽的理论，也同样适用于所有的临时性基地和战略预备队。战略预备队如果处于位置良好的区域连接点，那么将发挥出双倍的作用。

第二十四节 旧式阵地战体系和现代运动战体系

旧式战争体系的典型作战方式是阵地战。这种作战方式是有迹可循的，部队驻扎在营寨中，随军的仓库和面包房为部队直接提供补给，交战时能够互相看到。其基本作战目标是：一部围攻敌方要塞，一部坚守己方要塞；有的部队以攻城略地为主要任务，有的部队则以防护战争果实以及己方基地为主要任务。这种战争模式从中世纪起，直到法国大革命时代才完成它的历史使命。

通过这次大革命的更新换代，产生了许多根本上的创新。然而初期所体现出的各种体系，从战争艺术角度看，并没做到完全超越过去。1792 年的战斗形式和 1762 年的战斗形式依然相同：法军依靠天险坚守要塞，而联军就中规中矩进行围攻。一直到 1793 年，当共和国发觉在内外正面战场均处于被攻击状态，而投入数量巨大的保障人员和十四个军团对敌军作战时，根据战局需要，才使用了新的作战形式。这些部队在既无基地，也无补给，更没有后勤保障的情况下行军或宿营，反而增加了它们的机动性，所以这些不利因素转变成了一个成功的因素。革命军改变了旧有的战术。它们的指挥官将士兵排成纵队进行战斗，因为相对横队这样指挥起来更加便利，而且他们的主战场被佛兰德和孚日山脉切割。指挥官们将一部分士兵布置成散兵线，用来保护战斗纵队的顺利调整。

这种战斗形式，实则是自然条件限制的产物，一出现就发挥了巨大的作用，颠覆了普奥两军及其将领们过去的常规作战方式。在这些将领中，马克最为著名，后人认为科布尔格的胜利全部是因为他的创新。他制定规则，命令士兵组成延长线式的战斗阵型，希望用这种狭长的战斗阵型来应对敌军的散兵线，这让他声名远扬！这个悲哀的军官却不知道，那些散兵仅仅是迷惑自己的幌子，大型的纵队才是实际拿下他的阵地的尖刀！

法兰西共和国的第一代军官，至多称得上是在前线作战的士兵。军队的领导和指挥权都被卡尔诺和公安委员会掌握。偶尔指挥得还可以，但是大部分时间都是令人失望的。但是不得不说，这次战争中最成功的一次军事行动是由卡尔诺完成的。那是 1793 年底的一次行动，当时有一支高素质的预备队持续地增援敦刻尔克、莫伯日和朗道；这支略显单薄的部队，抵达前线后，在当地友军的配合下，最终铲除了法国本土上的敌军。

前文我们讲过，1794 年的战况初期是不容乐观的。摩泽尔军团向桑布尔河战术转移，是根据当时战况的需要决定的，而没有按照既定战术进行。不承想，这次转移竟造成了在弗勒吕斯的胜利，进而促成了攻占比利时的胜利。

1795 年，法军铸成了如此大错，致使民众将这些错误看成是叛卖行为。比马克和科布尔格更睿智的克莱尔法特、夏特莱尔和施米特率领的奥军显现出，战略正是他们所擅长的。

众所周知，1796 年卡尔大公凭借一次行动战胜了茹尔当和莫罗，这次胜利其实就是因为使用了内作战线。

过去，法军战斗都是在正面战场上展开阵型，这样不仅方便部队找到所需的给养，同时还因为法军的指挥官们认为，把带领的各部成一线布置，让各部指挥官能按照各自的判断随战局机动作战，应该是一种有效的作战方式。他们仅仅将一些小部队组成预备队，所以假如任意一支军队被敌军击破，这些小部队基本发挥不出任何作用。

这就是那时的战斗方式，一直到拿破仑第一次入侵意大利，这种情况才有所改变。他的军队所展现出的超凡的机动性，让奥地利人和皮埃蒙特人手足无措。由于他的部队仅仅装备了最精简的必备物资，所以他的快速打击能力超过了同时期的所有军队。这样，靠着不间断的移动和快速打击，意大利半岛迅速易手。

1797 年他在维也纳的高速移动，看上去有失理智，然而事实证明，要赶在莱茵河附近的援军到达之前击败卡尔大公，只有靠这种方式。

1800 年的战况更进一步，在战前规划和战斗方式等方面的水平，都达到了一种全新的高度，之前在第十九节中所讲的，基本可以表明，俘虏或全歼敌军整个野战军的那些压倒性战局的出现，都可以在这里找到原因。战斗阵型的纵横距离大大缩短，大军团拆分成几个大的军，每个军配置二到三个师，这种编制更能提升部队的战斗力。从此以后，现代战略体系便发展到了顶峰，因为 1805 年和 1806 年的战局，只能说是 1800 年所开创的新型战斗方式所结出的硕果而已。

至于那种使用成熟了的纵队和散兵线战术，因为太适合意大利的切割地形，所以拿破仑在意大利没有其他更好的选择。

现在就出现了一个尴尬而又不可回避的问题：拿破仑的这种战争体系是否对每个指挥官都适用，是否在每个时代，对所有军队都适用，或者仅仅是拿破仑的专属。当 1800—1809 年的事件发生后，某些政府和军队是否会再次用中规中矩的传统阵地战体系呢？请大家把七年战争时的野外作战的相关细节和这个"七周战争"加以对照，或者和 1805 年由布洛涅基地向摩拉瓦河平原挺进三个月后的战况对比分析，之后再下结论，到底是拿破仑的战争体系优越，还是旧的战争体系更胜一筹。

法国皇帝拿破仑的基本战术安排就是：每日推进四十公里，进入战斗，之后扎营休整。他曾亲口说过，除了这样，他不知道还有什么别的有效的战斗方式了。

或许有人会有不同的看法，认为这位伟大的统帅天生具有一种冒险的精神，因为他所处的特殊地位，法国军民的独一无二的精神状态，才能让他有条件采取这种不同寻常的战斗方式，而这种方式并非普通的世袭君主，或其他一般的指挥官所敢于大胆使用的。假若这种观点是毫无疑问的，那我就能确定，在大范围奔袭和阵地战这两种体系之间，一定有一个两全的方式。因此我们无需模仿他的冒险行动，只需在他的创新基础上不断完善即可。阵地战体系要么被束之高阁，要么就紧跟时代发展而不断修正。

诚然，因为出现了运动战的模式，战争艺术获得了升华，然而人类却因此付出了巨大代价；因为大量士兵长途奔袭，四处扎营，给养更是就地掠取，就像四世纪至十三世纪时期，游牧民族横扫欧洲时所造成的破坏一样影响巨大。但是，在那一时期，人们仍然离不开这种作战方式，所以通过拿破仑的一系列战例，我们总结出了一条宝贵的真理，即国土面积的广大已不能保障国家有效抵御敌人的侵略和掠夺。一个国家要想不受到敌人的威胁，必须建立优良的要塞体系和防线体系；必须建立先进的预备兵役制和军事制度；最根本的，一定要有完善的政治制度。同时还要有能力实现全民皆兵，为作战军队提供众多的预备兵力。通过这样源源不断地支援正在进入战场的主战部队，让主战军队可以保持持久稳定的战斗力。军队的数量越多，相应的急行军和闪电战的使用就越频繁。

假若后世拥有更加稳定的社会格局，各国人民无须再为基本的生存而战，战争仅仅针对一些具有相对价值的事物，如维护主权的完整，确保国与国之间和谐，才发起战争，那么相应地就可能有新的外交准则，就可能实现仅仅维持基本层面的军事实力对比。如此一来，在国家级别的战争中，或许会再回到人数为八至十万人的战斗；这种战斗可能会选择一种兼顾拿破仑的长途奔袭的战法和 18 世纪强固阵地的中规中矩的战法的一种混合体系。然而，在这样的时代还未来之前，我们依然需要坚持使用持续创造经典战例的运动战体系，因为假使面对强敌之时谁率先放弃这种作战体系，谁就可能沦为战争的失败者。

关于行军的知识，如今需要我们改变将其理解为战争勤务的细节问题的观念，如维护结成纵队的军队保持良好秩序，精确计算军队行军的路程与时间，进行纵队战术时的方位和轮换措施，维护纵队与行进目标之间的联络通畅，归属司令部负责的重要部分的所有内容。而且抛开这些基本细节内容以外，还有位于战略层面的大范围转移的问题。举例来讲，拿破仑为切断梅拉斯的补给线而穿过圣贝尔纳山口的行军，1805 年为阻截马克退路而经多瑙佛特的行军，还有 1806 年为围攻普军而经格拉的行军；苏沃洛夫为麦克唐纳夺取特雷比亚河上的都灵而进行的行军；俄军先到塔鲁季诺再到克拉斯诺耶的行军，这些行动都同战争勤务不甚相关，而是与战略决定意义密切相连。

所以说，这些高明的行动，可以认为是针对各种情况，运用了我们之前讲过的，而今天在这里依然要给予完善的这条原理：进行高质量的移动，即让我军主力在正确时间出现在决定点上。就像我们在第十九节试着证明的那样，所有的军事科学目的就是为了确定这个点。所以，如果说穿过圣贝尔纳山口的行军，不是针对敌人战略正面两翼并进一步针对敌人后防的作战线，还能是什么呢？在乌尔姆和耶拿的行军，如果不是这种行动，那又是什么呢？布吕歇尔向滑铁卢的行军，若是没有运用我们在第二十二节所讲的战略内线，那又如何解释呢？

综上所述，我们可以认定：任何战略行动，只要能让我军主力不断地出现在敌军作战正面的各个点上，就都能被认定是高明的行动，它遵循了基本原理，集中优势击破分散的敌人。法军1793年底自敦刻尔克到朗道的转移，拿破仑在1796年、1809年和1814年的战役，都能够说是这种行军的典型。

在行军的知识中，其中一点非常重要，就是对纵队的行动路线的安排要十分合理，要让各纵队在处于敌军面前的隐蔽点的情况下，能拥有最开阔的战略正面，并持续保持直到这些纵队跳出敌军所能控制的范围为止。选择这种战术，能够迷惑敌人，使其无法得知我军当前行动的真实目标，还能使我军的行动既轻松，又高效；其次，还能给我军获取补给提供方便。然而，处于这种状态中，一定要熟练在需要进行果断突击时，提前做好便于集中兵力的保障，即集结主力的方式。这要将离心和向心运动轮换使用，这也是考验一位伟大统帅的关键时刻。

一切相关问题，都不需要加以详细讲解，因为关于如何正确运用，在我们之前所叙述的基本原理之中都能找到答案。

此外，还有一种行军我们必须加以研究，就是"侧敌行军"。人们大都相信这种行军是鲁莽的行为，但从来没有做出过合理的解释。如果"侧敌行军"仅仅是指在敌军战斗线附近实施各种战术，那么认为这种侧敌行军非常困难是无可辩驳的，或许偶尔也会取得战果。若是这个概念的范畴，是包含在普通战略性之内，那么我可以判定它基本是安全的。当然，即便如此也不能无视基本的应急措施。同一场战略运动中，敌军两支战斗部队之间的行程一般都是两天的行军距离（敌军前哨和其纵队之间的距离亦同）。拥有这种条件时，从第一点向第二点实施的战略转移，就一定是非常安全的。

然而，如果处在以下两种局面中，这种侧敌行军就绝对不能使用。第一种局面，就是在敌人来看，我军所选择的所有作战线和战略线的作战正面，正好是他们的侧敌路线。历史上忽视德累斯顿和拿破仑的二十五万大军而全力向莱比锡行进的著名计划就是如此。这一计划是1813年8月在特拉亨贝格决定的。如果没有我在容费尔泰尼茨向亚历山大一世提出的建议而使他更改了计划，或许就会造成无法估量的损失。第二种局面，就是像拿破仑在博罗季诺一样，将作战线拉得过长，而且仅剩一条退路。面对如此境况，所有侧敌运动，最终都可能被包围，都可能遭受致命的打击。

在有多种类型的次要交通线的国家战斗，侧敌运动就比较安全，因为如果与敌军相遇并失利，能够立即根据情况寻找一条新的作战线。整个军队的体力和精神状态，以及将领和士兵的执行能力，都可能对这种行军的结果造成不可估量的影响。

事实上，大家经常研究的向耶拿和乌尔姆的行军，和翻越基乌泽拉向米兰的机动，以及帕斯克维奇元帅为渡过维斯瓦河而在奥谢茨克采取的机动一样，都称得上是侧敌行军的典范。而且无人不知，这些机动最终取得了多大的战果！

不过，假如与敌人对面而立，却在侧翼应用战术运动，那就如同自找苦吃了，内伊在登涅维茨、马尔蒙在萨拉曼卡和腓特烈大帝在科林的失败，都是因为错误运用了这种战术运动。

但是，已成为经典战例而载入战争艺术史册的腓特烈大帝在莱登的机动，却可以称得上是纯粹的战术侧敌运动（见《论大规模军事行动》第六章）。需要注意的是，这次侧敌运动有众多伴动掩护的骑兵，有可以隐蔽的优良高地，最主要是在敌军在基地中无所察觉的情况下进行的。这次侧敌运动取得辉煌战果的直接原因，是因为在突击时，遭遇敌军主力的是道恩军队的侧翼，并非腓特烈军队的侧翼。而且，不得不指出，战斗中为避免整队需要向左或向右转进行展开，而采取旧体系的横队运动时，与敌人路线平行的运动，并不是侧敌行军，因为那时各纵队的翼侧实际上正是战斗线的正面。

欧根·萨瓦亲王为突击法军基地而迂回都灵的经典行军，比在莱登地区的行军更让人赞叹，而且其所获战果也不输于后者。

在此重点强调一下，在全部上述战例中，这些运动都是战术运动，而不是战略运动。欧根亲王从曼图亚至都灵的行军，是19世纪最大规模的战略行动之一。然而，那仅仅是为迂回法军基地而在交战前夕进行的运动。总之，在这五天里所收获的各项战果，再一次显示出了这个战术的千变万化。

至于行军中的后勤保障，尽管它们只能算是战争艺术中的次要成分，但是它们与大规模的军事行动有着密不可分的关系，因此可以将它们归类于战争艺术中的一个执行部分。在这里，我决定对勤务问题做简单讲解。至于基本勤务问题的部分论点，我将在第四十一节讲解。

第二十五节 补给仓库及其与行军的关系

与军队行军最为息息相关的问题，就是补给仓库的问题，因为要实施长途并高效的奔袭，就不得不面对给养供应不足的问题。若要供给一支一定规模的军队，并且深入敌国，那将需要指挥官拥有极高的战争艺术素养。一位总军需官针对这一问题进行过专门研究，在本书中仅将其与战略层面有相似点的内容介绍给读者参考。

冷兵器时代的补给体系基本没人知道，因为韦格蒂乌斯关于罗马人的军事经济问题的研究，完全不能向我们说清楚这一庞杂领域里的种种现象。其中一个问题直到现在依旧困扰着人们，那就是大流士和薛西斯究竟是怎样在色雷斯（鲁默里）为他们那庞大的军队提供给养的，因为如今我们想要在那里维持三万人的给养都极为困难。在中世纪，希腊皇帝、野蛮人，以及后期的十字军，也都有过在那里维持相当大的部队的历史纪录。

恺撒有过一句名言，务必要以战养战。由此人们粗略地总结出一个简单的结论，即他一直是在他所经过的地方就地征敛物资供养他的军队。

中世纪发生过多次大规模的移民运动，如匈奴人、汪达尔人、哥特人和蒙古人都留下了在欧洲存在的痕迹；若是要弄清这些移民的实际人数，以及他们在迁徙途中是靠什么生存的，这将是一个非常有意思的研究。十字军的补给方式也具有很高的研究价值。然而，因为缺乏各种相关的历史资料，所以研究只能靠推测和猜想来进行。

与此相关，在近代史的开端，法兰西斯一世的军队翻越阿尔卑斯山向富饶的意大利侵略时，他们并没有携带足够的给养，由于当时他的部队仅有大约四至五万人，在物产丰富的提契诺河和波河的河谷附近，补给是很容易得到的。

路易十四和腓特烈二世率领的部队，成员更多，并且是在本土作战，其主要的补给，全部是从随军的仓库和面包房获得。这极大地削弱了部队的作战行动能力，由于军队必须靠近给养，并且部队远离仓库所受到的限制颇多，如运送工具的能力、车载和随身给养的容量、车辆在仓库和前沿阵地之间往返的时间等，都能从根本上影响部队的作战行动。

直至法国大革命时期，因为当时的局限，补给仓库的作用越发微弱了。法国侵入比利时和德国的部队，大多靠向百姓摊派、强征和掠夺的形式来搜集各种物资，而随身却没有准备任何补给品。当部队经过比利时、意大利、施瓦本，到达富饶的莱茵河和多瑙河流域时，尤其是部队成几路纵队行军，并且兵力低于十至十二万人时，当地百姓的住宅房屋，是足够满足军队所需的。但是，这在其他国家是极难实现的，特别是在俄国、瑞典、波兰和土耳其，完全是异想天开的事。由此可知，当一支军队在运动中，如果士兵抛却一切不必要的负担，能完全施展两条腿的能力时，不难想象这支部队将变得多么迅猛！拿破仑的成功大部分都是依靠这个办法实现的，然而这种办法被他用得过于泛滥了，居然在一些无法应用这个办法的敌国，依然实施了这种办法。

合格的指挥官，必定精于使用其所入侵的国家的所有资源，来提升其作战能力。如果当地的政府机关仍然在工作，就要利用他们以摊派的形式征收补给物资，或用合理的方式，尽可能以补偿的办法来征收供给品。如果当地的行政机构已经瘫痪，那么可以利用当地的知名人士，设立临时政府，赋予它相应的权力，来满足我方需求。全部征收得来的军需物资，都要依照作战线体系的要求，存储于部队行军最便利的安全地点。根据合理分配给养的需要，还要在城镇和村庄设置更多的部队，但是要注意付给百姓报酬。部队除收集粮食和草料外，也要征调百姓的运输车辆，用以将给养运送到有需求的各处阵地。

假若要在谨慎行事、事先不准备补给仓库的情况下设计一组规则，这是不容易的。与之相同，要在可以预设与不可能预设补给仓库之间找出一处清晰的区分，更是不太可能的。国家的局面、气候、士兵数量和当地百姓的态度等，一系列因素都能产生重要影响。不过，我们依然总结出下述十条基本规律：

（1）在一个含有大量人口、各种资源、百姓又没什么对抗情绪的国家里，一支十至十二万人的远征部队，为了可以比较安全地占领一个非常广阔的地区，以便于长距离向敌人突击，在整个战争期间，都可以就地获取物资保障行军。然而，首次战役大都能在一个月之内完成；在此期间，战斗部队一直在移动中，所以凭借当地的存储物资，基本能够供应部队的临时消耗，尤其是能添加足够的物资给驻扎在固定所在地的部队。举例来讲，拿破仑的军队在要围攻马克，并分兵包围乌尔姆时，在夺取该城之前，一直是吃面包维持作战的。假设当时没有这些，或许最好的结果就是无功而返。

（2）在这样一个阶段中，要使用一切办法，搜集当地能为我使用的所有物资，建成给养仓库，为军队实现第一阶段的作战目标后，整顿或继续执行新任务提供便利条件。

（3）所有存储买进的物资或征收的物资的仓库，都必须按梯次形式，尽可能分散在三条单独的交通线上。如此一来，首先部队每侧都能获得补给，并能将征收给养的地区扩大到最大限度；其次，即便不能使全部的仓库，至少能使一部分仓库，得到有效的掩护。为了实现第二个目的，通常要把位于军队侧翼的物资仓库，设置在连接多数位于中心的主要作战线的通道上。这样安排有两大好处：第一，这样建立的仓库，同敌人距离较大，能够有效地避免仓库遭受敌人的突然袭击；第二，当敌人在战场上暂时取得主动权时，有利于我军使用向心方向退却，好在作战线的某一位置上休整，之后再次进攻，实施有效打击，获得主动权。

（4）在人口不足、资源匮乏的国家中，入侵军队基本难以征集所有我方需要的给养。所以，在这种局面中，部队的转移必须慎重，始终要与补给仓库保持适当距离，更要携带足够的随身给养，以确保战况不利时能够返回拥有大仓库的作战基地。

（5）在民族性战争中，包括像西班牙、葡萄牙、俄国和土耳其等国的战争，当地百姓基本都会避往他处，还可能将残留物资全部销毁。遇到这种情况，若是没有随军补给点，没有紧邻作战正面的完备的补给基地，部队就会停滞不前，入侵战争将变得寸步难行。这是一定要注意的问题。

（6）除了需要储备足够的物资，并且还要运送这些物资外，紧随作战部队并保持安全距离，大概是其中最困难的问题了，特别是在高速移动和快速打击时，尤其难上加难。为了让补给点可以迅速移动，首先要尽可能储备携带方便的食品，如饼干、大米等，作为标准口粮；其次，要求军车灵活坚固，可以适应各种崎岖的地形。之前也讲过，更重要的一点，就是尽可能多征用当地居民的常用车辆，而且部队要对这些车辆的所有人和使用人员妥善保护，并给予优厚的待遇。最好将运输车队组成梯次队形，但也要避免随车人员离开他们的固定营地太远，以确保可以不间断地轮换使用这些车辆实施运输。最后，士兵们自己也要习惯于随身携带一些固定份额的饼干、大米，甚至在食品非常匮乏时，携带一些面粉。

（7）邻近海洋的话，部队给养的运送效率会大大地提高。一支拥有制海权的军队，基本不会出现给养不足的情况。然而，从一支成规模的陆军角度看，这种条件也不完全是优势，因为若要确保我军与给养供应基地之间的运转通畅，就要求我军拥有两栖作战的能力。如果敌人集中优势兵力，高速进攻我军临海的翼侧，我军将极有可能被击溃。如果军队远离了海岸行军，那么敌军就会轻易地威胁，或者切断这条交通线，并且部队与海岸补给基地的距离越远，需要携带以及运送的各种补给也就越多。

（8）任何希望使用海路运送给养的陆军部队，都要对建立陆地上的主要作战基地高度重视，而且应该准备一部分单靠陆路运输的给养储备物资。另外，在朝向海洋的战略正面的顶端，也要留有一条退路。

（9）如果存在大的河川和能进行水运的河流，与军队作战线所行进的道路基本平行，就可将其当作运河使用，运输给养将会非常方便。虽然依靠这些河川和运河运送的补给品，无法与通过海上交通线运输的补给品相提并论，但这也是十分有效，并极具价值的。一个拥有充足论据的结论出现在我们面前，那就是当作战线与河流平行时所拥有的价值最高，特别是在部队可以保留所需的机动车辆的同时，也能确保这些作战线的流畅通顺，更能凸现其价值。然而，就像之前所说，要牢记大河本身并非真正的作战线，而且一定要使大多数军队尽可能地远离河流附近，以避免敌人攻击我军位于河流沿岸的部队，进而让我们陷入如同在海边被水流切断退路一样的绝境。

还应该引起重视的是，敌国境内一般不可能让我军利用大河进行给养运送，因为敌人可以将可用的船只轻易破坏，他们只需派出小股部队就可袭击我方的运输船，破坏我方的航线。如果要维持水运的顺畅，那么在沿河两岸就必须准备护航部队，这或许就会遭到如同莫蒂耶在迪尔恩施泰因所经历的危险。然而，如果在一个友好国家或同盟国中，情况就完全相反，大河水运相对就更具优势。

（10）当面包和饼干不足时，为了保持战斗力，牲畜也能当作暂时的给养。一个拥有大量人口的国家，不难找到一些可以食用的牲畜，用以维持部队的短期生活。然而，这种办法仅仅只能作为应急措施，并且与抢劫没什么区别。一定要注意，必须想尽一切办法来减少对当地经济的破坏，有条件时，要付出等价的报酬，特别是在需要远离军队运动地带的地区购买大量牲畜时，更应该这样做。

在本节讨论的最后阶段，我想有必要再次回顾拿破仑的一次谈话。这次谈话有些不同寻常，令人难以理解，然而却也给我们以启迪。我就在现场听他说过，当他刚开始领军作战的时候，发现敌军的给养非常充足，而他的部队却经常缺少补给，因为他无法改变现状，只好奔袭至敌军的后方，就是为了从那里获取充足的给养。如果把这句话看作是一个体系的中心思想，那真的算是无稽之谈了。不过，从另一个角度来看，这也解释了他的许多冒险的行动可以获得成功的原因；同时也间接地说明，真正的战争与近乎完美的推演之间差别是多么巨大。

第二十六节　边境及其靠要塞和筑垒线的防御围攻战

要塞的主要作用有两方面：

（1）增强边境防御能力；

（2）配合部队作战。

要塞对我方边境的防御，是一个相对繁杂的问题。毋庸置疑，就像在防线一节中我们所说的一样，某些国家周边都是险峻的天然障碍物，只有几条出路隐蔽其间，加以工兵技术即可设防。不过对于一个地处开阔地中心的国家，就没那么简单了。阿尔卑斯山脉、比利牛斯山脉还有相对低一点的喀尔巴阡山脉、厉森山脉、埃尔茨山脉（克鲁什内山脉），黑森林、波西米亚森林、孚日山、汝拉山——上述高地在组建的要塞体系方面都有一定优势（尽管高加索山和大阿尔卑斯山都很高，但我之所以没在这里讲高加索山，是由于该山完全不能展开大规模的军事行动）。

刚才讲到的那些边境中，防护能力最突出的，就是法国与皮埃蒙特交界的区域。斯图拉河和苏萨河河谷、阿让特伊通道、热内夫勒山口、蒙塞尼山口——仅仅这几处可以通过的地方，都设置了石炮台加以防护。而且，在从谷地到达皮埃蒙特平原的出口建有大型要塞，显而易见，这几乎是不可攻破的障碍。

可是，又不得不承认，面对这些凭借工兵技术建造的优良要塞，敌军总是能想出办法通过。原因如下：第一，在谷地里建造的小型工事，敌人可轻易攻占；第二，勇敢的部队总是能够找到道路的，有些地区一直被看作是无路可行的，可是经敌军实施一些操作，就能够造出一条新路。法兰西斯一世翻越阿尔卑斯山的战役，加亚尔为此描述得非常细致。拿破仑穿越圣贝尔纳山口的行军，连同向斯普吕根的奔袭，也被马蒂厄·迪马描述得非常精辟。这些都能够解释拿破仑对这位指挥官说过的一句至理名言，他说："只要能通过一个人的地方，就能通过一支军队。"这句名言或许有点夸大其词，但是可以突出地显示出这位名将的一些特性；他本身就凭借这一思想获得了许多成功。后文，讲解山地战时，我们再进行详细阐述。

其他地区同样有许多能够掩护自己的大河，虽然这些大河没有正好流经边界线，而且还距边界有不小的路程，即不经过第一条防线，也不邻近第二道防线。然而，不可思议的是，这些大河尽管能将两个国家分隔两地，却无法阻止它们之间的经济文化交流，任意一点都称不上真正的边界线。所以，当摩尔达维亚依旧在土耳其人手中的时候，多瑙河是比萨拉比亚和奥斯曼帝国的边界这个说法就是不成立的。由此可知，莱茵河也永远没有将法国和德国真正地分割开，因为在该河右岸建有法国的许多要塞，而德国拥有该河左岸的美因兹、卢森堡，并建立了曼海姆和威塞尔两个桥头工事。

然而，若要说多瑙河、莱茵河、罗讷河、易北河、奥得河、维斯瓦河、波河和阿迪杰河，也都无法在某一地段真正发挥国界线的作用，那我们还是要确信它们是永久的防线，也一定要相信它们在足以掩护作战正面的防御体系中的各构成点上还可以提升防御能力。

因河是这类边界线的一个典型例子。该河位于巴伐利亚和奥地利之间，南临蒂罗尔山脉，北靠波西米亚山和多瑙河。它狭窄的正面通过帕绍、布劳瑙和萨尔茨堡等要塞布置防御。劳埃德曾极具诗意地将这条边界线形容为三个美丽的要塞做屏障，一条汹涌的激流做壕沟的铜墙铁壁。然而，他却多少夸大了这条边界的真实作用，因为1800年、1805年和1809年的流血战争将他所说的"无法靠近的"这个形容词否定了三次。

欧洲大多数国家，除了没有像阿尔卑斯山和因河那种广阔的边界，还多位于广袤的平原地带，即便是山地也有大量地方可以通行。因为本书没打算对欧洲兵要地志进行讲解，所以在这里只对一些通用于所有国家的基本原理简单介绍。

当国家的四周是空旷的地形时，在那里设置大量的要塞，并组成一条面面俱到的防线是不可能的。因为这样建造需要大量兵力驻守，而且即便如此也无法阻止敌军的入侵。所以最有效的方法是在一些要冲地带设立要塞，其任务不是拦截侵入国境的敌军，而是给敌人在前进的过程中设置障碍，并且掩护我军行动，辅助我军战斗，直至取得胜利。

诚然，若只凭借要塞自己的力量，完全阻止敌军的脚步，是不现实的。然而，要塞能给敌军制造阻碍，促使敌军分兵作战，增加行程。而且，要塞对于战斗部队来说，拥有如下好处：能够为部队的行动供应给养，假设要塞坐落于河流沿岸，还可以掩护部队渡河，保护部队的贮存物资、周边环境和行军，特定情况下，要塞还可以保护部队的安全。

综上所述，要塞可以在相当程度上影响军事行动的结果。然而，因为要塞的建筑形式，以及攻防能力，都取决于专业工程兵的技术能力，若要具体讨论这些事例就超出了本章节的范围，因此这里我们仅仅讲解与战略有关的问题。

首先，是关于要塞的修筑位置的问题。其次，是搜集情报，确定是否有要塞能过而不攻，是否有要塞非夺不可。最后，是要塞争夺战和要塞外的防守部队的联系。

要塞的选址如果合适，就便于开展军事行动；反之，要塞的选址如果没能选在主要方向上，就会影响军事行动的效果，会变成部队的包袱，使部队分心防御，进而消耗部队的战斗力；更加会变成国家的一个负担，空耗国家的人力和物力，造成不必要的消耗。我断言，在欧洲大陆上能够找到许多这样的要塞。

如果要在国家完整的边境线上设置连贯的要塞，那是无益的。认为这个体系是沃邦建立的是不对的，因为沃邦不仅反对这个体系，甚至还和鲁瓦——一位打算建造大量无益要塞的官员，对这个问题做过争论。战争艺术相关的这个环节，我们能够总结出下列几个原理：

（1）在国家的边境与首都之间，要有三条梯次设置的要塞线，实施掩护。第一道线上需要建立三个要塞，第二道线上也要建立三个要塞，而在第三道线上，也就是国家实力中心的附近，需要建造一个大型军事要塞。如此就能够让国家边境的每一区域都建有一个近乎全方位的防御体系。如果一个国家有类似的四个正面，如此则需要有二十四至三十个要塞。

或许有人会对此提出不同意见，认为数量过多，并且奥地利就没有达到这个数量。然而，还必须看到，法国在其三分之一的边境上（从贝桑松至敦刻尔克）就设置了四十多个要塞；就算这样，在第三线上，也就是它的首都的实力中心附近，还嫌防御过于松懈。几年前设立的对这些要塞进行估价的一个委员会，曾计算出结论说，要塞的数量还稍嫌不足。这说的并不是要塞的数量太少，而是指，第一线建的要塞太集中，却没有建立在要点位置。如此集中的要塞需要维护的原因，仅仅是它们已经建造完毕。不得不想到，法国在敦刻尔克至巴勒一段，有两处正面，其一是从巴勒至萨瓦，另一个是从萨瓦至尼斯。另外，也要保护比利牛斯山走向的一条孤立线和大洋两岸的海岸线。如此一来，就需要防御六个正面；所以，大约得建四十至五十个要塞。所有真正的军人都会认可，这个数量可以满足需要了。由于面对瑞士和沿大西洋两岸的作战正面，对要塞的需求量，要少于法国东北部边境上的要塞需求量，若要让所有要塞都发挥出应有的作用，就一定要巧妙地设计全部要塞的位置。如果认为，奥地利的要塞数量不多，那是由于它的附近都是像日耳曼帝国一样的小国，这些小国不仅没有进攻它的威胁，相反，还会与它共用自己的要塞。

再者，唯有拥有四个相似长度的正面的国家，所需建立的要塞数量，才能够和上述数字一样。普鲁士帝国因为从柯尼斯堡至梅斯建了一个楔子

形的防线，因此就无法如同法国、西班牙或奥地利那样设防。所以，部分
国家，因为地理位置的差异，抑或因为边界线太长，其所建要塞的数量，
可以按照各自的需要调整，特别是当有必要增加海岸要塞时，更要加量。

（2）要塞的选址必须位于战略要点，就是之前第十九节所讲到的那些
要点。在战术方面，最重要的，就是要塞附近不能存有能压制它的地形，
我军进出方便，不易被敌军围攻。

（3）从自身的防守和保障友军作战的角度来看，最理想的位置，是既
沿大河又可以控制大河的要塞。美因兹、科布伦茨、斯特拉斯堡和克尔等
要塞，都属于这类最理想的要塞。

在确定这是正确的以后，还需要看到，如果要塞处在两条大河的合流处，
且能控制三个作战正面，那会显得更加重要（莫德林要塞就是这类要塞的
典型）。美因兹在美因河左岸有古斯塔夫斯堡筑垒工事，在右岸有卡塞尔，
所以造就出了一个欧洲最大的军事要塞。然而因为它需要多达二万五千人
的守军，所以这种要塞千万不要多设。

（4）经济活跃和有大量人口的城市的大要塞，可以供应军队大量给养。
这类大要塞，有小要塞无法比拟的优势，特别是当地居民可以参与防守时，
就更加有利。梅斯能够抵挡查理五世的所有部队，里尔能够限制欧根·萨瓦
和马尔波罗的活动长达一年，而斯特拉斯堡则多次变作法军的屏障。在近几
年的战争中，这些要塞最终被敌人攻克的原因，是由于全副武装的欧洲，集
体向法国发动了进攻。然而，如果仅有十五万人的德军去攻击拥有十万人
的法军，莫非德军可以无视这些补给良好的要塞，仅仅付出微小代价，就到
达塞纳河吗？这一点我表示怀疑。

（5）在之前，战争依靠的是要塞、营寨和阵地。如今却不一样了，主
要凭借成建制的武装力量，而不是自然的屏障和人造的障碍物。关于这两
个方式，即便把其中一种极限化，结果也是失败的。发动战争的根本道理，
就是在这两个极端之间创造两全的方案。

诚然，最根本的目标，终究是消灭敌人在战场上战斗的有生力量。为
了实现这一目标，偶尔或许可以绕过要塞。然而，如果战斗只获得了少量
成果，那么此刻最好就要留有余地地侵入敌国。这是一个很细致的问题，
全部都要依照双方部队的位置、军力对比和百姓的态度情况，影响最终的

决定。

独自同法国战斗的奥地利，没办法再现 1814 年大联军所选择的方法。所以，五万人的法军也不太可能像拿破仑在 1797 年一样，大胆深入诺里克阿尔卑斯山脉，为了攻击奥地利帝国的心脏。这些特例都受到一些巧合的，而从一般规律角度来看，是例外的因素所引发的。

（6）到这里可以做出下列结论：

① 尽管要塞能被当作重要屏障，然而若错误使用，只能徒劳无功，如若使用不当，不仅不能增强战斗力，反而会分散以至降低部队军力；

② 一支部队如要歼灭敌人的野战军，首选是从要塞之间通过，实现目标，不过需要分散一定兵力控制敌军要塞；

③ 一支部队若要渡过一条大河，如多瑙河、莱茵河，或易北河，去攻打一个敌国，那么至少要先攻占一个敌人在河上的要塞，来保护己方的后背。收编了夺取的要塞后，可以进军扩大战果，并且用围攻部队顺次打击其他要塞。我军的战斗进程越远，对这些围攻部队打击其他要塞的任务越有利。

（7）尽管大要塞更优于小要塞，不过在百姓的态度友善时，也要认识到小要塞所特有的重要性；它们的作用，不是来抵挡容易被它们阻挡的敌军前进，而是辅助野战军战斗。在 1813 年，科尼格斯泰恩小要塞对法军的作用，如同德累斯顿大要塞一样有利，因为它使法军在易北河上拥有一个稳固的桥头堡。

在多山的国家里，一个小型的碉堡，如果位置险要，其作用甚至可能超过大的要塞，因为类似的小碉堡只是用来切断通道，而无需为一支军队做掩护。在 1800 年，巴尔德的那个小碉堡就几乎阻止了拿破仑军队想要穿过奥斯塔谷地的企图。

（8）因此在国境的周边，都需要有一到两个大要塞，来为部队提供掩护；此外还需要一些中型要塞和小据点，来辅助野战军作战。如果在内部的城市，能有城墙和护城河，那会更有用处，因为这种城市可以设置仓库、兵站、医院及其他设施，完全能够抵御打算进攻这种城市的敌军小队。如果这种城市是由本地民兵防御，而不分散我军的战斗力，那作用就更大了。

（9）如果大要塞位于战略方向之外的地区，无论是对国家还是军队，都是一个巨大的悲哀。

（10）滨海要塞，只能在海战中，对设置补给仓库起重要作用。然而对一支陆军来说，却很容易导致其消亡，因为这种要塞让陆军有一个错误的认识，让他们相信其可当作可靠的依托。贝尼格森在1807年错误地认为能从柯尼斯堡得到给养补给，就把柯尼斯堡作为基地，最终几乎使俄军全军覆没。如果俄军在1812年没有集中在斯摩棱斯克，而是驻守德文斯克和里加，那就可能被赶到海边，与基地失去联系，最终一败涂地。

对要塞的围攻与部队的移动之间的关系，有两种类型。

如果进攻方不需要围攻要塞，而只要绕过要塞即可，那就一定要对要塞实施封锁，最少也要进行监视；当有几个互相距离很近的要塞时，就有必要留下一个整军的部队，在一个指挥官独自安排下，对这些要塞或实施围攻，或根据战况仅仅监视即可。

当进攻方准备夺取某个要塞时，一定要特别派出一支战斗力强大的军队，实施强力的围攻。而剩余部队则可继续进军，或者夺取阵地，辅助围攻。

旧时一直是用靠一支军队的全力去围困一个要塞的错误打法。使用这种做法，部队需要进入封锁壕线和对壕线。这需要同围攻一样的经费和人力。我们仅需再看一下1706年在都灵阵地上的经典战例，就能够完全推翻这种混合体系的战斗方式。当时，欧根·萨瓦亲王尽管只有四万人，却战胜了足有七万八千人的法军，就是因为法军尽管修建了良好的战壕，但还需要防卫长达二十四公里的防御工事，结果全线兵力分散，战斗力受损。

所以，无论人们多么称赞恺撒为封锁阿莱西亚所建立的经典工事，无论吉沙尔对这事怎样评价，也没有一个指挥官会模仿这个战例。然而在指责这个封锁壕线时，却不得不承认，对于进行围攻的部队来说，要想增强己方的阵地，一定要建造独立的筑垒工事，把持要塞出入口，防备要塞的防御部队和辅助部队对围攻部队实施打击。拿破仑在曼图亚和俄军在瓦尔纳使用的都是这种方式。无论如何，事实总是证明，要辅助围攻的最好方式，就是击败威胁围攻的敌方部队，并尽可能地对其进行追击。除非兵力薄弱难以前进，就一定要使用这种方式。在这种局面下，必须抢占能掩护所有接近路的战略位置，防备敌人增援部队从这些接近路出现。在敌军增援就位之前，我军围攻部队要和监视部队配合发动强攻，以求在进行一次猛烈的进攻后，再确定是否还要围攻。

拿破仑 1796 年围攻曼图亚，就是一个仅靠监视军就能完成围攻的最完备和最高明的战例。因此我们在这里就来向读者讲解一些法国大革命战争史上有关这一情况的资料。

筑垒线

除了前面提到的封锁壕线和对壕线之外，还有一种更长、更像永久筑城工事的筑垒线，它的作用是防御一定区域的国境线。

因暂时性掩护部队而建立的要塞或营垒越好用，越说明这种筑垒线体系是无稽之谈。

不过，现在讨论的不是指那种为了阻止敌军进入隘路或山口的短筑垒线，这种筑垒和我们曾讲过的同菲森或沙尔尼茨的堡垒体系类似。这里要讲的，是有数古法里长度、为了封闭完整边境而建的筑垒线。维森堡筑垒线即为这种筑垒线，它的正面有劳特尔河为其掩护，右面紧靠莱茵河，左面毗邻孚日山脉，看上去实现了有效抵御打击的要求；但是，当敌军发起进攻时，一下子就将其攻破了。

莱茵河右岸的施托尔霍芬筑垒线，也发生过这样的事情，而且更加不幸。奎斯河筑垒线和金齐希河筑垒线也都遭受了与之相似的命运。

1706 年的都灵筑垒线，和 1795 年的美因兹筑垒线，尽管都是为了封锁前线，然而，除所投入的军力之外，它们的格局和结局，都和可能建造的所有筑垒线没什么不同。

无论此类筑垒线有何种天然障碍物提供掩护，因为距离过长，所以容易迷惑己方的士兵，基本上都能够被敌人绕过。如果让军队收拢在筑垒线的战壕里，虽然能够避免敌人从翼侧绕行，然而这种战壕却有被敌军包围、迂回，甚至正面突破的可能，因此这是一种十分无能的举动，希望从此再没有人采取这种方案。

总而言之，在战术一节（第三十五节）里，我们将对这种筑垒工事的攻防细节，再做详细讲解。

另外，虽然这将是我们在后文要讲解的问题，但在这里提到还是有好处的。那就是：现如今修筑连绵不断的筑垒线是愚蠢的；如果为了提高围攻能力，增强一些阵地的稳固性，或是保护隘路，但最终不重视独立的筑垒工事，那更是无知的表现。

第二十七节 营垒和桥头堡与战略的关系

在这里就不对一般营垒的位置、前卫的保护措施，以及野战筑城对防守据点获取资源等问题进行详细的讲解了。因为一个营垒就可以给一支或几支军队构成临时的依托，所以可以说它是大战术或者战略的问题。

例如，我们所了解的，1761年曾救了腓特烈的本采尔维茨堡垒与1796年在克尔和杜塞尔多夫设置的堡垒，都用事实证明了这种掩蔽布局的重要性。1800年莫罗在多瑙河上的整编集团军，被克赖将军在乌尔姆的一个堡垒阻止了一个月之久。我们都知道，威灵顿在托雷斯－维德拉斯设置的营垒，土耳其人驻守多瑙河至巴尔干山脉之间的防线时，在舒姆拉设置的营垒，全都对防守方提供了巨大的帮助。

通过这个问题我们可以得出一个规律，就是营垒的位置，一定要位于战略上的重点位置，当然同时也要位于战术上的重点位置。1812年德里萨的营垒，对俄军来说形同虚设，原因就在于它的位置远离俄军的防御体系，当时俄军的防御体系是以斯摩棱斯克和莫斯科为轴心构成。结果俄军在占领该营垒几天后，不得不放弃了它。

对于如何选定营垒的位置，我们可以参照如何选定大的战略决定点的准则，因为一个优秀的营垒的位置也要符合这些要求。在不同角度看这些营垒有不同作用，它们可能会成为一个有效的进攻起点，作为防守方它有可能成为进攻方的终点，又或者成为强渡大江大河的桥头工事，还有的成为冬营的保护所或者战败军队的安全区。

但是，对于营垒我们可以确定的是，除非它具备像托雷斯－维德拉斯营垒（在背海的半岛上，它的功能为掩护岛上部队上船）那样难得的位置，否则，不管是多么良好的位置，都会面临一个问题，就是要防止被敌人迂回。营垒一旦被对手迂回通过，守备力量就不得不撤退，不然大多数情况下会被对手包围，从而造成更严重的损失。1813 年的德累斯顿营垒，战争开始的两个月里它是拿破仑军队的重点依托据点。但是在联军大部队绕过它之后，它就失去了之前的价值，甚至不及一个普通要塞。因为它的面积太大，分散了两个军的兵力，加之后路被切断而补给不足，军队在防守几天后，剩余军队被迫向联军投降。

虽然存在这些失败的例子，但必须承认，如若这些营垒仅是防御军队的临时依托点，那么就算在战略上被敌人迂回，它应该依旧能发挥应有的作用。重点就是，要让这些营垒避免被敌人从后方突破，换言之，需要这种营垒拥有同时防御四个方向的能力，才能不被敌人实施突袭。另外一点同样重要，就是这些营垒最好处于要塞附近，这不单可以保护该处的仓库不被攻击，同时还能使该要塞保护营垒距后撤路线最近的那一部分或整个正面。

大多情况下，这种营垒，如果建在面对大桥头阵地的河上，而且紧挨像美因兹和斯特拉斯堡这类大筑垒城市，必须承认它都会起到保障军队的作用。然而，不管怎样，这种营垒还只限于短时间掩护部队，抢夺时间，同时集合救援兵力。若要击退敌军时，就不得不离开工事，到开阔地去跟敌军进行野战。

对于这类工事我们需要讲到的第二条规律就是：当我军在本土作战，或在指挥中心附近战斗时，这种营垒尤为有用。如果法军驻守易北河的一处营垒，假使敌军正控制莱茵河和易北河之间的地区，那么这个工事对法军的覆灭起不到任何作用。不过，若是法军暂时在斯特拉斯堡附近的营垒面对敌军的围攻，那么只需少许的援军辅助就可以恢复原来的优势和战斗力。而被法军在营垒附近夹击的敌军，因为是在法国腹地作战，被法军增援部队和营垒里的部队合围，基本上就不可能退回莱茵河了。

之前一直是从战略角度来探讨这种营垒的。然而，大多数德国将领却肯定地说，营垒的作用，是给要塞提供掩护，或是预防敌军对要塞的围攻。不过，我觉得这是不实之言。众所周知，当我军位于要塞附近的营垒时，如果这些营垒和要塞能够互相保护，敌人若想围攻要塞，肯定会无比困难。然而依据我的看法，营垒真实的和首要的用途一定是：给部队提供短期安全点，或提供一个良好的进攻点，以便快速达到位于河对岸的计划决定点。

如果为了实现延缓围攻这个单纯的目的，却使部队顺着要塞周围进入地下工事，以至于让部队陷于敌人迂回和丢失自己交通线的危险，那我就肯定，这是荒唐的。或许有人会拿出维尔姆泽的例子，说他连续几个月抵御了曼图亚的攻击，莫非他的部队没有在那里损失殆尽吗？或者这种牺牲是完全良性的吗？我认为不是，因为这个要塞曾经得到过一次救援和补给，围城的补给部队曾被奥军控制，敌军的打击不得不转为封锁，整个要塞单靠饥饿就会丢失，如此维尔姆泽就该立刻离开这个要塞，而不必再做任何考虑。

诚然，奥军 1795 年在美因兹正面设置营垒的目的是，若是法军渡过莱茵河准备夺取该城时，可以抵御敌军的围攻。不过茹尔当低估了这个工事，进逼拉昂，而莫罗却从黑森林出击，最终因为自己防御不足而无奈撤离并失去了这个要塞。因此，只有在特别紧要的位置，不占领它就无法通过的时候，才有必要在那里设置营垒，发挥阻击的针对性作用。然而，想必整个欧洲都没有要塞能说是占据了这样的位置。

我坚决反对德国学者们的这种观点。与此不同，我相信，要依靠沿河要塞周边的野战阵地来建造营垒，有一个必须面对的问题。而这个问题的结果怎样，就看所下的决心是否合理。这个决心就是做出选择，是把营垒和要塞建在河流一侧，还是建在要塞的对岸？如果没有条件在两岸都建要塞，而又只能从这两个可能的方案中任选其一时，那我会不加考虑地选择第二个方案。

事实上，营垒要实现掩护部队或辅助渡河的目的，就必须建在敌占河岸的对岸。在这种局面下，将会发生的一个最大危险就是，敌军在相距数里远的位置渡河时，从后方对它实施打击。如果要塞与营垒处在同岸，要塞对营垒就基本没有用处。反之，若是要塞处于营垒对岸，营垒就基本可以失去来自背后的威胁。就像 1812 年俄军在德里萨营垒的防守，连一天也没有坚持完；如果它的要塞位于德维纳河右岸，能够补充营垒的后防，那么或许可以顶住敌人更长时间。另外，莫罗抵抗卡尔大公的进攻，足足坚持了三个月之久；如果在对岸没有斯特拉斯堡存在，他的营垒将被渡河的敌军轻易迂回。

需要承认，最完美的是，营垒能从自己所处的一岸得到掩护。而针对这个要求位于两岸的要塞可以成功地实现目的。才修筑没多久的科布伦茨要塞，或许创建了一个新体系的时代。这种普鲁士人惯用的体系囊括了营垒和永久要塞的所有优点，非常有深入研究的必要。然而，就算这一大型工事还有少许欠缺，我们今天也能够确认，若是部队在莱茵河上作战，它可以发挥巨大作用。

事实上，关于建在大河两岸的营垒的弊端，我们之前已经讲过。唯有建在河对岸的营垒，才能发挥效果。然而，建在河对岸时，因为桥梁被破坏，可能有不同危险，造成部队遭受如同拿破仑在埃斯灵所陷入的那种困境。再者，还可能让军队因为弹药和给养严重匮乏而被迫投降；更可能让部队面对敌军机动力量直接打击的危险，而这种危险是临时营垒完全无能为力的。如同科布伦茨设置的那种独立的永久性筑垒工事，它的优点就是：可以避免上述危险，能对与军队同岸的城市供应站提供掩护，并使军队避免遭到敌人袭击，至少可以维持到桥梁修复之前。如果城市位于莱茵河右岸，而在左岸只设置临时工事的营垒，那么结果就会大不相同。对于供应站或是军队来说，不会有任何保障。

另外，如果科布伦茨是一个缺少独立堡垒的普通的好要塞，因此它就不能为一队大量的士兵提供有效掩护，特别是在有敌军的情况下渡河更为不利。无论如何，如果科布伦茨是一个实力强大的要塞工事，那么人们会对担任在右岸掩护科布伦茨任务的小要塞埃伦布莱施泰进行批评，指责因为该地难以靠近，敌人可以轻易对其实施封锁，所以大部队渡河时就会发生激烈战斗。

最近对马克西米里安大公所使用的新体系有很多观点。他为升级林茨营垒而选择了塔堡的新体系。有关这个事例，我仅仅通过口头流传，和阿拉尔大尉在《军事观察员》上发表的文章中了解少许，因此我还无法对这个问题得出有效的结论。根据我在热那亚的了解，证明了多谋的安德烈伊斯上校所选择的这种塔堡体系是可行的、完备的；这位大公因为这种体系而获得了成功。所以我认为，在林茨设置的塔堡，因为有峡谷的遮挡和斜坡的防护，拥有如下的优点：可以向敌人实施直接射击和集中射击，可以避免敌人的炮弹直接命中自己。这种配备有效侧防而且有胸墙联结的塔堡，对营垒有众多好处，然而却又常常因设置封闭线而增加大量麻烦。如果建在小空间的塔堡，能得到开战初期修筑的临时工事的隔离和严密掩护，那么由此可知，这种塔堡相对于只有钝角堡或一般多面堡保护的营垒作用更大。然而它们没办法拥有像科布伦茨各大型独立堡垒所拥有的许多优点。在那里，有三十二个或者三十六个这类塔堡，有八个设在左岸，并修筑方形堡垒，可控制佩林贝格。位于右岸的二十四个塔堡里，至少有七八个是半塔堡。这条线的长度大概是 19.5 千米或 20 千米。塔堡相距的长度大约五百米；战时，各塔堡之间也能配置通道，所有道路都设置铁丝障碍物实施保护。这些塔堡都是石头修筑的，共三层，有一个平台，可组成基本的防御，二十四门火炮中有十一门是安放在平台上的。另外，还有两门榴弹炮设置在上层。这些塔堡都修筑在高大的壕沟内，壕沟的两边都是大角度的陡坡，传言可以避免敌军炮弹直接击中塔堡，然而我对此难以想象。

还有人说，这个巨大工程的消耗，大约是所有棱堡群的四分之三，而在过去林茨被这些棱堡群武装成一个顶级的要塞。但另一个传言说，这个工程的造价至多相当于一个棱堡群的四分之一，而且它的功能与这个棱堡群没有什么相似之处。不过，假使有人用它们抵抗常规的围攻的防御工事，如此这些工事却还有很大缺陷。然而，既然是营垒，这些工事就完全可以给一支大部队提供援助，以确保这支部队安全渡过多瑙河，因此在像 1809 年的那场战争中，它们的作用是相当巨大的。如果在 1809 年就可以设置这种工事，那么首都就不会被攻击。

若要将这个庞大的防御体系建成，最好能设置一条设施齐全的环林茨的棱堡线，之后在要塞的东凸角到特劳恩河的区域内，建造一条包括七至八个塔堡的直线（长约三千九百米）防线，可以保留多瑙河在林茨和特劳恩河之间形成的大弧形使之成为营垒。如此一来，可以得到等同一个顶级要塞和一个由散兵壕沟遮挡的营垒相加的双重利益。虽然这个工程兵没有太大。却也能满足一支大军队使用需求，特别是若在河的左岸能设置八个塔堡和佩林贝格堡垒，那效果将更加良好。

我不准备分析这个营垒的不足，因为如此就一定要准备一张精确的多瑙河沿岸地形图，虽然我到过林茨很多次，然而却无法将林茨周围的地形记得很准确，无法对其做出精准的叙述。仅有一个问题让我迷惑，就是假设营垒不敌沦陷，林茨附近居然没有掩护部队退却的多面堡。对此或许有人不认可我的观点，他们相信，所有军队都会受阻于这些塔堡，就算有部分塔堡遭到火力压制，也是这样。不过，可以这样回应这个问题。如发生这种情况，要支援塔堡，但很难在如此狭窄的一个区域内向交战的双方射击，因为有可能出现不分敌我的误伤情况。然而，我能确认，没办法用炮兵连打击到营垒内部。所以，在三至七号这四个塔堡被彻底压制后，足够大的战斗部队是可以突至林茨的。天知道，如果像苏沃洛夫或内伊那样的将领，即将同伊思迈尔或弗里德兰德的军队作战，这场战争将会打成什么样子。

同时我并不明白为什么要设置九个（二十一至二十九号）背向多瑙河的塔堡。是要避免敌军从十万人的中央从水路抢滩吗？若是对位于左岸的敌军野战炮实施打击，是不是也要如此呢？处在类似多瑙河的河流的保障下，仅仅有为监视敌军而设置的地面炮台就可以了。

另外，阿拉尔上尉讨论这些塔堡的那篇有趣文章再三提到，这些塔堡是在详细分析后决定修筑的，其目的就是，仅靠最低限度的炮兵（虽然文中所选择的信息不准确），以最大的火力打击一切敌军可能攻击的外围。在类似热那亚那样的山地要塞中（该地以另一种形式最早建造了这种塔堡），在贝桑松、格勒诺布尔、里昂、贝耳福、布里昂松、维罗纳、布拉格、萨尔茨堡，包括在山口防御的一些堡垒中，这种塔堡都能发挥极大的作用。或许营垒的规模有些超标，其占地将近九千至一万都阿斯（约 19.5 千米）。如果要让呈一线阵型的部队及预备队控制整个区域，那将要准备至少一百五十个营的兵力。然而，同时在多瑙河两岸防卫如此长的区域的可能性，应该是极其少见的。只有特劳恩河口到上多瑙河一段长约四千都阿斯（约七千八百米）的区域真正需要布防。所以，只需八十个营就可武装起这个营垒。甚至在兵力不足的局面下，只要不少于五千人也可基本控制全部塔堡。然而，如果要将这些人分为三十二个小支队，这种配置，将会极大地降低出击能力。

综上所述，如果维也纳依旧掌控旧的围墙，并且守备部队可以灵活利用它，那么敌人对那里的两个设施发动袭击是十分冒险的，若不理会该首都军力而沿多瑙河河谷行军，那将考虑更多，一定慎之又慎。除了能将法军像在乌尔姆、耶拿和滑铁卢一样彻底击溃，或是迫使其进入林茨营垒，得以控制通往卡林西亚的那条通道，才有机会实现这一目标。

桥头堡

全部的野战筑城工事中，桥头堡是重中之重。渡过江河的艰险，尤其是渡过有敌人驻防的大江河的难度，能够充分确凿地证明，桥头堡有无可替代的作用。现实中，就算不要营垒，也必须要修筑桥头堡，因为如果能有效抵抗桥梁可能遭受的袭击，那么我军在被迫向河岸退却时会遇到的危险将无限降低。

如果这种桥头堡成为大型营垒的内堡时，将产生双倍的利益。如果将桥头堡覆盖到营垒正面的河岸，或许能产生三倍的利益，因为如此一来，这两个桥头堡就能够互相掩护，河的两岸也能得到相等的保护。有一点或许无需多说，即如果在敌国，或者在没有桥头堡功用的永久性工事的全部正面，桥头堡的作用无可替代。我还要着重提醒，营垒体系与桥头堡体系之间的明显区别是：当营垒体系为独立的闭合式工事，而桥头堡为连续的开放式工事时，前者优于后者。如果营垒是连续修筑的，那肯定需要相当多的兵力才能防守，因为要将营垒全线的工事全部占领。然而，如果营垒是由掩盖工事组成的，那么只需一支军队就可以防御突然袭击。因为这些工事属于营垒的范畴，其使用方式更属于战术层面，我们会在第四章第三十五节讲解，因此在这里只需要大家注意它们在战略上的重要性就可以了。

第二十八节 山地的战略行动

在山地战中的战略意义还没做出总结之前，我们不准备正式谈论战略。我们没必要在此谈论那些被看作是近乎不败的据点和工事——它们是战术的浪漫主义成分。我们希望尽可能讲解山地国家与本章所研究的各类问题的关系。

我们相信，在战争中，在山地国家领域内，或许拥有四种完全不同的局面。第一，它或许是全部的战争区；第二，它或许是战争区中的一个主要战场；第三，它或许是在崇山峻岭之间；第四，它或许只是一处高地，敌军只要翻越这处高地，就来到了一片开阔而繁荣的平原。

　　除了瑞士、蒂罗尔、诺里克诸省、土耳其和匈牙利的部分省，还有加泰罗尼亚和葡萄牙之外，其余全部欧洲国家都仅仅只有一条单独的山脉而已。面对这种局面，当穿行于隘路中时，会异常困难。所以，这仅仅算是一种暂时性障碍，这种障碍如果被突破之后，不但无害，反而有益。实际上，当突破这一障碍之后，战场就进入平原地区，我军就能把翻过的这座高地当成临时基地，紧急时还能退入该地，将其当作临时营垒。不过一定要注意，我军在战略转移时，千万不能让敌军抢先抵达该地。

　　高加索向来被看作是帝国大规模武装冲突中的次要战区，所以永远不会作为开展大规模战略性战役的主战场。

　　就算在法意两国之间的阿尔卑斯山那一区域也不例外，而尽管地势略低但纵深极长的比利牛斯山也属于这个范畴。除了在加泰罗尼亚，比利牛斯山脉覆盖埃布罗河沿岸的所有区域；如果战争只在该国范围内进行，而整个战区都是山区，所以一定要将与只有一条山脉的国家区分开，而另当别论。

　　从这个角度看，匈牙利与伦巴第和卡斯蒂利亚的差异不大，因为就算喀尔巴阡山脉在其东部和北部可以形成基本同比利牛斯山一样高的地形，也一定要明确这仅是一个临时性障碍，军队翻越它以后，向前可以到瓦格河、尼特拉河或蒂萨河流域，还可进入蒙加奇地区。翻越它的部队，可以在多瑙河和蒂萨河中间的广阔平原上处理其主要的问题。仅有的差异是路况不同，阿尔卑斯山和比利牛斯山的道路尽管少，但路况顺畅，而在匈牙利却几乎找不出可以通行的道路，即使有道路也极难行走。

　　匈牙利的喀尔巴阡山脉，其北部或许较低，然而向腹地绵延很远，因此在一定程度上属于纯山地战区。不过，因为山地只属于整个战区的其中一块，在蒂萨河或瓦格河谷地很可能无法开展大规模战役，因此我们将其视为临时性障碍。综上所述，必须承认，与该国政府密切相关的问题，一定要在战略上反复研究。

　　尽管波西米亚山、孚日山和黑森林没那么大，然而也能归入山地地带的范畴。

　　若某个国家全部是山地（如蒂罗尔和瑞士），而且仅是整个战区中的一部分战场时，这些山地的重要性就没有那么绝对了。面对这种情况，可将这些山地看成要塞，为我方提供掩护，也可以移动到谷地决战。如果此类山地国家囊括全部的战区，那就只能归于其他问题了。

多年以来，人们总是搞不清，究竟是山控制谷地，还是谷地控制山呢？卡尔大公，这位睿智而专业的法官，更赞成谷地控制山，并多次证明，多瑙河谷地才是打开南德意志地区大门的关键。但是一定要清楚，不论何种情况，结局都取决于双方兵力的对比，取决于政府和人民的倾向。若有六万法军向巴伐利亚挺进，面前的敌军是兵力相同的奥军，然而奥军将三万人布置在蒂罗尔，等到其到达莱茵河后再从援军中补齐人数。要是处在这种局面中，法军要抵达这一条线就极为困难，因为它不得不在翼侧留下相接近的兵力，以便掌握沙尔尼茨森林、菲森、库夫斯泰因及洛弗尔的出路。然而，假若是这支法军变为十二万人，并能夺取相当大的战果，维持对反抗的敌人的优势，那么它一定可以调派强大的支队来保护蒂罗尔出口，并同莫罗在 1800 年一样，继续向林茨前进。

上述内容，都是将山地国家假设为一个次要战区；若是把这些山地国家看成一个主要战区，那么一切的问题都会有适当的变化，而战略问题将更加繁杂。1799 年和 1800 年的战局，在战争艺术的这一范畴中，都拥有一样深刻并警惕人心的教训。在我发表过的作品里，一直努力用历史事件来论证这些教训。我觉得一定要让读者了解这些教训。

如果大家想起我对法国督政府鲁莽入侵瑞士的结局，以及对因为扩大战区范围而把泰瑟尔至那不勒斯的空间合并成一个战区而给这场战争造成的致命影响所作的评价，就无法对推动维也纳内阁和巴黎内阁签订维护瑞士中立达三个世纪之久的条约的天才多加赞赏。所有人都将认可这个真理，只要他详细阅读了关于 1799 年卡尔大公、苏沃洛夫和马塞纳，包括 1800 年拿破仑和莫罗对众人关注的战局所做的记述。在上述战局中，前者属于全部山地作战的经典战例，后者是为山地国家的前途而战的谷地作战的典范。

通过对这些实例进行的客观研究，我将在这里简单介绍几条我所研究出的结论。

如果交战双方将一个山脉纵横的国家作为主要战区时，所有战略上的考虑都应该避免以平原作战的规律为依据。

实际上，在山地要对敌人作战正面的翼侧进行袭击并不容易，大多时候根本无法实现。在这类山地国家中，一支大规模的部队常常只能在几个谷地中行动，而敌人或许事先就在这些谷地安置了足够兵力的前卫，持续阻碍我军行动，为集中兵力战胜我军争取时间。因为在划分谷地的山中，仅有数量稀少的小路，无法保障大部队行进，所以一切沿横向的行军都不得不选择轻装部队。

优良的天然战略要点，位于几个大谷地的交汇处，或在穿过谷地的河流汇合点；这类要点实在太突出了，除了瞎子没人看不出来。而且这种要点数量稀少，因此当守军的主力进行防守时，入侵军若要战胜守军主力，就常常需要以机动主力直接强攻。

在这些区域，大规模战略运动尽管没有几次，而且非常困难，然而它的重要性不降反增。如果进攻方能在敌人的退路上夺取一个地处大谷地的交通要点，那么守军相对平原地带作战时就会增加更多的失败概率。所以在这一线，若能控制一两条难以接近的通道，基本上就能让敌人全军覆没。

另外，进攻方在山地作战时会有许多困难要克服，而守军的困难也并没有少多少。原因就是，守军要保护所有要道，否则敌军会步步紧逼，派大部队抢夺战略决定点；在某一点遭遇打击而需快速集中兵力时，几乎无法沿横向运动。拿破仑于 1805 年为割裂马克与乌尔姆的联系而采用的行动，可以对上述关于沿横向运动和山地指挥的困难等问题补充说明。

一方面，如果从所有方向穿过施瓦本的百余条道路，导致了这次军事行动的成功（这在山地国家原本是无法实现的，因为没有横贯路能让部队从多瑙佛特经奥格斯堡向梅明根进行大迂回），而且还要明白，正是因为这百余条道路，所以马克的退兵，才能比在瑞士和蒂罗尔谷地被包抄时更轻松，因为他在瑞士和蒂罗尔仅仅寻得了一条退路。

另一方面，在平原国家中，一个处于防御位置的将领，也许会将其大量部队集中在一起，因为要是敌军分兵作战，以期控制守军的所有退路，如此守军却能够轻易地把多支小股敌军各个击破。然而，在山地国家中，一支军队往往仅能控制一两条主要通路，并且在敌占区的路线上常常有多条谷地连接这一两条通路，因此想集中兵力是极为不易的；如果军队忽视了这些重要谷地中的任何一条通路，对其没有防备，那后果将不堪设想。

实际上，在山地作战，除了无法总结出一些规律，而且连给承担山地战略防御任务的将领提出一些建议都无法实现。这也证明了山地的战略防御是多么困难。众所周知，如果所要防守的仅是一个稍小的作战正面，其构成是由四五条会合于一个中心交点的谷地，而且这个中心交点距山顶的路程，仅需行军两三天，那么这场战斗打起来就容易得多。因为在这种情况下，只需在每个通路连接点修筑一个难以迂回的良好要塞，就能发挥巨大的作用。有这些要塞提供掩护，就能调派几个步兵旅去掩护接近路，再让一半部队驻扎在谷地中心交点——会合处留作预备队，以便用于掩护最易被攻击的路线上的前卫，或当攻击军打算走出通道时，或当守军能集中优势兵力迎击攻击军时，向攻击军实施强力打击。做出如此的战斗部署之后，还要准备好战斗方案，既要能给前线将领指出当防御薄弱的警戒线被敌军真正突破时的集结点，还要能为前线将领制定出能在山地对敌军翼侧造成打击的时机。如此，守军就能够立于不败之地，因为地形对进攻方的影响实在太大了。然而，如果这样一个作战正面的左、右两侧同样还有一个作战正面，那么就不得不三面设防，不然的话当敌人首次袭击时就将一败涂地。这一情况与前一情况截然不同，但容易被人忽视。防线越长，就越难全面防御。因此，警戒线体系会遇到多种危险，而要选择其他体系又十分困难。

当回忆起马塞纳 1799 年在瑞士的阵地后，或许可以更加认可这一真理。茹尔当在斯托卡赫战败后，马塞纳掌握了从巴勒经沙夫豪森和莱茵涅克到圣哥达和由圣哥达经富尔卡到勃朗峰的这一大片地区。他面对的敌人位于巴勒、瓦尔德斯胡特、沙夫豪森、费尔德基尔希及库尔。贝勒加尔德的那部分军队紧逼着圣哥达。意大利军团威胁着辛普朗和圣贝尔纳。如何保护这一环形地带呢？如何才能冒着全军覆没的危险，而让一个大谷的掩护消失呢？由莱茵费尔斯至汝拉，向索勒尔挺进仅需不足两日的路程——那里正是法军在这个圈里的咽喉地带。所以，这里就是防御枢纽。然而，怎么可以放弃沙夫豪森呢？怎么可以不管莱茵涅克和圣哥达呢？怎么才能阻止联军占领赫尔维蒂进而打通瓦莱和伯尔尼的通道呢？如果马塞纳打算处处设防，如果他用掉几个旅的兵力，那么他还有什么军队去迎战敌军主力呢？把所有部队集中在谷内，这是一种普遍的处理方式，不过要是集中在通行困难的区域内，或许就代表着将国家的大门向敌人敞开。如此一来，不管在任何地方，只要拥有的军队少于敌军人数，便可能处处受制于人。

马塞纳无奈撤出莱茵和苏黎世一线后，汝拉一线或许是他应驻守的最后的战略点，他却愚蠢地停留在阿尔卑斯一线。然而该线要短于莱茵一线，有相当长的一段能被奥军直接打击。如果贝勒加尔德听令不从瓦尔捷林向伦巴第进军，而向伯尔尼挺进，或者寻找卡尔大公会合，那么马塞纳就可能彻底败亡。由此可知，高山国家便于战术防御，却难于战略防御，因为这会分散我方的军力；要弥补这一缺陷，只有提升我方部队的机动性，并增加攻击次数。

然而，经常犯逻辑错误的克劳塞维茨将军却认为，运动是山地战中最困难的部分，因此守方要尽可能减少运动，避免丢失在当地防御的优势。最后他又认为，消极的防御永远也抵挡不住积极的进攻。这足够证明，山地作战，和谷地或平原作战一样，都是非常看重主动性的。如果在这点上有异议的话，那么看看马塞纳的战场动向，就能让这个异议离你而去了。马塞纳能在瑞士坚守的原因，就在于他一有机会，就主动攻击敌人，尽管他因此被迫退到达格利姆泽尔和圣哥达。1796年拿破仑在蒂罗尔与维尔姆泽和阿尔温齐交战时，也是用了类似的打法，最终也获得了胜利。

有关战略转移的细节问题，如果看过关于苏沃洛夫经圣哥达向穆滕塔尔的远征中所遇到的那些不可预见的情况的文字，就可以做出清晰的结论。在高度称赞依照这位俄国元帅下令为攻占雷乌斯河谷的莱古尔布而采取的军事行动的时候，大家同时也对他的军队所表现出的士气、积极性和不屈不挠的精神十分钦佩，正是由于拥有这种士气、积极性和顽强精神，才给这位统帅和他的部队带来了平安。之后，我们还能看到苏沃洛夫在沙亨塔尔和穆滕塔尔的处境，同列古尔布所遇到的状况完全相同。他也用高超的灵活性逃离了这一危机。莫利托尔将军所创造的杰出的十天战局，也同样让人敬佩不已。他只有区区四千人，被三万多人的联军围困在格拉利斯州，然而他却奇迹般地发动了四次进攻，最终居然守住了林特河。只要研究这些战例，就能发现细节理论的虚假，进而相信，尤其是在山地战中，顽强英勇的意志的价值超过了一切理论。莫非在吸取了这些教训之后，还不能认识到山地战的一条主要规律，就是在没夺取高地前不要到处去冒险吗？这条规律极为简明，甚至任何一个步兵连长都知道。难道还没认识到，这种战争比其他战争更需要将军队的行动指向敌人的交通线吗？最后，我如果说，把临时基地或防线设在大谷的会合点上，再用具有高度机动性并能连续发动攻势的战略预备队实施掩护，这难道不是防守这一区域的最好方法吗？

不过在本节的最后，我还要强调，在山地国家中，当战争带有民族战争的性质，人民为神圣事业而奋起英勇抵抗的时候，尤其对防御有利。因为处于这种时期，侵略者每走一步，都要付出沉重的代价。然而若想使斗争获得最后的胜利，普通百姓总需要数量巨大、素质高超的正规军的支援，不然，即便再英勇的人民群众，也将如施坦茨和蒂罗尔的英雄们一样被敌人打败。

针对山地国家的攻击也有两种可能：

（1）正面战场仅有一线山脉，翻越之后就是空旷的平原；

（2）交战的全部区域都是山地。

第一种情况下的战斗，只需牢记一条规律，就是：在敌境全线进行佯动，驱使敌人在广阔的正面安排防御，之后向最主要的目标区域进行突袭。这里所指的仅限于对警戒线的摧毁。这类警戒线从兵力上看十分弱小，但在地形的影响下却非常强大；只要突破一点之后，全线也将跟着崩溃。只要看看1800年瓦尔德筑垒发生的历史，或看看内伊1805年攻占莱塔什和沙尔尼茨的历史（当时内伊带领一万四千人冲入有三万人防守的奥军因斯布鲁克中心，奇迹般地夺去了这个中心，迫使奥军全线撤退），就能够总结出这样一个结论：精良的士兵，在优秀将领的指挥下，总能翻越这些著名的山脉。

法兰西斯一世为避开在苏萨河埋伏的敌人，而翻越了蒙塞尼和奎拉斯谷地之间的陡山。这一战例足以说明："这些难以逾越的障碍总是可以被逾越的。"或许有人在没有办法的情况下，用警戒线体系来反驳我的研究结果。然而，对于使用这种体系最终能获得什么结果，我们早就说过了。瑞士军队和意大利军队进入了同一谷地，它们在苏萨河的阵地并没有警戒线那么好，甚至比警戒线差了很多，这样的阵地将军队都限制在了一个隘口，却没有对翼侧的谷地设防。依据战略要求，在这种局面中，应将轻装部队派至翼侧谷地为通路而战，主力部队则应驻防在都灵或卡里尼亚诺。

　　看到山地作战在战术上有非常大的困难，而守方却能得到极大的便利，因此有人相信，如果集中大量的兵力，只选择一条谷道突入，那是十分危险的，因此最好是参考便于通行的道路的数量，将部队分成几个纵队，各行一路。按我的观点，这才是一种十分冒险的想法。只需回想一下在法索诺交战中尚皮奥内纵队的结局，就能对此有所判断了。当入侵部队的进攻正面上有五六条便于通行的道路时，对这些道路都必须予以必要的重视，然而要翻越山脉的兵力分配最好不要超过两路。另外，在这种情况下，选择要通过的谷道还应该远离中心的方向。不然的话，只要敌人在出口稍稍做少许准备，我方就无法实现预期的目标。拿破仑通过圣贝尔纳隘路的方案就是个最有效的方案：他将最强大的主力集团放在中间一线，而向左右两翼各派出一个师分别通过蒙塞尼和辛普朗，去分散敌人的注意力，在侧翼维持机动行军。

　　如果要入侵的国家，除了四周被山脉环抱，腹地也遍布群山，那么这种入侵，就需要比在平原入侵消耗更多时间，遭受更多的困难。这是由于在山地基本没有可以展开大规模兵力的战场，整个战争将被分成一连串的小规模局部战斗。这时不应该只从一点渗入狭窄的深谷，因为敌人或许会封锁该谷，从而使入侵军陷入危险境地；不过翼侧却能够分出两三路突入，然而这要求各路出口的距离要适当，各路分队最好同时抵达谷口会合点，并且一定要把敌人从可以分割入侵军队的全部筑垒工事中击退。在完全是山地的国家中，众所周知，瑞士是最便于采取战术防御的国家，如果它的军民都能众志成城、同心同德的话。假设有这样的百姓辅助，优良的正规军完全能抵御三倍的强大之敌。

　　如果要给在那些复杂情况下的行动做出一成不变的规则来，那是荒唐的，因为随着地形、工事、居民和军队的状态的变化，那些复杂的情况也是千变万化的。唯有历史，不过一定要是经过论证的、写得很好的历史，才是真正的山地战的教材。卡尔大公对 1799 年战局的记述，我在《法国大革命战争批判史》中对这些战局的讲解，塞居尔和马蒂厄·迪马对格里宗战役的记述，圣西尔和叙舍对加泰罗尼亚战役的记述，罗昂公爵在瓦尔捷林进行的战局，加亚尔越过阿尔卑斯山的历史（《法兰西斯一世史》），这些都是了解山地战的优秀资料。

第二十九节 大规模入侵和远征战略

　　针对在遥远战区的抢夺和入侵，因为我们在前面已从国家政策角度讲解过，这里就仅从军事方面展开简明的分析。在我们希望能在这本《战争的艺术》中赋予它们实际具有的地位时，我们不得不面对一些困难，因为若是从一方面出发，它们只是史诗般的模型，不算是战略的部分，然而从另一方面观察，在这种远征中，除作战跨度过大，困难和危险更加不确定之外，其具体打法仍基本与其他战争中所采取的打法相似。实际上，这类远征具有其独特的对战、突袭、围攻方式，更包括作战线，在不同程度上都属于本书所涉及的战争艺术的一切不同领域。然而，我们在这里仅做普遍性的分析。其作战线方面尤为特殊，它们与其他战争有显著区别，因此我们将其放在解释作战线的那章的结尾部分来细致研究。

　　远征拥有五大类别：第一类是横跨大陆的一种辅助性的远征——第五节干涉性战争中已经谈到相关问题；第二类是一种规模巨大的大陆级别战争，这需要众多土地广袤的国家——友好的、中立的、态度不定的或敌对的国家一起参与；第三类是同属大陆级别的战争，然而包括一部分陆地战，和一部分海上舰队战；第四类是为寻找、保卫或抢夺遥远的殖民地而进行的海外远征；第五类是高强度登陆作战，其行军的路程并不太长，然而所攻击的对象却是单独的力量雄厚的国家。

　　至于我方依照防御条约或同盟条约而派出的援助盟国的辅助军队或许会遇到的某些不利情况，我们已经在第五节中讲过。众所周知，从战略层面来讲，如果俄军进军莱茵河或意大利是为了同日耳曼各国配合作战，那么它的情况肯定要比从敌对国家或中立国家过去作战更加有利，更加稳定。它可以和盟军共用一些基地、作战线和临时性据点。它能在盟军的防线中找到安全点，从盟军的物资库里获取补给，从盟军的军械库中得到弹药。反之，它就不得不去维斯瓦河或涅曼河抢夺物资，这就有重蹈众多大规模入侵的覆辙的可能性。

　　不过，虽然这种辅助作战和单独远征有显著的差异，有更多的便利，但还是要清醒地看到，这类辅助军队所独有的危险性，而担任辅助作战任务的国家代表出任总指挥也并不容易。1805 年的战局充分地论证了这一分析。库图佐夫带领三万俄军进军因河，抵达巴伐利亚边境。原本该与之会合的马克的部队，除金迈尔带到多瑙佛特的一万八千人外，全军覆没。所以，只有不到五万兵力的这位将军受到了拥有十五万之众的拿破仑军的强力打击。除了这个窘境之外，库图佐夫还位于本国边境近一千二百公里之外的地区。如果没有另一支五万人的部队开到奥尔米给他以掩护，他的结局就可想而知了。奥斯特利茨会战——因为魏罗特尔参谋长的失败行为，使俄军深深陷入给养紧缺的境地。如此，俄军因为深入敌方而几乎成了联盟的牺牲品，最终凭借签订的一项和约，才能够安全回国。

苏沃洛夫在诺维获胜后的结局，尤其是在远征瑞士期间的结局，包括赫尔曼军在荷兰贝尔根的结局，都是反面典型。每个接受远征任务的指挥官，都一定要认真思考。贝尼格森 1807 年的状况就显得没那么多困难，因为他是在维斯瓦河和涅曼河之间作战，换言之，他是凭借己方的基地战斗，而完全没指望盟国。再回想一下法军 1742 年在波西米亚和巴伐利亚的结局，那时腓特烈大帝独自缔结停战合约后，对盟军弃之不理。尽管法军是身为盟军而不是辅助军队在进行战斗，然而在第二种情况下，政治关系绝达不到如此亲密，甚至不会引发阻碍作战行动的分歧。关于这个问题，我们在第十九节讲解有关作战的政治目标时，已经说过。

至于横跨辽阔大陆所进行的远征入侵，则只有历史知道了。

当欧洲处于半数土地是森林和草地的时代，当仅靠马和剑就能驱使整个民族从欧洲一端到另一端的时代，哥特人、西哥特人、匈奴人、汪达尔人、阿兰人、瓦兰人、法兰克人、诺曼人、阿拉伯人和鞑靼人，都相继侵袭劫掠过各个帝国。然而，自从火药和火炮出现，各国设置了大规模的常备军后，尤其是自从文化和交流使各国越发接近之后，各国都清楚地知道必须互相帮助之后，这种情形就慢慢成为历史的尘埃了。

将民族大迁移放到一边，中世纪还是以不纯粹的军事远征而人尽皆知。查理大帝的几次远征，奥列格和伊戈尔差不多在查理大帝远征的同时对康士坦丁堡的入侵，还有阿拉伯人对卢瓦尔河两岸的劫掠，都让 9 世纪和 10 世纪这一时期显得与众不同。然而，由于这些事件的年代太过久远，我们对当时军队和国家的各类构成因素一无所知，而且在这些事件中，精神教训比战略教训还多，因此假如我们有时间的话，将在本书末尾对此进行简单阐述。

自从火药出现以后，能算是远征入侵的仅有查理八世对那不勒斯的入侵和查理十二也对乌克兰的入侵，而西班牙人在佛兰德的战斗和瑞典人在德国的战斗则完全属于另一类型的战争。前者属于国内战争，后者仅能算是宗教争端的一种辅助手段。再者，全部这些远征都是由较小的部队完成的。

在近代史上，仅有拿破仑敢于将半个欧洲的正规军从莱茵河岸转移至伏尔加河两岸。然而一定是许久之后才有人向他学习。需要拥有与大流士进行对抗的能力的一个新的亚历山大和一些新的马其顿人，这类举措才可能实现目标。由于现代社会对奢华和享受的贪恋，或许能找到像大流士集团那样的军队，然而在哪里又能找到亚历山大和他的军阵呢？

部分空想家相信，如果拿破仑凭借一个新穆罕默德的身份远征，带领一支拥有政治信仰的军队，而且可以用穆斯林最高领袖的身份，向民众许诺美好的新生活的话，他或许就能获得成功。虽然自由在讲演和书本中是如此美丽，但想要实现却殊为不易，因为它和散漫之间仅差一步的距离。所以也可以判断，政治信条的辅助或许会变为有效的帮助，这在信念战争一节中已经讲过。在拥有这些工具的前提下，距离成为谋略的重要组成部分，而还像游牧民族那样逐草迁移已经落后于时代太多了。

从己方的基地出发，奔袭八百公里实施打击，这在现在也是极为困难的行动。拿破仑对德国的入侵没有教义也能取得胜利，就在于他的入侵对象是些强大的邻居，而且拥有像大自然屏障一般的莱茵河基地；他在入侵初期面对的那些相互缺乏联系的次等国家，在之后都投到了他的麾下。如此一来，他的基地自然而然地从莱茵河转到了因河。在对普鲁士的入侵中，拿破仑利用了在乌尔姆、奥斯特利茨事件之后德国缺乏防卫的有利条件，利用了申布伦和约，所以使柏林处于全面的被动挨打之中。至于能够算是远征入侵的在波兰的首次战争，我们在其他地方曾经讲过。拿破仑的胜利主要应该归功于敌人的犹疑不定，而并不取决于自己的谋略，虽然他的行动也是睿智和猛烈的。

拿破仑对西班牙和俄国的入侵，无功而返。然而，这些入侵失败，也不是由于他发布的那些不够激动人心的政治诺言。关于这点，拿破仑1808

年对马德里代表团所作的经典演讲，和他对俄国人民所作的宣言，均能证明此事。

再说德国，虽然它对新建的政治秩序充满激情，它却仍为稳定这种社会秩序而安抚人民；它最终失去人民信赖，就是因为大规模战争所造成的破坏，还有因为大陆计划所做出的牺牲，而并不是由于那些激进的理论引发了它的反感。

至于法国，因为1815年的教训让它牢记，将政治理论当作获取成功的一个主要因素，是不安全的。假如这些理论被用于制造风暴、混乱，如此就无法控制这些混乱的后果。它的所谓自由主义的言论并不能激发人民群众的积极情绪，而最后只是给空想理论家和自说自话者制造武器来打倒自己，其证据就是，热朗内和拉斐特还有它的出版物，推动它的垮台的作用，不亚于敌人刺刀的威力。

或许有人会批评拿破仑，说他不曾合理地满足民众的需求，然而他经历丰富，肯定知道，政治偏见常常能造成混乱和无政府状态，而宣扬放纵的谬论必将会造成这种偏见的出现。他相信，为了避免控制能力缺失的国家政权这艘大船遭受狂风巨浪打击，在保护民主权益方面，他做得应该足够了。从这一角度分析，人们或许不会怨他做得不够，但会用更多的理由指责，他像红衣主教黎塞留一样，对无法在本国境内使用的危险武器，在邻国也不敢采用了。然而，说这些已让我们离题太远，还是让我们回到关于武装入侵他国的话题上吧。

除了因路程长短而受的影响不同以外，只要部队踏进战区一步，全部入侵战就与其他形式的战争基本一样。因为困难基本集中在距离长短上，所以就要求我们一定要掌握关于深远作战线、战略预备队和临时基地的规律。这些规律是最有用处的，甚至必须在这时使用，尽管这些规律并不能消除一切危险。

1812年的战局，对拿破仑来说虽然是万分紧张，然而不可算是远征战的经典战例。拿破仑当时将施瓦岑贝格亲王和雷尼耶留在布格河上驻防，让麦克唐纳、乌迪诺和弗雷进驻德维纳河，贝吕纳据守斯摩棱斯克，而奥热罗则驻留在奥得河和维斯瓦河之间。综上所述，事实可以证明，拿破仑对他的基地的防卫，预先就做足了准备措施。所以综上也将证明，最伟大的军事行动或许也可能遭到失败，正是因为为取得成功而实施的准备措施过于繁杂。

如果说拿破仑同样在这一巨大的斗争中犯过错误的话，那么他犯错的主要原因就是忽视政治预防措施；他在德维纳河和第聂伯河上的军队各自为战；他不该在维尔诺驻留长达十天；他不该安排自己缺少能力的兄弟指挥他的右翼部队；他也不该对施瓦岑贝格亲王深信不疑，毕竟他只是奥国人，在身处惨烈战场时，他无法如法国将领一样忠心耿耿。甚至在莫斯科大火之后他还仍然留在莫斯科，那就更不用说了。尽管那时的灾难已经避无可避了，然而如果在莫斯科大火之后可以立即撤离，那么损失就不会那么大。有人批评拿破仑，说他不够重视远征距离、各种阻碍和人员的精神状态，最终做出了愚蠢行为，过于深入克里姆林宫。要想给出他是否有罪的结论，需要我们详细地分析他之所以更改了原来留在斯摩棱斯克过冬的计划，反而穿越了斯摩棱斯克的真正原因。所以必须明确，在将强大的俄军打败以前，他在斯摩棱斯克和维捷布斯克之间稳定下来是非常困难的。

我没打算在这样大的辩护案件中做出判决。我相信就算拥有这种判决权的人也无法胜任这一职位，因为他们为解决这个任务所必须准备的资料并不完整。在这件事上有一特例是唯一正确的，那就是拿破仑基本无视了奥地利、普鲁士和瑞典对他的敌意；他相信在维尔纳和德维纳河之间必然可以战胜俄军。尽管他对俄军的勇敢精神做出了正确的估计，然而却错误地估计了俄国的民族精神和人民的毅力。结果，也是最关键的，他没能得到一个军事大国正儿八经的支援，没能让这个大国的邻国成为他要征服的这个巨无霸的前沿基地，反而将他这一伟大事业的根本全部放在人民的援助和支持上面；他的人民尽管英勇而富有激情，却不够坚定，这就没办法维持国家的短暂强大。而且，他也没能在这种昙花一现的激情中吸收任何有益的因素，反而因为犹豫不决，最终伤害到了这种激情。

这些远征作战的可悲结局，实际上，不仅给我们展示了夺取胜利的主要条件，而且还向我们展示了民众所能爆发出的最大威力。就像我们在第一章第六节讲过的，在战场周围如果没有一个足够强大的同盟国，可以在边境上为我军提供一个完备的基地时，那就需要坚定地放弃这次远征作战的计划。只有得到这种基地，才能够事先存储各种军需物资，才能够让我军进可攻，退可守，进而为胜利提供一切资源。

至于有人希望从战略真理中寻找与领导艺术相关的规则而无视上述政治预防举措，那就有点过于鲁莽了，因为这类行动本来就是对一切战略规律的公然违背。毫无疑问，在第二十一节和第二十二节中，为深远作战线的保障及中间基地的建立所列举的各种防备举措，是唯一能增加安全的作战方法。除此还应该考虑距离、障碍、季节、国家特点等。综上所述，决断和验证要准确，行动要符合现状，即在夺取一定胜利后要懂得适可而止。

此外，若要制定几条能保障远征入侵成功的准则，那基本是不能实现的。在四千年的历史上，只有五六次远征入侵最终成功，剩下的百余次远征入侵都成了民众和军队的灾难。

陆上远征入侵的主要特征基本上讲解之后，我们可以对半陆半海的远征入侵发表一些看法。这种远征算是我们曾进行区分的第三类远征。

自从火炮出现以后，这类远征就没几次了。我判断，十字军远征或许就是这类远征的最终代表。造成这一局面的原因或许是，制海权曾一度几易其手，最终被一个岛国从两三个次等强国手中夺取；这个岛国尽管拥有许多舰船，然而却缺少进行此类远征所必备的陆军。

无论如何，通过这两个同时发挥作用的原因，我们能够总结一个明显的结论，就是古时候薛西斯走陆路去攻打希腊时，跟在他后面随行的有各种舰船四千只；而亚历山大大帝从马其顿出发，经小亚细亚，到达蒂尔时，他的舰队却是沿海岸线行驶，那种时代对现在来说，已经凝固为永恒的历史了。

尽管我们再见不到这类远征，然而要是进行陆上远征时能有类似军舰和运输船队的辅助设施的支援，军舰和运输船队还是能发挥很大作用的。

然而绝不能仅凭船队，因为风浪难以预料，风暴可能会把人们寄予全部希望的船队吹散，甚至吹翻打烂。连续运输虽然并不总是稳定的方法，但没那么大的危险性。

我无需在这里谈论与拿破仑入侵奥地利和西班牙类似的对邻国的入侵。因为这是普通战争，只不过距离远一些，却没有任何特点，仅仅是遵照本书前面几节中充分讲解的意见进行分析而已。

当地居民抵触心理的强弱，作战线深度的大小，连同主要作战目标的距离长短，这些都是可以影响基本作战体系的多变因素。

实际上，尽管对邻国入侵比远距离作战更为安全，然而依旧不缺少失败的战例。比如，一支准备进攻加的斯的法军，甚至在比利牛斯山有完备的基地，在埃布罗河和塔霍河有中间阵地，也难免在瓜达尔基维尔河全军覆没。1809 年的战局与之类似。当法国的其他军队正在巴尔塞劳奈特和波尔图之间交战时，在匈牙利中心围攻科马诺的法军，却在尚未到达别列津纳河之前，就在瓦格拉姆平原被全歼。过去的战争，如今的军力，以往的胜利，还有国家的情况，这些全部都可能影响作战的规模。将领的指挥艺术是要依靠兵力和战局来体现的。至于政治对入侵邻国产生的影响，尽管说它没有对远距离作战显得那么重要，然而却应该牢记我们在第六节讲过的那条规律，即无论敌人多么弱小，当它加入一个联盟后，总是会显现出它的作用的。萨瓦亲王 1706 年调整的决策对当时一些事件所造成的影响，以及莫里茨于 1551 年在萨克森和 1813 年在巴伐利亚所发表的告民众书，都充分证明，对战区周边的所有国家，就算不能与它们结成同盟，也要尽量维持它们的中立，这是非常重要的。

对于跨海远征作战，还必须关注一点，装船和卸船如果说是战略行动，不如说是后勤和战术行动。至于纯粹登陆的问题，我们会在第四十节讲解。

战略概要

在基本组成作战计划的全部战略计谋层面，我刚刚提出了我的意见，所以我相信我已基本完成了我交付自己的任务。

不过，就像我们在本章开头的定义中说的，战争中大多数的军事行动，大都同时属于战略层面和战术层面，前者是从作战形式的角度考虑的，后者是从具体的战斗技巧角度考虑的。因此在讲到这些与战略和战术两者都相关的行动之前，一定要先谈谈大战术和交战的关系，谈谈可用作总结作战基本原则的规律。通过这种方法能够更容易理解这些半战略半战术行动的辩证关系。然而我在这里只准备总结一下之前讲过的有关战略的这章的内容。

依照本章内容的主旨，我相信可以做出一个总结，即在所有战区关于作战的主要原理的使用方法如下：

（1）依照第十八节所讲的关于与敌人基地垂直的路线的原则，学会运用交战双方作战基地的相对方向可提供的有利条件。

（2）在战略上，一个战场大都有三个地带，要在这三个地带中判断出一个主要作战地带，并且这个地带可以确保能给敌人造成致命打击，更能将自己面临的危险降至最小。

（3）合理设置作战线，并确定作战线的有利方向。在处于守势时，应学习卡尔大公1796年和拿破仑1814年所选择的方式，他们都采用了向心的作战线；或者效仿苏尔特元帅，像他1844年那样设置作战线，便于顺着与边界线平行的线路退却。

相反，在处于攻势时，我们要学习拿破仑在1800年、1805年和1806年取胜的作战方式，就是集中军力打击敌人的战略正面。或者也可学习他在1796年、1809年和1814年取胜的作战方法，即将其兵力直指敌人战略正面的中心。这些方法的选择，都要依照双方军队的相对位置和第二十一节所讲的规律来决定。

（4）合理设置临时战略机动线，并为其设定适宜的方向，便于保障我军将大部队高效集中作战，而且还可以阻止敌军集中兵力或相互掩护。

（5）根据统一和集中的精神，合理地配置各个战略阵地，并高效地协调全部为围攻敌方主要战略点的大部队的行动。

（6）最后，部队要时刻保持最大的活力和最大的机动性，以便可以对实施突击的目标点依次连续打击，进而实现主要目的：以优势兵力击败所有敌人。

高速的移动，可以提升我军的战斗力，而且也能抵消敌人的大量兵力。当仅凭这种高速机动就能获得胜利时，若以灵活的方向行军，那么行军的效用就会增大百倍。也可以说，要夺取辉煌的战果，务必要将这种行军指向战略决定点，以期给予敌人最致命的打击。

但是，并非所有情况下都能够选择出这样一个决定点，因为并非在所有情况下都能对全部其他点弃之不理，偶尔也可只为了达成整个战役目的的一部分而行动；所以，一定要善于迅速且有层次地使用全部兵力打击敌军各部。这样，敌军最终一定会被各个击破。如果把神速用兵和正确选择行军方向所得到的优势结合在一起，就能夺取胜利，摘取重大战果。

证明这些真理的最典型战役，就是常常被引证的 1809 年和 1814 年的战役，还包括 1793 年的长尔诺战役。关于这一真理，我曾在第二十四节讲过，其细节在我曾写的《法国大革命战争史》第四卷可见。当时，正从敦刻尔克逐次运至梅嫩、莫伯日和朗道的四十个营的兵力，补充了这些地方的军队，获得了四次胜利，并且拯救了法国。假如在这一计谋中，还能再增加在战争区正确运用战略决定点的成分，那么机动行军的一切规则，或许就完全包含在这次经典的战役之中了。然而，事实却相去甚远，由于当时奥军和联军的主力，正向科隆退却，法军只能把自己最猛烈的突击指向马斯河。公安委员会解除了最直接的威胁。我的总结绝对没有贬低这次机动的功绩。这次机动证明了一般的战略原理，而另一半就刚好在于这次行军选择的具有决定意义的方向上，正如拿破仑在乌尔姆、耶拿和雷根斯堡一样，一切战略性作战艺术都存在于这四次高明的运用之中。我这样翻来覆去地重复这些战例，原因曾经在前面讲过，希望大家不会怪我。

当在本土作战时，要给军队配置一个最便利的战区，以确保军队处于真正有利的位置，这是战略的宏观目标之一。对于这一看法，我相信无需再多作补充。在拥有决定意义的大方向上，要塞、营垒和桥头堡的设置，以及交通线的选择，也是这一科学中最值得探讨的一部分。此前早已指出其全部特征，人们能够轻易地确定这种固定的和临时的交通线及决定点。拿破仑经辛普朗和蒙塞尼斯修筑公路的方式，给我们上了生动的一课。奥地利人自 1815 年起，便高明地使用了拿破仑的这些经验，建造了由蒂罗尔通往伦巴第、圣哥达和斯普吕根的几条道路，而且设计并修筑了几个要塞。

第 四 章

大战术

关于交战的定义可以总结为对在重大的政治和战略问题上相互竞争的两军有决定意义的冲突。战略非常重要，因为它可以使军队有赢取胜利的机会，预先影响双方交战的战局，但是，若想最终取得胜利，离不开战术和勇气、天才和幸运。

所以说，大战术可以巧妙组织和指挥交战，堪称一种艺术。大战术和战略的组织指导原则如出一辙，也是将自己的主力用于能保障获得最大战果的决定点上，只对付敌人的一部分。

有些人将交战归结为战争的主要和具有决定性的行动，这种论断虽然有一定的道理，但并不尽然，因为有些军队的溃败，往往是受到一些战略行动的影响，只进行了一些小规模的战斗，而并没有进行交战。但同时也的确存在另外一种情况：不需要采取任何大规模的战略行动，也可使我军获得同样的结局，那就是整个具有决定性的胜利。

各种非战争艺术范围的原因，很多时候能够决定一次交战的结果。例如，若想获得或多或少具有决定意义的胜利，并决定这些胜利的结果，很大程度取决于采用的战斗队形和种类，执行措施时表现的才智，全体军官对最高统帅的衷心和与之合作无间的精神，斗争的原因，部队的冲力、比例和素质，以及炮兵和骑兵的优势和巧妙的运用等因素，但更有决定性因素的却是军队和民族的士气。由此看来，克劳塞维茨将军在这方面的论断就是一种诡辩。

总体来讲，交战划分为三种类型：一种是军队占领有利阵地等待敌人而进行的交战，称之为防御交战；一种是军队攻击处于已知阵地的敌军的交战，称之为进攻交战；还有一种是不预期的交战或双方在行军中遭遇的交战。接下来，我们就逐个分析与这些交战相关的各项内容。

第三十节 防御阵地和防御交战

一旦军队预计将进行战斗时，就一定要占领阵地，同时构成战斗线。关于"战斗线"和"战斗队形"这两个术语，存在一定的相似性，直到现在都往往被人们混淆，至于两者之间的区别，我在本书开头对作战的一般定义中就已经指明了。

我认为，战斗线就是在无预定目标的情况下，军队为占领某一营寨或地区，准备战斗而确立的阵地，这种阵地有可能是展开的，也有可能是由营强击纵队构成的。这部分内容我会在第四十三节中详细叙述。而战斗队形，和战斗线恰恰相反，它指的是军队在具有一定动机时所采取的配置，例如平行队形、斜形队形和垂直队形（在侧翼）。

如果打破常规，不完全遵循所谓的阵地战体系作战，军队就可以在等待敌军来攻之前，抢先处于一个有利的地点。这种地点的特征是有天险屏障，是为进行防御交战而预先选定的。如果军队的作战目的是要掩护类似首都、大仓库或可控制周围地形的战略决定点时，就可以预先占领这样的有利位置。还有一点，为了掩护攻城战役，也可以预先占领这样的有利位置。

阵地（位置）又有多种不同类型，一种叫作战略阵地，在第二十七节我已经谈到过；除此以外，还有一种我们称之为战术阵地，这种阵地类型又可以细分为三类：

（1）设防营地，是构筑有连续性工事的筑垒阵地，用来掩护，等待敌人进攻，我在第二十七节中谈到了它与战略行动之间的关系；

（2）地形险要的阵地，是为了争取几天的时间而扼守在这里；

（3）暴露营地，是指预先选定用来进行防御交战的营地。

根据预期的目的不同，阵地的选择标准也相应发生变化。很多人认为将阵地选在敌人难以接近的陡坡上就是最好的，这里我要强调的是，不要过于相信偏见。难以接近的陡坡固然有它的好处，可能很适合临时宿营，但是对于作战并一定最有利。那么什么样的阵地才是真正坚固的阵地呢？是不仅仅占有地理优势，难以接近，还要符合占领它的既定目的，最有利于主力兵种行动，除此以外，还要保证我军和敌军相比处于更有利的位置。

就像马塞纳在阿尔卑斯占领的坚固阵地，使用兵力的不同，就出现两种截然相反的结果，像这种坚固的阵地，如果他使用的兵力以骑兵和炮兵为主，那么他可能会犯下一个非常大的错误，而他恰恰使用的是精良的步兵，这样的形势下这个阵地的选择就非常适宜了。类似的例子还有很多，比如威灵顿选择滑铁卢阵地也是恰到好处，因为他全部的兵力所依靠的都是火力，而滑铁卢阵地正好可以满足低伸射击从而控制所有的接近路。因此，在阿尔卑斯的阵地，可以归结为战略阵地；在滑铁卢的阵地，可以归结为战术阵地。

战术阵地的选择，有一定的规律可循，概括起来应遵循如下八项准则。

（1）要保证我军在选择时机向敌军发动攻击时拥有便利的通路，而这通路同时也能阻碍敌军接近我军战斗线。

（2）发挥炮兵优势，保障其在防御中能发挥全部效力。

（3）在地形的选择上，要考虑到方便部队人员的调动，尽可能地把主力集中使用在有利的点上。

（4）要易于观察敌人的移动情况而不暴露我军位置。

（5）要保证有便利的退路。

（6）要保证我军阵地两端有良好的依托，使敌军只能向我中央或正面进攻，而无法从两侧夹击。

在实际作战中，这个条件是很难完全符合的，假使一支军队在选择阵地时以一条河川、一个山脉或者一片不能通过的森林为依托，那么任何一个哪怕是极小的失利都可能会导致全军覆没，原以为可以作为防御屏障的障碍，往往可能就是被突破的防线。正是由于存在着这样不可争辩的危险，我们才总结出，易于防守的工事，相对不可逾越的障碍来说，在交战中更有价值。因为一旦交战，能有几个工事保证小部队支持数小时，就绰绰有余了。

（7）由于第六条准则很难达到，导致在侧翼缺乏适当的依托，根据这种情况可以在后方设立一个钩形阵地。但这种体系是危险的，因为战斗线是与钩形阵地相连的，这样就会有碍于部队的移动，一旦敌军将炮设在两条线延伸的交角上，我军就极有可能遭受巨大的威胁。如果想避免钩形阵地的这种危险，可以考虑在预防敌人攻击的翼侧的后方，成纵深序列配置双倍的预备队。这可能比采用钩形阵地更易于达到作战目的。当然，采用哪种办法，还是要根据地形条件来决定。

（8）马尔普拉凯之战和滑铁卢之战证明了一点，在防御阵地中，除了两翼要尽量有依托以外，正面的部分延伸也应有种种障碍，以迫使敌人向我中心进攻。可以说这样的阵地才是对防御最有利的。若想达到这样的有利局面，障碍的设置未必一定需要大型障碍物，即便是一个地势起伏不大的地形，有时也足够了。像帕佩洛特这样的小河就是典型的例子，它的存在使内伊不得不改变向左翼进攻的命令，转而去攻击威灵顿的中心位置。

要引起注意的是，在这样的阵地进行防御时，应保证有这样掩护的两翼部队能够随时调动，及时参加战斗，防止他们成为失去战斗力的旁观者。

但是归根结底，以上这些方法都只能使部队安于一时，与其做好防御等待敌人进攻，不如利用有成功希望的时机夺回主动权。

在阵地选择应遵循的准则中，我们提出要保证有便利的退路。这样才能便于退却。依据这一点我们来探讨滑铁卢之战提出的一个问题：如果有一支军队背靠森林，后方中部和两侧有良好的道路，一旦交战失败，真的会像拿破仑所断言的那样会遭受损害吗？我的观点截然相反，我觉得类似背靠森林这样的阵地比起暴露的开阔地形更加利于退却，因为军队一旦退却，如果要经过平坦开阔的平原，就必然要冒很大的危险。当然，如果退却成为一种混乱的溃逃，步兵、骑兵和其余炮兵像沿着平原那样行动仍然可以成功退却，只是森林前面阵地上的火炮可能就会完全丧失了。而如果退却能够有序地进行，那森林就是掩护退却最好的障碍物了。当然，这要满足几个条件，比方说在后方要保证至少有两条良好的道路；部队既要有退却的保障措施，又不能被过于逼近森林；退却时，军队尽量不要过于密集；最后一点，万万不能在我军撤出森林之前让敌人在我军翼侧做任何能超过我军的行动。在霍恩林登就发生过这样的情况。如果森林能在中心位置的后面构成凹形线，就像滑铁卢那样，便极有可能形成一个真正的基地，便于集结军队，同时赢取时间，保障部队逐次撤出森林通向大路，有了这条凹形线，退却就会更加安全可靠。

部队实施防御和进攻中的各种可能性，我们在谈到战略行动时已经指出了，我们认为，交战双方谁能够处于极大的优势地位，就看谁握有主动权。因为一旦握有主动权，就可以将主力用于它认为最有利的地点，从而突击敌方阵地。相反地，如果谁只是选择等待敌方进攻，那么谁就会陷入被动局面，往往被敌人牵制，不能随意行动，可能就会遭到敌军的突然攻击。但同时，我们也不能否认，如果从战术上看，即便掌握了主动权也未必就那么有利。因为此时作战的地域往往很局限，一旦采取主动进攻，进攻者就很难隐蔽自己的行动，而作为防御方却能够及时察觉进攻军队的行动，从而利用精锐的预备部队及时进行调整补充。除此以外，为什么说对进攻者不利，还因为作为进攻方，如果想到达防御方阵地，就必须克服一些地形障碍。即便地形很平坦，也总会有高低之分，也会存在小沟、小树林、栅栏、庄园、村庄等障碍，其中有些需要进行攻占，有些需要迂回，除了这些天然障碍，还有必须攻占的敌方炮兵连阵地，再加上部队如果受到敌方枪炮的射击时间较长，很容易出现混乱状态，如此种种，使得我们必须承认，在战术上进攻和防守的利弊相差无几。

以上论述的真理虽然意义不大，但是从许多重大的历史事件中我们能够总结出另一条更加重要的真理。那就是不管什么样的军队，只要它在阵地不动，一直处于防御状态，那么它早晚会被敌人击溃。相反地，如果它能够充分利用自身的防御利弊，将进攻方的优势转变为自身的优势，如此一来，它就很有希望取得最大的胜利。一位将军固守阵地，一味地等待敌人进攻，不采取任何主动，虽然在阵地上英勇抵抗，但是只要敌人对其发动进攻，他终究会被敌人击败。另一位将军就和他恰恰相反，他在防御敌人进攻的同时，坚决对敌人采取大胆机动，从而取得精神优势；只有通过进攻去推动，坚信主力将在最重要的点上行动，才能获取这种精神优势，而这在完全采取防御战术的交战中是绝对不可能的。

实际上，作为防御的一方，如果经过选择，占领着能保障军队自由运动的良好阵地，那它就很容易观察到敌人的行动。而且由于防御部队根据阵地地形预先做好了部署，同时配置了能发挥最大效力的炮兵连，有了这样的有利条件，敌人在通过两军的中间地带时，往往会遭受巨大威胁，代价惨重。作为进攻部队，眼看着即将胜利却在这时遭到攻击，损失巨大，那么就很难再保持原来的优势，而之前被认为已经被击溃的军队趁势转为进攻，那么它的精神状态足以让最勇敢的军队溃败。

不难发现，在交战中，一个将领不管采取的是进攻还是防御，都有可能获取成功，但若想取得成功，就必须做到如下几点：

（1）不单凭防御，还要善于及时转守为攻；

（2）目光要犀利，头脑要冷静；

（3）指挥他信得过的军队；

（4）如果在交战伊始采取攻势，在交战过程又重新取得攻势时，一定要记得应用有关其战斗队形的基本原理；

（5）及时对决定点实施突击。

这些真理在拿破仑在里沃利和奥斯特利茨、威灵顿在塔拉韦拉、萨拉曼卡和滑铁卢的战役中都有充分的验证。

第三十一节 进攻交战和各种战斗队形

在交战中，一支军队对另一支防守阵地的军队的进攻，我们称之为进攻交战。防守方和进攻方是会随时发生变化的，比如一支军队被迫进行战略防御，它也常常会采取攻击，而一支即将被击溃的军队，也有可能把握时机再次掌握主动权，重新具备原有的优势。类似这样的战例在历史中不计其数。在上一节当中，我们已经谈到过等待敌人进攻的利弊，在这里，我们就主要研究一下与进攻部队有关的问题。

我们必须承认，多数情况下，进攻方总是要比防御方更占有优势，因为作为进攻方，通常信心很强，士气也较高，特别是目标和行动都很明确。

在下定决心向敌人进攻时，就必须确定适应这个决心的攻击序列。我认为这种序列应该称之为"战斗队形"（交战序列）。但是，通常也会存在这样一种情况，就是在交战伊始，对敌军的阵地还不能准确地了解，也就没有明确的计划，不过不管怎样，在交战中，都必须预先明确，只要战争原理得到适当的应用，就总有那么一个决定点，比其他点更能赢得胜利。所以，必须尽量把力量集中用在这样的决定点上。

在之前的章节中我们已经提到过，战场上决定点的决定因素有三个：

一是地势；二是地形条件与军队战略目的的结合；三是双方兵力的部署。

我们举个例子简要说明，假使当敌人以将要交战的高地作为一个侧翼的战线及其延伸的依托时，从战术上看，似乎抢先占领这些高地会非常有利。但是实际交战中可能会出现这样的情况，这些高地可能很难进入，而且从战略上看，其位置正好处于最不重要的地位。在包岑战役中，波西米亚的陡峭山峰成为联军左翼的依托，当时的波西米亚偏向于保持中立，所以，从战术上看，战场上的决定点似乎就在于山地的斜坡，但是从战略上看，却截然相反，因为这样的地形正好有利于防御，而联军的退路只有一条，通向赖兴巴赫和格尔利茨。法军如果从平原攻击联军右翼，就可能占领这条退路，使联军不得不向山地退却，从而丧失全部物资和大部分人员。从地形条件上看，由于平原地势平缓，行动比较容易，所以能获得更大的战果，要克服的障碍也相对较少。

根据上面所讲的实例，我们可以归结出以下几条原理：

（1）战场上的地形要点未必就是战术要点；

（2）战场上的决定点不论从战略还是地形上来看都是有利的；

（3）如果战场上战略点周围的地形并不是非常险阻难以进入，那么这个战略点往往就是一个最重要的点；

（4）决定点的选择有时也会出现这种情况，就是依据双方兵力的部署来选择。

如果敌军的战斗线延伸得很远，兵力又比较分散，这个时候它的中心就称为最主要的攻击点；相反，如果敌军战斗线比较集中，不论它后面的预备队如何，这个中心点都能够及时得到两翼的支援，这个时候，它的中心点就可能成为最强点，其决定点就应该避开敌军的优势转而选在敌人阵地的一个侧翼。如果兵力同敌军相比占有绝对优势，就可以向敌军两翼同时进攻；如果兵力和敌军势均力敌或占劣势，当然就不能采取相同的进攻方式了。由此可见，如何把主力用于上述的三个点中最有利的一个点上是交战的最关键之处。根据以上的分析，只要对情况加以研究，就可以快速地选定这种要点。

进攻作战的目的通常只能是打乱敌军，或把敌军从原来的阵地逐出，而无法使敌军完全崩溃。如果要把敌人从原来的阵地逐出，归结起来有以下三种方法：

（1）在敌军正面选择某一点，突破敌人的战线；

（2）避开敌人主力，选择对敌军侧翼或后方实施进攻；

（3）一面攻击敌军的正面，一面以一翼活跃的部队在敌军的侧翼进行迂回和包围敌军的配置阵地。

为了实现这些不同的目的，在每次作战中都一定要选择最适当的战斗队形。

战斗队形种类较多，归纳起来至少有以下十二种：

（1）简单平行的战斗队形；

（2）在平行的战斗队形基础上添加一个攻势或守势的钩形部分；

（3）在军队的侧翼或两翼得到加强的战斗队形；

（4）在军队中心得到加强的战斗队形；

（5）在攻击翼上得到加强或者简单的斜形战斗队形；

（6）在一翼或两翼呈垂直方向的战斗队形；

（7）在另一翼垂直方向的战斗队形；

（8）凹进战斗队形；

（9）凸出战斗队形；

（10）一翼或两翼成梯次配置的战斗队形；

（11）中央成梯次配置的战斗队形；

（12）同时向中央及一翼实施强大联合攻击的战斗队形（见附图Ⅲ的第1-12图）。

以上叙述的每一种战斗队形都可以单独使用，也可以与一支担任迂回敌人战线任务的强大纵队实施的机动结合使用。要想明确每一种战斗队形的优点，就必须先要明确每一种战斗队形与我们提出的一般战争原理的关系是怎样的。以平行战斗队形（如第1图）为例，它显然是最差的一种战斗队形，因为它根本没有什么战术可言，不需要什么技巧，双方势均力敌，胜败的机会完全相等。但是在一种重要的情况下，平行战斗队形就很实用了，那就是当一支军队主动采取大规模战略行动之后，准备进攻敌军交通线，从而一方面掩护自己的退路，一方面切断敌军退路。两军一旦发生决战，这个时候已经到达敌军后方的我军就可以采取平行作战，因为此时，我军早在交战前就完成了具有决定性的机动，现在的目的只是阻止敌军突围逃跑。除了这种情况以外，可以说平行战斗队形是最不利的。当然，这并不是说一旦采取这种战斗队形就无法取得作战的胜利，因为作为取得最终胜利的一方，通常都是占有优势的一方，这一方的部队精良，能够最及时地投入战斗，同时具备很好的运气。

在一翼再加上一钩形的平行战斗队形（见第2图），在防御战斗中比较常见，在进攻作战时也可适当采用。两者的不同之处是，采取进攻作战时这个钩在战斗线的前面，采取防御时这个钩在战斗线的后面。这一点在布拉格之战这个例子中有充分的体现，它充分说明，交战中采取钩形的战斗队形的一方一旦遭受到猛烈的攻击，处境会非常危险。

在向敌军的中央进行突破时，可以选择在一翼得到加强的平行战斗队形（见第3图），或在中心得到加强的第四种战斗队形（见第4图）。虽然会存在一定弊端，就是在双方兵力大致相同的情况下，由于抽调兵力去增强其他各点而受到削弱，如果依旧采用平行战斗队形和敌人作战，就极有可能会失利。但是比上述两种战斗队形还是要有利，同时也更加符合我们所提出的一般战争原理。

斜形战斗队形，也就是第五种战斗队形（见第5图），这种战斗队形有利于集中主力对敌军战线上的某一点实施攻击，所以劣势军队采取这种战斗队形攻击优势军队再适合不过了。除此以外，斜形战斗队形还具备两个很重要的优点。就是被削弱的一翼，一是可以免受敌人的突击，二是可以执行两种使命：制约不准备攻击的部分军队；有需要时，作为预备队支援作战部队。众所周知的伊巴密浓达在莱夫克特拉和曼蒂尼亚之战就曾采用这种斜形战斗队形，但还是腓特烈大帝的莱顿之战（见《论大规模军事行动》第七章）最能说明这种体系的优点。

在一翼或两侧垂直的战斗队形（如第6图、第7图所示），在交战中它的作用是指示战术突击方向。实际交战中，像画面那样彼此位置相互垂直的情况是决不会出现的。因为即使B军采取了与A军一翼或两翼垂直的方向进行，A军也会立刻采取行动，变更其部分战线的正面；对B军来说道理也是一样的，当B军到达A军的一翼，或者B军迂回到A军一翼时，它也会采取行动将它的纵队转向左侧或右侧，从而接近A军战线，便于C

部从背后攻击 A 军。如此一来，就会形成两条真正的斜线，如第 6 图所示。由此，我们得出一个结论，进攻军队的一个师处于与敌军一翼相垂直的位置，其余的部队转而去接近敌军正面，这样的安排目的是扰乱敌军正面，最后就又转变为第 5 图和第 12 图所示的斜行战斗队形。

总而言之，不管采取的战斗队形如何，同时对敌军两翼进行攻击，都可能是很有利的。但有一点一定要注意，就是在采取这种攻击模式时，进攻者在数量上必须占有绝对优势。道理很简单，根据战争的最基本原理要求，在交战中，进攻者要把绝大多数的兵力集中用于决定点上，如果进攻者数量有限，敌军却非常集中，这个时候再同时向敌军两翼发动攻击，就会处于劣势。在本书中，我们将对这个真理加以说明。

第八种战斗队形，也就是在中央部分凹入的战斗队形，汉尼拔在戛纳的战斗中完美地应用了这一战斗队形。它是否应用得当，要看它是否随着战事的发展而采用，意思就是，一旦敌军攻击我军中心，我军在退却的同时，利用两翼包围敌军，这个时候采用这种战斗队形，才是恰到好处的。但是，如果在交战前我军就采用这种战斗队形，那么一旦敌人不攻击中心，转而攻击我军两翼，那么我军的两翼就无法得到及时的支援而陷入困境，遭到威胁。所以我军采用中央部分凹入的战斗队形的前提是，敌军采用的是凸出的战斗队形。在下面，我们就会讲一下关于凸出战斗队形的内容。

其实在实际交战中，一支军队宁可选择一条折线使部队中心部分凹进去也很少会形成一个半圆形 [如第 9 图（2）]。有些军事著作家使人确信，就是因为采取了这样凹进的战斗队形，英国才在著名的克雷西和阿赞库尔之战中获得胜利。不可否认，比之半圆形，这种凹进去的战斗队形要有很多优势，比如凹进去的战斗队形，可以较好地掩护两翼，以梯次前进，同时便于集中火力。但是，也存在一种可能，就是如果敌军不拼全力攻入我军凹进去的中心部分，而选择在远处进行监视，找准时机，集中力量攻击我军一翼，那么所说的这种战斗队形的优点就都不复存在了。采用这种战斗队形获胜的著名战例还有 1809 年的埃斯灵之战，但是，如果因此就下定论说拿破仑当时不应该攻击其中心是不对的，因为当时拿破仑的军队背对着多瑙河，没有桥梁让其运动，而敌军却可以自由机动地运动。

第九种战斗队形，也就是在凹入战斗队形当中提到过的中央凸出的战斗队形。在部队刚刚渡河之后，无法再利用两翼依河掩护桥梁，或者像在莱比锡那样，背对着河流进行防御作战，既便于再次渡河，又可以掩护行进。这两种情况下运用此种战斗队形都很适宜。此外，在对付敌军中央凹入的战斗队形时，也可采用这种中央凸出的战斗队形。这种战斗队形的致命缺陷是，如果敌军突击我军凸出部位或凸出战斗队形的一端，那么这种战斗队形就可能使得我军全军覆没。

1794 年法军在弗勒吕斯采取了这种战斗队形并取得胜利，就是因为科布尔哥亲王同时沿五至六条离心线突击，而且同时向其两翼突击，并没有选择几种主力突击法军的中心或一翼。在著名的埃斯灵之战和莱比锡会战的第二、第三天，法军都是采用类似凸出队形的战斗队形作战，也同样取得了预估的效果。

向敌军两翼梯次进攻的战斗队形（第十种战斗队形）和垂直的战斗队形（第七种战斗队形）相类似，区别主要就在于如果在预备队的方向上使两个梯队靠近配置，这个时候选择向敌军两翼梯次进攻的战斗队形要比垂直队形更有利，原因是它迫使敌军不论在空间方面还是时间方面，都会扑向我军中心间隙，从而避免敌军发动反攻，造成对我军的威胁。

向着敌军中心的梯次战斗队形（第十一种战斗队形），如果采取这种战斗队形并取得胜利，那就只能应用于对战线破碎和战线过长的敌军进攻，因为此时敌军由于战线破碎和战线过长，中心部分与两翼分离，处境孤立，难免会被各个击破。而如果敌军的战线并未被切断，相对连续完整，那么采取这种战斗队形成功的概率就很小了，因为此时敌军一方面有预备队靠近战线中央，一方面可利用两翼集中火力进行攻击或支援中央部队，这样的情况下，我军的先头梯队就会处于劣势，容易被击败。

这样的部署和古代著名的三角阵或"猪头"阵，还有温克尔利德纵队（《论大规模作战行动》第六章）似乎很相近，但是从本质上分析，差异还是很大的。如今有了炮兵的存在，大部分的兵力不能密集在一起，相反，要在部队的中心留出一个较大的空间，方便部队机动。这样的部署对攻入敌军战线过长的中心来说非常有利，对很难变动的敌军战线攻击也有效果。但是这种部署也是有一定弊端的，比如防御的敌军两翼如果能找准时机向进攻军队的先头梯队的侧翼发动攻击，那么进攻军队就会受到威胁。此时，可以考虑采用之前提到的平行战斗队形，在中心部分加强兵力（第4图和第12图），这样至少可以欺骗敌人，隐藏好我军真正的突击点，同时防止敌军两翼部队在侧面攻击我中央梯队。

在劳东向本采尔维茨筑垒营地发动进攻时，采用的就是这种梯队战斗队形（《论大规模军事行动》第二十八章）。在当时的情况下，守军被迫留在营垒，不需要顾虑进攻梯队侧翼有被攻击的危险，这个时候采用这种战斗队形确实有利。但是值得注意的是，必须要对敌人的侧翼同时发起有力的佯攻，这样才能混淆敌人视听，否则这个队形容易使敌人发觉我军的真正攻击点。

同时向中央及一翼实施强大联合攻击的战斗队形（第十二种战斗队形），对其邻近的敌军战线发动进攻时，效果非常明显。相比上述的战斗队形都要有利，甚至可以说是最合理的一种战斗队形。在向敌军中心主攻的同时，由迂回敌军一翼的部队发起助攻，以防止敌军向我进攻部队的侧翼发动反击。汉尼拔和萨克森元帅就经常运用这种战法。由于我军从中央和一翼同时夹击，逼迫敌军几乎同我军全部兵力作战，其被击溃甚至歼灭的可能性就很大。在瓦格拉姆和利尼战争中，拿破仑就是采用这种战斗队形而获得胜利的。而他在博罗季诺战役中沿用这种战法却没有取得绝对的胜利，那是因为一方面有左翼俄军部队的英勇防卫，一方面有帕斯克维奇将军率领的一个师在中心部位多面堡进行英勇抵抗，再加上武特的那个军能够及时按原计划迂回到那个侧翼。在包岑战役中，拿破仑也选择使用了这种战斗队形，如果他的左翼部队（任务是做好一切准备，切断通往武尔申的道路）的机动没有受挫，那他很可能大获全胜。

以上论述了很多种战斗类型，在这里必须强调一下，在实际应用时切莫按几何图形所示的那样刻板地部署战斗线。如果一位将军在作战中像在纸上或练兵场上那样有规律地部署其战斗线，那么他必定会失败，特别是在采用现代作战方法的时候更应该灵活运用。在路易十四和腓特烈时代，部队在营地总是集中宿帐篷，敌对双方可以连续对峙多日，可以有充分的时间来组织行军，双方纵队都可以在相等的时间内到达，这个时候倒还可以参照着几何图形来部署战斗线。但是在如今的时代，各国的军队都是露营，机动性很大，在目力所能到达的范围以外，彼此按照传递的命令发起攻击，没有时间侦查对方阵地，再加上在战斗线上有各兵种混合作战，如果还是完全按照利用圆规和尺子画出来的战斗队形来部署，必然会出差错。所以，这些图形只能是大致表示部队的部署或部署体系。

如果指挥一支军队，像指挥一块固体物质一样，可以随着一个人的意志整体般地完全按思想的变化而迅速运动，那如何选择出最好的战斗队形就是作战取胜的关键了，但是这些也只能是一种设想，实际情况却和这个相差甚远：因为参加攻击的或许是许多独立部队，最难的是如何让这些独立部队协同参加攻击，从而争取预期的胜利，更准确地说，就是怎样实施主要机动，才能按照原定计划获取成功。

促使军队协同作战，有很多障碍，比如命令传达得不准确，统帅属下的军官们对命令的理解和执行情况欠佳，有些人有勇无谋，有些人精神不振或缺乏洞察力，这些都会妨碍军队的协同作战，更不用提有时遇到军队不能如期到达的意外情况了。

所以我们总结出两条真理：一是具有决定性的机动越简单，成功的把握越大；二是在实际交战中，采取计划外的突然的机动，有时候要比事先预定的计划更容易获取胜利。当然，如果能按照事先预定的计划，各纵队指向决定胜负的关键，那么这些事先预定的计划还是能保障获得胜利的。第二个真理在滑铁卢和包岑之战中得到了充分印证，法军不可避免地失败，就是在比洛和布吕歇尔到达弗里舍尔蒙高地之后。如果法军选择继续抵抗，那付出的代价将更惨痛。包岑之战中，内伊攻至克里克斯后，联军唯一能够保全自己的方法就是在 5 月 20 日的夜间撤退，如果再晚一天，等到 21 日撤退，一切就来不及了；内伊当时如果能更好地听取别人的建议采取行动，他获得的胜利将更加巨大。

突入敌线的机动问题，如果是想绕过敌军侧翼，进行大规模的迂回运动，那么成功性就比较小。因为这种情况下，计算准确的同时，一定要严格执行，但是这些又往往很难做到。在本章第三十二节中，我们会继续讨论这个问题。

战斗队形的部署能够准确按照预定计划来是很难估计的，除此以外，还有一种情况，就是在交战开始前，进攻者提前预期与敌人交战，但是在交战开始的时候才发现，没有一个明确的攻击目标。为什么会出现这种不确定的情况呢？一是可能受到交战前一些时间的影响；二是可能不清楚敌军的位置和作战计划；三是可能需要等待后方一支部队的到达。

有些人根据这种难以预估的情况得出这样的结论：想要把所有战斗队形的编程归纳成几种不同的体系是不可能的，而且影响战斗的结局和采用哪种战斗队形是没有关系的。在我看来，这就是一种谬论，包括在之前举过的战例中，也是不对的。实际上，在交战初始，敌对双方如果都没有明确的目标，那么两军都可能在行动之初采取类似于平行的战斗队形，并集中兵力加强战线上的某些点。比如作为防御的一方，它无法确定敌军将在何时何处发起进攻，为了以备不时之需，它会将大部分兵力控制住作为预备队；而作为进攻的一方，在开始时也不会贸然出动大部分兵力，只有在确定了作战的攻击点之后，进攻方主力才会立刻指向敌军的中心或一翼，或同时指向敌军战线的中心和一翼。总之，不管怎样，即便两军发生了不预期的遭遇战，战斗部署的改变，也总是会和附图上的十二种图形中的其中一种相类似。综上所述，希望足以证明将各种体系或战斗队形分门别类并不是一种空想，对战斗结局的影响也不是无益的。

在拿破仑的一些战例中，虽然还不能像其他战例那样容易用圆规画的线来表示，但是也足以证明这个论断。例如在里沃利、奥斯特利茨和雷根斯堡战役中，拿破仑都是选择在中心位置集中主力，找准有利时机攻击敌军中心战线；在埃及金字塔附近的战役中，他在部署军队战斗队形上按照斜线方向分布成梯次方阵；在埃斯灵、莱比锡和布里安战役中，他选用的战斗队形和第7图所示的凸形战斗队形就非常相似；在瓦格拉姆战役中，他把军队分为两部分，一部分部署在右翼，一部分部署在中心，这和第12图所示的战斗队形是完全相同的；后来在博罗季诺和滑铁卢战役中，他依旧想部署这种战斗队形来对付即将到来的普军；在艾劳战役中，俄军出其不意地恢复进攻，使得冲突成为不预期的作战，拿破仑一方面在垂直方向包抄敌军左翼部队，另一方面又拼全力想要突入敌军战线的中心，但是这两方面的行动没有同时进行，攻击敌军中心的一部在上午十一时就已经被击退，而达武在当日下午一时才开始攻击敌军左翼。

拿破仑第一次利用两翼发起攻击是在德累斯顿战役中，这是因为他向左翼的攻击有旺达姆对联军退路的攻击加以配合，同时他的中央部队有一个要塞和营垒做掩护。

在马伦戈战役中，拿破仑曾自述，由于他采用了斜形战斗队形，右翼部队有卡斯泰尔切里奥洛做依托，才得以幸免于必败的局势。乌尔姆和耶拿战役中，交战开始之前就早已在战略上赢得了胜利，战术所起到的作用微乎其微，至于在乌尔姆甚至没有发生交战。

从上述的一系列例子中，我们可以得出一个结论，那就是像在图上一样，在地面上画出各种战斗队形的图形，是不现实的。即便如此，作为优秀的将领，也可以借助这些图形，采取接近上述队形的一种来部署自己的部队。作为将领，不论这种部署是预先计划好的，还是突然的决定，都一定要想方设法判断出战场上的重要点。为达到这一目的，首先要分析和判断出敌军战线的位置和对其具有决定意义的战略方向的关系。判断出这个可以保障胜利的决定点之后，就应当将目光集中在这个决定点上，将一小部分兵力用于监视和牵制敌军，而将大部分兵力集中用于这个点上。如果能照此做，他就能具备一切在大战术这门科学中要求的将领条件，他也就能完美地利用战争艺术的原理了。而如何才能轻松地判断这种决定点，在上一章的第十九节中就已经指出了。

蒙托洛将军出版的《拿破仑回忆录》中对上述十二种战斗队形的一些说法，在这里我要做一些回答。

斜形战斗队形对于伟大的统帅来说，可能就是一个现代概念，是一种无法实行的构想。但是我却不能认同，因为这种斜形战斗队形甚至可以追溯到底比斯人和斯巴达人的时代，并且我见到有人使用过它。这种说法不被大众所认同，是因为拿破仑虽然曾炫耀自己在马仑戈运用这种战斗队形取得了战绩，但是他却又不承认这种战斗队形的存在。

如果赞同格布吕歇尔在柏林军事学院针对斜形战斗队形做的绝对性解释，那么拿破仑就有权认为那是言过其实的。但是我要再次说明一下，在实际交战中，战线不可能是一个完美规则的几何图形，只是为了形成容易理解的概念，人们才会在战术中使用这种图形。如果战斗线同敌军的战斗线既不平行，也不垂直，那就可以肯定它就是斜形战斗线了。所以，如果我军选择只攻击敌方一翼，那么就要加强进攻这一翼的兵力，同时要后撤受到减弱的一翼，这样我军就会出现一翼军队离敌军战线很近，另一翼军队离敌军战线很远，在无形当中我军的战线就成为了一种斜形战斗队形。

只要战斗队形的一翼呈梯次配置，就都可以称为斜形战斗队形（见附图Ⅲ第 10 图）它并非是一种幻想，我见到过很多这种梯次部署的交战。

在埃斯灵和弗勒吕斯，奥军部署的战斗线呈凸出队形，法军部署的战斗线是凹入队形，但是这两军的战斗队形却可以构成两条直线平行线。所以，如果一方不加强战线上的任何部位，也不再接近对方，那么这两军的战斗队形就可以归类为平行战斗队形。

到这里，关于几何图形的研究就告一段落，现在将交战真正的科学理论做出如下总结。

（1）作为进攻的一方，唯一的目的就是利用一切合理方法占领敌人阵地。

（2）若想把敌人从原有阵地赶走，就要在一翼上打垮敌人，或在中央和一翼上同时打垮敌人，这符合战争艺术的要求。

（3）在发起攻击之前，如果能够隐蔽这些机动行为，不被敌人发现，那么就更有机会获得成功。

（4）如果同敌军相比，我军在兵力上不占优势，这个时候应该在不危及其他点的同时大力加强对某一点的攻击，否则，选择同时攻击敌军的中心和两翼，就完全违背了战争艺术。

（5）部署斜形战斗队形，目的是至少用一半的兵力去攻击和压制敌军一翼，同时又要避免其余的兵力遭受敌军突击，这样就一定会形成梯次配置或斜线配置（见附图Ⅲ中的第 5 图和第 12 图）。

（6）战斗队形不论是凸出、凹入，还是垂直，都可以采取平行进攻和加强兵力对底线一部进攻这两种部署。

（7）防御方要做的是竭尽全力组织抵抗敌军的进攻，所以它部署战斗队形的目的是防止敌军接近我军阵地，同时隐蔽好精锐力量，以便找准时机攻击敌军薄弱点。

（8）什么才是迫使敌军放弃其阵地的最好办法，这一点很难界定。只要这种战斗队形能发挥火力的优势，也能有利于进攻和提高士气，那么它就是最完美的战斗队形。根据实际情况和时机逐次投入战斗的纵队如果能和展开的战线巧妙地结合在一起，不失为一种好办法。不过在实际运用中，难免会受到首长的军事眼力、官兵的士气、人员机动和射击训练程度，还有当地情况、地形特点等方面的影响，从而使之发生变化。

（9）作为进攻的一方，主要目的就是追击敌军，竭尽全力切断其兵力。若想达到这一目的，通常最有效的手段是使用真正的主力。不过仅凭使用真正主力未必能保证成功，而对离退却路线最近的敌军一翼实施迂回包围，使敌人因害怕被切断退路而退却，倒是可以成为一条获取成功的捷径。

使用这种战法获得胜利的例子在历史上比比皆是，特别是在敌军统帅意志不坚之时，效果更加明显。采用这种动机，敌军不会因此而有太大的损失，对于获取胜利也通常不太具有决定性，但是这种机动即便有一半胜利，也证明这种动机的重要性。作为一名优秀的将帅，必须善于及时运用，并且尽量把这种机动同有生力量的攻击结合起来。

（10）如果能利用主力正面攻击敌方，同时从敌军侧翼采取迂回机动进行支援，这样比单独使用任何一种方法获得胜利的机会都要大。但是，如果面对的敌人很强大，不管使用的是什么方法，都不能过分分散兵力。

（11）以部队主力攻入敌军战线，夺取敌军阵地的各种方法，归结起来大概为三个步骤：首先，集中炮兵火力动摇敌军；然后出动骑兵，扰乱敌军部队；最后，发动步兵主力，前面有狙击兵做开导，侧面有骑兵做掩护，猛烈攻击已经动摇的敌军战线。

经过这样的周密部署，取得攻击敌方第一线的胜利之后，还需要进攻敌军的第二线，甚至包括敌军的预备队。这个时候，虽然敌军的第一线遭到失败的打击，但是敌军的第二线未必会撤退，守军将领也不会就此丧失斗志，所以此时再发起攻击就会更加艰巨。

而进攻军队虽然取得了初步胜利，但军队本身也会发生一些混乱现象。这个时候，第二线部队很难跟上主力部队的前进速度，要想用这第二线的部队替换初步进攻的部队，就非常困难了，再加上在交战最激烈的时刻，敌人遭受失败准备集结重兵开始反击，也很难用另一个师来替换正在攻击的这个师。

综上所述，我们可以得出这样一个结论，就是如果守军将领和部队能同时保持昂扬的士气，履行好自身的职责，而且他们的侧翼和退路还没有遭受到威胁，那么他们实施反攻就总是有优势的。但是，必须找准时机并合理利用时机，利用自己的第二线部队和骑兵转而攻击获胜军队各营，一旦失去了这个短暂的有利时机，第二线部队就会和第一线部队一样惨遭失利。

（12）从上述的内容来看，可以对进攻者总结出一条真理，若想逼迫敌军放弃原有阵地，最困难但也最可靠的方法就是，善于利用第二线兵力及时支援第一战线，同时有预备队可以支援第二线部队，并且要合理利用骑兵和炮兵部队，用以配合在决定点上攻击敌军第二线。在所有战术中，这也是最大的一个难题。

当然，在激烈的交战中，单凭理论往往是不够的，真正发挥作用的是具有一定军事才能和洞察力的统领将军能够沉着勇敢地应对敌方行动。

在战斗中具有决定性的时刻，联合使用所有兵种的力量作战，是每个将军急需解决的任务，也是他确定行动的准则。而在这决定性的时刻，通常都是一方军队已经失利遭到突破，力图重新集结兵力反败为胜，而取得初步胜利的一方更是想要乘胜追击取得完胜。所以，选择同时进攻敌军的一翼对这种具有决定性的突击就更有把握，更能产生效果。

（13）在防御作战中，火枪的射击发挥的作用很大，因为防御者的目的不是攻占敌方阵地，而只是打乱或击溃敌方的攻势，它的第一线也就必然由炮兵和火枪手组成，而进攻的一方，目的是在行进中夺取敌方阵地，对射手来说行进和射击要在同一时间完成，这对进攻方来说，是必须舍弃的一种做法。所以当敌军直逼第一线时，应该以第二线的纵队和部分骑兵对攻入的敌军发起反击，就一定能成功击退敌军。

在这里，对于超出本书研究范围的抽象的理论问题，我不再详尽分析。对于交战问题，也不再做更多的补充了。在第七章中，我将会对三个兵种的编成和使用问题加以讲解。

对于各种战斗队形的使用和编组的相关问题，泰尔涅伯爵在其著作中阐述得非常完整透彻，这一部分内容是其著作中最引人注目的。在书中他指出一切战斗队形都能在敌人面前加以运用，这虽然并不可信，但是也要承认，这是迄今为止法国出版的战术著作中最好的一本。

第三十二节 迂回机动和过大规模的运动

关于在交战中为迂回敌人而实施的机动，以及这种机动的优点，在本章上一节中已经谈过了。在这里要说明的是，虽然这种机动有一定的优越性，但是在采用这种机动时，运动的规模会很大，可能会导致一些预先准备好的计划失败。

从原则上说，若是军队的移动伸展过远，就会使敌人有时间分别击破我军的各部，那么这种移动会由于缺少援助，而变得非常危险。至于这种危险的大小，则取决于敌人是否有敏锐的洞察力，以及敌军采用的战法种类。所以就会出现这样一种情况，同样采取迂回运动，某些人可以获得成功，但是有些人就会失败，就像对于腓特烈、拿破仑和威灵顿来说，采取这种迂回机动虽然伸展过远，但是也能获得成功，而对于一些无能的统领来说，可能无法重新夺回主动权，也可能已经习惯于不协调的运动，结果自然必败无疑。

要想确定一条绝对的行动准则，就只有一个办法，就是必须把主力部队控制在手中，在适当时机使用。但是，也一定要避免主力的过分密集，这样才能应付突发的事变。如果对方的主将主张过分伸展的迂回运动，那么我军就可以采取大胆的行动进行攻击了。

这些真理可以清楚地通过历史上的战例来证明，这同样也说明，与之较量的军队和主将不同，此种机动运动产生的结果也不同。

在七年战争中，腓特烈在布拉格获得胜利，正是因为奥军在其右翼和余部之间留有一块五六百都阿斯（975 米 ～ 1170 米）的空地。当部队右翼被击溃时，其余部分采取按兵不动的做法，当时奥军左翼距离应该予以支援的右翼部队，同腓特烈进攻奥军右翼的距离相比要近得多，而奥军右翼的部署呈钩形，使得腓特烈军队只能沿着一个半圆弧形运动。

在托尔高战役中，腓特烈取得的结果却与这一战例正好相反，几乎全军覆没。因为在他打算迂回道恩的右翼时，左翼部队的行动伸展过远，兵力也过于分散（约 8 千米）。最后，还好这位国王的右翼部队选择做向心运动，使莫伦道尔夫潜出锡普蒂茨高地与他会合，这才扭转了局势，避过了全军覆没之灾。

里沃利战役可以说是这种机动作战颇具有代表性的战役，我们都知道，阿尔温齐和他的参谋长魏罗特尔，两人计划围攻聚集在里沃利高原为数不多的拿破仑军队。当时他的左翼部队集中在阿迪杰河谷，而吕西尼扬企图进行迂回，利用右翼攻击法军后方部队，但结果却是自己被合围俘虏，中央部队被击败。对于此次战例我所发表的一些图例和各种叙述，是对这类交战最好的研究。

在斯托卡赫的日子，茹尔当将军当时有一个失败的想法，就是要利用三个各有七千到八千人但是却相距数古法里的小师，去攻击一支有近六万人且相对集中的军队，而这时候，圣西尔应率领第三部分兵力（约一万三千人）在敌人右翼方向前进四古法里（约 16 千米），这支大军在这种情况下取得胜利是顺理成章的。当它在击败了这些零星的部队之后，准备俘虏那个企图迂回它的敌人时，圣西尔却奇迹般地从这次不幸的失败中逃脱了。

相信大家都知道，曾在里沃利企图包围拿破仑的将军魏罗特尔，他不吸取从前惨痛的教训，还力图再次使用在奥斯特利茨的战法。众所周知，联军左翼为了切断拿破仑向维也纳的退路（他并未返回那里）而选择包抄他的右翼，威灵顿在萨拉曼卡之战中是如何利用此类机动取胜的，相信大家也都知道。马尔蒙也是由于企图切断威灵顿通向葡萄牙的道路，导致左翼空出了一个约半古法里（约 2 千米）的空间，左翼也就失去了及时的支援，英军主将就是利用这个时机，击溃了这个左翼部队。

在我发表的十次战局的记述中，有很多此类战例，如果在此再叙述别的战例，也是多余的了，因为这些战例足以帮助我们认识到，在打败惯于密集联防的敌军时，采取迂回机动和在战斗线上留有空地会带来各种危险。

如果在里沃利和奥斯特利茨与茹尔当作战的是魏罗特尔，那么魏罗特尔可能不会惨遭失败而是歼灭法军。因为这位在斯托卡赫，曾经选择用孤立无援的四个小部队攻击敌军六万大军的将军，可能不善于利用对他采取的过远运动。同样地，如果拉曼卡与马尔蒙作战的是约克或穆尔，而不是在战术上经验丰富、眼光锐利的对手，那么他就可能获取胜利。

在现代，只有滑铁卢和霍恩林登之战，采取迂回机动而获取的战果最为辉煌。但是，回顾滑铁卢之战一系列有利的情况，几乎是战略性运动，这些有利情况极少同时出现在实际交战中。后者（霍恩林登之战）在战史中是不存在的：当时只有一个旅被派往森林，而敌军却有近五万人聚集在一处，但这一个旅偏偏就创造了像里什庞斯在马屯波埃那个险地一样的奇迹，里什庞斯在那个险地是极有可能被逼迫投降的。

从瓦格拉姆之前取得的胜利战果看，实施迂回的达武的一翼起到了决定性的作用，但是，如果麦克唐纳、乌迪诺和贝尔纳多特大规模攻击敌军中央从而给予他支援，那么结局可能就会截然相反了。

提出了这么多相反的战例，也许有些人会说，有关这一课题的内容，没有任何准则可以遵循，但是以下的情况我却认为是非常明显的规律。

（1）采取严密而连续的战斗队形，通常来讲，除了偶尔会有少量牺牲，都能够自如应对各种情况。但不管怎样，首先要做的是对即将交战的敌人做出详细的分析，从而根据敌军的特点和部署情况来采取相应的大胆行为。

（2）在兵力和士气都占有优势的情况下采取的机动，如果用于双方兵力和指挥官能力势均力敌的情况，那么就可能成为不慎重的机动。

（3）当采取迂回机动对敌军一翼实施包围时，方法是指向敌军的正面，或者对我军所迂回的敌军侧翼进行攻击，或对敌军正面的中央进行攻击。

（4）最后，采取战略机动，若想取得更有把握、更大的战果，可以在交战之前就切断敌军的交通线，在不失去自己退路的前提下，从后方攻击敌人。

总之，在这一章中，对于预期交战这一内容已经谈得够多了，接下来要研究一下不预期交战了。

第三十三节 行军遭遇战

两军在行军中发生的不预期遭遇战，非常富有戏剧性。

在大多数的交战中，要么是一方预先占领一定阵地，然后做好防御等待敌人的进攻，要么是另一方做好详细的侦察工作后，发起攻击以便攻占该阵地。但是，也会存在下面两种情况：一是相向行军的两军，彼此都不了解对方的意图，虽然都企图向对方发起进攻，但是这个时候就会出现双方都难以预料的情况，因为双方的估计都可能会落空，同样会在预料不到的地点遭遇对方；还有一种就是一方军队企图找时机奇袭对方军队，而另一方则做好准备有意让对方向自己发动攻击，就像法军在罗斯巴赫发生的情况。

在这种不预期的遭遇战中，可以表现出一位将领的全部才智，一个战士也可以发挥自己的才智影响战争的结局。也许很多情况下，并不是因为主帅的能力，而是因为部队的英勇善战才使得己方在交战中取得胜利，但是在吕岑、吕察拉、艾劳、阿本斯贝格等地取得的胜利，不可否认要归功于主帅顽强的意志和英明的指挥。

由于这种遭遇战无法预期，偶然性很大，所以很难拟定出一些固定准则来应用于交战。不过也正是因为这种不确定性，才更需要精通战争艺术的各种使用方法，了解战争艺术的基本原理，这样才能在临阵短兵相接时组织各种机动。我们在第三十一节的内容中提到的关于不预期机动的原理，是对这种不预期情况所能提出来的唯一一项准则。只要能将不预期的情况，结合先前的情况以及双方的体力和精神状况就可以了。

当行进中的两军，同以往一样携带着所有宿营设施前行，一旦发生不预期遭遇，对双方来说，最好的部署办法就是在自己前进道路的左方或右方展开前卫兵力，同时，双方都应集中主力，将其运用到既定目标的适当方向。如果在部署上选择将全军主力都展开在前卫部队的正后方，那就大错特错了。首先，要完成部署非常困难；其次，即便完成了这种部署，也只不过是形成了一个不够完善的平行战队队形。敌人一旦对前卫部队发起猛烈攻击，而我军主力正在运动中，就难免会陷入混乱溃败的状态（见《大规模军事行动》罗斯巴赫战役）。

在现代作战体系中，这种溃败并不可怕，因为军队的速度大幅度提高，可以沿着几条道路行进，并分别组成能独立作战的几个集团。不过不管何时，作战原理都是不变的，都要首先确定和建立前卫，然后把主力集中在适当点上。如此一来，我军就能够应付敌人采取的各种机动样式了。

第三十四节 突然袭击

在这里要研究的内容与游击战或轻装部队交战的小规模奇袭，以及俄国和土耳其轻骑兵最擅长的奇袭都不同，我们要谈的是整个军队所实施的出敌不意的袭击。

在现代，实行奇袭几乎是不可能的，因为自火器发明以后，一旦有了枪炮声，在远处就可以听到，除非被袭军队疏于警戒，不执行野战勤务的要求。在七年战争史中，有一次奇袭令人难忘并值得深思，那就是在霍赫基希所实施的一次奇袭。这个战例说明了若想奇袭成功，不仅要对正在熟睡或疏于防范的敌军进行攻击，还要采取迂回的办法攻击敌军一翼。事实上，奇袭不仅要在敌人孤立分散在帐篷里时对其发动攻击，还要在敌人没有来得及采取反攻之前，将主力隐蔽地转向攻击点。

自从军队不在帐篷内宿营以后，要想成功地奇袭就更加困难了。因为只有在准确了解了敌军营地的配置后，才能实施预先计划的奇袭。虽然在马伦戈、吕岑和艾劳等战役中发生过一些出其不意的袭击，但是这还不能算是奇袭，只能算是意外的攻击。唯一一次能够称之为奇袭的战役，就是1812年对塔鲁季诺的奇袭。缪拉为了掩盖他自己的过失，曾强调他是在信赖了默许的停战之后而造成的失败。但实际上，并不像他所说的那样存在类似的协议导致他犯下不可饶恕的过错。

很显然，选择在黎明时分奇袭一支军队的营地是最好的时机，因为这个时候一定会让敌人惊慌失措，如果再加上我军对地形的全面了解，能使自己的部队保持适当的战略和战术方向，奇袭一般都能获得完全成功。所以即便这种奇袭发生的情况很少，也不会像大规模战略行动所取得的战果一样辉煌，我们也绝对不应该忽视。

为获取成功，选择利用一切机会奇袭敌军，同时也应该做好一切准备，预防敌人的突然袭击。各国的条令都规定了这种预防措施的原则，只需要正确地执行就可以了。

第三十五节 对要塞及筑垒营地或筑垒线的攻击 一般性突然袭击

有许多筑垒城市，并不是正规的要塞，尽管用强攻的方法是可以攻克的，但是也还不能用突然袭击攻陷。而所说的强攻，就是利用云梯爬上城墙，或者是利用不经常使用的办法将城门打开缺口，为此，就需要准备梯子或其他能爬上城墙的工具。

对这种点的攻击，同对筑垒营地的攻击一样，都属于突袭的范畴。

根据情况不同，这种攻击也各有差异，主要由以下几种情况决定：一是筑垒工事的强弱与否；二是配置地的地形条件；三是在位置上它们是处于孤立状态，还是与其他筑垒工事相连；四是敌对双方的士气高低。在历史上，有很多战例可以说明各种不同类型的攻击。

比如说对克尔、德累斯顿和华沙等筑垒营地的攻击，对都灵、美因兹筑垒线的攻击，以及对费尔德基尔希、沙尔尼茨、阿西耶特等强固筑垒工事的攻击，这几大事件都是已知条件和结局各不相同的事件。比起在华沙的筑垒工事，1796年在克尔的筑垒工事要更加严密和完善；这似乎是由永久工事构成的桥头堡，大公认为必须采取正规的围攻，但是实际情况是，他如果以有生力量对其发动攻击，是要冒很大风险的。虽然华沙的筑垒工事比较孤立，但是，他的内堡是个大城，工事凸出部分很大，城周围是齿状墙，同时配备有武器，最主要的是有一支敢死队还驻守在那里。

1813年，在德累斯顿内堡，四周筑有密集棱堡的围墙，正面已经被铲平，仅剩下一道野战胸墙掩护营地，虽然营地由一些简单的多面堡构成，但是他们彼此之间距离甚远，能够真正成为主力的就只是一个内堡而已。

在美因兹和都灵，堡垒包围线都是连续的。都灵的包围线在其中的一个要点上，只是有一道为三古法尺（1古法尺=325毫米）的不算好的胸墙，一条壕沟与之相应。当一支强大的军队从后方对其发动攻击时，欧根亲王又开始攻击其退却线的一侧，这样都灵的堡垒包围线就会陷入两面夹击的境地。从这点上看，美因兹的堡垒线就比它坚固多了，因为在美因兹，这种堡垒的包围线的正面即使遭到了攻击，但对其右翼发动攻击的，只是很小的一支部队而已。

对野战筑城采取攻击的战术措施非常少，在拂晓前进行意外袭击，只是攻陷这种筑城的一种尝试罢了。我们可以对一个孤立且分散的阵营使用这种办法，但是，如果面对的敌人是一个大筑营地的军队，他们怎么会疏于防范，让敌人有机可乘而发动突袭呢？何况一切军人守则和条令都规定了，在黎明到来时，就要做好一切战斗准备。所以，既然不能采取突袭，就可能需要利用有生力量实施强攻，我们根据这种战法的实质提出了一些简单而合理的措施，具体如下：

（1）必须使用强大的炮兵，这样做的目的一是压制筑城内的敌军活力，二是动摇防御部队的士气。

（2）强攻一方要配备一切必需器材，如干柴、梯子等，这些器具可以用于填平壕沟，接近护墙。

（3）若想成功攻陷筑城，必须分三个小型纵队进行攻击，由狙击手在隐蔽处支援，同时保证在适当距离配置预备队，这样可以适时地支援攻城纵队。

（4）合理利用地形，掩护我军行动，以防止过早暴露行迹。

（5）对于攻城的主力纵队要有精确的指示，对于攻破一个工事之后的行动，以及何时对守营的敌军发起攻击等问题要及时传达。如果地形允许，还要指定骑兵部队来支援主力纵队的攻击行动。

以上这些都是我们需要注意的，最后也是必须要做到的一点，就是当一个支队从背墙迂回攻击敌军的时候，要以最快的速度把部队投向攻击目标，此时若有任何差池，造成的后果都不堪设想。

在这里再强调一点，训练士兵攀登筑墙和攻击筑垒哨所的能力，同其他所有演习一样，都是非常有益的。还有最新的弹道学，能够激发工程人员探索可以用轻便机械克服野战壕沟和攀登护墙的方法。

对华沙和对美因兹筑垒营地强攻的部署，是我所了解的这类情况下的种种部署中最完善的，蒂埃尔克给我们提供了劳东攻击邦泽维茨的部署内容，虽然这次攻击没有按计划执行，但是仍然不失为一个好的范例，这里简单给大家介绍一下。

在此类作战中，不得不提及的是对华沙的攻击，可以说它是此类作战中最好的一战。通过这次攻击，总司令帕斯克维奇和参加攻城的部队都获得了荣誉。而如果要举个反例来说明应该避免的情况，那应该就是1813年对德累斯顿攻击时所用的部署了。这种部署，似乎只是为了阻止攻陷这一营地，其他再没有什么好的办法了。在普罗托将军的著作中，可以看到已经审校的这种部署。

1756年对马翁港的强攻，1747年对贝尔戈普措姆的云梯攀登，都是属于这一类攻击。虽然在两次强攻之前进行过围攻，但是由于没有足够的缺口来进行正规的强攻，所以这两次强攻反倒成为了出色的奇袭，关于对布拉格、奥恰科夫和伊兹梅尔的强攻，也归类为此种攻击，虽然这些城市的护墙是土质的，甚至有些已经坍塌，非常便于攀爬，但是能顺利完成进攻，也是值得称赞的。

表面上看，孤立分散的工事似乎不如连续不断的筑垒线有优势，但是实际交战时却是后者更容易被击破。原因很简单，后者的筑垒线过长，达数古法里远，要想阻止敌军从某一点上突破是不可能的。在《法国大革命战争史》（第二十一章、第五十二章）中，我曾经写过，对美因兹和维森堡筑垒线的攻克，还有欧根·萨瓦亲王在1706年攻陷都灵筑垒线，这些例子都是值得我们研究的重大教训。

关于都灵事件，相信早已人尽皆知，所以我不再叙述它的情况。但有一点我不得不指出，像都灵战役那样付出如此小的代价和难以预想的情况，在历史上是没有的。它的战略计划让人非常惊讶，选择让法军留在明乔河上，从阿迪杰河经皮亚琴察沿波河右岸，向阿斯蒂行军，虽然执行的速度非常慢，但从这点上看，这可以说是经过绝妙部署的运动。而在都灵的行动，对于这次战役的胜利者来说，只能说他够幸运，而并非他有多英明。但是欧根亲王，对于拟制下发部队的命令完全可以忽视，他只需要率领来自十个不同国家的三万五千联军，从八万法军的驻地和阿尔卑斯山脉之间穿过就可以。这三万五千联军的行动，在法军营地周围持续了两昼夜，可以说是有史以来完成的一次最大胆的侧敌行军。这次攻击的部署过于简单和缺少教益了，现在即便是再普通的一个参谋也能制定出比这更好的部署来。欧根亲王为了实现他这一大胆的行径，将部队编成八个步兵纵队，负责去筑垒工事，并为在后面跟进的骑兵纵队开辟通道，以攻入敌军阵地，当然，他也的确巧妙地找准了敌军工事中的一个缺口，这个缺口最多也就三古法尺高（1 古法尺 =325 毫米），无法掩护守军士兵，非常薄弱。

指挥都灵营寨的将军们，都受过一位隶属欧根亲王的历史学家的讽刺。他无视英雄的荣誉，无所顾忌地说法国宫廷吹捧的这些将军们，按照他们的所作所为，本来应该被送上断头台，这是公然对法国宫廷的反对。但我们看得出来，这位历史学家似乎想谈的只是马尔森。大家都知道，多尔雷昂公爵在战斗一开始就两次负伤，未能参加攻击，造成这个结果是因为他反对在战壕中等待敌人进攻，而真正的罪魁祸首却无法被证实犯下的过错，只因为他以身殉职了。

我们现在不再继续这个话题，而回到原来的话题，继续来研究最适宜的攻击筑垒线的方法。对一个强固的筑垒线采取强攻很危险，或者换个思路，可以从侧翼对其进行迂回攻击，或可对其后方实施战略机动，后两者总比强攻要合适得多。在相反的情况下，假使有些主客观原因促使其趋向于强攻，那么基于支援中心要比支援侧翼容易得多，就应该在侧翼上选定攻击点。不过也常有下面这样的例子，当对防御者一翼的攻击被防御者认为是真正的攻击时，我军借势向该翼发动更大规模的佯攻，其实真正的目的，是向敌军中心实施真正的攻击，结果便会获得出人意料的胜利。总之，此时决定其最佳行动方法的关键是地形和将帅的机智。

另外要说的是，实施攻击除了采用那些用于攻击筑垒营地的措施之外，再没有更好的策略了。然而，因为这种筑垒，尤其是过去的筑垒，基本都有突出部分和永久性工事，所以可能出现难用云梯攀登的情况；当然那些因年久失修，已经坍塌的工事不在这个范畴，因为轻步兵通过猛攻就能将其夺取。正像我们说的那样，伊兹梅尔和布拉格的工事以及斯摩棱斯克的工事都是如此。当时，帕斯克维奇将军通过英勇的抵抗粉碎了内伊对其发动的攻击，值得一提的是，帕斯克维奇当时是在堡垒前面的壕沟里进行了防御，并没有躲在不足三十度的护墙后面。

假如面对依托一条大河建设壁垒线的敌人，我军想从敌军侧翼突破，其实是一个荒唐的想法，因为敌人在靠近军队中心的位置集结兵力后，击溃我军在该河和敌人主力之间前进的纵队就变成了易如反掌的事，这样一来，全军覆灭的命运似乎成了摆在我军面前唯一的选择。但是，凡事都有例外，这种荒谬的行为也可能会获得成功，因为敌人退到筑垒线后面，对反攻有很大的益处，这种益处可能使人麻痹，让人很少再想到要实施反攻。可是，大家都知道，一个将军和他的士兵如果只是想躲在掩蔽所里求得防护，那么他们就已经失败了一半。

所以，当这样的军队面临工事失守时，他们是想不到要反攻的。然而，这种机动最好还是不要实行。一位将军假如要做这种尝试，并遭到塔拉尔在霍赫施泰特的命运，完全没有必要怨天尤人。

指导筑垒营地和筑垒线的防御问题的原则其实只有两条。第一条原则，必然是这个——要在中心与两翼之间，布置强大的预备队，更确切地说，就是预备队要在左翼的右端和右翼的左端。想要以最快的速度援助正面被突破的地段，就可以采用这种方法。要告诉大家的是，想要只通过配备一个在中心位置的预备队，则是办不到的。有人认为，如果防线很长，哪怕控制三个预备队也不过分。不过我个人主张，只要两个预备队就足够了。另外一条原则也同样重要，就是当守军遭遇敌人从某点突破防线时，千万别产生悲观、绝望的情绪。只要你的预备队是能够及时夺取主动、转入反攻的精干组织，那么在敌人从某点突破防线时，只要能够保持头脑清醒，能在适当时机把预备队用于适当的地点，取得胜利的希望还是很大的。那些防守壕沟和护墙的部队，行动的准则就是工程方面的指示和围攻的使用办法。另外，我们一定要承认，至今还没有人编写出一部便于步兵军官阅读的好书，来详细讲解关于步兵在围攻战中和在筑垒线中的勤务细则。读者朋友要将这类著作与本概论相区别，因为这类著作是条令问题，并非说教书籍。

突然袭击

所谓突然袭击，是一支部队采取的一种果断行动，目的是攻占某个具有相当重要性和实力的地点。要构成突然袭击，需要具备两个条件：一方面，要实现突然性；另一方面因为要达到突然袭击的目的，故而要以有生力量来实施袭击。这两个方面是缺一不可的。从形式上来看，这种行动几乎纯属战术范畴，但是我们需要承认，要攻占的目标与作战行动的战略意义之间的关系如何决定着这种行动的全部价值。所以在第三十六节研究支队问题时，我们还要再谈谈这个问题。也许重复会令人感觉非常不悦，但是因为突然袭击的实施，是完全属于对筑垒工事攻击的范畴，所以我们还是要从实施的观点出发，再来谈谈突然袭击。

然而，因为"突然袭击"这个术语本身就已表明，这一行动也可以说超出了一般原理，所以我们以上说的并不意味着要使突然袭击服从战术原理。在这里列举一些突然袭击的示例，为读者介绍一些涉及这类问题的历史著作或教科书，我们的目的只是为了日后备查更加方便。

我们之前就曾说过，突然袭击这种战斗方法有时能取得十分重要的战果。举几个例子：1828 年攻陷锡济波里、1796 年彼得拉什将军进攻克尔失败、1702 年突袭克雷莫纳、1704 年突袭直布罗陀、1814 年突袭贝尔戈普措姆，以及攻陷马翁港和巴达霍斯。以上这些战例，体现并说明了各种不同的突然袭击。这些突然袭击的结果，有的是通过进攻的突然性取得的，有的是靠有生力量的行动取得的。我们需要知道的是，想要让这种行动取得成功，必要的条件是：机智、灵活、善用计谋、使敌恐惧、无畏精神。

攻陷一个地势上的强点，对现代战争方式，已经没有特别重要的意义了，除非攻陷这个强点，能促使部队在战略上取得优势，进而对整个大战役的结局产生影响。

那么什么样的行动可以使执行突然袭击任务的支队所冒的种种风险得到补偿呢？攻占或摧毁一个筑垒桥梁，攻破一个大辎重队或一个掩护重要通路的不大的工事（如 1799 年对格里宗的吕西斯泰格堡垒攻击，1805 年对莱塔什和沙尔尼茨的攻陷），另外还有攻陷敌人的给养库和弹药库，前提是没有敌人在此设防，这些行动都可以实现本段开头说的目的。

哥萨克人在最近的几次战争中，也曾试图进行突然袭击。拉普欣亲王对拉昂的功绩，以及对卡塞尔和夏龙的攻陷，因为都是以扰乱敌人为使命的，所以尽管取得了一些利益，但全都是次要行动。

这种行动从整体上我们是否能提出一些什么原则呢？一些古老的故事，比如蒙特吕克的回忆录、弗龙廷的军事计谋，能够提供给我们很多值得参考的东西，甚至比我在这一节阐述的还要多，哪怕它们已经被认为是另一个世界的事情了。其实使用云梯攻城、突然袭击以及恐怖手段，都不可能受准则的制约。

每个部队在攻占筑城工事时所使用的道具可能都不同，有的部队用束柴或麻袋，甚至畜肥，把壕沟填平；有的部队为了扩大战果而使用梯子，没有梯子通常很少敢贸然采取这种行动；有的部队面对高耸的筑垒工事，给士兵配备手用和靴用防滑钉；还有的部队进入工事是通过污水管道，比如欧根亲王就是这样进入克雷莫纳的。

当然我们所列举的情况和实例，并不是什么万灵药方，千万不要想从中找到解决一切问题的办法，我们应该在这个基础上，认真思考，看看某人的成功经验能否给他人作为指导原则。其实我们有必要将一切最有兴趣的突然袭击，编成一本详史，这样，对于部队将领、参加突然袭击这种合作尝试的每个士兵都是大有裨益的，希望某位好学的军官能够完成这件事。

我个人的任务已经完成了，在此已把突然袭击与整个作战的主要关系详细阐述了。另外，我更希望读者能够很好地回顾本节开头谈到的对野战筑垒工事攻击的方法，因为那是唯一的与以有生力量实施突然袭击有些共同之处的军事行动。

第 五 章

混合作战

第三十六节 钳制攻击

在一个战局过程中，一支军队或许要组成一些支队，为的是能够执行某些任务。这些支队对整个战局的成败具有非常重要的作用，因此在战争中建立一些这样的支队就成了非常重要也是特别微妙的问题。

很显然，如果一个支队能够在恰当的时候，在需要的时候得以派出，就会起到非常大的作用；反之，就会遇到很大的危险。腓特烈大帝甚至将那种善于建立支队，然后乘虚将敌人歼灭的人视为最主要的将才之一。

但是如果派出的支队比较多，那么常常会产生相反的不利结果，所以有很多人认为派出支队没有太大的必要。可如果总是将军队集中在一起，当然会令人感到安全和高兴得多。不过这在实际上根本行不通，所以一旦为了达到预期作战目的而必须派出支队时，就应该果断地派出支队。只不过应该尽可能少地派出这种支队。

一般而言，这种支队有以下几种类型：

（1）派到远离我军主力作战地区的某些要点进行钳制攻击的支队，这主要是由几个军的大支队组成。

（2）为主力作战地区组成的大支队，它们的主要目的是为了掩护作战地区的要点，担任围攻军，对次要基地进行警示，对受到威胁的作战线进行防守。

（3）为了直接配合主力预定行动，直接与敌接触的作战正面组成的大支队。

（4）为了能够对某些据点进行突然袭击，可以在一定距离上向前派出小支队，这些对据点的攻占将会对战局产生非常有利的影响。

在我的观点中，钳制攻击并非是在主战场上的一种军事行动，而是在战区边缘采取的一种辅助行动。或许有人认为这是获得胜利的不二法门，但实际上这种钳制攻击只有在两种情况下才切实可行：

（1）被派出的这个军队，它们的位置距离比较远，不能够在其他地方运用的时候；

（2）被派出的这个军能够获得当地人民的支持——这当然不是军事方面的而主要是政治方面的。我们可以举几个例子来说明这一点。英俄军队对荷兰的远征，以及卡尔大公的远征对1799年底联军整个战争都造成了致命的影响，这一点我们已经在第十九节里提到了，现在还让人有很深的印象。

1805年，拿破仑对那不勒斯和汉诺威进行了占领。当时的联军决定用英俄军队，将他赶出意大利，并且利用英俄和瑞典的军队，将其驱逐出汉诺威。为了能够实现这两个离心远征，联军当时派出的兵力一共有近六万人。不过就在联军向欧洲的两端分别集中的时候，拿破仑此时却发布了一个命令，让他的部队完全撤出那不勒斯和汉诺威，圣西尔与马塞纳在弗留尔会合。贝尔纳多特在从汉诺威离开后，开始积极参加乌尔姆和奥斯特利茨之战。他们获得了让人震惊的胜利，拿破仑没费一点力气就再次占领了那不勒斯和汉诺威。以上就是两个钳制攻击失败的战例。下面我们再举个战例，来说明一下钳制攻击有利的一面。

1793年，法国内战的时候，如果联军能派出一个由富有战斗经验的部队组成的两万人的支队，在旺代登陆，那么它们一定会取得比大量部队在土伦、莱茵河上和比利时境内那样无效地作战更大的战果。通过这个例子我们可以知道，钳制攻击不仅可能有益，还有可能起到决定性的作用。

在前面我们已经说过了，不管远距离钳制攻击和轻装部队如何，我们都应该经常使用大支队在主力部队的作战地区内作战。

就算是使用这种大独立支队执行辅助任务的时候有些不恰当，那也会比对钳制攻击使用不当的危险性更大。不过我们必须承认，使用这种大独立支队执行辅助任务一般都是有利的，并且很多时候都是完全有必要的。

我们可以将这种大支队分成永久性的军和临时派出的独立军两类。第一类有的时候必须建立在跟主力作战线相反的方向，并且在整个战局中都是这个方向。第二类主要是用来对某个战役施加有利的影响。

在第一类支队中，我们首先要知道的就是独立部队，它的主要任务我们已经在之前提到过，要么是用来组成战略预备队，要么是用来掩护有遭敌人突击的危险的作战线和退却线。我们可以举一个例子，就在俄军想要越过巴尔干山脉作战的时候，它一定会留下来一部分兵力，其目的在于监视舒姆拉、鲁什丘克和多瑙河谷地。我们可以看出多瑙河谷地的方向与俄军的作战线是彼此垂直的。这个时候，就算取得的成功再大，也一定要留下相当数量的兵力，用来对付久尔杰夫或克拉约瓦，甚至还有可能用在河右岸对付鲁什丘克。

通过这个例子我们可以看出，在某些情况下有一个双重的战略正面是非常必要的，这个时候派出一个拥有一定数量兵力的支队，目的是应付留在后方的部分敌军。我们可以举出很多例子来说明这一点，当法军渡过阿迪杰河后所欲保持的蒂罗尔和弗留尔双重战略正面，也是这种情况。在当时，法军不管采取哪一种方向进行突然袭击，都必须向另一方面派出一支能抵抗敌军的相当数量的兵力，不然所有的交通线就有可能会被敌人切断。第三个例子是西班牙的边境，它使得西班牙有了一个双重战略正面的方便：正面主要用来掩护直通马德里的道路，另外一个正面主要是以萨拉戈萨或加里西亚为基地。不管采取什么样的行动方向，都必须在另外一个面留下一个支队，并且它的兵力要跟敌人的兵力相当。

这个问题说明，当进行决定性突击的时候，战场越大，对留下来担负监视任务的这支支队越有利。

关于这个问题最好的证明，是拿破仑在1797年战局中所提供的。当时的拿破仑正在向诺里克阿尔卑斯山移动，他没有办法必须在阿迪杰河河谷留下一万五千人的一个军，这样做的目的是钳制蒂罗尔，不过就是承担着退却线在短期内遭受袭击的危险，他宁可抽调这支兵力协助主力作战，也不愿把他的军队分成两个部分，害怕被敌人各个击破。他深信，只要兵力集中，就一定会取得胜利。因此他估计，当自己的兵力集中之后，敌人支队对交通线的暂时占领，并不会有其他的危险。

建立大型快速临时支队有以下目的：

（1）对敌人的作战线造成威胁，逼迫敌人退却或者掩护自己的作战线；

（2）保障自己的增援部队顺利集结，或者截击敌军一部，不让它跟主力会合；

（3）对敌军的大部分兵力进行监视和钳制，与此同时对敌军的另一部分兵力进行突然袭击；

（4）敌人的运输给养部队对围攻能否持续和战略行动的取胜具有重大的关系，因此对敌人运输给养弹药的大型车队的阻断能够很好地掩护自己的供应车队到达目的地；

（5）声东击西，诱使敌人向你希望的方向运动，这样就能够保障在另一个方向上的作战取得胜利；

（6）在对敌人的一个或很多个大要塞发动进攻的时候，要首先对其进行一段时间的堵截，或者是围困；

（7）如果敌人已经开始退却，那就可以在他们的交通线上攻占一个重要的据点。

当然，就算上述目标的达成具有很大的吸引力，但是我们不得不承认，还有一些次要目标需要达到。因此，应绝对避免派出过多的支队，一旦兵力分散，就会遭到失败，这也是兵家之大忌。

我们在这里举出几个例子，想要证明它们的成败得失，有时取决于时机，有时决定于指挥官的天才，不过更多的时候是决定于执行上是否错误。我们都知道，彼得大帝曾用一个加强军，将莱文豪普特指挥的驶向查理十二世的一个庞大车队给干掉了，并点燃了歼灭查理十二世的导火索。大家肯定不会忘记，维拉尔曾在德南附近击败了阿尔贝马尔大公指挥的那支强大的军队。

就在腓特烈围攻奥尔米茨的时候，结果他的供应纵队被劳东完全消灭，这位国王也就没有办法放弃摩拉维亚。1760 年弗凯支队在兰茨胡特跟 1759 年芬克支队在马克桑的命运相同。他们的战例证明，要想避免派遣支队是很难的一件事情，并且派遣支队也会遇到这样或者那样的问题。

相对而言，比较近的时代，旺代在库尔姆的惨败，应该就是一个血的教训，它告诫人们不能够太过冒失地使用兵力。然而有一点必须承认，这次机动是经过认真思考的。错就错在派出这支支队，却没有及时地进行支援，然而这一点是非常容易做到的。可以说，芬克的支队，几乎是在一个地点，因为同样的原因在马克桑附近被歼灭。

不过说到主力作战地区内采取钳制攻击进行佯攻，如果能够做到迫使敌人将注意力集中在我军想要的一个点上，同时又能够让我军在另外一个点上集中注意力，并且按照注意力进行佯攻，那这样的钳制攻击就会非常有效。在这种情况下，不能够让诱敌的支队跟敌人发生真正的战斗，还应该将其在最短的时间内用于交战的部队。这一点必须值得注意。下面我们就会举出两个例子来说明这件事情。

1800 年，莫罗为了欺骗克赖，使其不能发觉自己的真正行军方向，曾派自己的左翼部队由克尔向拉什塔特进发，而自己则率主力直指斯托卡赫。结果，他的左翼部队在预定的地点出现了一下之后，即经布里兹高地区的弗里堡返回主力的中心位置。

1805 年，拿破仑在攻占了维也纳之后，立即派出贝尔纳多特军向伊格劳进发，他的目的是为了引起波西米亚的恐惧，然后将在那里集结的费迪南德大公的军队瓦解掉。不过在另一方面，他还派出达武斯特军向普赖斯堡进攻，对匈牙利进行威逼。但是他又将这些兵力调回到了布尔诺，因为他想要这些军队能够参加决定整个战局命运的主要突击。因为事先采取了非常好的机动，结果这次战争大获全胜。这种行动并没有对战争艺术原理有所违背，对这些原理进行很好地运用，恰恰是非常必要的。

通过上述的情况我们不难看出，这一类情况常常是多变的，因为不大可能事先拟定出一些绝对准则的计划来，这一类行动的成功还受到了许多难以摸索的特殊性问题的影响。不过这需要将帅的才能和判断力，只有他们能决定是不是应该冒险派出一支在这方面能力比较突出的支队。我在之前已经说过，要尽可能少地派遣支队；就算派遣了，只要他们的任务一完成，就应该立即调回来。如果能够对支队的指挥官给予非常详细而又正确的指示，就能够弥补支队的不足，这也是参谋长的最大才能所在。

有一个方法可以很好地运用到支队中，以避免它的惨败。不管在什么时候，都不能够忽视符合战术的任何措施：想要增强支队的力量，就需要借助良好的阵地，不过需要牢固记住的比较明智的做法是，避免这支军队跟实力悬殊的敌军苦战。在这样的情况下，全速运动最能保障支队的安全。只有在特殊的情况下，支队才应定下不胜宁死的决心，要么去攻占某个阵地，要么去守住某个指定的阵地。

无论如何，其中有一点是不能够争辩的，就是在所有的假设中，战术和野战筑城对大支队和主力部队一样适用。

我们已经在所有的有益的支队中，谈论过用于实施奇袭的小型支队。我们就举出几个例子来说明这个道理。1828年，俄军为了夺取布尔加斯湾锡济波利而实施了奇袭战术。这个地方工事非常薄弱，守军只能在很短的时间内占领防御。如果能够成功地夺占该地，那就能够在巴尔干外围得到一个依托点，可以预先越过这个山脉的主力东队构筑仓库。如果没能成功地攻占该地，那也不会让这支小支队陷入任何困难的境地，因为它可以乘船撤退。

同样是在1796年的战局中，奥军为了能够攻占克尔，并且趁莫罗从巴伐利亚返回的时候将那个桥梁破坏掉，只要不失利，一定能够取得非常大的战果。

只要采取这种行动，风险很小，收益却很大，也不会对主力造成任何损害。所以这种行动经常受到称赞。

那些被派往敌人作战地区中的轻装部队也属于这一范畴。这样派出几百名骑兵，虽然有点冒险，但是绝对不会给我军造成严重损失，还能够让敌人蒙受不小的损失。在1807年、1812年和1813年，拿破仑曾经被俄军派出的小型支队给造成了严重障碍，好几次他的命令被截获，全部交通线被切断，以致屡次遭受失败。

必须任用那些智勇双全的军官，还有那些闻名的游击战士来应对这一类的作战。一个真正的无名英雄，他会尽可能地给敌人造成严重损失，同时不让自己受到一点损失。如果能够有机会实施有利的突击，那一定要拼命向敌人进行猛烈的冲击。不过为了避免任何不必要的风险，关于那些游击队战士而言，灵活与机智是一定要具备的素质，并且这要比有理智的勇气更加需要。对于其他的问题，我会在《论大规模军事行动》第三十五章及本书后面第四十五节关于轻骑兵的论述中涉及。

第三十七节 渡 河

如果我军面前有一条小河，河上已经有了可供渡河的桥梁，或者是在河上架桥比较容易，那么在这种情况下，渡河与高级战术以及战略问题就毫无关联了。不过，如果我军想要渡过的河是类似多瑙河、莱茵河、易北河、奥得河、波河、维斯瓦河、因河或者提契诺河等较大的河流的话，渡河问题就成了值得我们详加研究的问题了。

架桥是一种艺术，也是工兵和舟桥部队的专业知识。我们不从这方面入手来研究渡河问题，而是将渡河作为一种攻击军事阵地和实施军事机动来进行研究。

对于渡河来说，它本身就是一种战术性的行动；但是，关于渡河点的决定问题，与整个战争区的大规模军事行动的关系又是十分紧密的。在上文中，我们曾经提到过，1800 年莫罗将军渡过莱茵河的行动，就十分鲜明地证明了这点，通过这个事例，也可以帮助读者们更好地对我的论断进行评价。作为莫罗将军的上司——拿破仑，这位更加高明的战略家，他希望莫罗能率领全军在沙夫豪森渡过莱茵河，以便转移到克赖将军军队的后方，比敌人更早到达乌尔姆，将敌人向奥国的退路切断，同时，将他们赶回美因河。但是，莫罗将军已经在巴勒占领了一个桥头堡，他图方便，主张从敌人的正面渡河，而不愿意迂回到敌人的左翼。在他看来，战术上的利益比战略上的所有利益都更加重要。因此，他宁愿满足于确保局部战争的成功，也不愿意为了追求一个决定性的胜利而冒险。而就在这同一个战局中，我们可以举另外一个战例，即拿破仑渡过了波河。这个例子足以说明渡河点的选定，对战略来说是多么重要。原来，在基乌泽来之战后，法军预备队可以沿着波河的左岸直指都灵，或者在克莱桑提诺渡河，继而直指热那亚。可是，拿破仑却主张渡过提契诺河，进入米兰，以便与率领两万大军途经圣哥达抵达米兰的蒙塞会合，随后经皮亚琴察渡过波河，原因是拿破仑坚信，这样做比他过早地返回退却线，能更早地走在梅拉斯将军的前面。1805 年，还有一个接近这个战争的例子，是在多瑙佛特和因戈尔施塔特渡过多瑙河。而马克将军的军队覆灭的头号原因，正是拿破仑所选择的方向。

回顾第十九节中所讲的原理，如果要在战略上决定一个正确渡河点，其实并不困难。不过，有必要提醒大家注意，在渡河这个问题上，正如在其他的作战问题上一样，有一些决定点属于永久性的或地理上的，另外一些点则属于相对性的或临时性的，这个可以根据敌人的兵力配置情况决定。

如果我军选择的这个点，既对战略十分有利，同时又在地形上对战术有利，这种情况是再好不过的了。但是，如果这个点在地形上会形成一个近乎是不可克服的障碍，那么就必须另外再选择一个渡河点；而在另选渡河点时，有一个问题我们应该注意到，就是要使这个点尽可能地向我军行动的战略方向靠近。而除了上述这些影响选择渡河点的一般考虑之外，我们还要有另外一种考虑，即有关地形本身。下述这样的位置才是最佳的渡河点：当军队在这个渡河点渡河之后，它的作战正面和作战线能与河流形成互相垂直的方向，至少在第一阶段的行军中，军队不会因为被迫分为几个部分，而沿着不同的路线前进。就像拿破仑在埃斯灵那样，这种最佳选择还会让军队避免背水一战的风险。

关于决定渡河点的战略考虑方面，我们已经讲得够多了。现在，我们该对渡河问题的本身进行论证了。在研究保障渡河成功措施的过程中，历史是一所最好的学校。古人能够渡过格拉克河，本身就是一个惊人的奇迹，可是格拉尼克河只不过是一条小河（这条河在小亚细亚，亚历山大曾经渡过）。在这个方面，今人实现的伟大创举才是数不胜数的。

曾经，路易十四在汤尔吉斯渡过了莱茵河，他的这一行动，在当时引起了巨大的反响。我们不得不承认，这次行动非常值得我们注意。

如今，在这个时代，德东将军也有两次渡过多瑙河赢得了胜利，其中一次是在克尔渡过了莱茵河，另外一次是在 1800 年的时候，他在霍赫施泰特渡过多瑙河。这两次成功，应该算是细节方面的典范，而准确执行这些细节，就是在这种渡河作战中最值得我们注意的。

同时，其他三次在多瑙河上的渡河，以及一次著名的在别列津纳河上的渡河，都是这种作战中前所未有的卓越的战例。其中，在多瑙河上的前面两次渡河，实施者正是拿破仑。当时，渡河的地点是在埃斯灵和瓦格拉姆，而对岸的敌人数量达到了十二万，同时，敌人还拥有四百门火炮，他选定的渡河点就是多瑙河的河床最宽的地点。在这里，佩勒将军对这两次渡河所做的有趣的记述是值得我们读读的。第三次渡河，是由俄军实施的，发生在沙图诺沃，时间是 1828 年。虽然这次渡河远远不能同前两次渡河相提并论，但是俄军由于地形条件上遭遇到的过多困难，以及为克服上述困难表现出来的勇气，则让这次渡河成为一次令人瞩目的成功战役。关于渡过别列津纳河的作战，不管我们从哪一方面看，都能算是一个奇迹。我不想在这里对这些历史细节进行详细叙述，我的目的是希望读者可以自行参阅详细资料；在这里，我只是列出几条关于渡河的普遍原则。

（1）首先，我们要做的主要工作应该是迷惑敌人，目的是让敌人无法发现我军真正的渡河点，这样，他们就不能在我军真正的渡河点集中兵力进行抵抗。而我军除了战略佯动以外，在真正的渡河点附近还应该采取一些佯攻行动，以便使敌人在该处集结的兵力分散开来。如果要达到这个目的，首先要使用一半我军炮兵的兵力，在所有的假渡河点上尽可能地造成巨大声势，以便迷惑敌人。与此同时，在真正准备渡河的地点，我军反而应该完全保持沉寂。

（2）我们应该尽可能首先派遣一些兵力乘船渡河到达彼岸，并驱走那里的敌人，以作为我军架桥的掩护，使其无法对我军形成阻挠。随后，这些到达彼岸的部队，应该迅速对渡口附近的村庄、森林和障碍物进行占领。

（3）将部分重炮部署在前面是非常重要的。这样做不仅仅是为了将对岸的某个目标消灭，同时，还要对试图破坏我军正在架设桥梁的敌军炮兵进行压制。而为了达到这个目的，要保证我军这边的河岸较高于敌人那边的河岸。

（4）如果有一个大岛位于靠近敌岸的位置，那么对我军渡河和架桥作业，都会形成较大的便利。因此，如果有条小河在我军的渡河点附近流入大河，这样也是具有很大好处的，这样我军能够利用这种小河进行船只的集结，并将船只隐蔽其中以便渡河时使用。

（5）如果渡河的地点选择在河流呈现弯曲的地方，这种选择的效果也是非常好的。如此一来，我军的炮兵就可以用交叉火力来对渡河部队的登陆点进行控制，并阻止敌军对我渡河中的部队进行攻击。

（6）我军所选择的架桥地点，原则上其两岸应该有良好的道路，这是因为当部队渡过河之后，就可以十分便利地找到交通线，以及便于我军集结的路线。因此在河岸的陡壁，特别是在敌方的陡岸渡河的做法应该避免。

关于对敌人的渡河进行防御，关键是要阻止敌方实现上述渡河的保障措施。其中最重要的，就是要以轻装部队对河进行严密的监视，以便于随后就能迅速地向受威胁的地点集中兵力。当然，处处设防是十分忌讳的。当敌人只有一部分兵力渡河时，我们应该及时将这部分兵力歼灭。而这一方面就该向 1809 年旺多穆公爵在卡萨诺和卡尔大公在埃斯灵大规模的行动学习，虽然他们并没能充分利用他们获胜的战果，但是他们的这些行动正是值得我们高度赞扬和永远牢记的范例。

在第二十一节中，我们已经明确指出在一个战役或战局开始时所实施的渡河，对作战线的方向可能产生的影响。这里我们继续研究渡河后战略移动所产生的影响。

既要对有可能会被敌人破坏的桥梁进行掩护，又要不对自己军队行动的自由产生影响，是军队渡河之后可能会遇到的最大困难之一。如果我军的兵力优势远远大于敌军，抑或是我军在获得了大胜之后才实施渡河行动，那么我军不会遇到太大的困难。但是，假如我军是在战役刚刚打响，敌我双方兵力大致相等的时候实施渡河，那么可能就会有完全不同的结果。

如果法军拥有一支十万人的军队，面对的是拥有十万人的德军，它想在曼海姆或斯特拉斯堡渡过莱茵河，那么法军这时要做的第一件事，就是在三个方向上将敌人击退：第一，要在正前方把敌人逐回到黑森林山脉；第二，要在右方对上莱茵河的桥梁进行掩护；第三，要在左方对美因兹和下莱茵河的桥梁进行掩护。而为了实现这些必要的目的，分散兵力就在所难免。但是，如果想要扭转因为分散兵力而造成的不利情况，把兵力分成三个等份是坚决不允许的，同时，在短期内没有查清楚敌军兵力的集结地之前，是不应派出支队的。

但是，我们绝对不能否认的是，对一位主帅来说，这种情况的确是最难处理的一种。如果他分散兵力去掩护桥梁，那么在他的这三部分兵力中，有一部分就有可能会与敌人的主力相遇，结果就是这部分军队会被敌人吃掉。而相反的情况是，如果他把兵力集中在一个方向，如果他被敌人迷惑，对敌人兵力的集中点辨识不清，那么敌人就有可能占领或者摧毁他的桥梁，而他也会因此陷入难以取胜的、危急的境地。

　　最佳方法就是在一个城市的附近架设桥梁，并迅速进一步加强城市对桥梁的防护，然后迅速地以全部兵力展开第一次战斗，并顺次将各个敌人击破、分散、孤立，使其受到重创，不敢再一次对桥梁进行侵犯。除此之外，很可能还要使用离心的作战线体系。如果敌人将其十万人的总兵力分为几个军，每个军都各有各的监视地点。同时，我军同样以十万人的兵力，选择敌人警戒线中心附近的一个渡河点渡河，这时，敌军处于中心位置的那部分军队，势必会被我军迅速击败。此后，我军就可以安全大胆地将军队分成两个支队，每个支队各有五万人，然后采取离心作战线，稳步地将外线孤立之敌分割开来，让它们没有会合的机会，以致离桥梁越来越远。而如果我军选择在敌军战略正面的一端进行渡河，那么，就应该在渡河之后迅速地转向敌军的正面进攻，以期在全线将敌军击败，正如当年腓特烈在莱顿巧妙地将奥军的全线击破一样。当我军向前运动的时候，桥梁的位置就将处于我军的后方，因此自然会受到保护。例如，1795年茹尔当在奥军的右翼渡过了杜塞尔多夫河后，就可以在向美因河推进时没有后顾之忧。如果茹尔当也被敌人击败了，就是因为法军采取的作战方式应是双重外作战线，以致在从美因兹到巴勒的全线上十二万人的兵力处于了瘫痪状态，而克莱尔法特却逼迫茹尔当向兰河撤退。但是，在敌人的战略正面一端建立渡河点的明显优点是不会被这一情况改变的。渡河的时候，主将可以采用这种方式，也可以采取上述一种方式——即主力从中心渡河，然后根据当时的情况、边界线和基地的位置，以及敌军的配置，采取离心作战线。在前文中，这些问题在有关作战线的一节中已经涉及了，但是我认为有必要在这里再论述一下，这样做也没有什么不当之处，原因是我们在这里研究的主要对象就是它们与桥梁位置的关系。

　　出于某些重要的原因，有时候在同一个作战正面上分兵两路进行渡河也是有可能的。比如说，在1796年，莫罗和茹尔当就采用了这种办法渡河。这种办法有它自身的优点，在万不得已的情况下，能让我军有两条退却线；但是另一方面，自然也有它的缺点，那就是我军从敌人的正面两端进攻，这样做会迫使敌人向中心集中兵力，从而有将我两路军队各个击破的可能。如果敌方的将领能对这一违反原则的弱点善加利用，那么这次作战的结果就会使我军蒙受重大损失。

　　对此，为了将两路渡河的不足减少，我们所能提出的建议是，应该尽量将主力集中在一路，使这条路具有决定性，而在渡河之后，为了避免我军被敌人各个击破，我们就应该尽早地把两路军队集中在内线上。如果这条准则被茹尔当和莫罗遵守，并且会合于多瑙佛特，而不采取离心行动，那么他们在巴找利亚取得巨大胜利就是完全有可能的，也就不至于被敌人逼迫，从而退回到莱茵河了。

　　这个问题属于双重作战线问题，在这里，我们就不再进行重复说明了。

第三十八节　退却和追击

　　可以毫无疑问地说，在一切战争行动中，最困难的一种行动是退却。闻名遐迩的德利涅亲王凭借他一贯具有的主见曾经断言："我好像从未见过使用什么方法能在退却中获得成功的任何一支军队。"这种真知灼见是那么真实可信。实际上，如果能够设想到由于交战失败而退却的军队的体力和精神状况，设想到保持退却秩序的难度，以及稍有一点混乱就可能导致覆灭的结果，就能轻松地理解，最有战争经验的将领，要下定实施退却的决心，是多么不容易。

　　可以为大家提供哪些有关退却的方法呢？是否应该竭尽全力战斗到夜色降临，这样可以在夜色的笼罩下实施退却方案呢？当有秩序地退却成为可能时，是否应该马上撤离战场而不是坚持到最后时刻呢？是否应该为了远离敌人而趁着夜色极力强行军或者做出准备再战的姿态而在半途有秩序地停下来？在这些方法中，每一种方法都有可能在某些情况下有利，而在另一种情况下，又可能导致全军覆没。如果说战争理论表现在某些方面可以用"无能为力"来诠释，那么表现在退却方面的软弱，则是无可争辩的。

　　如果要一直奋战到夜晚来到，那么可能还没到天黑，便已不剩一兵一卒。而且，如果在夜色沉沉、漆黑一片下被迫开始退却，那么军队对所面临的情况不甚明了，也不知道要采取哪种措施应对。既然如此，应该用哪种方法才能挽救军队于崩溃之中呢？相反，如果不等待转机的最佳时刻，而在白天就撤出战场，那么就有可能在敌人已经停止进攻时功亏一篑。所以，这种退却会使部队斗志涣散。如果军队将帅不是在十分明确的被逼无奈的情况下实施退却方案的，那么部队一定要对他这一审慎的做法进行指责。另外，又有谁能确定在勇猛大胆的敌人的追击下，如此的退却不会演变为杂乱无章的溃退呢？

在真正开始进行退却行动的时候，采用强行军来争取先敌行动是否应该进行，这仍是一个十分困扰人的问题，因为这种匆忙行动可能导致整个军队覆灭，也可能导致整个军队得救。我所能正式提出的关于这个问题的意见就是：一般来说，如果军队的数量十分庞大，那么采取慢速退却的方法还是适宜的，要分阶段进行，并且保持一定的距离。因为这样可以挤出时间便于组成兵力较多的后卫部队，阻挡住敌人的先头纵队，使他们迟滞一定的时间。但是，我们仍然要再来认真研究一下这些准则问题。

根据退却的原因，退却大致可分为几种不同的种类。

有时，在还没有进行交战时，为了引诱敌人离开原有位置，从而令其行进到一个更为不利的位置，而自行带兵撤退。如果说这种行动是退却，倒不如说是一种灵活谨慎的机动。比如，1805 年，拿破仑为了把联军诱至对他有利的地点，由威绍退往布尔诺。同样，为了这个目的，威灵顿亦由卡特尔布拉退往滑铁卢。最后，在得知拿破仑到达之后，就是在对德累斯顿开始攻击以前，我曾经也建议采取这种机动。我说，为了在迪波尔迪斯瓦尔寻找一个有利的战场，必须向那里运动。但是很不幸，退却的概念把这种想法混淆了，一种骑士式的荣誉感不允许他在战斗还没有发生时就向后退缩，所以 1813 年 8 月 28 日的大祸变得不可以避免也是理所当然的。

有时，即使没遭遇失败，因为要防守在侧翼或退却线上受到敌军威胁的某个点，那么就必须退却。在穷乡僻壤之地，如果运动进展到距离补给中心过远时，为了靠近仓库，有时也必须退却。最后，当某一行动失利或交战失败后，也会被迫实行退却。

影响考虑退却的因素，并不局限于上述这些。随着当地的地形特点、所要经过的距离以及敌人可能设置的障碍等，这些因素也会有所变化。如果在敌境内实施退却，那是特别危险的。而且，开始退却的地点距离边界和作战基地越远，那么退却的困难就会越大，危险性就会越高。

从著名的古代希腊一万人的大退却算起，至 1812 年法军惨败为止，有关出色的退却的记载，历史上不算多。安东尼战败于米底，他所采取的退却，与其说是光荣的，不如说是艰苦的。与他相反，当这同一地区的巴尔特人追击朱利安皇帝时，朱利安皇帝采取的退却则遭到了惨败。在近代史上，查理八世自那不勒斯返回，当他通过驻守福尔努的意大利军团主力侧旁时，实施的退却方案则是可圈可点的。德贝利斯尔元帅从布拉格的退却，却是名不副实的。普鲁士国王在解除奥尔米茨之围和奇袭霍赫基希之后，退却方案组织得非常好，但这还不能看作是一种远距离退却。莫罗将军在 1796 年实施的退却，曾被人片面地捧上天，其结果虽然令人满意，却并没有令人吃惊之处。仅仅有一次，胜过其他一切退却，那就是俄军从涅曼河向莫斯科的退却。由于当时不仅要行经二百四十古法里（约 960 千米），而且后面还有像拿破仑这样的一个敌人，及一支由智勇双全的缪拉所指挥的骑兵在后面追赶。但是很出乎人的意料，俄军并没有败北。因为当时有许多因素似乎都对俄军退却有利，不仅是由于指挥退却的将领拥有非凡的战略才能，而且执行退却命令的部队还具有非凡的信念和顽强勇武的精神。

最后，拿破仑从莫斯科撤退，这一战役对他自己来说，虽然是失败了，但就退却本身而论；在克拉斯诺耶和别列津纳却为拿破仑本人及其部队带来光荣，因为他保住了军队的骨干。按照当时的情况估计，他的部队应该遭全歼而覆没。在这一令人难忘的事件中，交战双方都同样赢得了荣誉，虽然在运气和战果上是截然不同的。

能决定退却命运的主要因素还包括：距离的长短、所经过地区的性质、当地提供的资源、敌人可能在侧翼和后方构成的障碍、骑兵的优劣以及部队的士气等等。理所当然，还应包括主帅为确保退却万无一失所采取的神机妙算和奇妙部署。

假使有两支军队，一支军队是在本国境内向着自己的补给线退却，而另一支军队退却时要宿营，要为寻找宿营地分散行动，那么无疑前者比后者更易于保持军队集中，维护良好的秩序，并安全退却。法军 1812 年从莫斯科退回涅曼时，既缺乏给养补给，又没有必需的骑兵和牵引马匹，而俄军从涅曼河退回莫斯科时，既有充足的补给，在本国国土行动，又有无数的轻骑兵掩护。所以，假使要求法军的这次退却能像俄军的退却一样井然有序和充满信心，那就未免荒唐了。

通常有五种组织退却的方法：

（1）全军只沿一条道路运动；

（2）全军虽然沿一条道路运动，但要分为两个或三个军，成梯次行进，为了防止造成混乱，特别是防止炮车辎重队混乱，每个军之间必须相隔一日行程；

（3）沿着近似平行的数条道路，朝着同一正面、同一目标行进；

（4）从两个相互远离的点出发，向着同一个与中心偏离的目标行进；

（5）沿着数条向心道路行进。

我在此不打算谈到关于后卫的组织问题。当然，组织良好的后卫还是必需的，并且，还要动用一部分预备队骑兵给以支援。对所有的退却，都需要有如此这般的部署。虽然，我在此仅从战略观点方面来探讨各种行动。

如果意图在与增援部队会合后，或在到达预期的战略点后能够马上进行战斗，那么一支完整的退却军队，最佳的措施是采取第一种退却方案。原因在于，这种退却能保障军队各部紧密集中，保持随时应战的能力。基于此，只需纵队的先头部队停止待命，而其余部队则在其掩护下随着战略调整进行部署就可以了。但是如果有些小的侧路可用，而且能加速军队的安全行进，那么采取这种方法时，当然就不应全军都沿一条大路行进。

拿破仑就是运用第二种方法从斯摩棱斯克退却的。他把全军分为几个部分，成梯次行进，相互间隔一日行程的距离。可是这一次因为敌军不是尾随他的后面追击，而是沿着横的方向行进的，所以他犯了一个不可挽回的致命的大错误。因为双方几乎形成垂直态势，俄军指向的则是他孤立的各军的中间空隙。这一错误的结果，终于导致法军虽然在克拉斯诺耶苦苦激战三天，但仍然遭到大败。为了避免道路被挤得水泄不通，所以沿一条道路梯次行进的退却，只需要保障炮兵的行动需要即可，各军出发时间的间隔不需要间隔一日行程。因而，行之有效的最好的办法还是，把全军分为两大部分，另加一个后卫队，而每一部分之间的间隔保持半日行程。如果这些部队能逐次出发，各军之间能保证保持两小时的间隔，那么至少在一般地形上即可以畅通无阻，不会发生拥挤现象。不过，若要通过圣贝尔纳山口和巴尔干山脉，那就要区别对待了。

我在这里进行探讨的是以这样一支军队为标准的，它的总数约为十二至十五万人，有一个二万五千人的后卫，距本队半日行程，本队可分为两大部分，每一部分约为六万人，彼此相距约三至四古法里（12 ～ 16 千米）。每一部分又可分为二至三个军，它们既可沿路成梯次行进，也可沿路成两线行进。无论采取哪一方式，假使每军有三万人，第一个军在上午 5 时出发，第二个军在 7 时出发，那么如果没有意外情况发生，就不用担心他们有可能在路上拥挤在一起了。因为第二个军于同一时间内是在第一个军后面四古法里（约 16 千米）处出发的；而中午至下午 2 时，第二个军到达的地点，则是第一个军早已离开很久的位置。

如果附近另有很多乡村小道，可以使步兵和骑兵通过，那也能够极大地缩小距离。但是，采取这种序列的条件是行进时要有充足的给养。

而第三种方法普遍认为是一种较好的方法，原因在于此时的行军序列也就是战斗队形。此外，如果遇到在白昼时间很长和天气炎热的地区退却时，应该交替利用夜间和清晨行军。最大的难题之一，对战争勤务来说，在于怎样把军队的出发和停止的时间都能安排得恰到好处，这一点在退却时绝对不能忽视。

有许多将领认为对休息的方式和时间做审慎的安排是没有必要的，因为每个军或旅都会以士兵疲倦为借口或遇到合适的宿营地就自行休息，这就会导致行军中一切混乱现象的发生。当军队中的人数愈多，而且行军队形愈集中，那么也就愈要重视对军队的出发和休息的时间做严格规定，尤其在夜间行军时更要加倍重视。有时，某个纵队的一部分在不适当的时机停滞不前，其将造成不逊于全军溃败的严重后果。

如果敌人紧紧逼向我行军后卫，那么我军应立即停下，从第二部分主力军中抽调出一个新的精锐军来接替后卫。敌人如果看到我军由八万人组成新队形，那么必将也会暂停追击，以集结其后续部队。此时，我军便可在黑夜来临后，利用有利时机再继续行军，重新占领有利地形。

沿着几条平行道路退却，是第三种方法。当几条平行道路之间的距离比较接近时，十分便捷有效的措施就是采用这一种退却方法。但是，如果这些道路之间相距太远，各翼一旦陷入孤立无援的境地，敌人一旦集中主力对其进行拦截追击，使其被迫接受作战，那么敌人就会很轻易地将其分化瓦解，各个击破。为此提供最有力的证明的，就是 1806 年普军从马格德堡向奥得河的推进。

军队分别沿着两条向心的道路退却，是第四种方法。毋庸置疑的是，如果各部队之间的位置距离相当遥远，而这时恰好接到退却命令，那么对己方最有利的就是采取这种退却方法。集中兵力，向心而退，在这种情况下不失为最佳途径。

比洛所主张的离心退却方法十分著名，这可以归结为第五种退却方法。在我的早年著作中，我曾经极力反对他的这种方法。原因在于我深信我没有弄错他的这种方法的思想和目的。从他的关于这种方法的定义来看，我觉得他的这种关于退却的方法的主张就是：军队应从某一固定点出发，沿着离心路线分散退却。他有两个目的：第一，为了摆脱敌人的追击；第二，可以达到威胁敌人的侧翼和作战线，以阻止敌人前进的目的。对这种方法，我坚决反对。我觉得，对于一支因战败而退却的军队来说，在胜利的对手面前分散兵力的做法是多么荒谬啊！哪怕不再施用这种狐假虎威的做法，这支军队本身就已经够虚弱了。

有一些人拥护比洛，他们断言我没有掌握他的原意。这些人认为比洛离心退却的精髓在于：军队并不是沿着许多条离心的路线退却，直接退向作战基地的中心或国土的中心并不是他的真正主张。他的真正含义是从这个作战的焦点出发，按着离心方向，沿着国境或边境退却。

可能我确实未能弄清他的真正用意。如果真的是这样，我对他的批评真是不堪一击，由于我曾极力推行"平行退却"的退却方式。实际上我认为，离开边界通往国土中心的道路，转而向沿着其左方或右方移动，是我军应采取的正确方法。这样我军所经过的向心路线，就有可能与我国的边界线、作战正面或作战基地相互平行。所以，平行退却应是沿后面这一方向实施的退却，而离心退却则是从战略正面出发沿离心方向实施的退却。这种说法，我认为似乎更为合理。

比洛的原文阐释得不够明确，是围绕这一术语产生争论的原因。但是，不管争论怎样，那种把可以掩护最长的边界线，并从翼侧威胁敌人，而沿几个半径实施的离心退却措施作为借口的，则是我要切实指责的。

因为运用了诸如翼侧一类的扰人耳目的术语，一些完全违背战争艺术原理的战略就好像具有了十分重要的价值。不论在体力上还是士气上，对于一支退却的军队来说，总是处于劣势的。导致其退却的原因只能有两个，如果不是打了败仗，就是在数量上与敌人相差悬殊。既然如此，怎么还能再让它分散兵力，使其力量更加薄弱呢？对于把全军分成几个纵队实施退却的观点，我当然并不反对。这样可以增强其行动上的自由；不过，实施这个方案要有个前提，就是各纵队之间要能相互支援。所以，只是沿离心作战线实施的退却，才是我所反对的。假设在我军退却时还保有四万兵力，但是敌军却有六万追兵，而我军分成四个孤立的师，每师约一万人。敌军分成两部分，每部分约三万人，那么难道敌军不能迂回、包围、分割，并各个歼灭我军的各个师吗？我军用什么方法才能逃脱这个厄运呢？唯有采用集中之法才是最明智的选择！但是，这是一种注定要失败的方法，也是一种与离心退却格格不入的方法。

　　我在此再引用一些深刻的经验教训来加以说明，以便使我的论断更令人信服。当维尔姆泽击退了法国的意大利远征军团的先头部队时，拿破仑就把他们全部集中在罗韦贝拉地区。虽然这时候他只有四万人，但是六万敌军却被他打败了。原因就在于他专门设法攻击敌人各个孤立的纵队。假使他采取离心退却的方法，那么又会有什么样的结局等待他的军队和他的远征呢？当维尔姆泽第一次失利后，他使其两翼退向防线的两端，这便是运用了离心退却的理论。结果如何呢？虽然蒂罗尔山地的有利地形被他的右翼占据，但他仍在特兰托被法军击败。然后，拿破仑指挥军队向他的左翼后方前进，并在巴萨诺和曼图亚将其歼灭。

　　在1796年，卡尔大公对两支法军的初期行动做了让步，这是因为离心机动使德国得救了吗？难道不是恰恰相反，德国能够得救，应该是向心退却的功劳吗？最后，当莫罗的军队分成几个孤立的师在一个非常宽的正面上运动时，一旦交战就可能全军覆灭，尤其退却时更是如此。这是莫罗所深知的。所以敌军在他的主力面前所做的一切努力，均遭失败，就是因为他把所有分散的兵力都集中起来行动。而敌军不得不对他的主力进行监视，在长达八十古法里（320千米）的全线各点疲于奔命。在列举了这些战例后，我觉得我的论点绝对无懈可击了。

　　采用离心退却方法的情况，只有两种。不过那都是不得已而为之，孤注一掷的。第一种情况是，当一支军队在本国境内遭到惨败时，其分散的各部将退向有要塞的地区，以求得掩护。第二种情况是，在民族（人民）战争中，这支被分割的军队的各部开往各省，以便成为各省人民起义的核心。如果在正规战争中采用这种方法，那就未免贻笑大方了。

在何时沿与边界垂直的方向，从边界向国土中心退却，以及何时沿与边界平行的路线退却，这是一个很值得思考的战略问题，平行退却的方法可以转移敌人的兵力，使其不向我方的首都或实力中心前进，所以这常常是最有利的方式。决定采取这种退却方法是否适宜的主要因素包括：边界的地形、要塞的位置，以及军队为了移动和恢复与国家中心直接的交通联络所需通过的空间。

如果在西班牙采取这种方法，大概特别有利。如果法军经巴约讷进入西班牙，那么西班牙军队便可以潘普洛纳和萨拉戈萨为基地，或者以莱昂和阿斯图里亚斯为基地，从而威胁到法军狭窄的作战线，使其无法直接向马德里挺进。

如果法军善于利用，土耳其帝国沿多瑙河的边界也对它这个强国有利。

当法国国内没有试图控制首都或让敌人占领首都的两个政党存在时，它也同样非常适合于这种战争。假设敌人是通过阿尔卑斯山侵入的，那么法军便可沿罗讷河和索恩河行动，并沿边界一方面转至摩泽尔河，另一方面转至普罗旺斯。如果敌人通过斯特拉斯堡、美因兹或瓦朗谢讷侵入，那么法军也可以采取这样的行动。只要法军能充分保证主力部队安全，并能依托周围要塞作为基地，那么不论在上述哪一种情况下，我军都不可能攻占巴黎；如果敌军要攻占巴黎，那也要冒很大的危险。凡是具有双重作战正面的地区都是如此。

奥地利可能并不具有这种优势，这是由于雷蒂凯山脉和蒂罗尔山脉的走向以及多瑙河的流向的关系。尽管劳埃德视波西米亚和蒂罗尔为两个堡垒，并在它们之间由因河构筑了一道坚固的壁垒，但他认为这个边界是最有利于针对侧敌运动采取防御的。但是就如同我们之前所讲过的，1800年、1805年和1809年的战局无情地推翻了这个论点。这些战局中的侧面防御都未曾准确实施，所以我们还可以继续讨论这个问题。

我认为，能够作为做决定的凭借条件是当时各自的情况和先前的事件。

假使力量强大的法军在由莱茵河经巴伐利亚前进时，与联军在莱希河和伊泽尔河相遇，那么在这种情况下为了阻止法军的行军而把奥军全部投向蒂罗尔和波西米亚，是非常棘手的事。因为要想掩护向首都的接近行动，就应有一半兵力投向因河，这样就会造成兵力分散的致命伤。假使把全军集中在蒂罗尔，那在通往维也纳的道路上就无兵防守，敌军一旦大胆地进攻，我军就会非常危险。由于战场范围狭窄，难以展开，在意大利明乔河上的侧面防御将在蒂罗尔方面遇到困难，而为了抵挡来自萨克森的敌军而在波西米亚的侧面防御也会遇到困难。

对于平行退却这种方法来说，可能有多种方案，尤其是在用于普鲁士时。在普鲁士，如果敌军由波西米亚向易北河或奥得河进攻，那么普军采取平行退却的方法就可以说是完美无缺的；但是如果在法军越过莱茵河或是俄军越过维斯瓦河攻入的情况下，除非普鲁士同奥地利结盟，否则普军无法采取这种退却方法。之所以会产生这种区别，完全是因为这个国家的地形。军队不仅可以而且能够向大纵深实施侧敌运动（由梅梅尔至美因兹），不过在由南至北（由德累斯顿至什切青）这个较小空间的方向上的侧敌运动则难免遭到失败。

不论出于何种动机，敌方通常会追击退却的军队。

即使有非常严密的组织，有完整无损的军队，一般来说，占某些优势的还是追击军。战争中最难的行动，莫过于战败之后或在远离本土的地区实施退却。如果敌人组织了巧妙的追击，这种困难还会随之增加。

统帅的大胆性格和两军的物质及精神状况，决定了追击的勇气和积极性。适用于追击中一切情况的绝对原则是很难提出的，不过必须承认以下几点：

（1）一般情况下，退却之敌纵队的翼侧是追击最好的指向，而非后尾。如果是在本国境内追击，则更应如此。同时，可以采取与敌人作战线交叉甚至是垂直的运动方向，而不必害怕有任何的危险。但是无论如何，决不能迂回过远，否则会完全放走敌人。

（2）一般情况下，应尽可能采取大胆和积极的行动进行追击，尤其是在交战取胜后。因为此时被击溃的敌军士气低落，很容易被全歼。

（3）为敌人架设"金桥"得当的情况是很少见的，这种情况只有当劣势军队取得意外成功时才有可能发生。

关于退却的问题没有实质性的问题需要补充，在战略方面就谈到这里。下面所要谈的战术措施，是保障退却顺利实施的。

保证退却顺利实施的最可靠的方法，就是使官兵清楚地认识到，回击敌人并不危险，不论敌人从哪一方面出现，不论回击敌人的后面或前面。同时，还要使官兵认清，保持秩序是退却中受到扰乱的部队得救的唯一方法。这种情况证明了严格纪律的重要意义，即严格的纪律将永远是维护良好秩序的最好保证。但是，要想保持军队的纪律，避免发生溃散和抢劫食物行为，就必须保障军队给养充足。

冷静沉着是负责后卫指挥军官必须具有的特点，同时还要为其配备数量适当的参谋人员。为了便于后卫扼守，这些参谋人员应负责预先选定适于防守的据点，或者部署编有炮兵的后卫的预备队，用以阻止敌军前进。必须逐次替换成梯次部署的部队，并在替换过程中防止成梯次的各部队过于接近。

因为骑兵易于赶上进行战斗的军队并与其会合，所以如果拥有大量的骑兵部队，就能够阻止敌人突然扰乱我军纵队的行军和切断我军与一部分纵队的联系。骑兵部队不仅有利于有秩序、有计划的退却，还可以提供侦察手段，以保障翼侧从侧方警戒退却。

一般来说，在退却中，后卫能把敌人阻止在距我进行战斗的军队半日行程的位置就足够了。如果后卫距离主力过远，则会带来危险。不过也有特殊情况，如果后卫的后面有由我军可靠据守的隘道，后卫也可以适当增大活动地域甚至距离主力一段行程。若我军控制该条隘道，则有利于退却；若被敌人占领，则会使退却发生困难。退却军队的后卫应随着兵力的大小进行增多或减少，这样后卫就可以大胆地在离主力一日行程的位置上行动；但是这种决定需要依据后卫的兵力、当地的地形和追兵的情况。若敌人进逼过紧，则要极力防止我军相互靠得太近，特别是我军保持着良好秩序时。在这种情况之下，可以随时停下来，对敌军前卫实施出其不意的反击。1796年，卡尔大公在内雷希姆、莫罗在比贝拉赫，以及克莱贝尔在乌克拉特，都曾这样做过。这种机动常常可以获得成功，因为被追击的部队回头进行奇袭时，会发现追击部队的官兵往往在忙于搜集易得的战利品。

还有一个令人感兴趣的问题，就是退却时如何渡河。如果面临一条小河，且上面有固定桥梁，那么在这种情况下渡河就好像通过一个隧道一样。但是如果遇到的是一条大河，而且所能利用的是舟桥，这就会变成一个相当困难的行动。让辎重先行以免妨碍部队的运动，这是注意事项中的重中之重。这说明了，军队停止行军的最好位置是在离渡河点尚有半日行程之时。与此同时，也应根据地形条件和双方兵力的强弱，调整后卫与本队间的间距。只有这样，部队才能从容不迫地渡桥，而不会过分拥挤。只不过，后卫的运动必须安排妥当，后卫应当在本队最后各师渡过河时在桥前占领阵地。毋庸置疑，在这个决定性时机，应将原有的后卫部队替换成预设在经周密侦察地点的新锐军。这时，新锐军的间隙可以使原后卫部队通过，以便在该军之前完成渡河。当敌人追兵发现此时我新锐部队已在严阵以待，会感到震惊，于是不敢过于紧逼。这样，新的后卫将不会蒙受损失，而且应在桥头位置守到黑夜，再渡过河去并拆除桥梁。

当然，为了掩护留下准备阻击敌人的我军后卫兵力，部队在渡河之后，应在彼岸整顿队伍，部署炮兵。

在退却中这样渡河的危险性，以及所采取的在这种情况下渡河的预防性措施的性质，都清楚地说明了：事先采取措施，在选定的架桥地点修筑桥头工事，是有利于渡河的最好方法。如果时间有限，无法及时修筑真正的桥头堡，那么修筑代替桥头堡的设备良好的多面堡，对掩护最后退却的部队也是非常有利的。

退却部队对仅受到敌人从后面的追击且要渡过一条大河，就感到非常困难的话，那么退却部队如果受到前后夹击，而且桥梁上又有敌人的大部队防守，那么要渡过一条大河的困难就更大了。

这类作战中最卓越的范例，就是著名的法军 1812 年在别列津纳河的渡河行动。战争史上，没有哪支军队陷入过如此绝境，也没有哪支军队能够如此巧妙地脱险。在该河两岸的沼泽地和大森林中，当时已远离作战基地五百古法里（2000 千米）的饥寒交迫的法军，受到敌人的夹击。情况如此危险，谁能寄希望于军队能够安然脱险？法军赢得了这份光荣，但也付出了高昂的代价。这场战斗中，俄军的作战计划和法军的顽强，都非常令人吃惊：俄军的作战计划规定，俄军应以俘获顽敌告终此次战斗，如同进行一次和平进军一样，从摩尔达维亚、莫斯科和波洛茨克向别列津纳河推进；而法军这头被追逐的雄狮，却非常顽强巧妙地为自己开辟了一条生路。虽然俄军奇恰戈夫将军的错误大大帮助了法军，但更重要的是法军具有那令人钦佩的英勇。

应对这种情况唯一的原则就是：避免我军过于密集拥挤；用欺骗的手段，使敌人无法发现我军的渡河点；猛攻前面拦路的敌军，使其无法联系后面的其他追击部队。但是，一定要注意避免前后受敌的态势，否则将无法脱离险境。

退却的军队会利用桥头堡或者掩护后卫退却的多面堡，所以他们一定会千方百计地保障其桥梁免受攻击。因此，追击的军队一定要竭力设法破坏这些桥梁。假如退却的军队在下游渡河，那么追击的军队就可以采取在下游河段下放木船、纵火船和堵塞船的办法。1796 年，奥军曾在莱茵河上的新维德附近这样做过。当时奥军正在追击茹尔当将军率领的法军，奥军在该处的行动，重创了桑布尔河－马斯河军团。 1809 年，在著名的埃斯灵之战渡河时，卡尔大公也曾这样做过。他破坏了多瑙河上的桥梁，使拿破仑的军队陷入危亡的境地。

能够防止敌人破坏桥梁企图的方法很少，在时间允许的情况下，为了掩护桥梁可以横跨河流插一道木桩；还可以将几条船串联作为一条浮动的掩护防线，以拦截顺水下放的物体；同时为了对付敌人的纵火船，还要有灭火器具。

第三十九节 军队行军宿营和冬季舍营

已有人写过很多关于这个问题的文字，同时这部分内容与我的主题只有间接关系，所以接下来只对其进行简单说明。

在激烈的战争中安排军队的宿营，是一件相当困难的任务。即使宿营安排得非常周密，也难以保证宿营地不受到敌人的攻击。相对于城镇稀少的国家，大城镇较多的国家，如施瓦本、萨克森、荷兰、伦巴第和旧普鲁士，反而安排宿营更加方便。这是因为城镇较多的国家，不仅能够方便地给军队提供给养，而且军队住房相距较近能够保持各部分军队的相对集中。但是，冬季安排舍营比之前提到的情况要困难。

以往，敌对的双方于 10 月底就开始舍营过冬了。在此之后，双方开始游击战，战斗行动的打击对象一般就只限于对方非常孤立的前哨中的几个营地。

但是，敌人也可能会对舍营发动攻击。1674 年，蒂雷纳元帅曾对奥军在上阿尔萨斯的冬营，进行了突然袭击。这也说明了，在战争中应采取一些预防措施来阻止敌人的这种攻击。

在我看来，做防备措施最好的准则就是：舍营要集中，舍营的空间要长宽大致相等，以免延伸过远的一线成为被敌人突入的缺口；舍营要有江河掩护，或者要有第一线部队的掩护，部队驻临时舍营，并依托于野战工事；规定集结地点，确保部队不论出现任何情况都能掌握制敌先机；派出固定的骑兵巡逻队，在通往军队的所有道路上巡逻；最后，规定警报信号，以应对敌人的突然袭击。

1807 年冬，拿破仑令其军队面对敌军舍营并在帕萨格河后过冬，只派了前卫部队，宿营在靠近古特施塔特、奥斯特罗德及其他几个城镇的木棚串中。这支军队共十二万多人，要使其饱暖无忧地度过寒冬直至第二年的 6 月，指挥官就必须具有极强的指挥艺术。尽管这个地区对舍营很有利，但是并非没有漏洞。

前面已经讲过，在一个城镇较多的国家，一支由数十万人组成的军队，是容易找到集中的舍营地的。但是，军队越大，随之而来的困难也就越多。比如，人数增加了，军队所占的舍营面积也就相应增大，那么用于抵抗敌人突然入侵的兵力也必须相应增加。最重要的是，在二十四小时内须集中五至六万人的兵力。假使能够做到这一点，并且确信援兵能够继续增加的话，就可以对敌人的突然进攻进行抵抗，直至全军都集结起来。

但是，如果我军分别舍营而敌军保持集中态势并力图发动进攻，对我军来说，这是非常危险的。由此，可以得出一个结论：一支军队要想确保自身能在冬季或在一个战局中间得到安全的休息，唯一的方法就是要找到一条大河作为军队驻地的屏障，或者有停战协定作为保障。

不论行军，还是执行监视任务，或是等待时机恢复进攻，只要在战争期间，军队都有可能在所占领的战略位置上保持集中舍营。要获得这种优越性，军队的主帅就要善于计算，善于判断敌人可能造成的威胁；军队必须占领足够广大的空间以便获得充足的给养，同时保持战斗力，能够迎击敌人可能发动的攻势。但是，达到这两点要求是不容易的。但也有较好的方法，就是将全军安置在一个近似正方形的空间内，即该空间的长宽相等。这样做，就可以做到在遭遇敌人进攻时，能够随时将军队集结到该受攻点周围。比如，配置九个师的舍营，使其相互间隔半日行程，那么就能够在十二个小时内将其全部集中到中心位置。即便是在这样的情况下，也应注意按照冬季舍营的一切要求行动。

第四十节　登陆作战

登陆作战这种军事行动是很少采取的。如果面对一支准备完善的敌军，那么这种行动就可以算作最困难的了。

火炮的发明引起了海军的重大变化。一艘装备有上百门火炮的有两三层甲板的大船，自然远远胜过普通的运输船只。因此，要完成登陆作战任务，就必须有一支舰队作为支援。这支舰队要由战列舰编成，能够始终控制制海权，或者在登陆结束前控制制海权。

火炮发明之前，运输船就是战斗舰，由人力操纵，具有轻便、可沿海岸行驶的优点，数量与登陆部队的数量成正比。那时，能够影响登陆计划执行的就只有风暴。舰队行动的组织计划与陆军几乎相同。

第 六 章

战争勤务

第四十一节 战争勤务

战争勤务只能算是一些琐碎问题的科学，还是一门完善战争艺术的核心组成部分之一的基础科学呢？或者只是一个习惯用语，泛指司令部的各个部门的工作内容，也就是将战争艺术的技巧谋略等应用于实战的各种手段的统称呢？

某些人认为，因为战争相关的一切都已经有了准则，所以无需多做研究；再准备去探索新的定义，就是在做无用功。在这类人看来，前文所述实在是有些离谱。不过我个人认为，精准的定义可以让概念更明了。然而不得不承认，处理这些看似很简单的问题，对我来说实在是没那么简单。

在本书的前几版中，我曾模仿不少军事家，将战争勤务归属于司令部事务的具体操作的细节问题范围。这些细节问题又分化为野战勤务细则及部分军需官专用守则的中心内容。这种观点是当时流行的部分偏见的汇总。

大家知道，战争勤务这一术语生成于军需官。而军需官是一种军官的职务名称，其传统的职责是主管军队舍营或野营，确定行军路线和阻止就地驻防。所以战争勤务的所有内容也就是这些，仅仅就是基本的安营扎寨罢了。不过之后出现新作战方式而无需野营时，军队的移动就变得越来越细化，司令部的权力和职责也不断增加。参谋长也需要随时把最高统帅的指示送到战场前沿各处，并为其汇总各种信息，以便指导军事行动。因为参谋长参与全部行动的设计，并担任传递、说明和监督其执行的重任，所以他的工作肯定会直接影响到一场战役中的所有军事行动。

从此以后，参谋长的科学也就自然而然地囊括了战争艺术的所有不同部分。因此，若是这门科学确定要成为"战争勤务学"的话，那么就算把卡尔大公的两部著作，吉贝尔、拉罗什·埃蒙、博斯马尔和泰尔涅侯爵等人的所有长篇论著都合在一起，或许也没办法给战争勤务学这样一门太分散的学科拼凑出一副骨架，因为"战争勤务学"可以算是一切军事科学的应用科学。

综上所述，可以得出很明显的结论，曾经的旧"战争勤务学"已经不能解释司令部科学的所有内容；要说这一职位现在的具体职能，如果有人打算为之编写一本能完整反映其内涵的守则，那么还需要更细致地分析编排，一些职能作为理论主干，一些职能可作为细则条文。政府需要主动确定其中已经基本成熟的细则。这些细则除了要明确参谋长和参谋的权力与职责之外，也需要指出实施上述职责的最标准的方法。

过去，奥军司令部曾发行过一种细则性守则。不过因为那部细则过于陈旧，所以更适合一些旧方法，而面对新的体系却显得有些格格不入。而且，这也是我了解的所有相关文献中唯一的一部著作。我相信，肯定还有别的一些著作，秘密的或公开的，然而我必须坦率承认我对这些知之甚少。像格里毛尔和梯埃博这些将领曾经发表过参谋手册，法兰西新皇家军团也使用过一些单项守则，但任何一本守则的全面性都差强人意。有传闻布尔图林将军准备近期出版一本著作，这是他在做军需总监时给军官们准备的。我衷心希望他能尽早实施这个计划，因为无论如何，这个课题的研究都非常有意义。值得研究的内容有很多，并且它的真知灼见也可以公之于众了。

若是定义旧的战争勤务学仅仅是负责行军器材的一门细节性科学，若是确定现在参谋部的职能涵盖最高的战略策划，如此也需要相信，战争勤务学仅仅是参谋学中的一小部分而已，也就是说，它需要有新的发展，使之成为一门专门的科学：除了涉及参谋学，还要涵盖司令官的领导艺术。

为了解释得更加清楚，我们将战争勤务学可能涉及的主要内容，即任何与军队运动相关及其本身的所有事项，归纳如下。

（1）提前为军队行动，即为开战配置所有必要的物资器械。设计所有程序、指示和行军路线，以便集结部队，快速进入战场。

（2）为总司令设定各种军事指令，并对可能或即将发生的战斗推演各种攻击方案。

（3）和工程兵负责人、炮兵负责人，加强设置仓库和便于军队作战的各种要点的防御，安排所有隐蔽措施。

（4）策划并实施各种侦察，借助各种侦察和间谍手段获取与敌人相关的一切尽可能准确的情报。

（5）应用一切方法，按总司令指示的内容，合理安排一切运动。安排各纵队的行动，使其快速有序，合理高效；维护战前准备好的所有常用器械，使其既使用方便，又不影响行军；设置行军停止时的方式和时间。

（6）合理编组，并正确安排前哨、后卫，包括负有掩护侧翼或其他命令的独立支队。为他们提供执行任务所需的一切物资。

（7）给各部指挥官及其指挥部传达命令和任务，提供对敌时部队应用纵队配置的各种方法，以及需要展开成战斗阵型时应依照地形和敌军特点所需的最合适的方法。

（8）给前哨和其他独立支队提供当他们遭遇优势敌军时的安全集结地点，而这些地点必须是科学设定的；还要让他们知道，必要时他们所能得到的支援的种类。

（9）指挥并协调军需库、弹药库、粮秣库和野战医院等随战局变化而进行移动，避免使其打扰战斗部队的行动，但又要保证与战斗部队的有效距离；并有效确保它们在移动中、正常停留时，以及在车堡（由辎重车组成的堡垒）内的秩序和安全。

（10）指挥专门补充给养和弹药的输送车辆安全快速到达目的地。确保集中国家和军队的所有运输工具，并高效合理地使用。

（11）指导建立基地，并制定保障营寨内的安全、秩序、警卫等的值勤规定。

（12）设置和协调军队的作战线、兵站线，以及出动的各独立支队与兵站线的交通联络。选择负责军队后方的组织和协调工作的合格军官；保障后方部队和给养的安全；合理安排它们的输送走向，并且对连通各处的交通工具做好保养维护工作。

（13）在兵站线上调配医疗队及伤残人员收容所，设置移动医院、缝纫工厂，并保障这些人员的安全。

（14）准备记录在翼侧或后方派出的任务支队；关注他们的动向，保证其任务结束后可以立即归队；需要时，要给他们制定活动纲领，也可将其编为战略预备队。

（15）组建补充营或补充连，便于掉队人员和来往于军队与作战基地之间的独立支队。

（16）围城时，制定各部队在战壕里的值勤规章，并监督其执行；根据工兵指挥官的意见给部队分配必须实施的一切工程，并分配这些部队在出击和强攻时的具体任务。

（17）退却时，采取必要的御敌方式，以保证有序移动；调派后备部队，以援助或顶替殿后部队；安排优秀的参谋确定殿后部队可以进行有效抵御的所有地点；严格维持秩序，采取预防措施，确保安全。

（18）宿营时，分配各部驻防范围，安排各部紧急集合的地点，制定警戒流程，并监督其对各种细则的执行。

以上所说的这些名目，原来还能补充许多细节，然而只靠这些就能让我们清楚地认识到，所有上述名目既可以说是总司令的职责，也可以说是司令部的职责，这实际上也是刚才讲到的那条真理。然而众所周知，司令部对于总司令来说，就是为了配合他去执行具体事务，以便他可以专注思考战斗的最高指挥工作。所以，他们两者的职权就一定是统一一致的。假若他们的这种职权在执行上无法达到一致性，那么最先倒霉的就是军队。这种情况时有发生。追其根源，首先是因为指挥官也是人，他们难免有一些普通人有的缺点；其次是因为在军队内部，对参谋长这个位置的竞争和阴谋几乎层出不穷。

如果打算从我们的《战争的艺术》中解决几乎全部与司令部这门科学相关的所有问题，那是异想天开的。首先，由于任何国家对这一机构所给予的权限都不一样，所以各国军队的规定说明都各不相同；其次，这些具体细则中的大部分内容都可以从之前提到过的著作以及下列著作中查到，如：拉勒芒上校的《略论战争辅助行动》、泰尔涅侯爵的论著，以及卡尔大公的处女作《高级战争艺术原理》等。

这里，我对上述一系列细则中的前几条说一说自己的想法。

一、司令部为打开战局而采取的措施中要涵盖所有便于完成初期作战计划的措施。所以，应通过对各种勤务的确认，以保证全部装备处于良好状态。还应检查和补充马匹、车辆或弹药箱、挽具、马具和靴鞋。总之，所有需移动的舟桥设备、工程器械箱、火炮、攻城器材，以及救护车等，一切物资器械装备，都必须核实确认，确保其保持完好状态。

假如战斗是在河川地区打响，那就需要提前准备舰艇和简易浮桥，然后将全部船只调往需要使用的地点或岸边。经验丰富的军官应对附近最便于上船和登陆的位置做好侦察，选择最有把握能让首次抢滩一举成功的登陆点。

司令部需要为奔赴集结地点的各部军队规划所有可行的行军路线，同时要保证隐蔽行动，避免敌人察觉我军作战意图及有关行动。

在进攻战中，当作战基地附近需要修筑桥头堡或营垒时，需要与工兵指挥官共同决定出最符合战局需要的工事。

在防御战中，需要预先在第一道防线和第二作战基地之间构筑必需的工事。

二、制订行军和攻击的计划，是战争勤务学的一项主要内容；这类计划由司令官确认，经由司令部下达各军。一位指挥官是否拥有名将素质，除了看他能否设计周全的作战计划之外，还要看他能否明确地解释他的构思，以便命令能够有效执行。假设司令官是一位伟大的将领，那么虽然上述工作本质上是参谋长的工作内容，但追本溯源，制订这些计划的功劳大都属于指挥官。反之，参谋长在他的职责范围内有权对计划做出补充，并使他的思路与总领全局的司令官的意图基本保持一致。

对于战争勤务这一重要问题，我本人就遇到过两种完全不同的方法。一种方法可以叫作保守派，就是每天都对行动发布总的安排，其内容繁杂，刻意卖弄经院式的玄虚哲学，并且这些细则基本都是传送给各部队富有经验的指挥官的，所以显得更加尴尬，因为这种做法其实是把他们当成刚从学校毕业的新兵蛋子一样任意摆弄。

另一种方法是拿破仑的创造，他给他的将军们只发布一道针对性命令，也就是给每个人下达的命令都只与其负责的那个部分有关，最多也仅限于让他们知晓一些将与之共同作战的身边邻军的相关情况，但从未告诉过他们全局的整体战略战术安排。

我有理由相信，他这样做的原因是想为他源源不断的作战计划蒙上一层神秘的色彩，同时也是为了避免他的总命令落入敌人之手致使他的行动失败。

严密保护作战方案或许是十分有益的，腓特烈大帝就曾夸张地说过，如果他的睡帽知道他大脑里的秘密，那他立刻就把这顶睡帽扔进火堆。这样的保密在那个时代还是可行的，因为那时他的全体军队都围绕着他的军帐宿营；然而，在拿破仑应用的那种机动模式下，包括在选择即日作战的特殊情况下，假设将军们完全不知道他们周围的情况，那他们又怎么能做到联合作战呢？

对于这两种方法，我觉得第二种相对更加优秀。然而，也可以选择一种折中的方法，即兼顾拿破仑的极简策略和那种玄虚概念的第三种方法。这就是诸如巴克莱、克莱斯特、维特根施泰因这样一些身经百战的将军们大多使用的指令，这些指令要求他们抵达目的地后，要如何以排为单位分散部队，又要如何重新集结等。这些指令在对敌之时往往无法执行。所有这种幼稚的做法就越发令人哭笑不得了。我的观点是，只需要给将军们发布与他们作战任务相关的针对性命令，再附上用密码编写的简要解释，暗示作战全局和与他们相关的部分即可。如果没有合适的密码，就需要派一位理解力强、表达准确的传令官口头传达。如此就能大大降低泄露秘密的可能，而联合作战的全局也将得到保障。

不管怎样，确定计划本身一直是一项举足轻重的工作，虽然计划的确定大都无法将人们最期待的内容都标示得一清二楚。任何人都是依照自己的思想、性格、能力去制订自己的指令的。细致分析军队司令官给其部下下达的各种指令，是了解司令官习惯的最好途径；这也是大家都想看到的一部优秀的传记。

不过，还是回到原来的话题上来，继续研究行军吧。

三、当军队集合完毕，并能执行任何任务之后，部队一定要准确地，并且全建制地展开行动，在运动的同时还要积极侦察，时刻注意隐蔽。

无论是退却还是进攻，行军基本上只有两种形式：一种是在敌人视线范围之外进行，另一种是在敌人眼前实施。近些年的一些战役，行军发生了巨大改变。之前，敌我双方不在原地面对面地对峙几天，基本是不会开战的。那时候，进攻方在工兵部队协助下先要为各纵队修筑若干条平行的通道。如今，两军相遇，大多利用旧有道路，迅速展开战斗。然而，当军队移动时，最大的问题是让工兵部队紧随在前锋之后，以便开辟大量通路，疏通阻碍，逢山开道，遇水搭桥，并保障全军各部之间通畅的联络。

使用现在的行军方法时，时间和空间的核准变得特别复杂。同一支部队的各个支队要穿过不同的空间，因此在决定他们的任务和开始执行的时间时，必须考虑到：

（1）它们需要行军的路程；

（2）每一支队随身的物资使用天数；

（3）当地地形条件的优劣；

（4）敌人可能布置的阻碍和我军对此的处理能力；

（5）隐蔽行军或暴露行军的重要性。

在此情形下，无论是对组成军队侧翼的大兵团，还是对与远离司令部的纵队行进军团，下达行进指令的最实际、最有效的方法就是将决定细节性问题的权力完全交付于一线将领，同时培养他们准确无误的做事风格。也就是说，只需要对一线指挥官下达统筹全局的方向性命令就足够了，比如目的地，选择路线或是时间要求等。当然也一定包括与之相关的友军信息，有助于他们下达正确的细节命令。此外未雨绸缪也是必不可少的一项，我们应当告知敌人的相关信息，以及被迫撤退情况下的退却方向。

假如经常对这些一线将领下达诸多细节命令，将他们完全局限起来，比如如何编组纵队，如何在阵地上展开等，这样非但没有好处，反而容易造成不良结果。当然，部队如何执行既定细则和惯用方法行军的情况是必须要掌握的。但应当允许一线指挥官有权自由组织运动，只要他们可以准确地完成方向性命令就好。但在他们出现严重错误和失职的情况下，总部必须迅速做出反应，采取措施。另外假定多个军团在同一条道路上行进，总部需要精确为每支部队制定行进时间表。

从单个纵队来看，它应当有属于自己的前卫和侧位小队，有助于按照要求完成命令。即使非一线纵队，也应当组成工兵小队，携带工具，作为纵队先锋，有助于排除障碍。尤其是辎重纵队必须配属这样的工兵先锋队。同时，适当携带架设小型便桥的轻便器材往往也可以解决很多突发状况。

四、单独的部队行进时，应配备先锋卫队，或者如现代体系中常见的那样，中央及两翼各有独立的前卫。在大多数情况下，预备队及中央部队会随大本营行进；假定有总前卫，那总前卫大多也会在这条路线上行进。也就是说，有一半的军队会在同一条路线上行进。所以，保障道路通畅就成了部队行进的重中之重。有时候，主要突击转向某一翼侧，预备队及大本营，甚至与总前卫都将转向这一翼侧。在这样的情况下，上述方法也同样适用。

有一点很重要，前卫队的总参谋应当具备丰富的经验，便于迅速准确地分析出敌人的意图及动向，有助于总部宏观指挥，也可以帮助前卫指挥官考虑很多问题。

总前卫，它的构成应包括：配备各种武器的轻装部队，可以变为主力的精锐部队、部分擅长徒步作战的龙骑兵、骑兵炮兵，以及配备可以应对断路河流的架桥兵、工兵等。再加上若干名优秀的狙击手。另外，至少还须有一名侧地军官，便于随时对行进路线二公里范围内的地形进行草测，最后一项，就是应有非正规骑兵队的侦查人员，目的是一方面可以节约精锐的骑兵部队，另一方面非正规骑兵更适于执行此类任务。

五、当军队前进或者是远离基地的时候，必须根据良好的战争勤务的准则，将作战线和兵站线组织好。因为兵站线是军队跟基地之间的联络桥梁。司令部要做的就是将这些兵站划分成很多地区。区中心应该设在最大的城市，因为只有大城市才能够对军队营房和各种军需品进行供应。但是如果有要塞的话，则该将区中心设在那里。

兵站和兵站之间的距离最好在五至十古法里（20～40千米），不过实际上还是应该根据沿途城市位置而定，如果每隔七至八古法里（28～32千米）就设置一个兵站，那在一百古法里（约400千米）的距离上一共就有十五个兵站，这些兵站可以组成三到四个兵站旅。每一个兵站旅还应该派出一名指挥官，还要配置一支由正规军或康复队组成的部队，这样做的目的是为了调节用房，保卫地方政府（如果还有政府的话）。指挥官的主要任务是保护好道路和桥梁的完好无损，而那些部队则应该负责保护邮政联络和必要的护送。

每一个兵站，需要尽可能配置的东西有一些小仓库和一个拥有部分车辆的车场，如果不能够做到这一点，那至少应该在兵站旅的要点做到这些要求。

应当派遣能力强、有预见的将军担任地方师的指挥。这样做是因为军队交通线的安全性主要依赖于他们的活动情况。

根据实际情况，这些师还可以改编成战略预备队，就像我在第二十三节中已经谈到的那样。简单的几个精锐的营，就能够在往返于军队和基地之间的一些小分队的支援下，对军队的交通线进行有效的维持和保护。

六、总参谋部将部队的行军队形改变成很多战斗队形，这种做法是可取的，有一部分属于战争勤务性质，另一部分属于战术性质的各种措施，是非常有研究价值的。我们在提到的三部著作中，对这一课题进行了深入研究，那我就没有必要再继续步它们的后尘了。不过我们只能够在涉及构成这些著作优点的细节中才能够探讨这些问题。不过这已经不在本书的范围之中。并且在泰尔涅侯爵和他的评论员科赫上校的两卷本著作中已经列举了军队运动或不同编队方法的各种勤务规定，别人已经没有什么可以说的了。但是就算是这些办法不能够很好地在敌人面前实施的话，我们也应该承认，这些规定对于那些超出自己能力范围之外的准备性运动还是非常有用的。通过泰尔涅的那本好教材、吉贝尔的文章，还有卡尔大公的第一部著作（《高级战争艺术原理》），我们要学会战争勤务学的全部内容就变得非常容易了。对这个内容并不需要详细论述，只需要根据计划稍加援引就足够了。

在这一有趣的课题结束之前，我需要先举出几个好的例子，目的是阐述战争勤务学的重要性。第一个例子就是1806年法军在格拉平原的奇妙的集结，第二个例子就是在1815年的战局的初期。

这两个例子很好地说明了拿破仑非常善于将原本分散的纵队在最短的时间内集中到作战地的决定点，并且他的精确程度非常让人惊讶。拿破仑正是靠着这种精确的指挥保证了战争的胜利。对决定点的选择是非常巧妙的计谋，拿破仑办公室正是进行了详细的勤务工作，才得到了这样的结果。很长一段时间以来，人们都知道这些如此精确、如此明白的指令基本上全部是精明强干的战争勤务学家贝蒂埃的杰作。不过我却认为，就算是有多种理由，其实这种推断也是错误的。他们真正的参谋长是皇帝本人。他常常手拿着一只沿直线放大一比七至八古法里（28～32千米）比例的圆规（因为道路弯曲的原因，这个比例实际上至少是一比九至十古法里），要么依附在地图上，要么是趴在地图上，然后在地图上标注出自己各军的阵地和敌人的假想阵地。很多人常常对此表示疑惑不解。他会用圆规在地图上计量距离，并且只需要看一眼就能够计算出每个军必须行军的天数，为的是能够在规定的时间内抵达他想要到达的地点，他一边移动那些图钉至新的地方，还一边计算着自己纵队的行军速度，以便明确在什么地方安排他们出发，然后发出命令。仅仅凭借这一点，就足够让他名扬四海了。

这样一来，拉纳从上施瓦本出发，皇帝禁卫军从巴黎出发，苏尔特和达武从巴伐利亚和帕拉蒂纳特出发，内伊从康斯坦茨湖边出发，贝尔纳多特和奥热罗从弗兰肯出发，他们几乎是在同一时间从扎耳费尔德、格拉和普劳恩之间的三条平行道路到达了战线，不过在当时，不管是在德国还是在拿破仑军队内部，都没有人能够从这些表面复杂的军队调动中看出什么名堂来。

又比如，1815 年，布吕歇尔还非常悠闲地在桑布尔河和莱茵河之间野营，威灵顿勋爵还在布鲁塞尔举办或参加节日舞会，他们两个人都在等待，等待着进攻法国的信号。当时几乎所有的人都以为拿破仑尚在巴黎忙于应付政治上的盛大礼仪，其实他已经率领自己刚在首都重建起来的禁卫军，以最快的速度直接扑向沙勒罗瓦和布吕歇尔的营地，并且他的其他各路纵队，都以非常罕见的速度和准确度从四周汇集到了波蒙平原，并且在 6 月 14 日这一天全部抵达了达桑布尔河岸（拿破仑自己是在 6 月 12 日离开巴黎的）。

在这两次战役中，是以巧妙的战略计算为计谋基础的。不过这两次战役的实施也是一件非常漂亮的事情。我会再次列举两个相反的例子，来正确评价这类措施的优越之处，说明由于战争勤务工作的失误，将会造成几乎是灾难性的失败的道理。1809 年，拿破仑因为奥国精良的装备只得从西班牙着急回国，他相信将会跟这个强国开战。于是他下了一道非常棘手的命令，而接受命令的人则是在巴伐利亚的贝蒂埃，这个命令就是要将分散在布劳瑙到斯特拉斯堡和埃尔富特各地的军队集结起来。于是，乌迪诺从法兰克福，达武从埃尔富特回来了；马塞纳正在去西班牙途中，也经斯特拉斯堡返回乌尔姆。萨克森人、巴伐利亚人和符腾堡人都离开了自己的家乡。

因为这些军队相互之间相隔得比较遥远，因此奥地利人早早地就聚集起来了，并且他们非常有可能容易地突破这张军事（蜘蛛）网，将那些衣衫褴褛的部队给驱逐或者是消灭掉。拿破仑非常担心这一点，于是让贝蒂埃将军队集中到雷根斯堡；如果在他抵达之前，战争已经开始了的话，就将军队集中到乌尔姆附近。

对这个可选择的命令，它的原因是很容易理解的。如果战争一旦爆发，将雷根斯堡作为集结地点很明显距离奥国的边境太近了，这样的话，各军就只能够分开向二十万敌军发起进攻了。如果将乌尔姆确定为集结地点的话，法军就能够在较早的时间里集中，也就是说敌人至少要多走五六天的路程才能够到达那里，双方都是非常看重这一点的。

这个道理是常人都能够明白的。不过在贝蒂埃抵达慕尼黑后几天才开始敌对行动的情况下，这位杰出过人的总参谋长竟然太过天真，坚决地执行他所受领的命令，而没有考虑到命令的意图所在。他固执地将军队集中到了雷根斯堡，甚至还命令达武再次返回城去，而达武很早就认为自己应该离开安见格让军队向因戈尔施塔特方向转移。

不过非常幸运的是，拿破仑在二十四小时之内获得了敌人渡过因河的消息，这个消息是他从电报上获得的，他一获得这个消息便开始闪电般地到达了阿本斯贝格；那个时候，达武的部队已经被包围了，而法军也已经被十八万奥军分割开来。大家都知道，拿破仑只用了五天时间就奇迹般地将他的军团集结了起来，并且在阿本斯贝格、齐格堡、兴茨胡特、埃克缪尔和雷根斯堡取得了一系列的辉煌胜利，这就很好地将他那位可悲的参谋长在战争勤务工作中所犯的错误进行了纠正。

在将这些引证结束之前，我还想对在瓦格拉姆附近渡过多瑙河前后发生的某些重大事件进行叙述。比著名的《三十一条皇帝法令（或赦令）》更为新奇的是从施蒂里亚来的马尔蒙军团、匈牙利来的意大利总督的军团，以及从林茨来的贝尔纳多特军团所规定的到洛鲍岛上的指定地点集结而采取的措施。这个法令将军队安排在拥有五百门大炮的十四万奥地利人面前进行渡河，并制订了在恩策尔斯多尔夫平原编队时的种种细节问题；这就仿佛让军队去接受军事检阅一样。而上述这些部队于 7 月 4 日傍晚在该岛集结，眨眼间就建起了三座桥梁，这些桥梁建在了宽七十都阿斯（约 136 米）

的多瑙河的一条支流上；当时，正值黑夜，狂风暴雨交加。十五万人就这样在威武的敌人面前通过，并且赶在中午之前于距离桥一古法里（约4千米）的平原上编队；事实上，他们掩护这几座桥梁的方法是以交换正面进行的。而这一切都完成在特别短暂的时限内，而这段时间也不足以用于进行一次已经重复过几遍的机动演练。当然，一般来说，敌人只是对这次渡河进行了阻挡，可是拿破仑并不清楚这一点，因此这些命令的作用绝不会由此而显得稍微逊色。

可是这时候，却发生了一件非常奇怪的事情，参谋长在将这十份著名的命令的副本进行分发的时候，竟然没有发现，因为文本的错误而错把中间的桥梁分给了达武的部队，按照原计划，达武的部队应该负责的是右翼，中间的桥梁则属于乌迪诺。这样做会导致两军在夜间彼此交叉。如果不是各团及各团团长十分机智，那么一场可怕的混乱就有可能出现。而且敌人并没有在那个时候行动，因此，法军只有几个支队跟随别的军走散了。但更加让人奇怪的是，在这样的混乱发生之后，贝蒂埃竟然荣获了瓦格拉姆亲王的封号。对他来说，这难道不是一个莫大的讽刺吗？

不过拿破仑自己在口述命令的时候根本没有发现这是一个错误。不过这对于一个既需要发这道命令的二十个副本，又负责监督部队的编组的参谋长而言，这种错误是不应该发生的。

莱比锡之战也是一个非常典型的例子。我们可以从中得出，一个良好的战争勤务措施是非常重要的。拿破仑在接受这次交战时，在他的背后就有像莱比锡那样的隘路，还有森林和花园覆盖及小溪纵横的大片田野；这个时候他需要做的就是架设很多小桥，开辟通往这些小桥的通路，还得竖立好明确的路标。这样做虽然不能够避免战争，但能够让成千上万的人免于遇难，同时还能避免损失在退却时因为秩序混乱、走投无路而不得不丢弃的大炮和弹药车。将桥梁炸毁是不可避免的，不过这恰恰是司令部不可饶恕的疏忽的结果；由于贝蒂埃采取了不当的组织方式和处理方式，造成了司令部在军队中的名存实亡。不仅如此，我们还应该知道，拿破仑虽然非常精通组织入侵时的战争勤务工作，但是他不会考虑失利时怎么去预防。一旦真的失利，所有人都会将自己的希望寄托在这个皇帝身上，在他们眼中，皇帝能够预见一切，并且对此做好安排。

我所论述的这些内容，对人们判断良好的战争勤务对军事行动可能产生的影响是非常有用的。

我还得继续提一下侦查的问题，目的是补充我在编写本节中本来想要表达的内容。一般而言，侦察分为两种。第一种侦察是纯属测地和统计方面的，它的目的是想要得到一个国家及其地形、隘路、道路、天然障碍、桥梁等的基本情况，对它们的资源和财政状况进行了解。今天，因为地理学、地形学和统计学都已经得到了很大的发展，所以这一类侦查的重要性就不是很大了；不过，只要欧洲的地理测绘一天没有完成，这一类侦察就仍然有它的作用所在；不过这样的测绘基本是不可能完成的。我建议读者可以去看看有关侦察方面很多有价值的指导性著作。

第二类侦察的目的是为了查明敌人的行动情况。执行这类侦察的时候往往需要派出一支比较强的部队。如果敌人还在行军过程中，则派出去几个骑兵师对敌人周围的哨所进行突破就可以了；如果敌人已在当面编队，那就必须由主将或者是参谋长亲自前往进行侦察。

对这种作战行动，已经有很多基础的著作进行了详细的讲解，特别是拉勒芒上校的著作和《野战勤务条令》等。不过与此同时，我认为在下一节中谈谈有关查明敌人行动情况的各种方法是非常有必要的。

第四十二节 侦察和及时查明敌人 移动情况的其他方法

在战争中，实施巧妙机动的最重要的条件之一，无疑是在下达命令之前，必须切实掌握敌人在行动上的情报。事实上，如果不能准确地了解敌人在干什么，又何以确定自己应该去干什么呢？固然，掌握敌情至关重要，而要真正地做到，虽然不能说绝无可能，但是又谈何容易。单就这一个原因已足以证明，战争理论和实践之间确实存在着很大的差距。

有些将领虽然学识渊博，但他们既不具备天生的军事才能，又缺乏指挥作战的长期实践和在丰富经验中养成的眼力，他们往往会犯错误，探究一下原因，大概都是从这方面出发的。当在地理图上或在预想的地形图上可以同时部署交战双方的兵力时，对一个从军校毕业的学生来说，如果要拟制一份迂回包围敌人翼侧，或威胁敌军交通线的作战方案，那总是比较容易的。但是，当与他较量的是一个精明、积极并且勇敢的对手，其行动诡诈莫测，那么他就会进退维谷，仓皇失措，一个缺乏军事原则和造诣的普通将领，其庸碌面目便会暴露无遗了。

在我长期的军事生涯中，通过无数实例得出一条灼见：在一位善于准确把握敌情的军官和另一位通晓理论的军官中，如果要我来选择将才的话，那我宁可选择前者而放弃后者。因为创立军事学说固然不是什么容易的事，但是学习现成的理论却并没有那么简单。

可以通过四种方法来判断敌军的行动，第一种方法是建立一个完善的、花费巨大的间谍网。第二种方法是由精干的军官和轻装部队进行侦察。第三种方法是通过审讯战俘这一途径获取情报。第四种方法是根据两个不同的基地进行最大可能的推测，关于这个想法我以后会在后面述及。最后，还有第五种方法，那就是信号法。虽然这种方法主要是用来发现敌人，而不是为了弄明白他们的真正意图，但仍然可以把它列入我们现在所讲的这些方法的范畴。

看来，想要详细地去掌握敌军的内部情报，最可靠、最正确的方法莫过于间谍活动了。因为将侦察工作做得再好，也提供不了防线那边的详情和细节。不过，这并不是说侦察工作没有一点用处，恰恰相反，凡是有利于了解敌情的一切手段都是应当采用的；我的意思是说不能完全、过分依赖侦察的结果。处理审讯战俘的关系也是如此，战俘的供述有时是非常有用处的，但是如果过分地相信他们，那就会非常危险了。无论如何，一个精干的司令部总是善于挑选几名真正有才学的军官，去专门执行审讯俘虏的任务，并通过明确的、有的放矢的提问，从俘虏的回答中去发现一切重要的、对自己有用的材料。

在敌人的作战线上活动的游击队似乎也能了解一些有关敌人的某些情况，但几乎很难保持和他们的联系，因而也就难以从他们那里获得情报。在一个广阔的基地上设立的间谍网倒总能奏效。然而一个间谍要想偷偷地打入敌军主将的办公室，以便窃取敌方组织战役的秘密，可就是一件非常困难的事情了。所以间谍的活动常常只限于他自己所亲眼看到的，或者从别人的言谈间听到的，或者从敌军的行动中猎取情报。而且即使有关敌人行动的情报已经到手，也仍然无法断定敌军在实施的行动中间又会发生什么其他的变化，也不知道敌人预定的最终目的是什么。举个例子来说，有人获悉，某军已经越过耶拿，正向魏玛挺进；而另一个军在离开格拉之后，却折向瑙姆堡去了。但他们下一步的去向以及他们的行动计划又是什么呢？对于这些问题即使是最老练的间谍恐怕也难以搞明白。

过去，军队都是安营扎寨，几乎全部都集中到一个地方去，那时敌情报告一般情况下还是比较可靠的，因为侦察部队可以运动到肉眼能够看到敌营的距离内，间谍则可报告敌营内部发生的一切活动情况。可是，现在兵团的组织与过去有了很大的不同，他们或者住进了营房，或者分散在野外露营，这样，侦察工作就变得复杂得多了，也困难多了，结果几乎就很难取得成效了。

如果敌军是由一位君主或者某个统帅亲自率领的，他左右总是会有大队的兵马和预备队相随，此的时间谍活动反倒比较容易见效。比如，亚历山大一世和拿破仑这两位皇帝就属于这种情形，只要掌握了他们的行军路线和行动方向，即使对其他行动的细节不是十分清楚，大体也能够判断出他们的真正意图所在了。

为了弥补上述各种侦察方法的不足之处，一位精明的将领应能深入进行种种假设，并提前就设想出解决的办法，我可以相当自豪地对大家说，我个人便经常使用这个办法，而且我在应用的过程中很少出现失误，遗憾的是命运始终没能让我登上独当一面的主帅地位，但我也总算出任过率领将近十万大军的参谋长。除此而外，我还曾很多次地应召参与当时一些大国君主的军事会议，研究欧洲联军主力的行动方向问题。我在进行假设和解决由此产生的问题的过程中只出现过两三次小小的差错。我深信，任何一个经过深思熟虑提出来的问题，只要能够进行正确的判断，几乎都是比较容易解决的。然而我已经说过，我始终认为一支军队可能实施的行动，如果只是在其中央或作战正面两翼之一端，那么他假设的可能也不过就是三四种。由此可以看出，一个将领只要能够真正地洞察这些道理，并能够把握住正确的作战原则，那他总是能够预先估计到各种可能的情况，并从中选取一种对策。我可以在这里先列举几个我自己亲身经历过的例子。

1806 年，当法国还没有做出与普鲁士开战的决心时，我就写了一个备忘录，分析了爆发战争的可能性以及战争开始后可能会出现的几次战役。

我分别做了以下三种假设。

第一种假设：普鲁士人在易北河北岸等待拿破仑来犯，并组织防御直至奥得河，以便等候俄奥两国来支援。

第二种假设：反之，普鲁士人将向萨勒河畔挺进，把波西米亚的边境线作为左翼，守住弗兰肯山地中的通道。

第三种假设：普鲁士人一边在美因兹大道上等待法国人，一边又很不明智地挺进了埃尔富特。

我觉得，再没有别的假设可言了。要不就是那些普鲁士人实在太鲁莽，以至于明明兵力不足，还要分兵来把守威塞尔和美因兹两个地方。这样的失误真是太不应该了，因为自从七年战争以来，在该区第一条大路上从来就没有出现过任何一个法国兵。

在上面的两种假设提出以后，也许有人会问，拿破仑究竟会采取哪一个最好的主意。这不是很容易就能得出的结论吗？ 即："法军主力既然已经在巴伐利亚集结，自然应当穿过格拉和霍夫去攻击普鲁士人的左翼，因为不管普鲁士人最后究竟会采取何种措施，那里将是整个战局的症结所在。"

如果普军前进到埃尔富特，法军只要攻击格拉，那么普军的退却路线就会被切断，并遭到沿下易北河通往北海方向的追击。如果普鲁士军队依托萨勒河，那么法军从霍夫和格拉攻击他们的左翼，就可能会对他们实施局部的压迫，并在莱比锡 – 柏林通道上截击他们。最后，若普鲁士军队驻扎在易北河彼岸，法军仍然应该在格拉和霍夫这个方向上寻找他们。

既然三者的利益都是一致的，在这种情况下，来了解对方行动的细节到底还有什么意义呢？因此，出于对这些剖析的正确性坚持，我毫不动摇地在战争开始前一个月宣称，拿破仑将在那里组织战役。如果普鲁士人真的渡过了萨勒河，那就在耶拿和瑙姆堡两地开始进行交战。

在我如此精确地预见到这一切的同时，布伦瑞克公爵和他的顾问们又会做出怎样的推测呢？

我提请回忆起这个我已不止一次援引过的情况，完全不是出自某种虚荣的心理，因为我还可以举出其他同类性质的事例来。我也只不过是想说明，战争中常常可以根据经过深思熟虑提出来的问题而采取行动，却不必在敌人活动的一些细节上面过分纠缠。如果克劳塞维茨将军也像我那样经常提出问题并设法去解决问题，他就不会那么强烈地去怀疑建立在原则基础上的军事理论的有效性了，因为只有理论才能够对类似的解决办法起指导作用。他的那三大本论述战争的著作明显表明，在1806年布伦瑞克公爵所处的那种境遇下，他要采取一个必须采取的决心应该是多么困难啊！犹豫不决，这是疑惑成性的智者的固有特性。

让我们再回到原来的主题上来。我不得不承认，在现代许多国家的军队里，对间谍活动特别不重视。1813年，由于施瓦岑贝格亲王的司令部没有间谍活动经费，致使亚历山大皇帝不得不为这个司令部支付派遣去路沙提亚探听拿破仑去向所需的经费而拿出了他自己的私人小金库。乌尔姆的马克将军和1806年的布伦瑞克公爵也都跟施瓦岑贝格亲王差不多，也没懂得更多些。法国的将军们，由于在西班牙实在找不到合适的间谍分子，缺乏发生在他们周围的事态的情报，结果付出了相当高昂的代价。

在通过轻装小部队获取情报方面，俄国军队胜过任何其他国家的军队，它们主要依靠哥萨克人和游击队的机智。这在历史上是不乏例证的。

在德累斯顿交战之后，库达舍夫公爵准备远征瑞典公国时，他的队伍泗渡易北河，从法军的纵队中间穿过，一直进抵维滕堡，这一类行军称得上是一个历史纪念碑。切尔内绍夫、本肯多夫、达维多夫和谢斯拉温等将军的游击队所侦察到的情报在这方面都曾经有过特别重大的贡献。人们还记得，哥萨克在夏龙附近截获了拿破仑发给玛丽·路易丝女皇的一份电报，曾使各盟国了解到法国皇帝将凭借洛林和阿尔萨斯的要塞地带集中全部兵力进攻对方交通线的方案。这份珍贵的情报促使布吕歇尔和施瓦岑贝格两支军队决定会合起来，可是在这之前任何战略角度的好心规劝，除了在莱比锡或布里亚纳，都没有办法使他们两人一起合作共事。

同样，大家应该也都知道，多克托罗夫将军根据谢斯拉温的一份报告才幸免拿破仑将其歼灭于博罗夫斯克的危险。当时拿破仑带着自己所有的部队刚刚离开莫斯科，开始了他的退却。起初，有人还不相信这份报告。这件事惹怒了谢斯拉温。于是，他潜入法军营地里，抓获了一名军官和几名禁卫军士兵，用来证明自己的情报确凿无误。这份报告使库图佐夫定下了向马洛亚罗斯拉韦茨进军的决心，堵住了拿破仑通往卡卢加的大道。否则，他将会在那里得到更多的资源，也可能避免他在克拉斯诺耶和别列津纳遭到的惨败，这样虽不能挽回败局，至少也不会造成如此重大的灾难。

这样的例子虽然不是特别多，却足以使人得出一种认识，有能干的军官领导的优秀游击队是可以创造出奇迹的。

为了得出结论，我想把本节概括成以下几条真理：

（1）一位将领在任何时候都不应该忘记掌握敌情这件大事，为此他应当动用一切手段，包括：组织侦察，派遣间谍，组织由能干的军官领导的轻装部队，规定各种信号以及派遣训练有素的军官到前卫去审讯俘虏。

（2）由侦察得来的情报都要不断地积累起来，尽管这些情报并不是十分完善，甚至矛盾百出，但真实的情况往往就是从这些相互矛盾的情报中寻找出来的。

（3）然而，在考虑（拟订）自身的作战计划时，对于运用上述手段获取的情报不能持完全相信的态度，更不能过分地依赖它们。

（4）在可靠而准确的侦察材料不完备的情况下，一位能干的将领是从不会轻举妄动的。一般来说，他在开始行动之前，总要根据敌我双方的情况假设性地提出两到三个实施方案；这种实施方案应该以一定的原则为基础。

我可以保证，做到了这几项就不致发生常见的那些足以使人感到仓皇惊恐、举止失措的意外情况了。只要军队将领不是一位完全无能的指挥官，那他总能从敌人将要采取的行动中做出某些相近的假设，并为实施其中一个假设而预先采取相应的对策。

我不想过多地重复，但从这些进行严密的推理，圆满得到解决的假设中可以看出军事天才所具有的真正本领，尽管这种天才的数量总是十分有限的，但是这个强有力的手段却被忽视到了令人无法想象的地步。

作为对这一节最后的补充，我还要说一说利用信号的问题。

有好几种传递信号的方法，其中自然当以电报为首。1809 年，拿破仑之所以能在雷根斯堡获胜，就是因为他在他的大本营和法兰西之间建立起了一条电报线路。当奥军在布劳瑙附近渡过因河，准备入侵巴伐利亚，突破他的营地时，拿破仑还待在巴黎。事过二十四小时，当他获知二百五十古法里（约 1000 千米）以外发生的情况后，他立刻跳上了马车。八天之后，他便在雷根斯堡城下的两次交战中获得了胜利。如果没有电报，这次战事肯定败北。这个例子绝对能够证明电报的重要作用。

有的人还想出了一种轻便式的电报机。根据我所知道的，这个想法最初是由一个俄国商人从中国引进后提出来的。这种电报机是通过骑着马的士兵走上高地进行操作的，能在几分钟内便把中军的命令准确地传达给作战线上的两翼，同时也可以把两翼的报告发送回大本营中。人们又进行过无数次的试验，但最后这个方案还是被放弃了，其原因不太清楚。事实上，这种通讯方式，内容只能非常简单，而且如果再碰上有雾的天气往往就不大可靠了。可是，由于这种报告的文字可以压缩到二十个句子左右，这就比较容易拟出约定的信号。所以我觉得，这种方法不应该忽视，何况还可以派个军官去传送报告的副本，或者让他们口头传达受领的命令。采用这种方法，总是能快速地传送命令的。

1794 年，在弗勒吕斯交战的过程中，进行了另一种试验。茹尔当将军利用气球进行侦察，从气球上传递着奥军行动的情报。我不知道这次试验是否成功，但后来这种方法也没有重新被大家使用。我对当时流行的用气球便能夺取胜利的说法表示很怀疑，要使气球随时准备好，一旦需要时能马上升空，这可能是很难达到的。此外，要从天空中观察地面上发生的情况也是很困难的，而且观察者要悬在半空中，随着不确定的风向进行冒险。因而，这一办法没有得到推广。如果把气球升到不太高的空中，气球上载一名善于判断敌人行动的军官，并编排好所需要的一定数量的信号，那也许会在一定条件下使我们从气球上获得某些有用的情报。但是，往往由于火炮的烟雾弥漫，加之从高空中往下看，地面上运动的纵队犹如小人国里的矮子，识别它们是属于哪一方的部队是很困难的，这就常常使情报不太可靠。例如，在滑铁卢会战中，气球侦察就难以判断是从圣朗贝尔过来的究竟是格鲁希还是布吕歇尔，不过在两军较少混杂、标记分明的情况下，这个方法看来还是可以使用的。一个确实有把握的例子，就是我本人在莱比锡交战时，曾在很高的钟楼上亲眼见过从这种观察中所得到的情报，我曾把施瓦岑贝格亲王的副官领到这座钟楼上去看过，他也不能否认，正是我的情报和请求才使亲王下定了从普莱瑟河和埃尔斯特河之间的险道中撤出去的决心。当然，站在钟楼上比蹲在脆弱的气球吊舱里要舒坦自然得多，但并不是到处都找得到能从上面俯瞰整个战场的钟楼，而钟楼又是不能任意搬动的。最后，也只有格林和加尔涅尔才能告诉我们，怎样才能从五六百里高的高空中看清楚地面的物体。

还有一种比较可靠的信号便是在一个地区的高地上燃起大堆的烽火。在发明电报之前，运用这种办法的优点是能够迅速地把敌人入侵的消息从国境线的一端传向另一端。瑞士人用这种办法号召民兵拿起武器。冬天时，有时候也利用烽火向军队驻地发出警报，紧急召集队伍。另外，还有些地方规定好两三种烟火燃烧的不同信号，以表示从哪个方向来犯的敌人对军队驻地的威胁最大，并指出我军各兵团应在哪个地点集结，等等。在沿海地带同样也可使用这种办法发出敌人登陆的信号。

最后，还有一种信号，就是作战时通过军乐队的乐器向部队发出信号。因为这个问题与主题没有直接关系，我也就只是简单地说明这种方法在俄国军队里，比在其他国家的军队里更为完善，可是，一方面我完全承认，掌握这种可靠的方法，对使军队主力能根据指挥官突然下达的决定自发地同时运动具有非常重要的意义，而另一方面我又不得不说，这个问题恐怕一时还不是那么容易就能解决的。在整个战线上，随着攻击部队的推进，除了发出整齐划一的"乌拉"声外，乐器信号恐怕只能适用于那些狙击兵了，而对于别的则无济于事。何况，这种自发的划一的"乌拉"声，我在亲身经历的十三次战役中只看到过两次。这种叫喊声与其说是上级命令的必然结果，还不如说是部队在上阵时一种激情的迸发。

第 七 章

战斗部署和联合作战

经过上述六个章节的论述，在作战战术方面，我们还需要论证研究的主要有两大课题：一是军队投入战斗的编组和配置方法；二是各个兵种的使用方法。

虽然这两个问题是保证战斗顺利进行的辅助性战术问题，但是不可否认的是，这两个问题对作战意图明确的军队统帅来说，是作战谋略中不可缺少的一部分，所以可以说，这两个问题在研究战斗部署和多兵种配合使用方面也是不容忽视的。

众所周知，一种被证实了的理论是不容易再次发生改变的，也正因如此，人们陷入了各种理论和体系的框架限制内。前不久，一个让我吃惊的消息也正好印证了这种现象。一位非常著名的近代作家声称：战术是固定不变的，而战略则是灵活多变的。但是在我看来，实际情况恰恰相反。

战略，是军事将领指挥军队作战的具体策略，我们可以将敌人的部署在战略上用若干地理线分开，而这些地理线是相对不变的，敌人兵力配置的不同可以体现出不同地区地理线的重要程度。在相对较短的时间内，敌人的兵力配置是不可能出现较大变动的。总的来说，在地理线的框架内，敌人的兵力无非就是分散配置或集中配置，作战力量可能分布在地理线中央也可能分布在交战正面的两端。如果要把这些地理线分割出来的简单因素整理成战略部署原理或规则，将会是一件非常简单的事情。但是，注重细节的作家们往往在费尽心思描述这些细节的时候，将这些具体的情节抽象化了，或是在过分精确描述的过程中使这些因素失去了整体性。关于战斗队形的选择和运用也同样有这样的问题和矛盾，因为战斗队形也可以与一般原则相关联。但是军队按照将领的指挥变换战斗队形的方式，也就是正统意义上的战术变换，要受到很多种因素的影响。面对随时可能出现的情况，任何一个指挥官都不可能完全按照固定的行动规则完成战术变换。也就是说，既定的战略可以是固定不变的，而战术并不是固定不变的。

为了验证这样的观点，我们可以更广泛地涉猎战争艺术方面的著作，虽然各种说法都不完全一致，但是读过之后一定会有更深刻的体会。如果对比一下任意两位杰出的军事将领，步兵将领也好，骑兵将领也好，我们会发现，两位军事专家在关于最好的进攻方法这一方面并不会有完全一致的意见，这是因为战斗中并不会有一成不变的规则。指挥官个人的能力、作战习惯，以及军队的士气都将对作战产生很大的影响。所以，我坚信，试图在战术的运用中找出的一成不变的规则必定是漏洞百出的，如果有人能够在战斗中总结出若干总体性的指导原则，那已经是这个人对军事理论领域最大的贡献了。如果这样的指导性原则真的能够出现，那些浮夸而空洞的军事理论也就会不攻自破了。

第四十三节 战斗线上的军队部署和配置

在第三十节的论述内容中，我们已经明确解释了"战斗线"的具体含义，那么在本节中，我们将着重探讨一下战斗线究竟是怎样形成的，以及不同的军队在战斗线上该按照什么样的原则进行部署的问题。

我们举个例子，法国大革命爆发前的法国步兵基本上以团和旅为主要单元，多个团和旅集中起来形成作战军。作战军分为一线和二线两个作战梯队，每个作战梯队都横向展开，骑兵多被部署在左右两翼，当时炮兵配备的装备都比较笨重，所以多被部署在战斗线的正面（当时的法军已经装备了十六磅的大炮，但没有骑炮兵），便于及时展开攻击。当时的军队多是集中宿营的，而在行军的时候横向展开，或是各翼集中行军；如果各翼集中行军，因为每个翼中都有两个骑兵翼和两个步兵翼，所以全军实际上就分成了四路纵队。横队行军的战术特别适合侧敌行军，此时的军队实际上分成两路纵队行进，但是当两翼的骑兵或部分步兵为躲避不利地形而退守第三线宿营时例外，当然，这种情况是非常罕见的。

　　上述两种行军方式简化了作战部署，也大大减轻了战争勤务方面的负担，在当时的法国军队中，关于行军命令的下达也有一套非常明确的表达方式：军队呈横线行进或分成两翼行进，以左翼或右翼为基础，向某方向行进。在法国军队漫长的发展过程中，很少有人抛弃这种单调乏味却又简单快捷的部署方式。而且，就当时的作战指导思想而言，这已经是所有可能出现的作战部署方式中最好的一种了。

　　战争形式在不断变换，法国人想在明登试用一种全新的作战部署方式。法国的指挥部以旅为基本单位，将多个旅组合编成作战纵队，并让多个作战纵队在同一直线上同时开辟行军路线，这就可以形成多路纵队齐头并进的部署方式。但是事与愿违，法国人最终也没能实现这样一支纵队的作战部署。现在看来，法国人所设想的作战部署过于理想化，多路纵队同时推进确实可以在一定程度上减轻指挥部的作战指导工作，但这种作战部署最大的缺点是，在十万人或是更多人数的军队中采取这一部署形式的时候，因过于重视纵队的横向排列，会使纵队前后拉得过长，结果很容易遭遇像罗斯巴赫城下那样的惨败。

　　法国大革命期间，法军司令部曾在法军中推行了师的建制，这样的举措打破了以往过于庞大的建制形式，而是将其分割成了若干能在任何地形中自如行动的小型化作战部队。这样的做法大有因噎废食的嫌疑，也就是从庞大建制的极端走向了缩小建制的另一个极端，这种做法使法军内部的作战状态与古代的罗马军团非常相似。但是不得不承认，法军在这样的建制中得到了巨大利益。法军中师一级的作战部队通常由步兵、骑兵和炮兵组成，而不同的师多数时候都是分散行军、各自为阵的。而且有时同一个师中的作战部队在横向距离上拉得很远，这可能是为了保证在军中没有充足粮食的情况下各个分散部队的存活，也可能是为了有意采取这样的战术从而展开包围圈，包围住敌方部队的正面。在法军实际作战的过程中，甚至会有这样的情况发生：一个作战军下属的多个师各自开辟行军路线，相邻师之间的距离可能超过四五古法里（16 至 20 千米），而司令部位于所有作战部队覆盖范围的中央，而且仅有缩编的五六个骑兵团护卫，再无其他预备队。法军通常会利用这样的阵形在作战中取得胜利。但是，如果敌人集中力量攻击纵队中的某一个师或者薄弱环节的时候，兵力稍差的纵队便会解体，而司令部由于缺少必要兵力的保护，便不得不在敌人攻陷司令部之前转移，以期重新集结被打散的兵力。即使是在转移的过程中，司令部也很有可能会被敌方冲锋部队消灭。

值得一提的是，拿破仑在第一次意大利战争中也利用了这样的纵队阵型，但是他解决了纵队容易被打散的问题。这主要是因为他在训练部队的时候注重机动性，让每支军队都具备灵活迅速的作战技能，能够在变幻莫测的战场上神速转移，快速支援，保证了纵队的总体性。另一方面，拿破仑凭借自己的军事才能和远见卓识，将重要兵力集中在具有决定性意义的战略要地上，即使遭到突袭，占据天时地利的主力部队也能及时应付危机，转危为安。

拿破仑掌握了法国的实际政权后，在财富和经验迅速积累的同时，他的眼界也变得更加开阔，他决意建立一支更加强大的军队。经过长时间的思考，拿破仑决定不在新旧两种军事部署形式中做取舍，而是各取所长，在保留师的建制的前提条件下，适当扩大军队的部署规模。从1800年开始，拿破仑开始实施自己的军事改革，他用两三个师组成一个军，军中的最高指挥官是中将，而多个这样的军则构成了法国军队的侧翼、中央和预备队。

这样的体制在布洛涅营寨取得了非常好的战绩，拿破仑在那里组建了由元帅统领的常备军。每个常备军由三个步兵师、一个轻骑兵师组成，另外配备三十六门或四十门火炮和一部分工兵。这些预备军在一起组成规模巨大的军团，而在必要的时候又能够独立作战，这正是小型化部队与大规模部署的完美结合。另外，在这里还有由重骑兵组成的强大预备队，由两个胸甲骑兵师、四个龙骑兵帅和一个轻骑兵师组成。而步兵预备队则由掷弹兵和禁卫军组成，这也是这里最优秀的步兵预备队。到了1812年，部分骑兵军建成，每个骑兵军由三个师组成，以使这种规模日益扩大、战略意义也越来越重要的兵种能够有更大的统一性和协调性。

事实证明，拿破仑按照这样的编制建立起来的军队，在当时创造了相当辉煌的作战成果，并很快成为欧洲其他各国军队竞相模仿的典范。

但是也有很多军事专家幻想完美的战争艺术，他们曾经设想过一个能够独立作战的步兵师下辖三个旅，这三个旅可以被分别部署在中央和左右侧翼，很显然这样的战略部署是无可厚非的。如果只有两个旅，中央、左翼、右翼中势必会有一处是薄弱环节，如果中央出现空白和间隙，那么两翼的部队在缺乏中央支持的情况下，势必无法独立而大胆地作战，而如果侧翼出现空缺，军队中心又会受到敌人冲锋部队的威胁。另外，如果一个步兵师中有三个旅，主动出击时就可以派出两个旅前去交战，而留下一个旅作为预备队。显然，这在具有决定性的战役中，提高了己方的突击实力。但是，如果共有三十个旅，按照每个师三个旅的建制组成十个师和按照每个师两个旅的建制组成十五个师相比，如果要保持总体优势，就势必要增加三分之一的步兵总数，或减少师的数量，即把军中师的数量由三个降低为两个。但是这样做并不十分有利，因为军作战的机会要比师独立作战的机会更大，所以由三个师组成的军才更加合理，而这也正是很多理想化的军事专家所忽略的。

总地看来，军队的编制问题在未来很长的一段时间内仍将是战争勤务方面的一个尚待解决的问题，这是因为战争本身就没有固定的规则。而在这样的前提下，战争中的编制问题也不可能一概而论，因为军队统帅很有可能会根据实际情况临时改变部队的作战部署，而在战争进行的过程中，也可能会有源源不断的新力量加入。刚才我们引证的布洛涅大军团，就是最好的证明。似乎该军团完善的编制能使其躲过不必要的曲折，并总能在战斗中克敌制胜。其中央部分军队由苏尔特元帅指挥，右翼由达武指挥，左翼由内伊指挥，预备队由拉纳指挥。

布洛涅军团作为一支正规的战斗军，除去禁卫军和掷弹兵的联合兵力，共有十三个步兵师的庞大兵力。从更宏观的角度看，布洛涅军团的右侧是贝尔纳多特和马尔蒙率领的两个军，左侧是奥热罗率领的一个军，这三个军可以随时在两侧对布洛涅军团实施支援行动。但是，这样一支军团也并不是完美的，在多瑙佛特率军渡过多瑙河以后，洛涅军团的总体部署发生了很大变化，最初内伊率领的部队增加到五个师，但组后只剩下两个师。更糟糕的是，主力军被分割成了两部分，一部分向左，一部分向右，至此，布洛涅军团原本的阵型已经面目全非，从部署得当变得部署散乱，变换后的阵型也逐渐失去了作战优势。

上面的例子充分证明了要想保持相对稳定的建制还是有一定难度的，但事态并非总像1805年那么复杂，1800年莫罗的战局至少证明，军团组建

　　初期的建制在某种程度上可以保持不变的态势，即便军队编制出现些许变化，军队中的主力部队还是可以保持相对的稳定性。而为了在相对较长的时间内保持相对稳定的编制，军团应当由四个部分编成，即中央、左翼、右翼和预备队，至少在目前看来，这是最合理也最不容易发生改变的编制形式。而这四个部分可以根据实际作战需要进行内部调整，四个部分的实力对比可能会发生变化，但这并不会影响整个军团的作战部署。当然，战斗损耗和人员流动在所难免，也就是说，为了维持由这四个部分组成的军团的相对稳定，就还需要一定数量的师组成各种必要的分队或作战力量。这些待命的补充师可能被派遣到战事最紧张的地区，用于迎击敌方的突击力量或是对敌方发动突然袭击，也可能被派遣到战斗军中增强中央作战能力或两翼的战斗强度，当然，也有可能被派遣到预备队中加强储备力量。按照这种编制组建的战斗军，军中的四个部分都是十分强大的作战单元，每个部分都可以单独组成一个军，独立作战，每个部分辖三四个师，也可以分成两个军，每个军辖两个师。这将会把一个规模巨大的作战军分解成可以独立作战的单元，如果每个部分被分成两个军，那么中央、左翼和右翼可以被分解成两个军，而预备队由于人数限制只能组成一个军，但是这个军会由三个师组成，每个师分别作为中央、左翼和右翼的预备队。这样就会有七个军的总兵力，作战能力十分可观。

　　但是，军团的分解就意味着作战力量的分解，即使各个单元之间可以快速支援，作战力量还是不能时时团结在一起。如果作战军真的被分解成这样的七个军，如果没有若干个可供临时派遣的军，那么两翼的军可能只有固定的两个师，而两翼的指挥官有时可能还要从自己的两个师中抽调一个旅掩护军团运动。如果出现这样的情况，侧翼可能就只剩下三个旅的作战兵力，而这是很难组成强有力的战斗队形的。

　　上述的假设使我们清晰地认识到，一条战斗线上的四个军，如果每个军由三个步兵师、一个轻骑兵师和三四个供临时调用的补充师组成，那么其整体作战力量比一条由两师制的七个军组成的战斗线要强。

　　当然，上述情况只是军队部署或编组方式中的几种，军队在实际作战过程中的部署还取决于军队的兵力和各个独立单元的特殊情况，同时还取决于军队的具体作战任务和作战性质，所以在实际作战的过程中，兵力分配和部署势必会有多种不同的方案。在这里，我们限于篇幅，不能再作详细说明，我在本书附图Ⅳ上描绘了主要的也是最常用的四种战斗线编成表，制定这个表的依据是每个军有两三个师、每个师有两三个旅，表上列有两个步兵军分成两条作战线编成的队形，其中一个是两个军前后纵列，而另外一个是两个军左右并列。

每一个军团有四个主要部分：两翼、中军、预备队和一些机动部队，其编成可能如下：

1.每团两营，每营800人

（1）每军下2个师，4个军共8个师，加上部分机动部队的3个师，共11个师，22个旅，88个营，72000人。

（2）每军下3个师，4个军共12个师，加上部分机动部队的3个师，共15个师，30个旅，120个营，96000人。

（3）每军下2个师，7个军共14个师，加上部分机动部队的3个师，共16个师，32个旅，128个营，102400人。

2.每团3营，每旅6营

（1）除动部队的3个师外，加上4个军（每军辖2师），共11个师22个旅，132个营，105600人。

（2）除动部队的7个师外，加上4个军（每军辖2师），共15个师30个旅，180个营，144000人。

（3）8个军（每军辖2师），共16个师，32个旅，192个营，153600人。

如按比例加上骑兵、炮兵、工兵等，就可以算出各种编成的兵力了。

不过，如果按一团两营，一营800人的编成，在经过战斗减员后，军队会很脆弱，所以通常，每个团都辖三个营；如果辖两个营，那么每营至少要保证在1000人以上。

在做出上述两种战斗队形的排列后，我们还要进行更深入的研究，两个军前后纵列的队形是否更好一些呢？拿破仑最常采用的队形就是前后两军纵列的队形，尤其是在瓦格拉姆的战斗中。我认为，如果暂时不考虑作战力量相对较少的预备队，这一队形只适用于阵地上的防御战斗，而绝不适用于战斗队形的部署。因为在这样的队形中，每个军都要有自己的第二线和自己的预备队，这也就需要某几个军归不同的指挥官领导。尽管某个军随时都可以去支援其他的军，但是这个军也就势必要承担分散兵力所出现的风险。我们经常可以看到这样的情况，某一个将军不把第一线的指挥官当作自己的手足兄弟，而是将他视为惹人妒忌的竞争者，那么这个将军就不会给第一线的作战军"必要的支援"，这将会是这个军团在作战中最大的不稳定因素。而且，如果部队过于分散，无论多么杰出的指挥官也无法保证最终的胜利，如果与敌方交锋正面适当缩小，那么第一线军队就能在正面纵深范围内得到及时的支援，那么胜利的机会就会更大。

最后，为了对这一段概述做必要的补充，我再列出一个兵列配置方案，从这个方案中，我们可以看出一个军团的最佳编制与军团总兵力之间有多么大的关系，当然，这个计算问题也是十分复杂的。

如今，我们不能再仿效当年（1812—1815 年）那种规模庞大、人数众多的军队，但是，如果我们生活在那个年代，我们见到的一个军团甚至可以达到十四个军的规模，而每个军中又会有二至五个师。如果我们有足够的兵力，那么按照三个师的编制组成一个军将会再合适不过了。指挥官可以将其中的八个军部署在战斗线上，剩下的六个军可以作为机动部队，这六个军可以随时出现在战斗线上增援作战部队。但是，如果把这样的编制应用在规模庞大、拥有十五万兵力的军队中时，那么在拿破仑和联军使用军团编制的地方，就未必可以用两个旅的编制组成一个师。

那么，如果以九个师的编制组成一个战斗军，除去中央和两翼的部队外，再预留出六个师的兵力作为预备队或机动部队，那这个战斗军的总兵力就是十五个师或三十个旅，如果每个团的建制为三个营，那这支作战军中将有一百八十个营，而步兵总人数将达到十四万五千人，再加上骑兵、投掷兵和工兵，部队总人数将达到二十万。

如果每个团的建制为两个营，那么只需要一百二十个营就可以完成上述步兵编制，部队总人数也将缩减到九万六千人，如果每个团中只有两个营，而每个营的兵力为一百人，那么战斗军中的步兵总人数至少为十二万人，而这个战斗军所附属的战斗军团则至少会有十六万人。我们通过这样简单粗略的计算就可以发现，军队基层组建过程中的编制虽看起来差别不大，但是它对大部队最终组建的影响还是非常明显的。

单从 1800 年的战局来看，当时比较大的作战军团的总人数也不会超过十万，那么按照我们的计算方法，以师为编制主体的部署方式应该会比以军为编制主体的部署效果更好。

以上，我们通过粗略的计算确定了对一个战斗军比较有利的、相对稳定的建制，当然接下来我们可以再探讨一下在军队中究竟该如何建立起这样有利而又相对稳定的建制，但是如果我们要在这里研究一下该如何经常变换军队的建制形式来欺骗敌人，或许是不合时宜的。我承认，变换部队的部署确实可以欺骗敌人，让敌人无法抓住我方部队的部署形式和作战形式，这对隐藏实力克敌制胜是非常重要的，而且，变换军队部署也可以与相对稳定的军队建制统一起来。例如：把军队中充当机动部队的师与两翼和中央的部队连结起来，这样就可以用四个师的兵力组建部队，有时还可以向担任主攻任务的部队调拨一个或两个师，这样一来，两翼的各军实际作战兵力将会达到四个师。在这样的部署中，两翼和中央在总体上是稳定的，而机动部队则是变换部署形式的关键。但是，机动部队通常只有三个师，有时还被缩减成两个师，如果单独某翼得到机动部队的增援，那么该翼甚至有可能拥有五个师的兵力，这在兵力分配和布局上将会形成非常大的差别，而这也正是让敌人无法判断的关键所在，因为敌人无法通过常规的推算模式确定我方的军事部署，也就无法确定在局部地区与他们交战的究竟是我方的主力部队还是小股部队。另外，采取这样的部署方式，还可以方便司令部统一下达行动命令。不过，我觉得，在我不该涉及的范围内我已经研究得太过深入，这样的问题应该由真正统领军队的政府去解决，更应该是作战司令部应该仔细研讨的重要课题，而这样的研讨工作绝不应该是对司令部工作的束缚，而是应该能够在很多方面推动司令部更好地指挥军队。另外，司令部也应该在一定程度上允许指挥官根据个人的想法部署自己的作战部队。

归根结底，按照世界军事格局来看，各个大陆强国的基本建制在很长的一段时间内应该还会是军，无论军队数量多少，也无论总兵力最终被分成多少个部分，以军为主的建制是一种很正常的规范。这也就要求我们在计算某一条战斗线上的兵力的时候，一定要把军这一主要建制考虑在内。

与以往相比，现在军队的配置已经产生了很大变化，最明显的改变就是预备队和轻骑兵从属于不同的步兵军，所以战斗线本身的配置也发生了明显的改变。过去的战斗线通常由两线兵力构成，而现在的战斗线则多由两线兵力再加上一个或多个预备队组成。但是，最近欧洲各国派遣到战场上的部队，人数都是非常多的，以至于每个军自身便形成了两条战斗线，而且两条战斗线通常前后纵列配置，这样，作战部队中就一共形成了四条战斗线，同时，充当预备队的军也做上述配置，作战部队中就有六条战斗线，而骑兵也会组成战斗线。这样的队形在阵地防御战中是非常奏效的，但是在常规战斗中则会因为战略纵深太大而显得攻击没有力度，防守又不牢固。

无论如何，到目前为止，兵力分两线部署在步兵军队中仍是一种非常重要的部署方式，如果要用一个词语来形容这一部署方式，我想应该是"经典"。如果军队人数太多，交战双方的交锋范围并不会马上扩大，因此作战范围是比较狭窄的，此时加大战略纵深是十分必要的。但是这样的情况并不多见，而这样的部署也能够在客观上增强进攻力量，因为两线作战的部署（不包括预备队）稳定性是比较强的，这样的队形足以应付战场上的大部分突发情况，作战部队之间还能够以最快的速度相互支援。总地看来，两线作战的队形还是一种十分合理的队形。

当作战部队中有一个常备军作为前卫的时候，这个军可以部署在战斗线之前，也可以部署在战斗线之后，部署在战斗线之前可以发挥先锋作用，部署在战斗线之后可以加强预备队。但是，正如很多军事专家指出的那样，在先进的军队部署和作战计划中，上述情形是很少发生的。战斗军的左翼和右翼都有自己的前卫军，所以说前卫并不是一支独立作战的部队，他们还可以得到身后部队的支援。一旦与敌军遭遇，前卫军队便会迅速进入战斗阵地。而在很多实际的战斗中，骑兵预备队往往全部被部署在前卫线上，他们在战斗刚刚开始的时候便可以直取任务规定的地方。当然，做出上述部署要充分考虑地形的因素，也有可能这种部署是总司令的作战意图之一。

从以上的所有论述中，我们可以看出，从战争艺术复兴，到火药的发明，再到法国大革命爆发，各个阶段的军队部署习惯，都受到了当时军队体系和建制的深刻影响。要想客观而全面地评价路易十四、彼得一世和腓特烈二世的战争艺术，研究一下他们各自采取的作战体系和作战部署是十分必要的。

不过，有一些作战部署的方法虽然不是新近出现的，但是还有一定的使用价值。例如，将骑兵部署在军队两翼已经不是被军事将领普遍采用的基本部署规则，但是在一支五六万人的军队中，这样的部署或许还是有很大实战意义的，尤其是当这样一支军队所处的地形不允许其中央部队像两翼部队一样展开战斗的时候，这种作战部署便可充分发挥优势，而具体的部署方法通常是：每个步兵军下辖一两个轻骑兵旅，中央的步兵军将骑兵部署在战斗线后面，而两翼的步兵军则将各自的骑兵部署在各自的侧翼；至于骑兵预备队，如果兵力十分充足，便可以分成三部分，以使中央和两翼都能拥有各自的骑兵预备队，这将会是非常理想的作战队形。如果骑兵预备队的兵力并不充足，那么便可以分成两个纵队，其中一个纵队部署在中央与左翼之间，另一个纵队则部署在中央与右翼之间。这两支骑兵预备队距离部队中的任何地点都不是特别远，因此可以快速出击，随时支援部队中出现危险的薄弱环节。

　　现在的炮兵机动性相对于过去提高了很多，但是这一兵种的部署仍像过去一样分布在作战部队的整个正面，因为每个师都有自己的炮兵，作战部队中几乎可以说是处处有炮兵，而这样也确实能够发挥炮兵火力打击的优势。但是我们应该认识到，炮兵的部署也应该是根据实际情况而定的，过于分散的部署可能会给作战部队带来非常大的损失。不得不承认，现在关于炮兵部署的正确的总体原则还很少，所以并没有太多的实用部署方式可供借鉴。在以往的作战行动中，很少有指挥官敢于组建一支专门由炮兵和大炮组成的部队，并将其部署在战斗线以外，使其凭借火炮打击堵塞敌人冲锋的缺口。拿破仑在瓦格拉姆的战斗中就曾使用过这样的炮兵部队，并且取得了非常理想的作战效果。在这里，我不可能详细地叙述关于组建炮兵部队的一切细节，我只能就炮兵部队的部署提出以下几条原则：

　　（1）骑炮兵应该部署在可以随时、快速向各个方向运动的地区。

　　（2）步炮兵，尤其是阵地炮兵，最好部署在有壕沟和障碍物掩护的地区，这样可以免遭敌骑兵的突然袭击，同时也可以发动突然攻击。在此，有一个非常重要的问题我不得不提出，那就是不要单纯地认为居高临下是炮兵的最大优势。为了保证炮兵能够发挥出最大威力，不要将其部署在地势过高的地方，而应将其部署在地形相对平坦或是坡度较缓的山坡上，为了避免战斗失败，这是每一个初级军官都必须知道的。

（3）骑炮兵多归属骑兵部队，但是为了发挥骑炮兵的速度优势，尽快抢占要地，每一个军都拥有自己的骑炮兵也是很好的。此外，炮兵预备队中也应有骑炮兵，以便能更快地支援作战范围内受到威胁的地区。著名的贝尼格森将军就十分庆幸自己曾在艾劳之战中将集中起来的五十门小炮配备给了预备队，这样做的直接效果就是这支小型炮兵部队在被突破的中央和左翼之间实施了猛烈的对敌攻击，并很快使这一地区的作战部署得以恢复。

（4）当整个作战部队处于防御的态势中时，必须果断地将一部分拥有大口径火炮的炮兵部队部署在军队正面的后方，而不要将其继续部署在预备队中，因为这时部队最需要的是在相对适当的距离上炮击敌人，以便迟滞敌人的进攻速度，并在其纵深范围内造成混乱，这对恢复己方的作战态势是十分重要的。

（5）当作战部队处于防御的态势中时，除预备队外，将炮兵平均部署在整个防线上也是比较恰当的，因为这样的作战部署可以保证打退防线上每一股敌人的进攻。但是严格地说，这样做并非绝对正确，因为地形条件和敌人的攻击重点很容易使指挥官将炮兵的主力集中到薄弱的或是遭到猛烈攻击的某一侧翼或中央。

（6）当作战部队处在进攻的态势中时，最好将大量炮兵部队集中部署在可以攻击到战略要地的地区，这样的部署可以使部队借助炮兵的协助迅速突破敌人防线，并尽快发动总攻，顺利拿下战略要地，进而取得整场战斗的胜利。

以上，我们简单地介绍了炮兵的部署问题，而关于炮兵的具体使用问题，我们还将在后面做更详尽的讲述。

第四十四节　步兵的部署和使用

在作战部队中，步兵是主要兵种，这一点是无可争辩的。首先，步兵人数占整个军队的五分之四；其次，只有步兵才能攻占阵地或坚守阵地。如果说除了具有超凡军事指挥才能的天才统帅外，步兵是作战中制胜的关键，那么我不得不指出，步兵在作战的过程中想要独立完成任务是很困难的，步兵必须得到骑兵和炮兵强有力的支援才能取胜。如果没有骑兵和炮兵的支持，步兵在作战行动中将会陷入非常危险的境地，即使最终取得了胜利，自身实力也会遭受非常大的损伤。

关于一线部署和纵深部署孰优孰劣的争论已经是一个由来已久的问题了，虽然已经有很多人认为这个问题已经解决了，但是，从实际作战中我们可以发现，采用这两种作战部署的军队有胜有负，其中的某一种作战部署并没有显示出压倒性的优势，所以恐怕关于这两种作战部署的争论还是要继续下去的。在拿破仑派兵攻打西班牙的战争以及滑铁卢战役后，关于一线部署和纵深部署的争论再度掀起高潮，有人认为火力和一线部署比突击纵队的强攻和纵深部署更具有优越性。事实恐怕并不一定是这样的。

诚然，我们不应该根据自己的主观思想歪曲事实。劳埃德曾在这次争论中提出步兵部队中应当有配备长矛的第四列，以便在进攻中能够实施更有力的突击，而在防御的过程中提升部队的整体抗击力。现在，争论的焦点并不是劳埃德的这个看法是否正确，任何一个经验丰富的指挥官都知道，分三列展开的一个营是很难按照规定秩序行动的，如果再增加以长矛兵为主的第四列，不但不能够增加步兵部队的作战实力，反而会让整个步兵部队的行动力变得更加糟糕。然而令人难以置信的是，劳埃德本人的作战经验是比较丰富的，只是不知道他因何会有这样固执的想法。实战经验表明，作战部队很少有机会离敌人那么近，可以让长矛兵充分发挥手中兵器的作用，更重要的是，如果前三列步兵因为敌人的猛烈进攻而退缩，那么第四列也无力阻挡。如果在部队总人数不变的前提下，在步兵部队中增加第四列，那么在防御战中部队的正面宽度势必会缩小，而在进攻战中第四列又因为距离交锋地点过远而无法提高部队整体的进攻能力，甚至会影响突击纵队的机动性。据此我们可以肯定，如果在步兵部队中增加第四列，只会削弱部队的整体作战能力，因为在交战中排成四列的八百人的部队，虽然与排成三列的八百人的部队相比，正面宽度缩减了四分之一，但行进起来却困难得多。在行军的过程中，两列被夹在中间所造成的战斗力损失，绝不会因为正面宽度缩短四分之一这样微小的差别而得到完全的补偿。

劳埃德单纯为了减少部队的正面宽度而提出的这种理论是完全经不起

推敲的，甚至是毫无事实根据的。我简直不敢相信，劳埃德作为一位罕有的军事天才，怎么会有如此荒诞的想法。为了完善自己的理论，劳埃德还曾提出把二十个营按各营之间间隔七十五都阿斯（约150米）的距离展开，这么大的间隔相当于一个营的正面宽度。可以想象，如此分散的二十个营将会变得十分孤立，而相邻两个营之间的空隙，就是敌人骑兵可以利用的缺口，敌方的骑兵纵队完全可以在恰当的时机突击进入这样的空隙中，对相邻两个营的侧翼展开攻击，进而彻底粉碎这样一个毫无意义的队形。

在前面我已经提到过，争论的问题并不是是否要增加战斗线上的作战部队列数，而是战斗线是否应该由营或者攻击纵队组成，这种攻击纵队，每个纵队就是一个营，每个营以两个连配置在中央作为基准编队，这种纵队的优势是机动性强，善于强攻。很多军事著作家都对这一问题做过详尽的论述，但是没有一个人可以提出令人信服的结论，因为临时的战术决定在很大程度上依赖指挥官个人的灵感、精神状态和军事天赋。吉贝尔是一线部署和火力的铁杆支持者，但是最近战争中的近百次胜利完全推翻了他的论断。尚布莱和泰尔纳涅两位侯爵也曾围绕这一问题展开了深入的探讨，但他们最终也只是提出了许多疑问，并未能在根本上解决这一问题。令人高兴的是，泰尔纳涅的战术教程，尤其是在战斗队形方面的理论又有了很多新的、宝贵的进步和发展。虽然他没能在自己的理论中总结出普遍适用的一般性规则，但人们可以根据他的理论了解到各种各样的军事构想，这也正是人们对一部战术著作或理论所能期待的一个好结果。

奥库涅夫将军在对三个兵种特点的系统研究中取得了不小的成就，他的一些独到见解值得借鉴。但是他似乎对自己的理论并没有太大的自信，以至于他在阐述理论和解决问题的方法时显得举棋不定。对于被展开的英军以强大火力击败的法军纵队究竟是以一个营组成的分散纵队还是纵深过大的主力部队这一问题，奥库涅夫将军同许多前辈一样，并没有给出明确的解释或结论。正如我刚才指出的那样，两种推断之间是有天壤之别的。

现在，我来对上述问题中的各种观点做一个简短的总结。

事实土，作战部队在进攻中的部署形式不外乎以下五种方式：

（1）成散兵线；

（2）成横队或纵队，或成正方形队伍；

（3）以各营中心为重点的横队；

（4）在纵深方向集中部署；

（5）成小方阵。

散兵（射手）只是战斗部队的补充，他们的主要作战任务是利用地形，掩护战斗线，保护纵队在行进过程中的安全，随时准备填补空隙或者坚守某处防御工事。

以上各种部署可以归纳为四种体系：

（1）浅近队形或三列横队；

（2）半深远队形，这实际上是营横队，横队中的各营中央被编成强击纵队或方阵；

（3）混合队形，这一队形中的部分团展开成横队，一部分团汇集成纵队；

（4）深远队形，这一队形就是各营按照前后顺序依次展开成大纵队的深远队形。

把兵力分配成两条作战线，再与预备队组成规模相对较大的作战军，这样的部署形式曾经是各大小战争中常用的一种部署形式。尤其是在防御战中，这种部署形式的优势非常明显。按照这种部署方式组成的部队可以并列展开，也可以汇集成正方形，也可以变换成梯队。

另外还有一种很著名的队形，在一条战斗线上的每个营都以分营在中央组成强攻纵队，这种队形相对比较集中，实际上是一种小纵队的线式队形（见附图Ⅴ第5图）。如果按照现在最流行的三列部署，营本身要分成四个分营，这样计算下来，这样的纵队便有十二列的纵深部队。当然，为了保证作战士兵的正常需要，这样的队形势必会造成非战斗人员过多的现象，他们都将会成为敌方炮兵的攻击目标。为了解决这样的问题，有人曾经提出过这样的办法，那就是在使用这样的强攻纵队的同时，将步兵部署成两列，仅把每个营的三个分营前后依次部署，并把第四分营的兵力部署在各营的间隙中或是两翼，使其成为散兵线，其作战预想结果是可以在敌人骑兵进攻的时候，第四分营能够在一次部署的三个分营后面集中起来（见附图Ⅴ第6图）。按照这种部署形式组织起来的每个营能增加二百多名射手，如果要加上那些因为正面宽度增大三分之一而把第三列的兵力补充到前两列时增加的人数，那么每个营中增加的人数还会更多。所以，营中的强攻纵队的纵深就只有六个营了，而且整条作战线上可以有一百个纵列，一个营中每个强攻纵队的射手都将达到四百人。如果实现这样的部署，兵力和机动性之间的动态平衡就实现了。一个有八百名士兵的营，如果按照现行通用的部署方式分成四个分营的纵队，那么每个营大概有六十行。假设只有第一分营的两列进行射击，那么在一条直线上的每一个营，只能发射一百二十发枪弹。但是如果按照我的建议进行作战部署，则可发射四百发枪弹。

但必须注意的是，即使我们可以想方设法提高发射的枪弹数量，但是强攻纵队的作战使命并不是在正面对阵中射击。这种提高射击量的方法，若不是万不得已，还是不用为好。如果强攻纵队在向敌人运动的过程中就开始射击，那么该纵队的攻击就会变得毫无意义，该纵队的作战效果也将会和普通部队没有两样，冲击也会收效甚微。此外，这样细长的队形，对攻击处在防御态势中的步兵的确是十分有效的，但是在对付处在防御态势中的骑兵时，这种队形的实际作战意义可能还不如由四个作战方阵组成的纵队。我在1807年发表的《论战争之一般原则》一章中曾提出过组建这种方阵的建议，卡尔大公在埃斯灵战役和瓦格拉姆之战中就曾使用过这样的方阵，并取得了很好的作战效果，甚至连贝西埃元帅的英勇骑兵也奈何不了我这些小小的方阵。

为了使我提出的这种纵队具有更强的稳定性和更大的作战意义，我还有这样的建议，那就是把散兵集结起来，改组成为第四分营，但是纵队仍然分布成两列，还是无法抵御骑兵的冲击，尤其是对侧翼的冲击。为了弥补这样的缺点，有人想在这样的队形中使用方阵，但是也有许多军事家认为两列式方阵要比纵队更难于抵抗敌方骑兵强大的冲击力。但是，在滑铁卢战役中，英国人的方阵正是分布成两列，尽管法国骑兵英勇善战，不断冲击英国军队的方阵，但最终也只有一个营被击溃。

我从侧面说明了这个问题，但还有一点我需要做特殊说明，如果在强攻纵队中使用两列分布的队形，那么展开的横队将很难保持完整而有秩序的三列纵队队形，因为在一支军队中，两列分布和三列分布两种部署形式之间是不容易转换的，或者在短时间内一支军队是很难轮流采用这两种部署形式进行战斗的。这也是为什么任何一支欧洲军队（英军除外）都不敢用展开成两列的横队去冒险，绝大多数军队还是会采用强攻纵队的部署形式进行机动作战。

很明显，将四个分营编成三列纵队，而其中的一个分营在必要的时候可以用作散兵，这正是俄国和普鲁士使用已久的作战队形，也是指挥官完全可以考虑使用的一种部署形式。

混合队形是与上述两种队形截然不同的第三种队形，拿破仑在塔利亚门托的战役中就曾使用过这种队形，而俄国军队在艾劳之战中也是按这种队形部署的，其特点是，一个团的建制为三个营，其中的一个营在战斗第一线展开成横队，剩下的两个营则以分连为作战单元排列成纵队部署在第一营后面的两侧（见附图 V 第 2 图）。严格来讲，这样的部署也可以算作半纵深配置，在主动防御的战斗中是一种非常有力的部署形式。这是因为在战斗第一线展开的一个营，可以凭借持久而猛烈的火力长时间抵御敌人的进攻部队，这样的防御足以使敌人的进攻行动遭遇挫折。而就在此时，第一营后面的纵队便可以迅速穿过营与营之间的空间与敌人进行正面交锋，这能取得出其不意的作战效果，如果使用得当，完全可以一举夺得战斗胜利的关键地点。如果位于中央的营可以与穿插展开的后两个营配置成一线，并保证这一作战线的前方处于阵地中，那么该作战队形的作战效果将会更明显。因为阵地中的士兵可以射击，而阵地后方的士兵也可以射击，这相当于第一线上的每个团都会增加半个营的射击量。从火力的密度来看，这将是对敌作战中的压倒性优势。但是也有一个问题应该特别注意，那就是如此密集的火力对在第一营的空隙中冲击敌人的己方部队也是非常危险的，这个问题应该由指挥官根据战场实际情况随机应变而解决。但无论如何，使用这种作战队形，或是适应与此相类似的作战队形，都会取得相当不错的作战效果，其优点我想我介绍得已经足够多了。

在最近的几次战争中，我们不难发现，由纵深过大的纵队组成的战斗队形，是一种并不适合的作战部署（见附图 V 第 3 图）。在这种队形中，辖十二个营的师，都成前后纵列，组成了杂乱无章且十分拥挤的三十六列队形。如此集中的兵力非但不能发挥己方的作战实力，反而会降低部队的行动速度和攻击速度，甚至会成为敌人重炮火力的攻击目标。而这也正是法国在滑铁卢战役中遭遇惨败的重要原因之一。但是，麦克唐纳的纵队确实是以这样的队形在瓦格拉姆的战斗中赢得了胜利，我们不应该只是看到胜利的结果，我们也应该看到他为了胜利所付出的沉重代价，甚至可以说，这样的代价对于胜利来说是不划算的。而且，达武和乌迪诺率领部队对卡尔大公左翼的攻击，在很大程度上帮助了一度陷入绝境的麦克唐纳纵队逃脱被击溃的厄运。

如果军队必须要采用密集的纵深队形，为了尽量弥补这一队形的缺陷，可以在军队的侧翼部署纵列行军的营，两翼的队伍就像是一层保护伞，当敌人向部队侧翼进攻的时候，外层的军队可以抵御敌军，而在中间行军的主力部队也可以在这样的紧急情况中继续行进。侧翼的营可以掩护纵队，并可从正面抵御敌人，因此纵队可以在受到敌人干扰的时候顺利到达指定目标地点。如果没有侧翼军队的保护，纵队中的大批迟滞兵力，在遭遇敌人交叉火力的时候，不但不能进行适当的还击，还会在处于劣势的时候逐渐乱了阵脚，最终将会面临被击溃的危险。英国的纵队就曾在丰特努阿遭遇了这样的困境，当时的英军遭到突然攻击，乱成一团。如果不能找到化解危机的办法，陷入这样境地的军队很有可能像麦克唐纳的方阵一样被保罗·埃米利乌斯的军队彻底击败。

按照方阵部署的军队在对付骑兵或机动性较强的军队的时候是一种比较有利的队形。但是在此之前的方阵规模都太大，现在军事领域公认的理论是：一个团的兵力组成的方阵最适合防御作战，而一个营的兵力组成的方阵在进攻作战中比较有优势。根据战场上的实际情况，指挥官可以将军队部署成正方形或长方形，以使作战部队有相对较宽的正面，而且还要在敌人可能出现的方向部署较强的火力（见附图Ⅴ第8图、第9图）。三个营建制的团比较容易部署成长方形方阵，只是需要把位于中央位置的营一分为二，一半的兵力向左靠拢，而另一半兵力向右靠拢。

在土耳其战争中，交战的各方都采用了方阵队形，这是因为作战地点是平坦而广阔的比萨拉比亚、摩尔达维亚和瓦拉几亚平原，这样的地形十分适合部署方阵队形。另外，土耳其人拥有大量的骑兵，可以在方阵队形中发挥机动优势。如果作战地点换在巴尔干地区，那里多山地和丘陵，方阵的作战优势肯定发挥不出来，而如果土耳其的封建骑兵早已经换成了欧洲体制的军队，那么这场战斗中的方阵队形也不会出现得如此频繁。如果情况真的是假设的那样，那么俄国的步兵必将在鲁米利亚地区充分发挥出自己的优势。

总之，如果敌方不具备骑兵优势，或者战斗发生在非常容易实施对敌强击的平坦地形中，那么以团或营为基本作战单位的方阵就能在战斗中发挥非常大的作用。在长方形方阵中，主力部队是八个由分连组成的营，其中三个分连是方阵前沿，三个分连是方阵后沿；一个分连位于左侧，一个分连位于右侧。按照这样部署形式组成的方阵，比同样兵力组成的线式队形有更强大的冲击力。需要指出的是，这种方阵的总体作战效果还是没有我们在上文中提及的强攻纵队理想，但与展开成线式队形的营相比，方阵具有稳固可靠的优点，而且具备更强大的冲击能力，在摧毁敌兵的冲击行动中也有比较明显的优势。

对于以上几种不同的作战部署，我们很难就哪一种最好、哪一种最差这类问题给出明确的答案。没有一种规则是放之四海而皆准的，同样道理，也没有一种作战部署是完全能够适应各种作战环境的。但是有这样一个总体规则是毋庸置疑的，即在进攻作战中，机动性、稳定性和攻击性突出的部署是最好的，而在防御作战中，稳定性是最重要的因素，同时尽可能强的火力也是必不可少的。

在确定了上述基本规则的同时，我们还面对这样一个问题：在纵队部署的军队中，一支足够优秀和勇猛的进攻部队，如果不开枪射击，在面对一支展开成线式队形，拥有两万发子弹，可在五分钟内连续发射二千至三千发枪弹的部队时，究竟能坚持多长时间。在以往的一次战争中，俄国、法国、普鲁士的纵队就常常一弹不发，凭借在刺刀战中的绝对优势占领敌人的阵地。在这样的战斗中，强攻部队的作用是非常大的，当然军队在强攻作战中对自身的信心也是非常重要的因素。但是在塔拉韦拉、布萨科、富恩特－德奥诺罗、阿尔伯埃拉等地的交战中，采用这种作战方式的部队在面对拥有强大火力和镇定作战风格的英国步兵的时候，就再也没能取得预期的胜利，在滑铁卢战役中，法军就遇到了这样的难题。

但我们不能因为有这样的问题，就断定浅近队形和火力才是最有利的。在上述的多次战例中，如果法军的部署正像我多次看到的那样，过分注重纵深部署，致使兵力集中在一起，那么由多个展开的营所组成的庞大纵队，在敌人的围攻下，遭遇了我们在上文中说到的那种厄运，那么也是不足为奇的。但是如果纵队中的每个营都组成单独的强攻纵队，并按统一指令向中央靠拢的话，这样一支纵队还会有上面那样的悲惨结局吗？我认为答案是否定的。如果要判断浅近队形和火力相对于半深远队形的优势，就必须时刻掌握敌方由营编成的强攻纵队对我方展开的线式运动（见附图Ⅴ第6图），并精确推断敌方强攻纵队对我方部队直接冲击后可能引起的各种变化。至少我个人亲身参加过的所有战斗中，这样的小型纵队是经常取胜的。

如果我方部队为了冲击敌方阵地而向前推进的时候，是否可以采取另外一种队形呢？我方部队是不是可以以线式队形接近敌方阵地以发挥这种队形的强大火力优势呢？对于这样的问题，任何一个人可能都无法给出肯定的答案。如果说为了攻占一处防守非常严密的阵地而投入二三十个营的兵力，并将这些兵力部署成线式队形，以纵列或分连为基本单位实施射击，那么这些部队很有可能会在敌人阵地前面成为松散的"靶子"，敌人的猛烈火力会让这些战士在阵地前乱作一团，如果是这样，不要说攻占这处阵地，恐怕这支部队都冲不到阵地的前沿。

结论很明显：

（1）在进攻的战斗中，深远的队形有被击溃的危险，而半深远的队形则具备相对较高的优越性。

（2）由营编成的强攻纵队在阵地攻坚战中是比较理想的队形，但是应该注意尽可能地缩小每个强攻纵队的纵深，以便在必要的时候集中部队发挥强大的火力优势。另外，为做周全考虑，部队中应部署大量散兵掩护这些纵队，并在必要的时候派出骑兵支援这些纵队。

（3）在防御的战斗中，第一线展开成线式队形、第二线集中成纵队队形的部署具有相对较高的优越性。

（4）作战队形的应用在作战中并不是一劳永逸的，军队的指挥官只有在合适的时候用合适的兵力才能充分发挥这两种作战队形的优势，这一观点我在本书第十六节和第三十节中关于主动性的问题中已经指出过。

的确，在本书问世以来的一段时间内，在消灭人的艺术中又有了很多新的发明，这是因为在攻击作战中不断有新的战法被发现，这对作战是一种完善。但是，教训是在经历过困难之后才会深刻领会的，我们无法凭空预测出来，就像在火箭炮、什拉普奈尔或布尔曼榴霰弹、彼尔金斯枪出现之前，没人知道它们会有如此大的威力。但是，就我本人来讲，我很难再想出有什么队形可以比营纵队更适合于步兵攻击阵地的战斗。或许，要想充分发挥线式队形的火力优势，而又不出现上述的危险，我们可以考虑再次启用十五世纪的头盔和盔甲，并将其配发给步兵。如果真的到了一定要重新使用这种作战队形的地步，那么在攻击作战中也可以考虑找出一种比拉长战线更合适的方法，或许可以用分连作为侧翼保证采用这种战斗队形的军队能够顺利行进。但是，这样的计划，在时时刻刻都在想着利用我方缺点将我方击溃的敌人面前实施起来，还是有很大难度的。总之，还是归结到我之前提出的理论，无论战斗多么复杂，一个经验丰富而又颇具战斗天赋的指挥官是可以根据战场上的实际情况和地形特点找到最适合的解决办法，从而更好地利用这两种作战队形的。

作战经验已经向我们证明，如何选择适合作战实际情况的部署形式是战术上的最大难题之一，但是我也深刻地体会到，如果想要找到单独的一种绝对有效的办法来解决这个问题，那是绝对没有可能的。因为战场情况千变万化，万能的办法是根本不可能存在的。

首先，不同地区的地形特点是完全不同的，这也就决定了，世界范围内的战争所发生的地点都会有各不相同的地形条件。在平坦的地区，即使是二十万人组成的线式队形也能够灵活运动，例如法国的香槟地区；在地形复杂的地区，即使是由十个营组成的一个师这样一支小型部队，也未必能顺利展开，例如意大利、瑞士、莱茵河谷、半个匈牙利。另外，一支军队在日常训练中对机动性的重视程度、装备特点和军队构成人员的特点等要素，也会对作战部署产生十分重要的影响。

俄国步兵向来以军纪严明著称，而且各种机动性训练要求十分严格。与其他很多国家的军队相比，俄国军队即使以比较长的线式队形运动，也能做到行动统一，井然有序，所以俄国军队如果利用自己的这一特点部署出来的作战队形，法国军队或普鲁士军队，恐怕是无论如何也模仿不了的。虽然经验再次证明，只要付诸行动，所有事情都是有可能办成的，但我本人并不是这种观点的正统支持者，我只认为各国的军队都会有独具本国特色的体系或部署形式。

如果要尽可能解决上述问题，我觉得我们应该首先解决如下问题：

（1）在敌人视界内和射程外的最好的运动方式是什么？

（2）发动突然冲击的最好方式是什么？

（3）最好的防御战斗队形是什么？

无论以上问题的答案是什么，我个人认为在军队的日常生活中加入如下训练都会是有百利而无一害的。

（1）由营组成的纵队向中央运动，在火枪有效射程允许的范围内展开成一线，或者在突发情况中直接以纵队队形向敌人发动进攻。

（2）以每线上八或十个营的部署开展线式队形运动训练。

（3）营展开成正方形队形运动的训练，这种队形可以是断续的线式队形，这比连续的线式队形运动起来更快速。

（4）一个分连一个分连地绕侧翼前进。

（5）多个小方阵按照线式或正方形队形前进。

（6）正面和后面部队调换位置进行上述训练。

（7）分连纵队在全距离进行变换正面训练，以达到不展开面即可变换队形的效果，这一方式比变换正面和其他方式更易于实施，而且受地形条件限制的程度比较小。

在部队的行进运动中，如果不出现偶然的危险情况，以分连为单位的侧敌行军是一种简单而快速的方法。如果地形平坦，这种运动方式最容易取得成功，而在崎岖不平的山地行军，这种方式也是比较方便的。只是这种行军方式使战斗线变得分散，一旦遇到危险情况，重新集结兵力将会耗费一定的时间。如果士兵能在训练中逐渐习惯这种运动方式，再配合向导和旗手严密指挥，那么军队在采取这种行进方式的时候，就不会出现混乱的迹象。只是这种做法唯一的风险就是分散的分连如果遭到敌军骑兵的猛烈冲击便会溃不成军。我并不否认这种危险的存在，但只要增加巡逻兵仔细地侦查敌军的动向和敌军骑兵的活动范围，或在与敌方部队距离过近的时候放弃使用这种行进方式，便能在很大程度上避免这种危险情况的出现。一旦敌人的部队向我方接近，战斗线可以在很短的时间内就改变队形，这个时间与一个排的士兵跑步变成一线的时间大致相等。但是，即使准备好了所有应急预案，我们都不能忘记，这些机动手段都只能用于那些军纪严明、训练有素的军队，绝不要在民兵和新兵中冒险使用这种机动方式。到目前为止，我个人从未亲眼看到任何军队曾在敌人面前进行过这类机动，但是我看到过某一军队为了变换正面而采取的机动确实是成功了。为了增加实际作战能力，不妨在夏季的大规模演习中试一试这种机动方式。

也有人曾经试验过以各营展开成正方形的横队运动，我也曾亲眼所见，而这些运动确实非常顺利，可是密集的或连续的横队运动很少有军队能够完成，尤其是法国军队几乎没有过成功展开成横队的经历。对于这样的队形，有人曾经有过这样的担心，这些正方形的部队在运动过程中，如果突然遭到敌军骑兵的突然进攻，将会陷入非常混乱的境地中。但是，我要说的是，这种形式在运动开始时会显得十分顺畅，甚至还能在某种程度上加快运动速度，而且正方形军队中第二梯队的士兵可以在交战前就与第一梯队的士兵同时进入战斗位置。况且，如果多个正方形军队相隔比较近，组成战斗线将不会是苦难的事。但是绝不要大意，这些正方形部队绝不应形成两线，而只应形成一线，以保证军队能够充分发挥作战实力。不过，为了避免军队在变换成连续横队的时候出现混乱的局面，可以把一线分成若干相隔开的部分。

在对敌人实施的攻击作战中，最好的部署形式仍然是不确定的。在我所见过的所有作战试验中，我认为最成功的当属由二十四个营组成的两线运动形式，这两线由营纵队在中央展开组成，在冲击作战中，第一线中的士兵快步冲向敌线，当与敌线的距离为两倍射程时，即跑步展开，每个营中的轻步兵连以散兵线的形式散开，其余的连在完成列队后立即开火射击，部队中的第二线紧跟在第一线之后，第二线中的各营快速穿过正在射击的各连之间的间隙，并迅速向前冲刺。当然，这只是军事试验，是在没有敌人的情况下完成的，是一种理想化的作战效果。但是即使是在真正的作战行动中，如果部队真的能够按照这样的部署进行冲击作战，恐怕就没有什么军队能够抵挡住纵队和火力的联合攻击。

除了上述这些纵队的线式队形外，半深远队形中还有三种不同的进攻方式。

第一种方式是混合的线式队形，由展开成横队的各营和在其侧翼成纵队的各营混合组成，这种形式的队形我在前面（见本节第二十段前后）已经详细地讲过了。展开成横队的各营和集结成纵队的各营前面的分营，在与敌人的距离为步枪射程的一半时开火射击，然后迅速直扑敌人的防线。

第二种方式是作战部队第一线统一向前推进，并在推进的过程中射击，当战斗线与敌人的距离为步枪射程的一半时，第二线的部队迅速穿过第一线部队之间的间隙并向敌人发起猛烈冲击。

第三种方式可以描述成梯次部署队形（见附图Ⅲ第11图）。

最后一种方式是作战部队完全展开，统一向前运动，采用这种队形的部队只能依靠火力优势压制敌军，直到最后双方中有一方转身逃跑为止。这种方式是非常直接的，但也是非常残酷的，因为军队的损耗会非常大，所以这种方式在真正的作战中几乎不会出现。

我不能断言，以上的几种方式中哪一种最好，因为我还没有在战争中见识过以上所有的形式，多数对这些形式的评论也只是停留在理论层面。在步兵作战中，我见到的情况是这样的：作战部队中的营在没有遇敌的时候就预先展开成横队，进入射程后各营以分连为单位开始射击，然后逐渐开始实施按列射击。也有这样的情况，作战部队中的纵队勇猛地冲向敌人，而敌人的反应有三种情况：在纵队尚未冲上来之前抢先逃跑；在交锋中沉着冷静地作战；采取同样的方式抗击纵队。只有在村庄和隘口发生的突然遭遇战中才真正见到过成纵队的步兵展开的混战，在大部队最前方的士兵与敌军展开惨烈的白刃战，这是我在阵地战中从未见到过的格斗。

无论军事领域在这些问题上的争论多么复杂，我始终认为，否定步兵火力的重要性，就像否定半深远纵队一样，是非常愚蠢的。如果有一个人既不考虑与己方敌对的国家的特殊情况，也不考虑与己方部队交战的部队有什么样的作战方式，而只是想总结出统一的、毫无差别的、各种情况都适用的战术体系，那无异于将自己的军队推向毁灭的边缘。我坚信，取胜的决定性条件并不是部署兵力的固定方式，而是根据实际情况对不同部署方式的灵活运用。当然，我们不能从一个极端走向另一个极端，所以我也不推荐纵深过大的部署方式，这样的部署方式已经被证明是不适用的。

到此，这一节的论述已经基本完成，但是我想提醒大家，指挥步兵战斗的过程中，最主要的问题之一，是要将自己的部队隐藏起来，使己方不至于因为暴露目标而遭到敌方炮火的攻击，而不是不合时宜地后撤。从更深刻的层次上讲，这种隐藏也可以迷惑敌方，让敌方指挥官无法完全掌握我方的部署。要充分利用部队周围的山地和低陷地区，并时刻搜索有利于部队隐藏的高低地形。一旦交战双方之间的距离已经小于步枪的有效射程，那么隐藏也就变得不那么重要了，有利于己方的掩体或阵地才是重要的。但是交战并不能一直防守，只要时机得当，就必须展开进攻，在这种情况下，隐蔽只对射手和防御部队有重要意义。

在战斗中，防御的一方应该对处在阵地正面的村庄或工事加强防守兵力，而对于进攻部队来说，攻占这些村庄或工事是至关重要的。过犹不及的道理我们应该都知道，所以决不要忘记霍赫施泰特之战中一方军队过分注重这些村庄而付出的惨重代价，这个教训很值得研究。在这场战斗中，马尔波罗和欧根亲王发现法国步兵隐蔽在村庄里，便集中兵力突破了法军中央，并击败了法军驻扎在这里的二十四个营。

上文已经说到了占领村庄的重要性，同样，占领阵地周围的小片森林和灌木丛也是很有用的，因为这些掩体将会成为占领方军队的天然屏障。树木可以提高行动部队的隐蔽性，同时还有利于己方骑兵的运动，而如果敌方骑兵在毫无察觉的情况下接近这里，那么占领这里的军队很有可能会轻而易举地取得一场小规模战斗的胜利。

克劳塞维茨是一个怀疑论者，他不怕持反对意见，甚至有时他的意见是十分古怪的。他认为，占领树林的军队将会像瞎子一样做无谓的运动，还会因为树林的遮掩而对敌人的情况一无所知。占据树林在他看来应该是一种战术错误。或许是霍恩林登之战的结果让这位著名的军事著作家变得因噎废食了，以至于他会认为占领战斗线附近的森林与在大森林里部署一支没能控制退路的部队的做法都是错误的。这两种做法孰对孰错，我不赘述，事实上，只有从未参加过战斗的人，才会认为在战斗线附近占领攻守两用的森林这一做法是错误的，而实际上这一做法的正确性是不容争辩的。在滑铁卢战役中，奥戈蒙公园对于占领一方发挥的重要作用就是一个现成的并且很有说服力的例子，这说明了在战斗中选择合适的哨位并保护好哨位，会对作战结果产生很大影响，甚至会成为制胜的关键因素。克劳塞维茨先生在提出自己的反对意见时，一定是忘记了在霍赫基希和科林的交战中森林曾经起到的重要作用。

关于步兵的部署和使用问题，我想我说得已经足够多了，现在是时候将话题转向其他兵种了。

第四十五节 骑兵的部署和使用

与步兵出现的问题一样，关于骑兵的建制和队形问题，也曾出现过很多类似的争论。当然，结果同样是没有最终的定论，否则，我们也没有在此谈论这个问题的必要了，即使是显赫一时的俾斯麦伯爵所提出的论据也没有对问题的解决做出太大的贡献。正是因为在骑兵的部署和使用问题上并没有定论，所以我才有决心大胆地向具有丰富骑兵指挥经验的军事将领们谈谈我的观点。

一位指挥官对骑兵部队使用的好坏程度，与他所拥有的骑兵部队的总体实力有很大关系，当然这支骑兵部队与敌方骑兵的实力对比也是非常重要的因素，这其中包括兵力的数量和作战能力。纵然这些差别或对比对作战结果会有影响，但是一支实力不强的骑兵部队，如果在合适的时机被部署到了合适的地点，也是可以取得巨大作战功绩的，因此在这样的作战中，使用骑兵部队的时机是至关重要的。

优秀骑兵必备的素质与步兵是有很大区别的，这决定了一个民族中骑兵和步兵之间的数量比例差异，丰富的马匹资源和良种战马对此也有非常大的影响。在法国大革命的战争中，法国的骑兵部队组织并不健全，数量也远远低于奥地利，但是这支部队在法军中的服役状况是非常好的。1796年，我在莱茵军团里见到一支骑兵部队，这支部队的总兵力不到一个旅（一千五百匹战马），但是这支部队在当时被夸大成一支骑兵预备队。十年之后，我再次见到这支骑兵部队，其战马数量为一万五千至两万匹，规模很大，成为了真正意义上的预备队，更重要的是，这支骑兵部队的作战思想和作战条件都有了很大的改进。

一般来说，一支作战军队中骑兵总数应占部队总人数的六分之一，而在多山地国家的军队中，有十分之一的骑兵就已经足够了。

骑兵的主要优点是高度机动性和快速突击能力，我个人认为骑兵还有另外一个特点，我在此指出这一特点也不怕有人对这一词汇存在误解和错用，那就是迅猛。

无论骑兵在作战部队中的重要性有多高，如果没有步兵，再强大的骑兵也只能是眼看敌人攻占自己的阵地而无法阻挡。这是骑兵的作战特点决定的，骑兵的主要作战使命是突击和扩大战果，这包括迅速支援己方受到威胁的地点，快速攻击敌方的薄弱环节，掩护步兵和炮兵的转移，在夺取胜利后追击敌军、俘获敌人、夺取战利品等。总结出骑兵的作战特点，我们就可以理解为什么一支没有骑兵的军队很少在战斗中夺取决定性胜利，而在撤退的过程中又是如此混乱。

那么，骑兵究竟在何时以何种方式发动突击最合适呢？这受到很多因素的限制，如指挥官的预见性、具体作战计划的实施、敌军的应对措施等。如果要把所有的因素都介绍一遍，将耗费很多时间，而且也没有必要，所以我只对其中比较重要的几个因素做详细解释。

设想，如果骑兵部队奉命进攻一处部署严密的阵地，如果没有步兵部队跟敌人正面交锋，也没有炮兵部队在一定距离上的火力支援，那这样的进攻行动无异于自取灭亡。在滑铁卢战役中，法国的骑兵正是违背了这样的原则，擅自行动，最终为此付出了沉重的代价，而腓特烈二世的骑兵部队在库纳斯多夫之战中，也难免这样的命运，被俄国人打得一败涂地。那么，骑兵是不是就不可能独立战斗呢？答案是否定的，有时候在战斗中骑兵部队是有单独进攻的必要的。不过采取这样的行动时，敌我双方的步兵部队最好已经开始战斗，这样我方部队便能牵制住大量的敌方部队，而此时骑兵出其不意地攻击敌方步兵作战线，将会取得非常理想的作战效果。在马伦戈之战、艾劳之战、博罗迪诺之战等十多次战斗中，骑兵正是凭借这样的战术发挥了非常重要的作用。

但是在极端的恶劣天气中，比如倾盆大雨、鹅毛大雪，步兵的武器可能根本无法射击，那么，军队中此时能够作战的骑兵兵力就有可能代替作战的步兵兵力。奥热罗元帅率领的部队就曾在艾劳之战中遇到了这样的难题，而奥地利军队的左翼在德累斯顿之战中也曾遇到同样的难题。

如果充分了解骑兵的作战特点我们会发现，在敌方的步兵部队遭到了我方猛烈炮火攻击而阵脚大乱的时候，抑或是在遭到突如其来的袭击的时候，如果我方再派出一支骑兵部队进行猛烈攻击，战斗往往都会取得胜利。出色地运用了这一战法的是普鲁士骑兵在 1745 年的霍亨弗里德堡之战（见《论大规模的军事行动》）中所发动的冲击。但是如果炮兵的攻击或袭击不足以让敌方步兵自乱阵脚，或敌方的方阵依然齐整，那么即使派出骑兵部队，也不一定会取得冲击的成功。

规模较大的骑兵部队适合截击敌人的炮兵部队或是协助步兵部队完成攻占阵地的任务，但是当骑兵在完成这样的任务的同时，步兵部队必须做好随时支援骑兵的准备。因为骑兵的冲击是一种短时间内攻击力的大爆发，如果敌人拖延住了我方的骑兵，并利用足够长的时间重整队形准备反击，那么骑兵将会面临非常危险的境地。无疑，法国骑兵在 10 月 16 日的莱比锡交战中很好地发挥了这一战法的作用。但是在滑铁卢战役中，法国骑兵为了达到同样的目的而发动的突击，却因为缺乏支援而没能取得预期的作战效果。而内伊的骑兵部队虽然实力并不强，但是在对霍恩洛厄亲王的炮兵部队发动突击时表现出色，这也是骑兵在类似情况下能取得的最好的作战效果了。

以上我们说的是骑兵对步兵和炮兵的突击，当然，我方骑兵也可以对敌方骑兵发动总攻击，最好的作战结果就是击溃敌方骑兵，然后迅速返回作战位置，寻求合适时机对敌方步兵或炮兵发动突击。

在常规作战中，当我军的步兵即将从正面发动进攻的时候，骑兵可以在恰当的时机从我方的翼侧或背后突然分兵，出其不意地攻占敌线。如果敌人早有防备，骑兵可以在遭遇抵抗的时候快速撤回到我方的大本营中。而如果敌军应变不当，我方骑兵突击成功，那么敌军将会被打开一个突破口，我方部队大可趁此时机彻底击溃敌军。但是遗憾的是，如此使用骑兵的战例很少见，我不明白这种战法为什么会很难实施，因为即使我方骑兵深入敌后，如果指挥得当，骑兵仍旧可以凭借机动能力保持队形，而我们也知道，骑兵恰恰是可以发挥这种作用的。

在防御战斗中，如果敌军已经逼近我方战线，正准备攻入我方阵地或已经突破我方防线，那么我方骑兵可以在此时突然冲出发动突击，从而击败因取得初步胜利而变得急功近利的敌方散兵，这也能缓解我方作战压力，甚至可以帮助我方军队展开反击。俄国骑兵在艾劳之战中的作用和英国骑兵在滑铁卢之战中的成功都是很好的例证。还有，属步兵编制的骑兵别动队，其主要作战任务是配合步兵实施突击行动，扰乱敌人的阵脚，在敌人撤退的过程中彻底将其击败。

在以上的攻击方式中，我们很难找出一种最好的攻击方式，每种攻击方式的作战效果都要受到突击时机、突击方式等因素的影响。具体的攻击方式共有四种：

（1）骑兵成纵队，各纵队保持一定距离实施冲击；

（2）骑兵成横队，快步冲击；

（3）骑兵成横队，跑步冲击；

（4）骑兵成散开队形冲击。

当骑兵部队以密集且连续的墙式队形或线式队形冲击的时候，长矛的优越性是显而易见的，但是在格斗中，最好的兵器当然是马刀。从这样的事实依据出发，我有一种想法：第一列军队是实施突破的关键，应配备长矛；第二列部队以局部战斗为主，应配备马刀。而只有负责警戒的前哨部队才适合用手枪射击，也可以在敌方骑兵对我方步兵实施干扰性的冲击过程中吸引其火力。至于用卡宾枪射击是否合适，我还不能确定，因为骑兵需要停下来，原地不动地射击才能发挥卡宾枪的精度和射程优势。而如果敌人在骑兵停下来的时候果断实施反冲击，那么这支骑兵部队便注定要失败了。我认为有一点是可以确定的，那就是散兵可以在跑步的过程中用卡宾枪射击。

我们已经反复说过，每种攻击方式都有自己的优势，但我们不能据此断定，在骑兵与骑兵的战斗中，速度优势是决定战斗胜负的决定性因素。我反而认为，大步法是成横队冲击过程中的最好步法，因为这可以实现猛攻的统一性，可以在骑兵中建立信心和秩序，如果实施快速冲击，那么没有骑兵可以具备上述特性。快速冲击的攻击方式在对付炮兵的时候是一种非常好的方式，因为在这样的战斗中队形并不是最关键的因素，骑兵的首要目标应该是尽快到达作战地点，击溃敌方炮兵。如果骑兵配备的是长矛，那么最适宜的步法便是大步法，因为长矛的优点只有在保持完整队形的条件下才能充分发挥出来，一旦近距离格斗，长矛就会失去使用的价值。如果骑兵配备的是马刀，那么骑兵部队在距离敌人二百步远的地方，便可开始全速冲击。

如果敌人快速向我方军队冲过来，我方骑兵跑步迎击是非常不理智的做法，因为快速移动的骑兵会在接近敌军主力之前就变得队形混乱，而这也恰恰是敌军希望出现的情况，他们的军队会从我方混乱的骑兵部队中直接穿过，直扑我方的核心要害。在这样的战斗中，如果还有值得肯定的地方，那一定就是我军在冲击时所展现出来的大无畏精神，这会在一定程度上提升我军的士气和作战力量，但是如果敌军恰当地估计到了这种影响，那么我方军队还是难免失败的命运。因为当密集的作战队伍与四散冲击的骑兵作战时，胜利往往属于前者。

土耳其军队和马穆鲁克军队的实战经验已经证明，快速冲击的作战方法对步兵来说实战意义不大。枪骑兵或者胸甲骑兵采用大步的冲击形式不能通过的地区，其他骑兵也肯定无法通过。如果骑兵部队对付的是快要弹尽粮绝的步兵部队，那么迅猛冲击的方式应该比大步冲击的方式更适合。而要想突破队形稳固的敌军部队，就需要火枪和枪骑兵的支援，最好还有装备长矛的胸甲骑兵，分散冲击的作战方式在战争的每一天都会发生，这是一种小规模作战，而在这样的小规模作战中要想经常取胜，最好是借鉴土耳其军队或者哥萨克的作战方式，他们可是这方面的内行。

无论采用上述哪种冲击方式，骑兵在实施冲击的战斗中，最好是一面向敌人正面发动冲击，一面适时派出骑兵分队夹击敌人作战线的两翼，这是一种非常好的取胜方法。但是，如果要利用这样的作战方式取得全胜，尤其是在骑兵对骑兵的冲击中取得全胜，就必须保证派出的骑兵分队能够在敌人的作战线投入战斗的前一刻对其两翼实施夹击，早了可能会打乱整个作战计划，而晚了则有可能贻误战机，使夹击行动收效甚微。一位优秀的骑兵指挥官最应该具备的也正是这种准确的预见性和对战场动态的把握能力。

关于骑兵的武器装备和组织建制问题，军事领域的争论并不少，而要将这些问题的解决方法归纳成若干条基本原则也并不是什么困难的事。我们在上文中已经提到，骑兵部队在成横队冲击的时候，长矛是最好的进攻武器，因为手持长矛的骑兵能够轻易地攻击敌人，而敌人却碍于兵器长度的限制无法伤害到骑兵。如果再有第二列骑兵部队或马刀预备队，那将为这场战斗的胜利增加更大的把握，因为在与敌人拼杀的过程中或是敌军队形出现混乱的时候，马刀是一种非常方便的武器。也许用镖骑兵梯队支援枪骑兵的冲击会有非常好的作战效果，因为当枪骑兵部队深入敌后的时候，镖骑兵可以夺取胜利或扩大战果。

对于骑兵来说，胸甲是一种非常好的防护武器。在我看来，骑兵最好的装备是长矛和由两层犍牛皮或水牛皮制成的胸甲，而马刀和铁甲则是重骑兵最好的装备。很多经验丰富的将领还习惯于为自己的胸甲骑兵部队装备长矛，因为他们认为，装备长矛的胸甲骑兵就好像古代的披甲兵，可以所向披靡。的确，对于胸甲骑兵来说，长矛比卡宾枪更适合他们执行作战任务。

对于担负双重使命的龙骑兵的装备和组织体制问题，目前还没有比较统一的原则。当然，在这样的部队中设立几个骑兵营还是非常有必要的，这些骑兵营可以在作战地区搜索树林等有利作战位置，也可以先敌一步抢占隘口，也能在大部队撤退的过程中扼守隘口，然而要使步兵变成骑兵，或者要使一个士兵兼具步兵和骑兵两个兵种的特长，这是不容易实现的。法国的龙骑兵所经历的悲惨命运就充分证明了这一点。然而却也有这样的事实，那就是土耳其骑兵徒步作战同乘马作战所取得的战绩并不完全一样。有人认为，在龙骑兵部队中，最大缺点就在于早晨要让他们相信一个方阵是对付不了他们的骑兵冲击的，到了晚上又要告诉他们持枪的步兵可以打败任何骑兵。无论这样的思想灌输能否被龙骑兵接受，它也不一定能提高龙骑兵部队的作战实力。所以，与其让龙骑兵接受这种自相矛盾的说法，还不如直接向他们讲解清楚作战的道理。世界上没有无敌的部队，勇敢的骑兵可以冲破方阵，而勇敢的步兵也同样可以击退骑兵的冲击。一个兵种的胜利并不是完全由它相对于另一个兵种的优越性决定的，胜利是千百个不同的因素共同作用的结果。一定要让龙骑兵知道，军队的士气、指挥官的策略、作战时机的选择、枪炮火力的配合等等，甚至包括天气在内的这些因素，既能帮助部队取胜，也可能导致失败。但是，一个勇敢的士兵，无论他是步兵还是骑兵，总是能够打败胆小如鼠的敌人。如果能让龙骑兵接受并完全理解这样的道理，那么无论作为步兵还是骑兵，当他们在执行不同的作战任务的时候，他们在精神上就已经胜过敌人了。土耳其人和切尔克斯人正是完成了上述的思想转变，他们的骑兵经常会徒步行军，手持武器在森林里或者遮蔽物后面与敌人展开战斗。当然我可以毫不避讳地说，要让龙骑兵部队达到这样的高度，必须要有足够优秀的指挥官和士兵，缺一不可。

无论骑兵还是步兵，只要他们足够勇猛，他们都有可能取得胜利，这也是尼古拉一世皇帝一定要把一万四千至一万五千名龙骑兵集中在一起组成一个作战军的原因。但是当时他并没有重视拿破仑在使用龙骑兵过程中遭到的沉重打击的教训，当然，他也忽略了从最需要龙骑兵的地方将其抽调出来对军队造成的影响。最后，或许是为了让龙骑兵真正担负起双重使命，这支部队开始了既符合骑兵要求又符合步兵要求的训练，而尼古拉一世皇帝还下达了命令，执意将步兵和骑兵的作战能力结合起来。这让我想到，如果在战斗中，这些龙骑兵可按分营的形式被部署在军队的侧翼。当交战双方真正交锋的时候，尤其是双方展开最终决战的时候，如果真的有一万龙骑兵可以率先骑马赶到决战地点，然后徒步作战，这便很有可能改变敌我双方的力量对比。所以说，集中和分散两种作战方式还是各有利弊的。从最合适的部署方式上考虑，可以给每一翼和前卫（退却时成后卫）分别配置一个实力较强的团，再把其余的龙骑兵组建成师，或组成骑兵军。

我们在上一节中探讨的步兵的部署和队形，也适用于骑兵，但骑兵的具体部署和队形，有以下不同。

（1）对骑兵来说，展开成正方形或成梯次部署的线式队形要比完整而连续的线式队形更有利。这是因为正方形的步兵方阵过于松散，很容易被敌方骑兵从空隙中突击进入，进而致使部队的侧翼遭到攻击，而骑兵部队并没有这样的危险。步兵的正方形队形仅适用于在与敌人交战前的准备性运动中，而在作战中这样的队形要想抵御敌方骑兵从各个方向发动的冲击是不大可能的。相反，在骑兵部署方面，不论是采取完整而连续的线式队形，还是采取正方形线式队形，各线之间保持一定的距离才是合适的，这能够保证在进攻受挫或者遭到攻击的时候不会出现相互连累的危险。但是应该注意的是，在骑兵的正方形队形中，各横队之间的距离最好要比完整而连续的线式队形时略小一些，但是又不能使第二线部队完全连接在一起。最好的解决办法是按分营建制编成纵队，或者是至少在纵队之间留出相当于两个骑兵连（一个分营）正面宽度的空间，这两个骑兵连可以在每个团的侧翼变换成纵队，以保证被击溃的部队能够顺利通过。

（2）当部队中央变换成攻击纵队时，骑兵应该以团为单位部署成纵队，步兵则以营为单位编成纵队。为了使部队在上述队形变换中变得有条不紊，每个骑兵团应由六个连组成，这样的编制可以在向中央靠拢的过程中顺利地分成三线。如果骑兵团由四个连组成，那么就只能在上述机动中分成两线。

（3）骑兵冲击纵队之间的距离应该比步兵纵队之间的距离小，这个距离至少应该是一个骑兵连或半个骑兵连的距离。这样的距离足以使组成纵队的骑兵能够在其中自由奔驰，而绝不会出现影响骑兵机动性的情况。这种距离适用于投入战斗的纵队，而在战斗线后面休整的纵队，则可以适当收缩这一距离，这不仅可以使后方部队的占地面积更小，还可以使后方部队在投入战斗的时候使前进距离变小。当然，这些休整的部队在没有投入战斗之前，最好隐蔽起来，或是驻扎在敌方火炮攻击不到的地方。

（4）步兵实施的侧翼攻击可能收效甚微，但是骑兵所实施的侧翼攻击则对作战结果有非常重要的影响。所以非常有必要在骑兵的战斗线两侧部署多个间隔开的骑兵连，这样的分散部队只要向中间靠拢，便可以立即组成完整的队形，不给准备攻击我方侧翼的敌军以可乘之机。

（5）根据上一理论，骑兵部队的指挥官必须适时地派遣若干骑兵连到准备实施冲击的骑兵战斗线的两翼。如果部队中有非正规骑兵跟随，最好是派遣非正规骑兵执行这样的任务，这样一来，骑兵兵力的压力便不再是问题。而非正规骑兵在多数情况下也确实是可以胜任这样的任务的。

（6）与步兵作战不同，在骑兵部队中，指挥官所能调用的纵队应大于正面部队。举一个例子说明，如果一个展开成线式队形的师由两个旅组成，那么指挥官就不应该将这两个旅分别部署在前后线上，而是应该保证每个旅中都有一个团在第一线，另一个团在第二线，这是比较合理的队形。因为这样的战斗队形保证了战斗线的每一部分都有自己的预备队，这种部署的优越性已经被实战证明了，这是任何个人都否定不了的。骑兵在冲击的过程中出现的任何紧急情况都有可能让指挥官没有足够的时间做出反应，指挥官甚至都无法控制展开成一线的两个团，所以这种队形的稳定性就变得十分重要了。采取这样的部署和队形，能让指挥官充分行使他对预备队的指挥权，如果师中能有一个总预备队，那么指挥官对战斗节奏的控制将会更有把握。所以我曾经设想过，如果一个骑兵师能下辖五个团，那不就可以实现上述的作战部署了吗？具体部署是这样的：如果师中的每个旅组成一条战斗线出击，每一个旅由两个团组成，那将有四个团投入到战斗中，而剩下的第五个团就可以充当总预备队，部署在中央后面。如果作战需要，这个师可以做出这样的队形变换：三个团组成一线坐镇中央，一个团成纵队在左翼，一个团成纵队在右翼。还有一种队形也同样可行，那就是让中央的三个团成纵队部署，而剩下的两个团分别展开成一线。这样，两个团作为第一线，而三个纵队可以保护两翼和中央，三个纵队之间的空隙，可供在第一线上战败的士兵迅速撤出战斗（见附图 V 第 10 图）。

（7）在骑兵和骑兵的交战中，有两条已经被验证的规律可供借鉴。一是无论交战中的一方的进攻多么成功，其第一线的进攻迟早会受阻，因为另一方在遭到进攻的过程中很有可能会抽调部队进行支援，从而使第一线的作战部队退到第二线进行休整，以期实现反攻。二是如果交战双方军队的总体实力相当，指挥官的军事才能相当，那么哪一方有预备队，并能够根据作战需要适时地派出预备队攻击另一方的侧翼，那么这一方胜利的可能性就非常大。相信理解了这两条基本规则，我们就能够总结出在骑兵作战中最适合的部署方法了。

无论在战斗中采取哪种战斗队形，都应尽最大可能把大规模的骑兵部队展开成连续的线式队形，因为大规模的骑兵一旦发起冲击将会很难控制的，任何指挥官在发出进攻命令之后，也不可能在短时间内重新排兵布阵。如果不采取这种连续的线式队形，一旦第一线部队被击退，那么第二线部队甚至有可能还没能抽出马刀与敌人交战，便被撤回来的第一线部队淹没在混乱的队形中了。南苏蒂将军指挥以团为单位的骑兵纵队在蒂耶里堡前的失败便是最好的例证。

在本书中，我曾对把骑兵部署成两线以上的队形持否定意见，但我并不排斥正方形队形或是按梯次部署的多线队形，也并不是反对部署成纵队的预备队。我反对的只是单纯为了冲击而将骑兵部队部署成"墙"式队形，在这样的队形中，胡乱组成的一条条战线根本就无法发挥出骑兵的作战优势，一旦第一线的骑兵进攻受挫，后面的部队便会打乱，而一旦第一线的骑兵被击溃，那么后面的部队在尚未参战前就已经四散逃跑了。

总之，在骑兵部队中建立精神上的自信，要比步兵的自信更重要。指挥官的卓越军事才能、士兵的英勇无畏，无论是在激烈的厮杀中，还是在双方的突然遭遇战中，都是夺取胜利的根本要素。与此相比，部署形式就有可能是次要的了。当然，如果一位指挥官可以将部署和精神激励都做得十分出色，那么他率领的骑兵部队一定所向无敌。

最近几年的战争（从 1812 年至 1815 年）使一个由来已久的争论再次成为焦点，那就是关于以线式队形作战的骑兵能否在较长时间的战斗中战胜非正规骑兵的争论。非正规骑兵的作战似乎更加自由和无章可循，他们可以像帕提亚的骑兵一样，在战斗中溜之大吉，也可以在敌人麻痹大意的时候转身杀回来，扰乱敌人的阵脚。总之，他们可以回避任何正规交战，而又随时出现，出其不意给敌人致命一击。劳埃德就认为在上述条件下正规骑兵无法战胜非正规骑兵，而哥萨克骑兵在与优秀的法国骑兵的作战中取得的胜利也证实了他的反对是有道理的。但是不要因此就轻易地相信轻骑兵部队也能够利用散兵冲击非正规骑兵，并在战斗中取得胜利。因为在分散进攻中，作战行动是相当混乱的，这对骑兵的要求很高，而非正规骑兵正是善于各自为战，他们通过单独的行动来实现共同的目标。还有一点是，无论镖骑兵曾经受到过多么严格的训练，他们也不会具备哥萨克骑兵、切尔克斯骑兵和土耳其骑兵那种与生俱来的单独作战的本领。

即使是在实际交战中，个别勇猛的非正规骑兵能够在分散作战中击败优秀的正规骑兵，我们也应该清醒地认识到，在真正决定战争胜负的正规作战中，任何指挥官都不会把胜利的希望寄托在分散冲击的作战方式上。分散冲击也许可以很好地配合整个战线的冲击，但是单独的冲击是不可能在大规模作战中取得重大胜利的。当然，这样的非正规骑兵的分散冲击的确是骑兵拼杀中强有力的作战形式，但也只能是决定性战斗中的一种辅助作战方式。

综上所述，我认为在大规模战斗中，应该使用拥有远程武器的正规骑兵，而在小规模战斗中，则可使用配备手枪、长矛和马刀的非正规骑兵。这是对骑兵部队中武器的有效利用的一种方法，同时也是有效利用骑兵部队的一种方法。

　　无论采用何种方法使用骑兵部队，有一点是可以肯定的，那就是一支规模庞大的骑兵部队是一定会对这支部队所参与的战斗产生重要影响的。骑兵部队可以从正面冲击敌人，造成敌军的混乱，给敌人致命的打击；也可以深入敌后，扰乱敌人的部署，使敌军各个部分之间的联系被破坏，使其不能协调行动。总地来看，骑兵可以发动对敌军侧翼和后方的攻击，从而使我方军队能够更快击溃敌军。

　　一支优秀的军队，要在战斗时竭力吸收民兵，不断扩大骑兵队伍，这些民兵在得到几个精锐骑兵连的支援后，便能在参战后的数个月内，成为大批优秀的游击战士。这些民兵虽然不具备游牧民族那种天生的骑马作战能力，但是在接受系统的训练和战斗的考验后，他们也会具备非常强的作战能力。在这一方面俄国军队就做得非常出色，俄国顿河的马不仅数量多且适于作战，而民兵的作战素质也相对较高，只要作战需要，这样的民兵骑上良种的战马，便能成为上阵杀敌的骑兵。

　　二十年前，我在《论大规模军事行动》一书的第三十五章里也曾提到这一问题，当时我是这样描述的：

　　"哥萨克骑兵曾在战斗中为俄国军队做出了重大贡献，这种轻骑兵在大规模作战中（攻击侧翼的战斗除外）并不能左右战斗结果，但是在小规模战斗或追击敌方小股部队的战斗中，是一支作战力量非常惊人的部队。尤其是对敌方的指挥官来说，这样的轻骑兵是非常可怕的敌人。轻骑兵部队经常会突然出现，围住敌方指挥官的车队，即使有部队保护，指挥官也不能保证自己下达的作战命令能传达到部队的各个部分，因为此时他与各个部队之间的联系很有可能已经被轻骑兵部队切断了。在一支兵力本不多的骑兵部队中，或许这样的轻骑兵并不是十分重要，但是当一支军队中的骑兵数量为一万五千至两万人时，这种轻骑兵的重要性便会立刻凸显出来。

　　对于被拦截的车队来说，增加护送车队的兵力，并对护送队伍进行统一指挥，或许可以避免这种情况的发生。但是任何人也无法保证指挥官车队的安全，因为没有人知道机动性强的敌方骑兵会在什么时候、什么地区出现。沉重的护送工作可能要耗费很大的兵力，结果还常常会使护送部队因为疲惫而失去战斗力。

　　"我认为，在战时招募或编入部队的志愿镖骑兵或枪骑兵，只要接受了系统的训练，并能听从指挥，那么这样的部队就能担任车队攻击任务，也能担任车队护送任务。但是不应该把这样的一支部队视为主要力量，因为他们只是以游击的形式作战，他们不具备哥萨克骑兵的优秀素质，但是作战能力还是值得肯定的。"

奥地利军队有匈牙利人、特兰西瓦尼亚人和克罗地亚人作为后备兵源，这是奥地利得天独厚的人口条件，也让这个国家的骑兵部队有后备骑兵的补充。历来的战斗已经证明，在任何情况中，骑兵都是指挥官可以考虑使用的部队，骑兵能够完成重大任务，也能执行诸如传令、押运、保护辎重、掩护侧翼等种类繁多的次要任务。一支由正规骑兵和非正规骑兵组成的军，其作战意义可能比正规骑兵部队还要大。因为指挥官很有可能不敢放开手脚大胆使用正规骑兵部队，他害怕这样的行动会让自己的骑兵部队遭受重大损失，而也有可能就是这样的犹豫，致使正规骑兵部队不能在战斗中发挥真正的能力。

俾斯麦将军曾经非常严厉地批评并攻击过我的上述观点，我不得不对此说一说我的看法。不过遗憾的是，我知道俾斯麦将军对我的观点提出质疑的时候已经太晚了，以至于我不能及时地予以回应。不过现在我知道，应该是我提出的骑兵不能独守阵地的观点让这位老将军特别愤怒，当然这个观点也并不是我个人首创。俾斯麦将军应该是认为骑兵部队也可以像步兵一样单独作战，甚至是固守阵地。为了证明这个观点，他甚至在汉尼拔在提契诺河地区的战斗中寻找证据，他完全忽略了火枪、榴弹和霰弹的使用给骑兵部队带来的改变。他确实是一位军事专家，但是他自视过高，和他观点不同的人甚至会被他定位为不学无术之人。虽然我不是赛德利茨，也不是拉格里涅尔，但我仍然有权利提出我自己的观点。更何况我并不自诩为骑兵专家，但是我可以毫不夸张地说，当代最有经验的骑兵专家和将领也一定会同意我在骑兵使用问题上的观点。而且在很多次战斗中，我对骑兵使用的判断确实胜过那些指挥官。

在我所提出的原则中，有一条原则引起了一些人的反对，那就是在对敌冲击作战中骑兵的大步法问题。无论别人在这一问题上有什么样的观点，我都坚持认为，胜利取决于很多种要素，但是在实施突击的一瞬间军队所保持的队形才是最重要的，而且在更深入的研究中我发现，这一点对枪骑兵来说尤为重要，保持完整队形的骑兵部队以大步法实施突击的时候一定会战胜因策马奔驰而导致队形散乱的军队。

正像我在前面论述的那样，在骑兵对骑兵的冲击中，胜利的关键就在于突击时尽可能保持队形的完整性、保持队伍高昂的士气、适时派出部队攻击敌方侧翼、随时准备派出梯队支援作战部队。而这些要素并不是夸夸其谈，都是完全可以实现的。而在闪击战中，即使是使用了最好的作战规则，也不一定会对作战结果有太大的影响，因为闪击战瞬间爆发，甚至是在一方毫无准备的情况下爆发，在这样的形势下，优秀的指挥官也只能是尽量让自己的部队避开敌人马刀的攻击，甚至他的部署命令根本就传达不到作战部队中去。

对于在战斗中如何正确地使用骑兵，我已经论述了我的观点，我认为没有哪一位将军可以推翻我的观点。我从来没有否定过骑兵可以协助防守阵地，但对于骑兵能够单独守住阵地的观点，我是无论如何也无法赞同的。如果说在骑兵镇守的阵地对面，只是敌人的大炮，而敌人也恰恰热衷于炮击而不派出其他作战部队，那么骑兵部队是完全有可能像法国的骑兵在艾劳之战一样坚守住阵地。但是，如果进攻骑兵阵地的敌军是炮兵和步兵的联合军队，那么骑兵的境地就完全可以用孤立无援来形容了。敌人会利用炮兵的猛烈炮火打乱骑兵阵地的部署，然后利用徒步作战的步兵推进，步步为营。如果真的是这样，骑兵的阵地究竟能不能守住恐怕已经不用我再多说了。

俾斯麦将军恼怒的真实原因其实我是很清楚的。我曾亲口对他说过，他对骑兵的论著是深奥难懂的，并且也没能推动骑兵这个兵种向更好的方向发展，他肯定认为我的这一评价太过尖酸刻薄。尽管俾斯麦将军曾经攻击过我的观点，但我也还是要承认，我的这一评价确实太过绝对。但是塞德利茨和拿破仑骑兵的失败已经给了我们非常深刻的教训，我不知道俾斯麦将军在这种教训的警示下按照自己的观点所组建和领导的骑兵部队是不是会更完善呢？我不害怕得到不学无术的评价，我必须要说我认为答案是否定的。我认为，每个人都应该接受善意的批评和意见，我们都可以自由发表意见，并且可以展开公开的争论，而不是互相侮辱。有这样一个谚语：才智横溢之日正是思维枯竭之时。我个人认为，俾斯麦先生才智过人，见地独特，但也可能正因如此，以致很难深入而细致地研究某一问题。我在本书的前言中就已经说过：一个真正的军人是不会在一本主题严肃的书中对别人的攻击进行答辩的，更何况这件事已经过去有六年的时间了。

第四十六节 炮兵的部署和使用

炮兵是一个十分可怕的兵种，这个兵种拥有极其强大的攻击能力，又有十分出色的防守能力。

在进攻的战斗中，一支出色的、使用得当的炮兵部队能够动摇甚至彻底摧毁敌军的作战线，进而为攻击部队的突破开辟道路。在防御的战斗中，部署得当的炮兵部队能够让阵地变得固若金汤。因为在进攻的敌军还没能接触防御阵地的时候，炮兵部队便可开始实施攻击，这不仅会给敌军造成伤亡，而且会降低敌军的士气，动摇敌军的进攻决心。而且在霰弹的射程范围内或是在以阵地为中心的局部防御作战中，炮兵对作战的胜利起着非常大的作用。另外，我不得不说，炮兵在攻击和防守要塞，或是在建立兵营的过程中也有非常重要的作用，因为炮兵曾被誉为近代防御工事的灵魂。

关于炮兵在战斗线上的部署问题，我已经简要地介绍过，但是要具体阐述炮兵在战斗中的行动方式，就不那么简单了。在作战行动中，偶然因素是非常多的，即使是掌握了战斗的特殊性，完全了解了作战的地形和敌人的行动特点，我们也不能断定炮兵一定可以离开其他兵种独立行动。但是确实有特殊的战例存在，在瓦格拉姆之战中，当马塞纳元帅撤走自己的军队后，拿破仑在战斗线的突破口位置部署了拥有一百门火炮的炮兵部队，并以这样的一支部队成功地阻止了奥地利士兵从中央地带穿过。但这样的战斗具有非常大的特殊性，因此并不能成为炮兵使用的总体原则。

关于炮兵的使用问题，我在这里只列举一些基本的观点和论据，而且都是以炮兵在实际战斗中的使用情况为出发点的。而关于炮兵使用方法的新设想，由于还没有充分的实战依据，所以我在此不提及。

（1）在进攻作战中，应该集中一部分炮兵部队，对我方军队准备实施突击的地点进行猛烈轰击，以动摇敌人的防御队形或撕毁敌人的局部防线，这将是对步兵和骑兵作战行动的最大支援。

（2）应该派遣几个骑炮连和轻炮连跟随进攻纵队实施攻击行动，在这样的军队组成中，轻炮连的数量应该尽可能少，但是不能没有。另外，轻炮连应该部署在相对固定的地点，而不是紧随纵队行进，但是当辎重部队中可以容纳炮兵的时候，轻炮连便可以在攻击纵队之后跟进。

（3）前面我已经提到过，军队中至少一半的骑炮兵应该被部署在预备队中，以便能够及时地将他们派遣到最需要的地方，或是指挥他们向任意方向行动。而且，关于炮兵在阵地中的最佳位置，我也已经说过，此处不再赘述。

（4）无论炮兵被部署在作战线的哪一部分，也无论炮兵的队形分布多么广，炮兵部队的指挥官都应该注意观察敌方部队中最容易被攻破的地方，这就要求炮兵指挥官一定要对战场上的战略要地和重要地区非常了解，并且在炮兵的部署过程中就注意以这样的要素为依据。

（5）众所周知，部署在平地或平缓山坡中央的炮兵，可以发挥出最强大的攻击威力，而且向心射击是最厉害的射击方式。

（6）参与战斗的炮兵部队，应该明确自己的作战任务是击溃敌方的作战部队，而不是与敌方炮兵对决，但是适时地向敌人的炮兵阵地射击也是十分必要的，这可以有效地牵制敌方炮兵，让他们不能够为所欲为。可以用炮兵部队的三分之一兵力执行牵制敌方炮兵的任务，其余的三分之二兵力则集中全力攻击敌方的步兵和骑兵部队。

（7）如果敌方军队在进攻中展开成横线，那么我方的炮兵部队应该尽快部署成交叉队形，以便从侧面攻击敌方部队展开成的横线。如果在交战的过程中，我方的炮兵可以从两翼对敌人的横线队形展开全面攻击，那么我方取得胜利的概率将会非常大。

（8）如果敌方军队在进攻中汇集成纵队，那么我方的炮兵部队完全可以以逸待劳，直接从正面击溃敌军，同时还可以打击敌人全纵深的军队。如果我军炮兵还能够从侧面攻击敌军侧翼或后方，这对我军也是有利的。不得不说，如果炮兵能够绕到敌人背后并发动攻击，在沉重打击敌人的同时，对敌军精神和士气的威胁也是十分明显的，即使是最勇敢的士兵在遭到这样的攻击时也会心惊胆战，恐怕没有士兵能够在这样的境遇中镇定自若。克莱斯特的炮兵部队就曾从侧翼瓦解了内伊元帅在包岑之战中向普雷提菠的巧妙运动。无论如何，为了取得这样的作战效果而将一小部分炮兵部队部署在敌军的侧翼，还是很有远见的尝试。

（9）有一条被公认的规则，即炮兵部队在行动中需要步兵或骑兵的支援，尤其是炮兵部队脆弱的侧翼更是需要可靠的掩护。我并不否定这样的原则，但是经常也有与这一规则相反的情况发生。我们在上文中已经提到的瓦格拉姆之战就是最好的例证。

（10）当我军遭遇敌军骑兵冲击的时候，炮兵部队千万不可自乱阵脚，而是应该对战斗形势有明确的认识，先发射圆弹，再发射霰弹，攻击时间要尽可能长。发射的时间越长越好。炮兵在实施这样的攻击时，支援炮兵的步兵应该在炮兵部队周围组成方阵队形，以掩护炮兵的马匹和炮手。这样的掩护也有很多需要注意的细节，如果步兵在火炮后面进行掩护，那么步兵方阵的宽度应该与炮兵部队正面的宽度相适应，这样能实施最稳定的掩护。如果步兵在炮兵部队的侧翼，那么应该适当改变队形，部署成等边形的方阵。有人推测火箭炮兵也可以对付敌方冲击的骑兵，因为火箭炮能够让敌方骑兵无法控制好马匹，但是这种没有实战依据的推测还没有被证实是有效的。换句话说，没有事实依据的规则，是不可信的。

（11）当我军的炮兵遭到敌方步兵的攻击的时候，我方炮兵的攻击时间越长越好，但是绝对不能一开始就攻击敌方远纵深的目标。炮兵应该严格地执行这样的规则，才能如愿击退敌军。而这也是可以同时使用三个兵种的战斗形式，如果炮兵能够在步兵的掩护下阻挡住敌方步兵的进攻行动，那么我方的步兵和骑兵就能够同时出击，消灭敌方的步兵部队。

（12）在最近发生的几次战争中，炮兵兵力在军队中的比例发生了很大变化。1800年，拿破仑出征意大利的时候，他的军队中只有四五十门火炮，而他最终取得了决定性胜利。但是到了1812年，拿破仑在率军入侵俄国的时候拥有马拉火炮一千二百门，可他最终却大败而归。这说明，炮兵部队在军队中的比例并没有绝对的标准。一般来说，一支军队中每一千人配备三门火炮就已经足够了，而在土耳其这样多山地的国家中，火炮的数量还可以在这个比例的基础上再少一些。重炮兵，也就是我们所说的预备队炮兵，与轻炮兵之间的比例同样也不是一成不变的。军队中的火炮并不是越多越好，过多的重炮反而有可能成为军队的累赘。在实际的战斗中，六磅或八磅的火炮与十二磅的火炮的作用是基本相同的，但是这些口径不同的火炮的机动性却有很大差别。对于如何正确处理火炮在军队中的比例，敌军的火炮数量和作战能力也是必须要考虑的，拿破仑的军队在艾劳之战中曾遭到了俄军众多火炮的猛烈攻击，因而他在战后总结了经验教训并做出了一个重要的决定。他克服所有困难，在普鲁士、莱茵河沿线，甚至是在梅斯，组织所有兵工厂生产火炮，并制造可以发射缴获炮弹的火器，以增加军队中火炮的数量。虽然，当时拿破仑和他的军队还身在远离法国本土四百古法里（约 1600 千米）的地方，但他还是在三个月内把炮兵的兵力和武器配备比例提高了一倍，这在世界战争史上是前所未有的壮举。

（13）要合理地部署和使用炮兵，最好的办法就是将炮兵部队交给一个既是优秀的战术家又是杰出的战略家的炮兵将领来指挥，这位将领不仅可以指挥炮兵预备队，还可以指挥军或师建制内的半数火炮部队。这样，这位将领就能在最高统帅指定的时间和地点集结足够的炮兵部队，但是这位将领在没有得到统帅的命令之前，是绝对不可以把炮兵部队集合起来的。

当我正准备发表本节内容的时候，我看了奥库涅夫将军关于炮兵重要性的论述文字，尽管内容很有意义，但是我在拜读之后，还是不愿意改变我对这个兵种的看法。在他的论述中，作者非常坦率地承认，他在过去的著作中没有充分重视三个兵种的使用问题。为了弥补这样的理论缺陷，他主张军队在今后的战斗中把火炮作为决定性武器。

我承认，使用得当的炮兵对战斗结果有举足轻重的影响，所以我全力支持奥库涅夫的观点：交战双方中的一方如果能在战斗中最大限度地发挥炮兵部队的作用，那么这一方就能在战斗中掌握主动权。我也发现，最近的许多新发现扩大了跳弹和霰弹的攻击距离，这样的武器改进应该引起军事指挥官的充分重视。指挥官应该推动炮兵部队积极利用这些新发明，在检验其效果的时候找到好的抵御方法。

奥库涅夫将军的论述已经达到了他的预期目的，并为炮兵的发展打开了广阔的前景。但是当我对他的论述做出了可观的评价后，我还是要指出，他的论述中还是有不合理的内容，如果完全按照他所说的，一支军队中只有胸甲骑兵、炮兵和用于警戒的步兵，那么其余的作战部队也只能沦为敌人炮火随意攻击的目标了。按照奥库涅夫的论述，我们进行自然的推理，可以得出这样的结论：凭借火炮的连续射击突破敌军的中央，随即以大部队冲过缺口并迅速消灭敌军，才是取得战争胜利的唯一手段。他认为这样的作战方法远远比他称为"转换运动"的方法更适合战斗，但是他也承认，"转换运动"的作战方式确实曾帮助很多军队赢得了战斗的胜利。

我不得不对这一论述中过于绝对的地方提出异议。首先，被奥库涅夫将军称为"转换运动"的究竟是什么样的作战方式？或许是一种以部分军队迂回包围敌军的一翼，并用另一部分军队攻击敌军正面的作战方法。但是我认为，这样的作战方法并不是完全意义上的"转换运动"。关于类似于这样的在定义方面的争论，并没有多大实际意义。奥库涅夫将军的一些说法我认为是没有根据的，例如：存在一种适用于一切情况的独特机动形式；在用大规模炮兵和大部队实施中央突破的时候应当抛弃其他一切战术，等等。对我个人而言，如果要让我对付按照这样的规则带兵打仗的敌人，我觉得胜利会是一件十分简单的事情。我有很多的办法可以使用，足以粉碎他们的任何冲击行动。首先，我可以使用奥库涅夫将军本人在第七节里所说的方法，这种方法利希滕施泰因亲王就曾使用过，他在瓦格拉姆之战中用这种方法战胜了麦克唐纳的纵队。其次，汉尼拔在夏纳使用的作战方法也是可以借鉴的，炮兵可以利用集中火力击败的大部队，这种炮兵同卡尔大公在埃斯灵的炮兵相比，数量大致相等，同时又都是按凹入的战线部署的。最后，为了避免在战斗中军队分成两部分，在奥库涅夫将军想要否定的"转换运动"中，如果决定性的战斗发生在中央部队以外的地区，恐怕没有人能找到与这一体系很好对应的作战方法。

对敌军中央实施猛烈攻击的作战方法，我也认为是一种非常好的作战方式，而且我个人也经常推荐使用这种作战方法。尤其是当这种攻击方式能与作战线一端的攻击相结合的时候，作战效果将会更理想（见附图Ⅲ第12图），而且在针对过长的战斗线的时候，这种作战方式也是特别有效的。

但是我还是觉得奥库涅夫将军忽略了部队的士气和指挥官的作战习惯及军事才能对战斗的重要影响。炮兵部队是一支重要的但无法直接完全消灭敌人的部队，而且也不是所有的战斗环境都适于炮兵发挥攻击能力。例如，在意大利、瑞士、法国的旺代省和德国的许多地区，很多都是山丘起伏的地形，这里没有与瓦格拉姆和莱比锡相类似的战斗环境。

总之，在奥库涅夫将军的论述中，虽然他从一个极端走向了另一个极端，但是他还是给了我们很多可供借鉴的提示，我们不能完全否定他的观点。作者的做法和律师很像，律师喜欢在精彩的辩护演说之后，加上几个夸大其词的结论，因为律师认为法官并不会采纳他们说的所有的话，但是聪明的人能从他的话中找到有用的东西，并会因此对这个律师表示感谢，或许奥库涅夫将军也想得到这样的效果。

奥库涅夫将军的论述或许会引起各国政府和军事统帅的注意，这很可能会影响一支军队的命运，也可能会使重视这种论述的指挥官增加炮兵部队的武器装备和人员编制，并采取一切可以提高炮兵部队作战能力的措施，因为炮兵很有可能是战斗中的首批牺牲人员，所以这些措施中会挑选出一批步兵可以在炮兵兵力损失后能够使用火炮，也有可能会促使各国努力找到一种可以使大威力火炮失效的方法。总的来说，能够想到的办法就是改善部队的武器和装备，或尽快挖掘出一种可以在短时间内赢得战斗胜利的新战术。但是这已经是下一代军事人员的任务了，或许只有他们才能证明我们现在正在试验的作战方法是否合适，并在我们的发明的基础上改进作战方法或是研究出完全不同的新发明。在遭遇战中，幸运的一方会拥有很多什拉普奈尔榴弹炮，拥有很多从炮尾装弹并能每分钟发射三十发炮弹的火炮，拥有很多反跳高度不超过人体的能在正方形战场内命中任意目标的火炮，还有经过改进的火箭，甚至他们还拥有十分适于守卫要塞的彼尔金斯火枪。正如威灵顿勋爵所说的，拥有这些武器的幸运人是战场上能够制造可怕杀戮的刽子手，换句话说，他们就是战场上的胜利者。如果我说为了和平，让我们放弃这样的战斗，那将会是多么可笑的说教。

请原谅我用这样一句近乎玩笑的话来结束围绕这一个严肃问题展开的争论，现在很多战士都会满脸坏笑地告诫我们注意未来的危险，但是我们还是非常期待看到更加光明的明天。军人总是利用无情的预见性来预测可能比现在的战斗还要残酷的未来战争，他们也无非就是想找到可以让自己的军队在未来依旧能够打胜仗的方法，看来，即使是在战斗的背后，甚至是在没有战斗的时期，竞争依旧是十分激烈的。每一支军队都不想落后，因为那将会带来灭顶之灾，在国际法尚未限制某些战争手段之前，这样的竞争还将会继续下去。

第四十七节 步兵、骑兵、炮兵的联合使用

在这部《战争的艺术》全部结束之前，我觉得还是有必要探讨一下步兵、骑兵、炮兵三个兵种的联合使用问题。要是想通过深入研究每个兵种在联合使用中的准则，那么将会有很多细节需要解释，所以我在此只进行简单的介绍。

就像德国人的著作一样，很多军事著作在论述步兵、骑兵、炮兵的联合使用问题的时候，都只是引用几次小规模战争中的一些例子，进行无限制的重复而已，真正有建树的建议少之又少。而这些著作中所引用的若干战例，实际上也只是规则的补充，并非固定的准则，而事实也证明，在这一问题上，我们目前还不能确定什么固定的准则。在一支由步兵、骑兵和炮兵组成的军队中，三个兵种的联合使用应该是使它们互相支援，彼此协助，这好像是没用的废话，但是这也确实是我们目前能够确定的唯一基本原则。要给这样一支军队的指挥官总结出能够应对各种突发情况的准则，并让他付诸实践，这个指挥官一定会感到迷惑不解。本书的篇幅和目的限制了我去论述这一问题的解决办法，所以我只能建议，想要联合使用步兵、骑兵、炮兵三个兵种的指挥官应该去阅读一些在这类问题的解决中较为成功的著作。

我唯一能提出的建议就是，在三个兵种的联合使用过程中，指挥官应根据地形条件、我军作战目标和能够预想到的敌方作战目标，在不同的作战地点部署一种或多种兵力，并根据每个兵种的特点指挥其协调行动，为了实现最终的作战目标而互相支援和配合。一个真正懂得战争艺术的指挥官，可以在对过往战争的研究总结中，结合实际作战经验，懂得我所给出的意见。那么，我已经完成了我的既定任务。接下来，我还要再叙述一下以往的著名的战争的总体过程，读者们可以从中找到种种军事理论的依据，并因此相信：一部配有正确军事评论的战争史书就是一所真正的战争学校。

结 论

　　我已经尽我所能详尽地叙述了战争中的某些基本规律，并阐述了可以作为基本规则的一些战斗方式。这也更有力地证明了：战争是一门艺术，而绝非科学。如果说战争中的某些基本规则和原理是归属于科学范畴的，那么整场战争的战略也并非如此，因为战略绝对不是教条式的规律。而且战争中的很多情况都是人无法预测的，甚至会背离科学构想，出现很多戏剧性的结局，而在这种突然变化的过程中，指挥官的军事素质、士兵的战斗能力和队伍的士气，以及多种战场客观因素是真正起主导作用的因素。战斗双方士兵的积极性、指挥官的性格，还有民族的尚武精神，总之，在精神和意识层面与战争有关的因素都有可能会对战争的进程和结果产生重要的影响。

　　如果说战争充满了变化无常，那么这是否意味着所有战略战术和战斗理论都是无用的呢？是否仍旧在执意总结战斗规律的人都是徒劳无功的呢？答案当然是否定的，我敢说没有任何一个军事指挥官会有这样的想法，虽然我们不得不承认，精神意志是战争中的重要因素，欧根和马尔波罗经常在战斗中取胜正是因为他们抓住了自己在指挥战斗过程中的灵感，也或许仅仅是因为他们的军队在精神方面比敌军有更大的优势。但更多的正常情况是，都灵、霍林施泰特和拉末利的胜利是因为他们采取了正确战术的结果，塔拉韦拉、滑铁卢、耶拿和奥斯特利茨的战斗也是最好的证明。由于运用了准确的作战规则并适时实施机动，一个军事素质出色的指挥官很有可能将有利的形势都为我所用，并取得多次战斗的胜利，但是并不能因为他的几次作战失利就否定这样的作战规则和作战机动的重要性，更不能因此就否定总结战争艺术的意义。如果说，某种理论只能保证战斗有四分之三的胜利概率，那么就可以说这样的理论是没有用的吗？

　　如果说指挥官的坚毅和军队的士气对战斗胜利有重要的意义，归根结底，也是因为这样的精神力量产生了物质效应，从而推动军队走向胜利。这种物质效应，就像战术思想一样，符合军事静力学的一般规律。两万名士气高昂的勇士攻击敌军侧翼和四万名垂头丧气的士兵攻击敌军的侧翼相比，谁的胜算会更大呢？当然是前者，因为他们是在进行真正意义上的进攻，而后者对这场战斗只是消极地应付，他们很有可能随时准备逃命。

正像我之前所说的，战略就是把一支军队中的主力部署到最重要战斗区域的一门艺术，而战术则是经过周密的计划后，用多种作战方式和行进方式让军队的主力到达最重要地点的一门艺术。简单来说，战术就是作战部队在关键时刻勇敢地对自己的目标地点实施攻击的艺术，如果这支军队并不够勇敢，而是在面临危险的时候想着逃跑，那么这支军队也就不是真正意义上的作战部队了。

一位精通战争理论，却毫无战争经验的指挥官，可能在战斗开始之前制订了一份非常完美的作战计划，但是当他和他的军队真正投入到战斗中，并在面临危险的时候，既不冷静又不机智的他很有可能违反自己制订的战斗计划。即使再完美的作战理论，在这样的战斗中也是没有用武之地的。如果这个指挥官足够坚强，那么他很有可能在意识到了自己错误的时候尽量采取措施减少自己军队的损失，但是如果这个指挥官手足无措，根本不知道该如何应对，那么他和他的军队也就只能做好面对惨败结局的准备了。

为了详细解释战略和战术的重要性，我们还是以一位指挥官为例，如果这个指挥官精通战略和战术，他又能凭借作战经验争取一切有利于己方部队取得战斗胜利的有利条件，那么即使他的军队并没有超乎寻常的战斗力，他也一样可以带领自己的军队在战斗中取得胜利。但是如果这个指挥官所统领的军队是一群乌合之众，士兵们不遵守军纪，没有很强的作战能力，又没有勇敢作战的精神，更糟糕的是，他还遭到了自己下属的嫉妒、欺骗，甚至是背叛，那么即使他已经制订了完美的作战计划并对战斗的胜利充满信心，他也迟早会意识到这些都是徒劳，他的作战部署和战术应用也只能是在注定的失败中尽量减少自己军队的损失。即便这位指挥官面对的敌军是由一位军事才能并不如他的人指挥的，但只要敌军训练有素，能够积极地投入到战斗中，那么这位指挥官的失败还是无法避免的。

如果一支军队的士气低迷，那么任何战略和战斗都不可能保证这支军队在战斗中取得胜利。而且，即便是在一支军队士气高涨的时候，战斗的结果也会受到一些偶然因素的影响。举一个例子说明，在埃斯灵地区的战斗中，多瑙河上的桥梁曾经遭到破坏，这样一个偶然因素就曾使作战双方的形势对比出现明显的变化。一个深谙战略战术的指挥官，也许会采取浅近的战斗队形和火力部署，放弃纵队的作战队形，也有可能会采取半纵深的纵队从而发挥这种火力的防御功能，这可能只是这个指挥官自己的观点，他还是没有把握赢得这场战斗的胜利。

上述的这些例子和假设情况都不会影响我们对作战规律的总结，在敌对双方战斗实力和作战条件大致相当的情况下，正确使用这些作战规律的一方便会取得最终的胜利。当然，这些作战规律不可能像数学公式那样指导一个指挥官如何计算出精确的作战行动，但至少可以为这个指挥官提供总体作战思想和指导，尽量避免不必要的错误。这样的作战规律如果被一个机智指挥官带领的英勇军队掌握，那么这支军队将无往而不胜。

如果说作战规律的重要性已经是众所周知的，那么现在的关键问题就是要如何区分合理的与不合理的作战规律。当然，一个指挥官的军事才能也恰恰就体现在对作战规律是否合理的分辨能力上。但这并不意味着只能依靠个人的理解才能分辨，辨别不同的作战规律是否合理，也同样有指导性原则。总的来说，一种目的在于把主力部队在适当的时候用在适当地点的作战规律就是合理的作战规律，只要这一规律不是异想天开的。我们在第三章中已经列举出了很多可以取得这种作战效果的战略。而采用合适的方法将自己的军队部署成既定的战斗队形则是一种最主要的战术。另外，部队的局部行动，可能表现为骑兵适时冲击；炮兵部队适时展开攻击；展开迅速进攻的步兵纵队，也有可能是一个师完全展开后，以稳定的火力给敌人致命的打击，当然，还有可能是从侧翼和后方攻击，以动摇敌人的军心，磨灭其战斗意志。在不同的战斗中，上述的这几种作战方式都有可能会成为战斗胜利的关键因素，但是何时该以何种行动为主，则是一个十分难缠的问题。

要想打出一场漂亮的战斗，研究作战地区的自然特点将会是准备工作中必需的一步，在详细地研究和对比之后，指挥官可以推断出战斗地区对双方机动的利弊，并划出对我方有利的局部地区。在完成了这项工作之后，就可以着手准备作战部署的任务了，然后应该将主力部队安排在最有利的作战地区，然后再选择其他作战部队的部署形式，以争取将最有利于我方作战的地区包围起来。

进攻部队应该选择最容易取胜的地点全力冲击敌军，在突破敌军防线后迅速选择有利地点作为下一步行动的目标。而作为防御部队，首要任务应该是尽最大可能抵挡住敌军的首次强攻，迟滞敌军进攻的速度，以保证己方的防线不会快速崩溃，并为兵力集结赢得时间。当一部分进攻军队疲惫的时候，或者为了占领所侵占地区的重要地点，为保护作战线和补给站的安全而出现分散态势的时候，防御部队应该果断选择时机与之决战。

我以上所论述的都只是战斗初期的作战计划问题，但是任何计划都难以确切预见由这些初期作战行动导致的战斗进程和最终结局。如果一支军队的作战计划准确而周密，那么其行动就会在隐蔽中达到预定的效果。如果是作战的一方采取了错误的作战计划，那么另一方就有攻击其分散部队的可能，如此一来，仅仅依靠战略上的优势，这支军队不用经历过于残酷的战斗就能够取得胜利。但是，如果作战双方势均力敌，而且都采取了比较合理的作战计划，那么一场惨烈的战斗将不可避免，正像发生在博罗迪诺、瓦格拉姆、滑铁卢、包岑和德雷斯顿等地区的惨烈战斗一样，作战双方都将会为赢得胜利而付出沉重的代价。而在这样的惨烈战斗中，我在本书第四章中提出的战术准则显然可以用来减少损失并赢得胜利。

如果有一些顽固的军人或军事专家，在读完这部著作之后，并认真研究了许多卓越统帅所指挥的战斗的批判史之后，仍旧认为战斗中既没有规则，也没有可以借鉴的原理，那么我只能惊叹于他们少得可怜的见地，并将腓特烈大帝的一句名言送给他们：一头在欧根亲王麾下服役的骡子，即便是在经历了无数次战斗之后，也不可能成为优秀的作战专家。

我认为，以基本原则为基础的已经被军事史中的事实证明了的正确军事理论，是会让军队的将领们受益无穷的。即便这些理论不能造就出罕有的军事伟人，因为伟人通常都是在天时、地利、人和的条件中自己成长起来的，但至少也能够为伟大的军事统帅培养出优秀的军事将领。

补 遗：著名海外远征概述

希望读者们在看到如下几次规模较大的海外远征的概述时会感到高兴，因为这些实际的战例能够帮助我们更好地理解实施登陆作战的各种准则（第四十节）。

世界上最古老的海军是埃及人、腓尼基人和罗得人的海军，但是这些古老海军在历史上留下的痕迹太少了，而当波斯人最终征服了这些民族并占领小亚细亚之后，真正令人生畏的、在历史上有重大影响的陆上和海上强国出现了。

在波斯人施展无力的时候，毛里塔尼亚沿岸的统治者——迦太基人，应加的斯人之邀，越过海峡，侵占比提卡。随后，迦太基人又攻占了巴利阿里群岛和撒丁岛，最后登陆西西里岛。

众所周知，希腊人在与波斯人的战斗中，取得了出乎意料的胜利。当时的希腊拥有五十个岛屿，海岸线非常长，而历史上也从未有过任何一个国家，能够像希腊一样如此适合建立强大舰队。

雅典，一个地理位置十分优越的希腊海上城邦，这里曾汇聚了来自世界各地的商人，是商业活动让这里变得繁荣，也为雅典积累了大量的财富。雅典的舰队与周围各岛屿的舰队联合在一起，由泰米斯托克利统率击败了波斯。但是有一种特殊的情况，那就是这样一支舰队从未进行过大规模的登陆作战，因为当时联军的陆军发展步伐跟不上海军。如果当时的城邦所拥有的资源和军队都能由希腊统一支配，如果当时雅典的舰队放弃与锡腊库扎、科林斯和斯巴达的舰队作战，而是与他们联合在一起，那么希腊人或许会在罗马人之前建立起一个世界帝国。

按照夸大其词的古希腊历史学家的说法，当时威名远扬的薛西斯拥有的舰船将会超过四千艘。即便是看到了希罗多德所提供的舰船数字的时候，我们也还是会很惊奇。然而，更令人难以置信的是，当薛西斯以自己的舰队为傲的时候，竟然会有五千艘舰船的庞大舰队一举将三十万迦太基人运送到西西里岛。但是，泰米斯托克利在萨拉米斯消灭薛西斯舰队的同一天，这些迦太基人也全部被格隆消灭。另外，由汉尼拔、伊米尔孔、哈米尔卡指挥的三次远征中，共有十万至十五万士兵登陆西西里岛，这些士兵攻占了阿格里琴托和巴勒莫，还修建利利贝奥，并对锡腊库扎的军队进行了两次围攻，但都没有收到预期的作战效果，而在第三次围攻中，安德罗克莱新带着一万五千名士兵逃到了阿非利加，这曾让那里的迦太基人胆战心惊。这场战争可谓旷日持久，前后跨度达一个半世纪。

当亚历山大大帝率军渡过赫勒斯滂的时候，他仅有五万人和一百六十艘舰船，而波斯人却有四百多艘战船。为了避免暴露目标，亚历山大大帝把他的舰队派往希腊。亚历山大大帝死后，他的将领们为了争夺帝王之位进行了长达半个世纪之久的残酷厮杀，但是在这一过程中，从没有人经过哪怕只有一次的海上远征。

在塔伦特人向皮洛士发出联合的邀请后，皮洛士带领两万六千名步兵、三千匹战马和大象（最早出现于公元前280年）乘坐塔伦特人的舰船登陆意大利半岛。皮洛士曾在埃拉克莱亚和阿斯科利打败了罗马人，但是却奇怪地应锡腊库扎人的请求到西西里岛赶走了迦太基人。当他取得了这样的成功后，又应塔伦特人的请求，越过海峡，来到意大利半岛，但此时，他却遭到了迦太基舰队的攻击。后来，他又在萨姆尼特人和卡拉布里亚人的增援下向罗马挺进。但是由于行动时机的选择出现了问题，他的部队被击败，不得不退守贝内文托，而当他最终返回伊皮罗斯时，他的军队只剩下了九千人。

早已繁荣昌盛的迦太基在锡拉和波斯灭亡的有利时机中，再一次壮大了自己的实力，成为当时称霸非洲的共和国，而当时统治意大利的罗马帝国同样有着惊人的实力，就是在这两者之间爆发的布匿战争，是世界古代海战历史中最著名的一次战争。双方在战争之前的发展速度都十分惊人，罗马人在这一过程中迅速扩编自己的舰队。公元前264年，罗马人只能用小舟勉强横渡海峡，到达西西里岛，但是八年之后，罗马人已经建立起了拥有三百四十艘战船的舰队，每艘战船上配有三百名桨手和一百二十名战士，总兵力达十四万人。更令人感到不可思议的是，据说当时迦太基人的舰队比罗马舰队还要多五十艘战船和一万二千到一万五千人。

雷古卢斯指挥罗马舰队在埃克诺穆斯角取得的重大胜利，要比罗马人在亚克兴角取得的胜利更加重要，这一场战斗的胜利帮助罗马迈出了建立世界帝国的第一步。后来，雷古卢斯率领的舰队在阿非利加登陆的时候部队达到了四万人。但是，罗马军队错误地回兵西西里岛，结果导致此处的罗马军队全军覆没，雷古卢斯也被敌人俘虏了。雷古卢斯曾经以辉煌的胜利著称，在被俘后又因壮烈牺牲而闻名。

为了替雷古卢斯报仇，罗马再次组建起强大的舰队，并在克利比亚取得了作战胜利，但舰队在返回的途中遇到了风暴，最终，整个舰队葬身大海。而此后建立的舰队在帕利努角也遭到了同样的命运。公元前249年，罗马人又在德鲁帕努姆被击败，损失了两万八千人和一百多艘战船。也是在这一年，另一支准备围攻利利贝奥的罗马舰队在帕克梯罗斯角附近全军覆没。

接连的失败让罗马的元老们很是沮丧，并决定放弃原来的海上政策。但是，西西里帝国和西班牙帝国有天然的海上优势，所以罗马元老们决定再次组建舰队。公元前242年，卢塔西·卡图卢斯率领由三百艘战船和七百艘运输船组成的罗马舰队前往德雷帕努姆，并在埃加迪岛附近取得了海战的胜利，迦太基人在这一战中损失了一百二十艘战船，第一次布匿战争也就这样以罗马的胜利结束了，罗马也因此掌握了地中海西部的制海权。

公元前221年，迦太基为了夺回失地，发动了第二次布匿战争，这场战争以汉尼拔出征意大利的战斗而闻名于世，但是汉尼拔的战斗并不是在海上进行的。就在汉尼拔攻打意大利的时候，西庇阿率领罗马舰队攻击迦太基本土，并永远结束了迦太基人在西班牙的统治。罗马舰队一路高歌猛进，西庇阿一直推进到了阿非利加，虽然他的装备没有当年雷古卢斯军队的装备好，但他还是在扎玛取得了胜利。这一战结束后，西庇阿强迫迦太基签署了一个和约，并焚毁迦太基人的五百艘舰船。后来，西庇阿率领两万五千人越过赫勒斯滂，在马格涅济亚的战斗中取得重大胜利，罗马人和罗得人的联军在迈昂尼斯附近的海战中战胜了安蒂奥克的舰队，从而使罗马完全主宰了安蒂奥克王国和整个亚细亚地区。

此后，迦太基失去了海外的所有属地，在茫茫大海上，罗马舰队再无对手，而这样的统治地位又进一步增强了罗马的总体实力。公元前168年，保罗·埃米利乌斯率领两万五千名士兵在萨莫色雷斯登陆，战胜了波斯人，从而征服马其顿。

公元前 149 年，为了防止商业迅速发展的迦太基再度复兴，罗马进犯迦太基，第三次布匿战争爆发了。当时罗马舰队的规模十分巨大，这支舰队把装备精良的八万名步兵和四千匹战马从利利贝奥迅速运送到了乌提卡港口，因为这个港口早在很久以前就已经归属罗马，所以这样的行动可以说毫不费力。罗马军队将迦太基团团围住，西庇阿的继子，也就是保罗·埃米利乌斯的儿子最终完成了父辈夙愿，彻底征服了罗马曾经最强大的敌人——迦太基。

此战过后，罗马成为了阿非利加和欧洲的统治者。但是罗马在亚细亚的统治一度遭到了米特拉达梯的挑战。米特拉达梯国王在征服了多个弱小邻国后，拥有了超过二十五万人的庞大军队，同时，他还拥有一支有四百艘舰船的舰队，但是其中的三百艘是只有甲板的小艇。在卡巴多西亚，这位国王曾先后与三个罗马统帅交战，并都取得了最终的胜利，他占领了整个小亚细亚，并屠杀了八万名罗马平民，他甚至还派出了实力强大的部队准备征服希腊。

为了保证罗马在小亚细亚的地位，苏拉受命率领两万五千援兵在卡巴多西亚登陆，并在随后的战斗中重新占领了雅典。米特拉达梯先后派出两支军队，第一支军队越过博斯布鲁斯海峡在海罗尼亚被全歼，第二支军队的八万人越过达达尼尔海峡后在奥科美那斯遭到同样的厄运。与此同时，卢库鲁斯集结了小亚细亚诸城邦的全部兵力和舰船，而苏拉的军队就在这样一支临时组建的军队的帮助下来到了亚细亚，这样的举动令米特拉达梯感到惶恐不安，为了避免被全歼的厄运，他签署了和约。

此后，罗马与米特拉达梯之间又爆发了第二次和第三次战争，分别由摩莱纳卢库鲁斯指挥，但是在这两场战争中，罗马并没有进行大规模的登陆作战。再度遭遇失败的米特拉达梯国王一直逃到了科尔斯基，他深知自己的军队已经无法再夺回制海权，所以便想经由高加索绕过黑海，取道色雷斯，攻击罗马。但是他的这一作战方案令人难以理解，因为他在遭到五万罗马军队进攻的时候，连自己的领土都守卫不了，就更谈不上进攻罗马本土了。

恺撒在第二次登陆英国的时候拥有六百艘舰船，兵力将近四万人。在几次战争中，恺撒派往希腊的兵力有三万五千人，而安敦尼从布林迪西出发，越过庞贝控制的海域，与两万人的部队会合，他之所以能完成这样的转移，有恺撒的保护是一个很重要的原因，另一个原因则是他自己指挥得当。

随后，恺撒将六万人分成多个批次先后派往阿非利加。

罗马帝国灭亡前的最大一次行动是奥古斯都的远征，当时，由八万人和一万两千匹马组成的罗马军队在希腊战场与安敦尼的部队作战，奥古斯都动用了二百六十艘战舰用以运送这些作战部队和后勤物资。在这次战斗中，安敦尼在陆上具有优势兵力，但他相信只有海战才能决定这场战斗的结果。当时安敦尼拥有一百七十艘军舰、在克娄巴特拉的六十艘埃及帆桨战船和二万二千名精锐步兵。

盖尔马尼库斯率领上千艘舰船和六万多名士兵，从莱茵河河口出发，向埃姆斯河口进发，但是这支部队在归途中遭遇海上风暴，将近一半的士兵丧命。这次海上行军的行动是不被理解的，因为当时莱茵河两岸完全控制在盖尔马尼库斯手中，如果军队在陆地上行军，这场征战仅需几天的行程，但是他最后选择了风险更大的海上行军，并最终葬送了自己一半的军队。

不断的征服让罗马帝国的疆界不断扩大，从莱茵河至幼发拉底河都是罗马帝国的国土，而此时，罗马军队出海远征的次数大大减少了。罗马帝国分裂后，北方愈演愈烈的争斗使罗马不得不将大部分兵力派遣到日耳曼和色雷斯，但是此时的东罗马帝国依旧拥有一支强大的舰队，这是因为爱琴海上的许多岛屿需要这样一支舰队的保护，而昔日国力强盛的罗马也确实有能力维持这样一支舰队。

在海战方面，公元元年一直到公元五世纪都是比较平静的。在这期间，统治西班牙的汪达尔人，曾经组成了八万大军，由盖塞利赫指挥，在阿非利加登陆，这支舰队曾经是巴利阿里群岛和西西里岛的霸主，一度称霸整个地中海，但是最终还是被贝利萨打败了。

当东方民族迈出了征服欧洲的脚步的时候，斯堪的纳维亚的占领者们逃窜到了英格兰沿岸。当地人对这样一群人的行动并不了解，甚至有时候会把他们的行动与蛮族的入侵画上等号。可惜的是，关于他们的有用信息，都在奥丁的神秘剧中消失了。据斯堪的纳维亚吟唱诗人所说，瑞典当时有二千五百条舰船，当然这里面很有可能有吟唱诗人诗意的夸张。丹麦拥有九百七十艘舰船，挪威拥有三百艘舰船，而且两国常常共同行动，所以两国联合组成的舰队实力不凡。

瑞典人逃窜到波罗的海沿岸，并把瓦兰人驱逐到了俄罗斯。而离北海更近的丹麦人，则经常会袭扰英国和法国的海岸线。

不过可以肯定，在以上的那些舰船中，大多数都只是能够容纳二十个渔民的帆船而已，另外还有一些稍大的船，这些船每侧有二十个桨手，船内共有桨手四十名，而将领们乘坐的船也不会比这个大很多。丹麦人曾经抵达塞纳河和卢瓦河，并入侵该地区，根据这一情况分析，当时的这些舰船应该都是很小的。

公元 449 年，布列塔尼亚人伏尔梯格恩找到了一个叫亨吉斯特的人，这个人率领五千名萨克森人仅用十八艘舰船就抵达了英格兰。这说明，当时这一地区还是有一些大船的，而且也从侧面证明了，易北河沿岸的舰队的作战能力要比斯堪的纳维亚的舰队更强一些。

公元 527 年到公元 584 年，伊达和克里达曾指挥了三次远征，最终使萨克森人征服了英国。胜利的萨克森人共建立了七个王国。公元 833 年，这七个王国合并，组成了以埃尔伯特为首的统一国家。

与汪达尔人远征的方向相反，阿非利加的各个民族纷纷到达欧洲南部定居。公元 712 年，塔里克率领摩尔人应朱利安伯爵之邀，在西哥特人的众多敌人的大力协助下，没有遭到强烈的抵抗，便越过了直布罗陀海峡。起初，这支军队只有五千人，但是在欧洲他们被视为解放者，这支军队也很快发展成拥有两万人的大部队。塔里克率领的摩尔人军队在赫雷斯－德－拉－弗龙特拉征服了罗德里王国。数百万毛里塔尼亚居民纷纷渡海来到西班牙定居。当然，这样的平民移动并不能算作登陆，但这至少是在汪达尔人入侵阿非利加和十字军东征之前，发生在那一地区最具特色的历史事件。

俄罗斯帝国的建立在北方是一场重大的革命，其影响非常深远。瓦兰的公爵们应以留里克为首的诺夫哥罗德人的邀请，开始了远征，并很快在战斗中壮大自己。

公元 902 年，奥列格率领八万人的军队，分乘二千条小船从第聂伯河驶进了黑海，而他的骑兵则沿河岸挺进，最终两股兵力会合，出现在君士坦丁堡城下，利奥（智者）最终臣服于俄罗斯帝国并纳贡称臣。

根据编年史的记载，在奥列格征服君士坦丁堡四十年后，伊戈尔大公率领一万条小船从相同的行进路线上接近君士坦丁堡，但军队慑于希腊大炮强大的威力，被迫退向亚细亚沿海，他原本打算指挥军队在那里登陆，但是猛烈的抵抗攻击，让他不得不做出回国的决定。

但是，伊戈尔大公并不甘心失败，他也没有因为这一次失败而丧失信心，他重新组建陆军和海军，并带领军队在多瑙河口登陆，无力抵抗的罗马星帝派莱卡拜纳向伊戈尔大公求和，并愿意继续纳贡称臣。

二十五年后，也就是公元 967 年，斯维亚托斯拉夫利用尼基福尔和保加利亚国王之间的不和，率领六万人的部队冲出黑海，沿多瑙河逆流而上，侵占了保加利亚。但是当时佩彻涅格人威胁着基辅，于是斯维亚托斯拉夫回到国内与佩彻涅格人结盟，而后又回到保加利亚。在中断了与希腊人的联盟并得到匈牙利人的支援后，斯维亚托斯拉夫率军越过巴尔干，进攻亚得里亚堡，但是战斗并不顺利。当时君士坦丁堡的国王是军事才能出众的齐米西兹，他是一个务实的君主，他组建了一支十万人的军队，并最终粉碎了斯维亚托斯拉夫的进攻计划。在斯维亚托斯拉夫退守锡利斯特拉的时候，齐米西兹乘胜追击，经过激战后夺回了保加利亚首都。面对这样的局势，俄罗斯公爵奉命迎敌，在锡利斯特拉附近的战斗中，俄罗斯公爵作战失利并退守要塞，很快要塞也被重重包围。就是在这样的形势下，俄罗斯公爵在历史上最让人难忘的突围战斗中获胜了。

在俄国人再一次攻打君士坦丁堡的残酷战斗中，俄国的将士非常勇猛，但最终还是因为寡不敌众而被迫撤退。齐米西兹十分敬佩俄国士兵的勇气，于是签订了对俄国来说还算有利的和约。

就在这一时期，丹麦海盗入侵英格兰，并准备在那里进行抢掠活动。据记载，当时洛泰尔还要求国王奥吉尔到法国去报复他的兄弟们。这些海盗在入侵英格兰的战斗中取得的胜利让他们冒险的欲望变得更加强烈。于是每隔五六年，他们便会派出海盗劫掠法兰西和布列塔尼地区。奥吉尔、黑斯廷、雷奈尔和西格弗罗伊会把这些强盗送到塞纳河口，也可能是卢瓦尔河口，还有可能是加龙河口，总之他们的行动并不固定，但是确实对很多地区造成了侵扰。据说黑斯廷曾经从地中海进入罗讷河，并一直进发阿维尼翁。但是，这样的传说是值得怀疑的，因为这些海盗的船队规模都很小，根本不会引起人们的注意，他们中最大的舰队也不会超过三百艘舰船。

　　十世纪初，罗洛开始了自己的行动，他先是率领部队从英格兰出海，然后又与被他视为自己失去胜利希望的对手的阿尔弗雷德结盟。公元911年，罗洛的一部分军队在纽斯特里亚登陆，并取道鲁昂，直接向巴黎进军，其余部队则从南特向夏特勒进军。罗洛的进攻在夏特勒失败后，他开始在邻近各大城市中流窜，并抢劫他所看到的财富。查理（天真者）无力领导自己的国家从这样的战争中走出来，于是他以纽斯特里亚省为代价，换取了娶罗洛女儿的婚姻，并使罗洛接受基督洗礼。当然，罗洛也十分乐意接受这样的交换。

　　三十年后，罗洛的孙子感到自己的统治受到了查理继承者的威胁，于是向丹麦求助。丹麦国王接受了请求，并率军直抵法兰西，很快便打败了法兰克人，俘虏了他们的国王，并使罗洛的子孙永远拥有诺曼底。

　　公元838年至950年，丹麦与英格兰之间的关系非常紧张，丹麦时刻都想着像征服法兰西一样征服英格兰。虽然在语言风格和风俗习惯方面，丹麦与英格兰有很多相似之处，但是这样两个民族在这一时期就是无法互相包容。丹麦人在劫掠了英格兰王国后，伊瓦尔让他的家族迁徙到诺森布兰，在那里，伊瓦尔的后裔曾击败了阿尔弗雷德大帝，但是阿尔弗雷德大帝很快就夺回了王位，并迫使迁居那里的丹麦人服从他所制定的法令。

　　同伊瓦尔相比，斯文无疑是更幸运的，因为他在洗劫英格兰之后俨然成为了这里的主人，他曾向阿尔弗雷德许诺他能够带给这里和平，并用这样的许诺换得了大量金钱。随后，他把一部分军队留在英格兰，自己则回到了丹麦。

　　重金并没能换来阿尔弗雷德所期望的和平，埃塞尔雷德为了重新夺回自己在英格兰的权势，用尽了办法，最终他为了重新占据主导权，下令杀光岛上所有的丹麦人，这是发生在1002年的事，但是第二年，斯文带着军队再次来到岛上，从1003年到1007年，斯文曾先后三次横扫并劫掠英格兰，这个不幸的国家在蹂躏之下变得更贫弱了。

　　1012年，斯文故伎重施，他带领军队从恒庇尔河口登陆英格兰，又一次席卷了这个不幸的国家。英格兰人对无力保卫他们的亲王失望透顶，于是承认斯文为英格兰北部的国王。随后，克努特大帝也就是斯文的儿子，与一位实力非常强的对手埃德蒙·柯特展开了英格兰王位的争夺斗争。在重新修整后，克努特带领军队从丹麦出发，在背叛了埃德蒙·柯特的埃德里克的协助下，席卷英格兰南部，兵指伦敦。至此，克努特在英格兰的实力范围变得更大了。后来，埃德里克杀死了埃德蒙·柯特，使克努特最终成为全英格兰的国王。克努特登上英格兰王位宝座后不久，便出兵挪威，在挪威臣服后，他又派兵进攻苏格兰，完成了一系列大业。临终前，克努特按照世袭惯例，把自己的王国分给自己的三个孩子。

克努特去世五年后，盎格鲁－撒克逊人的亲王们在英格兰人的支持下重新得到了王位，在随后的王国划分中，爱德华成为了国王，他并不是一个真正能带领自己的国家走出困境和灾难的人，但他绝对是一个适合过僧侣生活的圣徒。1066 年，爱德华去世，哈罗德继承了王位，但是居住在法兰西的诺曼人的领袖前来争夺王位。曾有这样的传言，爱德华还在世的时候，他曾许诺要把王位给诺曼人。这也正是哈罗德的不幸，想要与他争夺王位的人是一个权力欲望非常强的人。

1066 年，欧洲大陆上又出现了两次不寻常的远征。当时，哈罗德的弟弟因为犯罪而被驱逐出了诺森布兰，来到挪威寻找自己的支持者，恰好遇到了正在诺曼底筹建一支用以反对哈罗德的庞大舰队的征服者威廉。于是哈罗德的弟弟跟随威廉率领拥有三万多人和五百艘舰船的军队在恒庇尔河口登陆了。哈罗德在约克附近的战斗中，几乎消灭了所有来犯的敌军，但此时他却遭到了意外的袭击。征服者威廉利用盎格鲁－撒克逊国王和挪威人交战的时机从圣瓦莱里调来了一支规模相当庞大的舰队（休谟认为，这支队伍中有三千艘运输船，也有人认为是一千二百艘，这些船只运输了六七万名士兵以支持威廉的战斗）。哈罗德慌忙组织军队从约克赶到威廉登陆的地点迎战，双方在黑斯廷附近展开了大决战。交战中，英格兰国王哈罗德阵亡，而这也正是他的不幸，不久以后，他的对手便成功地成为了这个国家的统治者。

1058 年至 1070 年，也就在英格兰的战事大规模展开的时候，另一个叫威廉（罗伯特·吉斯卡尔）的人，绰号铁臂，与他的弟弟罗热一起，只带了很少的士兵，便征服了卡拉布里亚和西西里。

在这几场远征过去三十年后，有一个狂热的神甫鼓动整个欧洲进军亚细亚，征服"圣地"。这是非常疯狂的举动，但是竟真的有人响应。

最开始，参与神甫鼓吹的"事业"的人有十万，后来发展成二十万人，但是这样一支规模庞大的军队多是由没有武器的流浪汉组成的，他们中的很多人在战斗中被匈牙利人、保加利亚人和希腊人消灭。而这个名叫彼得（隐士）的神甫，最终带领五六万人的部队，越过博斯普鲁斯海峡，到达了尼西亚。但这些十字军士兵最后都被撒克逊人消灭或俘虏。

这次战争结束后，朝圣者不甘心失败，又组织了一次军事目的明显的远征行动，参与者共有十万人，其中包括法兰西人、洛林人、勃艮第人和日耳曼人，这支军队在布荣的戈弗雷统领下，越过奥地利进军君士坦丁堡。图卢兹伯爵率领的十字军骑士也有约十万人，这支军队经过里昂、意大利、达尔马提亚和马其顿，并不断壮大。最终，塔兰托公爵博希芒德率领诺曼人、西西里人和意大利人组成的军队乘船绕道希腊向加利波利进军。

这次行军与薛西斯当年指挥的神话般的远征非常相似。为了率领数量惊人的十字军渡过博斯普鲁斯和达达尼尔海峡到达亚细亚，朝圣者雇佣热那亚、威尼斯和希腊的船队帮助运输作战军队。在尼西亚平原上，四十多万人火速集结，他们要让曾经给自己的祖先带来失败的人付出血的代价。胜利者戈弗雷率领这支军队冲过小亚细亚和叙利亚抵达耶路撒冷，并在那里建立了一个王国。在这之前，他动用了希腊和意大利的一切海上运输工具，运输部队中的大部分将上述作战部队从博斯普鲁斯海峡运送至亚细亚，另一部分则在作战部队围困尼西亚的时候运送补给品。在这次十字军东征中，最引人注目的当属远征行动引起的大规模人口迁移。

但是，这样一次胜利的远征，也是日后最大的祸根。互相分裂的穆斯林在与异教徒交战的时候联合起来，共同作战。与此同时，十字军队伍中也开始出现不同的派别，而且十字军急需开始另外一次远征，以支援受到努莱丁威胁的王国。这次远征由路易七世和康拉德皇帝亲自指挥，1142年，二人各率领十万十字军，踏着前辈们的足迹，直逼君士坦丁堡。早有教训的希腊人对这支远征军的到来给予充分的重视，并积极准备防御，势要让远征军有来无回。

唐拉德因急于求成而变得莽撞，虽然曼努埃尔和科姆宁早就有过谨防上当的告诫，但唐拉德最终还是落入了土耳其人所设的圈套中。他率领的军队又在此后的战斗中败给了伊康苏丹的军队。相比之下，路易还算是比较幸运的,他指挥军队在德雷斯河沿岸击败了土耳其人,但是他失去了康拉德的支援,而且还经常有敌人袭扰他的军队,最终,缺乏必要补给的路易的军队在通过隘口的时候被打败了。他的军队被围困在安塔利亚的潘非利亚岸边,他在那里寻找船只以求撤退。最终,希腊人支援给他的船只不足以运送所有的作战人员,所以只有一万五千至两万人护送着国王返回安蒂奥克,其余作战人员都战死或是被俘了。

虽然意大利不断从欧洲向这里运送小规模的支援部队,但是这里的部队还是因为多变的气候和敌人的进攻而不断损耗。当罗马决定联合腓特烈·巴巴罗萨皇帝和英、法两国国王前去拯救“圣地”的时候,意大利军队还是在坚守。

腓特烈·巴巴罗萨皇帝率领十万日耳曼军队率先出发了,他的军队虽然遭到了丁伊萨克·安格尔率领的希腊部队的顽强抵抗,但他最终还是杀出血路,穿过了色雷斯。腓特烈在这次胜利后,到达了加利波利,他在那里重整军队并渡过了达达尼尔海峡,最终控制了伊康,但不幸的是,他竟然意外地在一条叫萨列夫的河中溺死了。他的儿子什瓦比公爵率领部队继续作战,但穆斯林教徒的偷袭和疾病的困扰,让这支军队死伤过半,在部队就快失去作战能力的时候,什瓦比公爵带领仅剩的六千人退守普托利迈斯。

1190 年,狮心王理查德和腓力·奥古斯特认为远征的时机已经成熟,他们每人率领一支规模庞大的舰队分别从马赛和热那亚出发。在一路行进的过程中,理查德首先控制了塞浦路斯,随后两支舰队都在叙利亚登陆,这两支部队在叙利亚取得了非常出色的战果,但是在随后的战斗中,两人之间出现了不和,腓力因此率军返回法国。

1203 年,又一次规模巨大的远征活动开始了,十字军兵分两路,第一路军队从意大利出发,乘船东征,第二路军队由弗兰德斯伯爵和蒙特菲拉特侯爵率领经由威尼斯向东进发,两路军队都想率先攻下君士坦丁堡。第二路军队非常相信聪明的丹道洛,他们按照丹道洛的作战指示,以保护亚历克西斯·安格尔的权力,出击君士坦丁堡,同时这支军队还宣称保护曾打败腓特烈皇帝的伊萨克·安格尔的儿子和击溃了康拉德和路易七世军队的科宁姆的继承者的权力。两万名骑士就这样从海陆两个方向开始攻打这个有二十万保护者的古老城市。最终,远征军获得了胜利并侵占君士坦丁堡。

曾经篡夺了皇位的人在慌乱中逃走了，于是受到东征军保护的亚历克西斯·安格尔登上了王位，只可惜，这个王位最终还是不属于他。希腊人为了穆佐法起义，而拉丁人则展开了更加残酷的夺城之战，并最终攻占君士坦丁堡。遭遇失败的希腊军队逃往尼西亚和特拉布松。随后，拉丁人拥立鲍德温伯爵为皇帝，这个新建立起来的帝国在延续了半个世纪之后便灭亡了。

让·布里恩领导的第六次远征则是针对埃及的，在埃及的战斗中，布里恩成功地围困了达米埃塔，但是军事上的成功并没有带给他最终的胜利。当地穆斯林日益强烈的反抗情绪让他的处境濒临崩溃的边缘，于是他不得不撤出埃及，但是在尼罗河流域，他的军队又遭遇了洪水，最终，他带着仅剩的军队搭船返回欧洲。

罗马的统治者不断煽动基督徒的情绪，以获取这些人对远征的支持，同时又竭力怂恿日耳曼的公爵们支持统治已近崩溃的耶路撒冷王国，目的就是希望能够独享远征的利益。1227 年，腓特烈皇帝和黑森的伯爵率领四万人的军队从布林迪西出发。在海上航行中，伯爵患上了重病，而腓特烈皇帝也在不久后患病，舰队不得不在塔兰托停靠。但是此时教皇格里高利九世认为腓特烈没有顺从他的意志，开除了他的教籍，这让腓特烈非常恼怒，他无法忍受教皇如此傲慢的态度，于是拒绝出征。但最终，罗马教皇的威胁发挥了作用，腓特烈带着一万人的军队继续出征。

罗马对远征的鼓吹同样影响到了路易九世，如果安塞洛的说法是对的，那么路易九世的目的还不仅仅是远征，他还有更大的政治目标。当时的法国虽然占据两面临海的地理优势，但是并没有组建起自己的舰队，于是，路易九世从热那亚人、威尼斯人和加泰罗尼亚人那里租用了各种船只。1248 年，路易九世率领一百二十艘大船和一千五百条小船从艾格莫特出发。最终，路易九世在塞浦路斯登陆，在那里，他修整了军队并重新集结了一些部队。按照儒昂维尔的说法，共有一千八百多条船，将路易九世的军队从塞浦路斯运到了埃及。当时这支军队中共有八万人，在远征的过程中，路易九世向叙利亚沿岸地区派遣了部分军队。但几个月后，当他率领部队到达开罗的时候，军队中仍有六万名战士，这其中包括两万名骑兵。

这支规模庞大的远征军并没有取得预期的远征效果，反而落得惨败。

但是，这并未影响到路易九世在二十年后发动的又一次远征。1270年，远征军在迦太基的遗址附近登陆，并迅速包围了突尼斯。但是这位国王的运气真的不好，鼠疫在几个星期的时间内便消耗掉了他一半的军队，而他自己也在这场大规模爆发的鼠疫中死去了。路易九世死后，西西里国王率领支援部队登陆成功，他想营救尚存的残余部队，只可惜暴风雨让他损失了四千人和二十条大船。这样的打击并没有让这位国王失去占领希腊和君士坦丁堡的欲望，因为他认为即使是自己的部队遭到了损失，攻占希腊和君士坦丁堡也是很有把握的。可是，圣·路易的儿子和路易九世的继承人腓力赶回法国，否定了西西里国王的作战计划。这是最后一次东征，此后，被遗弃在叙利亚的基督教徒军队在残酷的黎波里和普托利迈斯的战斗中被击溃了。这支宗教大军最后仅有少部分人存活下来，他们逃到了塞浦路斯，并在罗得岛上定居下来。

1355年，由穆斯林教徒组成的军队渡过达达尼尔海峡抵达加利波利，这支军队接连攻占了拜占庭帝国在欧洲的多个省区。而实际上，这样的损失，甚至是这个帝国的灭亡，都是拉丁人自己一手造成的。

1453年，穆罕默德率领军队围攻君士坦丁堡，他派舰队进入运河，封锁港口，这支规模庞大的舰队可以运载两万名士兵，所以完全能够胜任这样的任务。在攻占了君士坦丁堡后，溃散的希腊舰队的所有完好舰船和装备都成了穆罕默德二世的舰队的补充。经过一段时间的治理，穆罕默德将自己的帝国发展成了头号海上强国。此时，穆罕默德二世开始了自己的征战计划，他派出舰队攻打罗得岛，甚至攻打意大利陆地上的奥特朗托。同时，他还远征匈牙利，他自以为他已经没有敌手。在贝尔格莱德，穆罕默德二世派去的将领苏丹被击败，苏丹还负了伤，但他很快就重组军队，并率领舰队转战特拉布松，并很快攻占了这里。随后，苏丹又率领由四百艘舰船组成的舰队强攻内格罗蓬特岛，并最终占领了这个岛。随后，苏丹手下的一个将领献计攻打罗得岛，虽然共有十万名战士投入战斗，但是这次行动还是失败了。最终，穆罕默德二世准备亲往率领集结在伊奥尼亚海沿岸的一支估计有十万人的军队完成这次远征，但是他不幸突然死亡，他的远征计划也就没能实现。

与此同时，实力不断壮大的英国开始在陆上和海上构成了对邻近国家的全方位威胁。但是荷兰人并不甘于现状，他们也想在海上独霸一方，同时也为了让自己的国家比威尼斯更有实力，他们也必须这样做。

爱德华三世率领由八百艘大船和四万人组成的军队在法国登陆，围攻加来。

1414 年和 1417 年，亨利五世先后两次在法国登陆，他拥有一千五百艘大船，但士兵只有三万人，其中骑兵六千人。

直到君士坦丁堡被攻陷，这么多次远征都是在火箭发明之前发生的，即使是亨利五世真的像传言中说的那样在阿赞库尔有几门火炮，那么可以肯定的是，他的远征舰队并没有使用火炮。

在这之后，世界范围内的武器装备情况发生了巨大的变化。这样的变化可以说完全是由一场革命引起的，这场革命包括指南针的发明、好望角的发现和美洲大陆在人类地图上的出现。所有的这些活动改变了人们以往的海上贸易，各国开始在世界范围内争相建立对自己有利的新的殖民体系。

类似于西班牙对美洲的远征或葡萄牙人、荷兰人和英国人绕道好望角对印度的远征，我们在此就不列举了，因为类似于这样的远征虽然对世界范围内海上贸易产生了重要的影响，并在一定程度上改变了世界贸易的格局，但是这几次远征的对象都是不知火枪、火炮为何物的土著居民，这样的远征在军事领域内是没有任何研究意义的。

新大陆的发现，使西班牙的国力迅速壮大，财富再次被用到军事领域的时候，西班牙的舰队便达到了空前的规模，这也是查理五世引以为傲的成就。当时，查理五世亲率由五百艘热那亚和西班牙船只载运的三万精兵远征突尼斯，并大获全胜，但是 1514 年，这支军队在远征阿尔及尔的战斗中却没能再次赢得如此的荣耀。在时机并不成熟的时候发动远征，这是一个非常大的错误，而且查理五世没能听从海军上将多里亚的明智的奉劝。查理五世的军队刚刚登陆，就有一百六十艘舰船和八千名士兵被翻滚的大海吞噬了。多里亚凭借自己的智慧和作战经验搜救了幸存的远征军，并带领他们来到相对安全的地方——梅塔夫兹角。查理五世虽然在海难中幸免于难，但是他也颇费周折才到达了梅塔夫兹角与自己的军队会合。

与此同时，穆罕默德的继承者还没有意识到富饶的滨海省份对一个国家的重要性，也没能意识到利用这些地区提供的优势资源对建立强大的海上强国的重要性。但是有很多统治者已经看中了这样的地区，并在努力占领这些地区建立属于自己的海上帝国。当时，土耳其已经掌握了先进的作战艺术，在苏里曼一世统治时期，土耳其的国力非常强盛。1552 年，苏里曼一世以十四万的大军围攻罗得岛，并最终占领了这里。要知道，即使是只有这支军队一半的兵力，那也将会是一支规模相当大的军队。

1565 年，穆斯塔法和德拉古特在马耳他登陆，罗得岛的骑士们建立了一个新的组织，他们以一百四十艘舰船向这里增援三万二千名士兵。而就在这场抵御进攻的战斗中，让·瓦莱塔赢得了胜利并名扬世界。

早在 1527 年，穆斯塔法进犯塞浦路斯时动用的军队更多，他带领两百条帆桨战船和五万五千名士兵攻占了尼科西亚，并成功围困住法马古斯塔。穆斯塔法在这次战斗中非常残暴，他甚至对当地的平民施展暴行，他的军队所经之处，一片惶恐不安。为了阻止他的暴行，西班牙、威尼斯、那不勒斯和马耳他组成联合舰队支援塞浦路斯。但是，纵然有这样的支援，也有巴尔贝里戈率领军队的顽强抵抗，法马古斯塔最终还是被穆斯塔法攻陷了。穆斯塔法再次展现了自己残忍的一面，他下令将巴尔贝里戈活埋，只是为了给两年前在这个岛上牺牲的四万名土耳其士兵报仇。

即使如此，联合舰队仍旧没有放弃行动，1571 年，由腓力二世的兄弟唐·约翰和安德烈·多里亚统领的这支舰队，在勒班陀海湾的亚克兴角附近找到了土耳其的舰队。两支舰队在这里展开了战斗，而这里曾经是奥古斯都和安敦尼争夺世界霸权的敌方，战斗同样惨烈，最终，联合舰队以决定性的优势战胜了土耳其舰队，土耳其在这里损失了两百多艘舰船和三万多名士兵。这场战斗的胜利虽然没能结束奥斯曼帝国的统治，但有效地制止了它的扩张。不过，奥斯曼帝国是不愿意放弃扩张的，它在失败的第二年就重新组建了一支规模同样庞大的舰队准备再次出击，最终，一个合约终结了可能会引起巨大损失的战争的爆发。

查理五世在进攻阿尔及尔的战斗中的失败，似乎对葡萄牙的塞巴斯蒂安攻占摩洛哥的欲望并没有太的影响。有一位摩尔国亲王在失去了自己的领地后应邀来到摩洛哥，在那里，这位亲王获得了一支有两万人的部队的指挥权，但是当他率部登陆摩洛哥的时候，不幸被人打死，而他所率领的军队也在 1578 年的阿尔卡萨之战中被穆栗·阿卜杜勒麦克彻底击溃。

　　腓力二世统治世界的欲望在勒班陀海战之后更强了，他施展手段骗取了联盟成员的信任，他在法国取得成功后，就张狂地宣称没有任何人或地方能够抵挡住他的进攻。为了征服梦寐以求的英国，他建立了无敌舰队（休谟的资料中是这样记载的），这支舰队由一百三十七艘战船组成，这些战船一共装备了二千六百三十门青铜炮，而且，战船上还有一万一千名水兵和两万名士兵。这支舰队从加的斯出发，开始了远征。帕尔马公爵还会带领一支有两万五千人的军队从荷兰出发经奥斯坦德后与无敌舰队会合。会合后的军队规模虽然很庞大，但是与其称号极不相称。这支军队在没有接近英国海岸的时候就失去了一万三千人和半数舰船，即使是海上的风暴没有证明这支舰队的脆弱，英国人也会在战斗中发现这支军队真的是名不副实的。

　　在这次远征之后，也就是1630年，古斯塔夫·阿道夫发动了一次对日耳曼的远征。他的军队只有一万五千至一万八千名士兵和九千名水兵。事实证明，安西尔昂断定的这支军队拥有的八千门火炮也纯属子虚乌有。这支军队在没有遭遇太大规模抵抗的情况下就在波美拉尼亚登陆，而这位瑞典国王也得以在德意志建立了自己的立足点。后来，他的继承者只进行了唯一的一次与此相类似的远征：1658年，瑞典国王查理十世带领军队从斯莱斯威克出发，在菲纳岛越过了已经结冰的小贝尔特海峡，进军哥本哈根。当时的瑞典军队有两万五千人，其中包括九千名骑士和少量炮兵。但是在这次行军中却出现了很多意外的情况，由于准备不足，海峡上的冰面并不是十分牢固，致使好几门重炮落入了海中，甚至是国王的车架也没能避开这样的厄运。

　　1645年，在安享了七十五年的和平之后，威尼斯和土耳其之间再一次爆发战争。土耳其用三百五十艘帆桨战船和战舰向坎迪亚输送了五万五千人的军队，这支军队在威尼斯尚未派兵支援之前便攻占了要塞加尼亚。虽然威尼斯对武力的崇尚精神已经开始衰落，但是像莫塞尼西、格里马尼和奠塞尼高这样的统帅还是让这个国家的强大舰队不容小觑，威尼斯舰队与土耳其人展开了长时间的战斗。但是土耳其军队占据数量上的优势，又因为据守加尼亚要塞，所以土耳其在这一地区的战斗中还是有明显的优势。即便如此，当一场可怕的风暴吞噬了土耳其舰队三分之二的兵力和司令官的时候，格里马尼率领的威尼斯舰队终于在这一地区的战斗中取得了一定的进展。

1648 年，土耳其开始了对坎迪亚的围攻，威尼斯人成功抵御了优素福率领的三万名士兵的进攻，但是土耳其军队的第三次进攻打开了一个缺口，大批土耳其军队涌入了坎迪亚。这样的形势并没有令威尼斯军队退却，指挥官格里马尼身先士卒，冲进敌军中英勇战斗，他的这种英雄举动鼓舞了自己的士兵，最终，威尼斯军队彻底击溃了土耳其军队的攻城行动，留下的只是土耳其军队的尸体。

此时，如果能有两万人支援坎迪亚的威尼斯军队，那么土耳其人将会被彻底赶出坎迪亚，但是威尼斯本土并没有派出支援部队，而是把大批军队派往别处。

在经过了一段时间的僵持之后，战斗又开始了，土耳其军队对坎迪亚的围攻时间甚至比特洛伊战争的时间还要长。在这场旷日持久的战争中，标志性的事件是：土耳其人为支持围攻派来了新的部队并尝试了新的战法；威尼斯人注意研究欧洲海军战术的进步，并在与土耳其的海战中取胜。威尼斯的军队并不像穆斯林军队那么容易对付，所以每当土耳其军队越过达达尼尔海峡进攻坎迪亚的时候都要付出沉重的代价。就在惨烈的战斗中，莫罗西尼家族涌现出了三名杰出的军事人物，莫塞尼高家族中也同样有优秀的统领出现。

此时，凭借卓越的功绩而成为奥斯曼帝国内阁首脑的克普鲁里决定亲自指挥这场战斗，以期早日赢得战斗的胜利。他很快就到达了战场上，并集结了一支五万人的军队，1667 年，克普鲁里率领这支军队发动了一系列对威尼斯军队的猛烈攻击。土耳其人军队在这次举世瞩目的围攻战中，展现出了比以往都要优越的作战艺术：土耳其军队成功利用大口径火炮增加己方军队的攻击效果，也就是在这次战斗中，土耳其军队首先使用了由意大利工程师发明的平行壕。

但是，作战双方可谓势均力敌，威尼斯军队很好地使用了地雷增强己方的防御工事。双方在火炮轰击、地雷爆炸和近身肉搏中所展现出来的战斗精神是史无前例的，英勇的抵抗让威尼斯人得以在一整个冬天中休整。当春天重回大地的时候，威尼斯终于派来了支援部队，而菲拉德公爵也带来了数百名法国志愿兵。与此同时，土耳其军队也得到了相当强大的兵力补充，这支军队的士气和斗志也因此十分高涨。1669 年，博福尔特公爵和纳瓦伊尔率领六千名法国士兵前来支援坎迪亚的防御战斗，此时战斗已经临近结束。但是在刚刚参加战斗的时候，两位年轻的法国人遭到了打击，他们的士气也因此变得有些低落。两个月后，纳瓦伊尔难以忍受被围困的境遇，独自率领残余部队返回法国。当时，莫罗西尼所能指挥的兵力只有三千名已经在长期战斗中精疲力竭的士兵，守卫这样一个四面楚歌的要塞是非常困难的。最终，他接受了从这里撤军的协议，而这个协议成为了后来的正式合约。至此，土耳其军队在围困坎迪亚的战斗中耗时二十五年，经过了十八次强攻和数百次突击，土耳其军队损失的兵力超过十一万人。有人推测，在这一场举世罕见的进攻与防御的战斗中，各国一共有将近三万五千名基督徒牺牲了。

在法国、荷兰和英国之间的战斗中，有值得世人铭记的大规模海战，但很少有重大的登陆战役。1660 年，当雅克二世率军在爱尔兰登陆的时候，杜尔维的舰队中共有七十三艘战列舰、五千八百门火炮和两万九千名水兵，但真正登上陆地的只有六千名法国人。这在战术上是一个非常大的失误，因为运送如此规模庞大的军队到达爱尔兰，应该不仅仅是为了逗留在海上，至少有两万人登陆作战才是正常的。两年后，在拉霍格之战中，杜尔维战败了，他不得不带着自己残余的部队在撤兵和约的约束下回到自己的国家。

十八世纪初期，瑞典人和俄国人进行了两次完全不同的远征。

查理十二为了支援霍尔斯藤公爵，亲自率领一支两万人的部队，在强大舰队的保护下，乘两百艘运输船在丹麦登陆。实际上，在他的登陆作战中，他还得到了英国和荷兰舰队的支援。不过从登陆作战的细节来看，他的指挥还是非常出色的。为了帮助纳瓦，这位亲王还决定在立沃尼亚登陆，只是最终的登陆地点选择在了瑞典的一个港口。

彼得大帝非常仇视波斯人，所以他利用波斯本民族内部出现不和的时机，率军进攻波斯。1722 年，他率领两万名步兵，在二百七十艘舰船的运送下，越过里海，在科伊苏河口的阿斯特拉罕成功登陆，他在那里稍作休整的同时，九千名龙骑兵和五千名哥萨克骑兵组成的骑兵部队越过高加索前来与他会合。在军队壮大之后，彼得大帝决定先攻占捷尔宾特，然后再包围巴库。最后，

战争的艺术
ZHAN ZHENG DE YI SHU

他与一个反对索费斯帝国的集团缔结和约，得到了阿斯特拉巴德，这里是通过里海，进而进军波斯王国的战略要地。

相比之下，路易十五时代的远征并不能算是著名的征战，这一时期，远征行动的代表是黎塞留对米诺卡的远征，虽然这次远征中的强攻战打得非常出色，但是登陆作战却是不值一提的。

1775 年，一支一万五千至一万六千人的西班牙军队成功登陆，开始进攻阿尔及尔，为的就是要让那些海盗为自己的无耻行径付出惨重的代价。但是这次远征的指挥官没有协调好舰队和地面部队之间的协同作战，结果被分散在城市周围灌木丛中的土耳其和阿拉伯射手打败了。而本已经成功登陆的地面部队也不得不回到战船上去，并返回自己的国家。

美洲战争期间，法国展开了最大规模的海上远征，爱斯丁伯爵率领二十五艘战列舰到达美洲，与此同时，奥尔维尔率领六十五艘法国和西班牙战列舰支援一支四万人的军队在勒阿弗尔和圣马洛实施登陆作战。这样的军事行动震惊了整个欧洲。

法国和西班牙战列舰组成的舰队在海上逗留了两个月，这支舰队既没有进攻，也没有遭到攻击。最终，是风暴让这支军队不得不离开。

而爱斯丁率领的军队则进展顺利，他成功攻占了安的列斯群岛，并成了那里的统治者，同时，他还派出了一支由罗沙姆堡指挥的六千名法国人组成的军队登陆美国。在后来的行军中，罗沙姆堡的舰队又得到了一个师的兵力补充。1781 年，他的军队成功包围了英国驻守纽约的一支小部队，并促成了美国的独立。如果法国能在此时派出十艘军舰，配备七八千名士兵和大法官塞夫伦进军印度，那么，法国的军队一定能在那里打败其强劲对手。

法国大革命中只有很少的登陆作战，因为土伦的火灾、贵族的流亡和韦桑的战斗让法国舰队损失不少。

1796 年，奥什企图率领两万五千人在爱尔兰登陆，但是他的舰队被海上的风暴吹散了，所以这次远征也没能取得预期的效果。

后来，拿破仑率领十三艘军舰、十七艘三桅巡洋舰、四百艘运输船，配备两万三千人，远征埃及。战斗初期，拿破仑取得了非常好的作战效果，但在不久之后就遭遇了挫折。因为拿破仑在埃及作战的时候，土耳其派出一万五千人在阿布基尔登陆，目的就是把拿破仑和他的军队赶出埃及。法国军队原本是可以凭借先前登陆的优势，在埃及构筑工事和堡垒，等待援兵的到来，但是他们没有那么做，最终，法国的舰队损失殆尽，这样的深刻教训也是在类似的防御战中值得深刻反省和警惕的。

1802 年，远征圣多明各的战斗是一次非常著名的登陆战。但是肆虐的黄热病，最终让这场登陆作战失败了。

英国人在战胜了路易十四后，不再把主要兵力投入到大规模登陆作战中，而更注重打败对手的舰队，进而抢占其殖民地。十八世纪中，法国投入到布列斯特和瑟堡的实施登陆作战的军队人数只有一万至一万二千人，这种规模的军队对强大的法国来说简直不值一提。但是，在抢夺殖民地的过程中，法国得到了巨大的利益。法国最初是控制了加尔各答，然后又攻占孟加拉，还不断向这里派遣部队并在当地训练雇佣兵。随着殖民地的实力不断增强，法国军队的人数一度达到十五万人，法国也因此获得了"东印度帝国"的称号。

1799 年，英、俄两国组建了一支四万人的军队远征荷兰，这些部队分多次成功登陆。这次远征中的很多细节都有重要的研究价值。

1801 年，阿贝克罗比在大肆进攻费罗尔和加的斯后，又派出两万多人的英军在埃及登陆。这场远征的结果众所周知。

1806 年，斯图亚特将军率军进攻卡拉布里亚，他在迈达附近取得了小规模战斗的胜利后就返回了西西里。另一次对布宜诺斯艾利斯的进攻则没有这么幸运，远征军遭遇失败，最终以投降结束了战斗。

1807 年，卡尔特卡斯勋爵率领两万五千人在哥本哈根登陆，他的军队包围并用火炮轰击了这座城市。最终他控制了丹麦舰队，达到了这次远征的预期目的。

1808 年，威灵顿率领一万五千人在葡萄牙登陆，这支军队在维米埃鲁取得初步的胜利后，又得到了葡萄牙起义军的支持，随后，这支军队凭借强大的实力迫使瑞诺撤出了葡萄牙。不久，这支军队发展壮大到了两万五千人，并在穆尔的指挥下深入西班牙腹地，以支援马德里，但拉科鲁尼亚的军队在战斗中损失惨重，他不得不带着残余部队撤回到舰队驻扎的地方。在此之后，威灵顿率领支援部队登陆，他的军队汇集了三万名英国人和三万名葡萄牙人，这次大规模的进攻成功地为拉科鲁尼亚复仇。1809 年，威灵顿如期攻下了波尔图的苏尔特，随后兵临马德里城下，在那里，他击败了塔拉韦拉的约瑟夫·波拿巴。

同样是在 1809 年，英国发动了对安特卫普的远征，这是英国自亨利五世以来发动的最大规模的一次远征。这支远征军队伍的总人数超过七万人，其中包括四万名步兵和三万名水兵。虽然规模很大，但是指挥官个人军事才能限制导致的指挥失误，最终断送了这次远征。

与此同时，俄国人完成了一次性质与瑞典国王查理十世进行的登陆战很相似的远征，俄国军队以三十个营的兵力，越过结冰的尼亚湾，向阿兰群岛进发。这支携带着火炮的军队分成五路纵队在斯德哥尔摩制造了恐怖氛围。与此同时，俄军的另一个师渡过于默海湾。

1813 年，为了切断苏切特与巴伦西亚的联系，经过周密地计划，默里将军在塔拉戈纳成功登陆，虽然将军在这之后也取得了一定的胜利，但是他最终还是不得不把军队撤回到舰船上。

1815 年，拿破仑从厄尔巴岛回到了法国，惊慌的英国人为了反对这个军事天才，提前开始进行军事行动部署，其中最明显的行动就是把大批武器运到奥斯坦德和安特卫普。此时的英、德联军已经超过六万人，其中一部分军队从陆地行进，而另一部分军队则在一个联盟强国登陆。至此，并没有战斗发生，所以与其说这是一次军事行动，不如说这是一次规模巨大的军事转移。

1815 年，英国人针对美国首都的战斗震惊了全世界，这是因为当时的英军只有七八千人，而这样一支军队却在人口超过一千万人的国度里深入腹地作战，并最终攻占首都，英军在那里摧毁了所有公共机构。如此辉煌的战斗和胜利是空前的，在这次战斗中，有很多人曾指出美国失陷的州只注重共和精神，却不注重反军国主义思想，所以才最终让英国取得了巨大的胜利。而在这些州中，也似乎没有像在希腊、罗马、瑞士那些国家中为了抵抗外敌入侵而英勇上阵的民兵。也就是在这一年，路易斯安那州终于出现了这样的民兵，但杰克逊将军领导的这支队伍并没能消灭另一支人数比英军多的远征军。

除了薛西斯远征和十字军东征这些神话般的作战行动，过去发生的所有远征，尤其是在战舰装备了大威力火炮后的远征中，没有一次远征可以与拿破仑制订的远征计划和为远征所做的准备工作相比。

登陆作战也并不是完全相同的，例如只需越过一个宽为数古法里的海峡就可成功登陆的行动和要在大海上做远距离航行后才能登陆的行动，二者之间的差别是非常大的。在博斯普鲁斯海峡的登陆作战之后，这种差别对类似的登陆行动有重要影响，有时候甚至起决定性作用。

《战争的艺术》续编（一）

　　《战争的艺术》一书，是 1836 年我专门给埃里蒂耶大公殿下提供军事训练参考而编写的，我原本写了一个结论，但是这篇文章从未付印。现在，我觉得是时候让大家看看这篇文章了，而且我还在结论之后加上了培养战略能力的方法，并将其作为补遗发表，我想这对读者和一些军事专家是有一定意义的。

　　我在这里所论述的，相信读者也一定看得出来，那就是如何才能够富有远见地决定战略和交战的关键计策，这些方法是有规律可循的，而利用对己方有利的地形地貌的能力和沉着冷静地捕捉并利用对我方有利的战机的才能，是需要长期的学习和在不断实战的过程中培养出来的。另外，还有一些总体原则也是这方面的基础性准则，我也将在这篇续编中加以阐述。

　　对战争艺术的热情使我义无反顾地发表以下两个概述。很多看过我的著作的人或许会指出这两篇概述与我的其他文章有很多重复之处，但是我认为，这些必要的重复正好可以补充我的著作，让我的阐述变得更完善。即便是重复的内容，其研究价值也已经得到证明，因为已经有很多人给出了高度的评价，而抄袭这些内容的人也不在少数。而这两篇概述将会是我对那些曾经与我共同经历了这个世纪中最值得铭记的伟大战争的勇士们最后的道别之声。

若米尼

1843 年 2 月 6 日于布鲁塞尔

战略概述（1837 年 3 月 20 日　献给亲王殿下）

　　再一次回顾了我的《战争的艺术》之后，我深刻地体会到军事理论与其他很多学科一样，具有指导意义的基本原则是非常重要的。而那些善于把握基本原则的人，无论是在什么领域，他们都能够轻易地学习到很多细节问题的解决办法。而我也一直不遗余力地在军事领域寻找这样的指导性原则。而为了正确理解这些原则，并最终将这些原则应用到世纪的战斗中，是每个人都应该努力去做的。

在这里，我还是要重申：战争中很多重大的理论问题，实际上都是非常简单的。理解和思考将会让你完全领略这些问题的解决办法。即便我们知道该如何处理这些理论，但很多有素养的军人仍旧难以理解它。他们的注意力被一些次要问题甚至是无关紧要的细节问题吸引了，因为对这些次要问题或细节问题难以释怀，以致不能集中精力去理解最重要的理论或是解决最关键的问题。如果他们细心地审视，就会发现原来想要的东西俯拾即是，而真正能够成就他们的却并不是这些。

一个出色的指挥官需要具备两种截然不同的才能：一种是审时度势制订符合实际情况的作战计划的才能；一种是将作战计划付诸实践直至成功的能力。第一种才能，可能有的人生来就具备，后天必要因素的激发就能让他们具备这样的才能，而有些生来不具备这种才能的人，也可能具有这样的潜质，只要认真学习，也同样能够拥有这样的才能。而第二种才能，实际上就是指挥官个人性格的一种体现，一个坚忍不拔、充满自信的指挥官一定具备这种能力。

第一种才能对一个帝国的君主或是某个政府的首脑来说尤为重要，因为这一才能将直接关系到一个国家的实际领导者能不能带领自己的国家走向强盛，即使这个人缺乏必要的执行能力，那么至少还有通过对优秀计划的鉴别能力来弥补，而真正负责实施这一计划的人也可以在一定程度上弥补。而且，一国的君主还能通过将领制订的计划来判定他的才能，如果这个将领既能制订出符合需要的计划，又具备沉着稳定且坚毅的性格，那么这个君主完全可以放心地让这个将领来指挥自己的军队。

反过来想，如果一个国家的领导者是一个实干者，他作战的本领很强，但是如果他不具备运筹帷幄的才能，那么当形势要求他必须从更宏观的角度审视和指挥整场战斗的时候，他的命运就很可能与一些有勇无谋的将领一样，最终犯下低级错误。

如果你认可我所提出的基本原则，并且能够在一些著名的战役中找到这些基本原则的具体应用，那么你就能够理解战争中许多重要的理论问题，并且也会认可我下面对这些问题的总结。

首先，战争中首要的战略就是要规划出我方假想的有利作战地区，同时揣测敌军划定的战斗地区。而且，双方又都会预先判断最终的决战地点，如果能够很好地理解并运用我在本书第十八节至第二十二节中列举出的基本原则，那么就能够很好地做到上述这一点。

其次，在准备迎击敌人进攻部队的区域内和在准备进攻敌人防御的区域内恰当地使用自己的军队是一个非常重要的战争艺术。我已经在本书的第十七节中详细地介绍了作战区内可能出现的突发情况和可能产生的各种影响，所以在此我不再赘述，我只论述一下如何正确使用现有兵力的问题。对兵力的使用，总体上要遵循以下两条基本原则：第一，战略的最大作用，就在于利用己方军队的机动性，在不同的时间调动主力部队攻击敌方的几个不同部分；第二，突击部队的突击行动要在具有决定性意义的方向上实施，这里所说的决定性意义是指己方军队在这一方向上的突击要能够给敌军造成尽可能大的损失，而又要将己方部队的损失尽可能地降低。

重大战争中的关键理论可以归结为以上这两条基本准则，所以所有不合理的、比敌人范围更大的移动和所有分散自己部队或阵地的做法，就像建立多余战斗支队一样，将是非常严重的错误。如果避免了这样的错误，也就保证了采取中央战略线的作战系统的严密性，同时战略阵地又比敌军短，那么类似的作战行动都是合理的。

而战略在实际战斗中的运用，也是比较简单的。如果你率领一百个营的兵力与敌方一百个营作战，在这种总体实力相当的情况下，你就可以发挥军队的机动性优势，将八十个营的兵力部署在关键点上，占据主动权，而派遣其他二十个营牵制敌方一半的兵力，给敌军造成一种与我方主力部队交战的错觉。如果这样的作战计划成功实施，那么你就可以在关键点上用八十个营的优势兵力消灭敌军的五十个营。只要你在内线或是敌军正面的一端采用快速行军的方式就能实现这样的作战部署。而我在本书第二十一节已经详细地介绍过，在不同的情况中究竟应该使用什么样的方法。

要想制订出合适的作战计划，必须时刻牢记：战略就好像是一支军队的阵地，只有一个中心和两个端点。据此推断，一个战场通常由三部分组成：中央地区、左翼地区和右翼地区。

某一地区能否成为合适的作战地区，主要取决于如下要素：

（1）能够为军队提供安全、可靠的作战基地；

（2）能够以最小的风险和代价给敌军的最大的打击和伤害；

（3）双方先前的态势如何；

（4）与邻近战争区的大国的政治关系如何。

如果按照上述要素来判断，一个战场的三个地区中，总有一个地区是危险的或是不利的，而其他两个地区则是比较适合的作战地区。

在确定了作战地区并规划出作战基地后，就应该根据当前情况制定作战目标。战斗目标通常有两种，而这两种作战目标之间的区别是非常明显的。一种目标可以成为区域目标或地理目标，这个目标与我军要攻占的敌军防线、要塞或堡垒有非常重要的关联，另一种目标则并不注重此点，无论地理特征如何，这一目标并不以占领为主要目的，而是致力于瓦解或消灭敌军部队，而这也正是拿破仑最喜欢采用的一种作战形式。在本书第十九节中，我已经对作战目标的选择做了详尽的说明，在此我觉得已经没有什么特别的内容需要补充。

选定了作战目标之后，指挥官就应指挥部队沿一条或两条作战线向目标地区行进。在这一过程中，既要注意不能违反既定的作战计划，又要避免出现两线作战的危险。如果受到作战地区地形的影响，或是己方军队在数量或总体实力方面完全压倒敌军，可以适当改变，否则必须按上述原则行军，我在第二十一节中已经做了详细的解释。如果被迫采用两线作战的方式，那么一定要尽力保证己方部队的主力在同一线作战，而其他的辅助部队沿另一条线作战，同时保证与主力部队之间的向心方向。

如果一支军队按照作战计划朝某个目标行进，在与敌人之间的距离还没有近得足以展开战斗的时候，应保证军队适时地或短时间地占领战略阵地。而占领阵地的正面，可能是敌人进攻的正面，也可能是作战的正面。在此，我不得不说，作战正面的方向非常重要，它直接关系到改变战略正面，而战略正面的问题，我已经在第二十节中讲解过。

在这一原则中，如果敌对双方的总体实力相当，你所占领的正面应该尽量比敌人的短，尤其是要在阵地上延误一段时间的时候，更应如此。如果你的军队正面比敌人的短，也就是说，在人数相同的情况下，你的战略阵地比敌人的更紧密，那么你就能比敌人更快、更容易地集结自己的兵力，从而顺利使用我所列举的基本原则。如果你的战略阵地是内线的，即在中心，那么如果敌人想要攻陷你的阵地，就只能从你部队的正面穿过，或者在迂回行动的过程中走更远的距离，此时，你的优势就会比敌人更大。

如果你的军队总体实力比敌军低或者在数量上逊色于敌军，而此时你的军队又不幸地遭到了敌军优势兵力从各个关键点针对你阵地中心的迂回行动，那么你的阵地是很难守住的。不过有两种情况例外，一种情况是敌军同七年战争中的联军一样，各个部分之间拉开了很远的距离；另一种情况是你的中央作战地区，具有一个或两个像莱茵河、多瑙河和阿尔卑斯山那样可以拖延敌军行动的天然屏障。当你的军队变得寡不敌众的时候，尤其是敌军正在向你的军队接近的时候，你应该指挥你的军队向敌军战线的一端而不是中心实施机动。

除了在战斗区域中对战斗结果有重大影响的关键点外，作战策略中还应有如下两条基本计策：

（1）指挥主力部队分别攻击敌军的分散部队，力求各个击破；

（2）选定最有利的行动方向，也就是尽最大可能将自己的主力部队部署在关键点上，然后再考虑将其他部队的方向指向次要点。

为了证明在战略学中的这个根本原则，1793年法军的战斗将是一个不可辩驳的战例，作战详情见附图Ⅵ。应该注意的是，在莱茵河至北海的法国境内，共有联军的十个主力军。

①约克公爵进攻敦刻尔克。

②弗雷塔格元帅负责掩护围攻。

③奥兰治亲王的军队部署在梅嫩地区的中央阵地。

④科布尔格亲王率领主力军队进攻莫伯日，并凭借强大的支援部队警戒该要塞至埃斯考河之间的地区。

⑤克莱尔法特掩护围攻。

⑥邦茹斯基保护沙勒罗瓦和特万与沙勒罗瓦之间的马斯河，他很快在这一地区构筑了防御工事。

⑦另一支军队掩护阿登和卢森堡。

⑧普鲁士的军队围攻朗道。

⑨布伦瑞克公爵掩护对孚日的攻击行动。

⑩维尔姆泽将军监视着斯特拉斯堡和莱茵军团。

法国的军队中有几支分队在以上各军的正面负责牵制，此外还有分别部署在里尔、杜埃、吉兹、萨尔路易和斯特拉斯堡的五个主力集团军（位置详见 a、b、c、d、e）。而北部各个营垒抽调精兵组成的一支强大预备队主要负责对敌人战线的攻击，同时尽最大可能实施各点击破，随后与那里的军队（i、k、l、m）实施联合突击。这支预备队取得了部署在敦刻尔克附近的卡塞尔营垒的军队的大力支持，先是击溃了约克公爵指挥的两支军队（①和②），接着打败了在梅嫩的荷兰军队（③），又在此后的战斗中击退了莫伯日的克莱尔法特军队（⑤），为了与摩泽尔会合，这支预备队在向萨尔路易方向实施转移的过程中，又击溃了在孚日的布伦瑞克公爵，并在与莱茵军团（f）的联合战斗中，将维尔姆泽将军的军队驱逐出维森堡战线。

在这次战斗中，我所说的基本准则起了非常大的作用，而这支预备队对这些准则的应用也是非常出色的。但是在这支联军中，奥地利的军队占了大半，而且从④、⑤、⑥点开始，奥地利军队牢牢掌控住了通往莱茵河的撤退路线（A 和 B）。在这样的情况下，如果法军能够集中三支主力军，投入到对特万的邦茹斯基军团⑥的进攻中，在取得胜利后兵锋直指科布尔格亲王，沿着通往沙勒罗瓦的道路进攻这个军队的左翼，那么法军就能把联军逼退到北海。一旦取得这样的作战效果，那么也就意味着法军赢得了辉煌的胜利。

公安委员会认为，阻止英军攻陷敦刻尔克有非常重要的意义，另外，如果切断在沙丘设营的约克公爵军队的退路，那么他们就会被迫撤往北海，而此时在杜埃、里尔和卡塞尔的法军主力就可以展开对英军的攻击。但是奥夏尔没能充分利用自己的战略优势控制住英军和诺威人的退路，突击行动并有取得预期的效果。这次行动的落空奥夏尔负有不可推卸的责任，虽然他拯救了敦刻尔克，但是他没能切断英军的退路，这是一个不可饶恕的错误，因而最终被以违抗军令的罪名推上了断头台。

法军预备队在正面的移动作战，取得了五次胜利，但都不能算是完胜。因为这些战斗都是正面攻击，虽然夺回了几个要塞，但是联军并没有被彻底击败，而法军也有了一定的损失。更重要的是，法军预备队在行军的过程中，没能乘胜追击夺取决定性胜利。如果法军能够凭借在马斯河上的五个要塞，利用快速机动的作战方法，集中十万人的主力部队，向联军分散部署的几个军的中心猛烈进攻，就必定能彻底打败沙勒罗瓦方向的邦茹斯基军队，并从后方轻取科布尔亲王的军队。这样一来，法军就完全可以像拿破仑在雷根斯堡和在利尼打算做的那样，一路追击溃逃的联军，如此，法军将会获得比事实上更大的胜利。

这个战例有力地说明了在战略上的大规模用兵的两种方法，即分别用兵和把主力部队用在关键点上。看来结论已经不言而喻，战略行动的最基本准则就在我所说的这两种用兵方式中。

任何一个军事能力出色的指挥官，只要能够理解我所说的这些原则，就会明白坚持按照这样的原则用兵，能够保证自己的军队在战斗中的机动性，而这对胜利是至关重要的。具体的做法就是：根据敌军兵力的部署，合理地使用自己的兵力攻击敌军的侧翼或是中央。但是己方军队与敌军的距离也是必须考虑的，因此必须时刻准确地计算这一距离，而计算的时间越快，计算的距离越准确，留给敌军的反应时间就会越少，这将会大大提高己方军队胜利的把握。

除此之外，我认为在战斗中无论遇到什么样的情况，都必须保持冷静的头脑，选择出最有利于攻防的作战阵地。在本书的第三十一节中，我已经给出了在进攻作战中的意见，在这里也可以理解为利用主力部队实施威力最强大的突击，同时还必须激发士兵的斗志，提高士气，使士兵投入到积极的战斗中。做到了上面这些，那么也就奠定了最坚实的胜利基础。

相比之下，判断出战场上的关键点似乎是比较容易的，而应该在什么样的时机下发动突击，则需要指挥官进行谨慎的思考。在这样的情况中，军事天赋和作战经验是最重要的，而理论似乎变得不那么重要了。

我在第二十四节中所阐述的内容，我认为是必须深刻思考的，这一节里列举了一位指挥官所能采取的对敌行动和加强己方军队的防御措施。只要能在战斗之前将可能出现的情况深思熟虑一番，那么就可以总结出大多数可能性，这有利于提前采取措施，减少不利因素，同时扩大对敌攻击效果。

我还建议指挥官们看一下第三十六节中关于大支队问题的论述，大支队有可能是一支军队的潜在危险，指挥官最好是提前采取必要的防范措施，否则，一支强大的军队很有可能会失去战斗胜利的一切机会。而当己方军队需要派出作战支队的时候，应该尽量减少支队数量和规模，这可以提高支队的机动性，在必要的时候可以迅速地召回支队，并利用其抵抗突击我方的敌军。而这也正是一个出色的指挥官所应掌握的主要原则之一。

关于前两章中对战争策略的讨论，我没有需要补充的内容，在这两章中，我已经就国家的领导者所应了解的战争艺术做了简单的概括，我希望领导者能够注意第十四节中关于军队统帅和指挥人员的选择问题。这个问题值得所有的政府和领导者关注，因为优秀的统帅对一个国家的军队有重要影响，甚至会在一定程度上影响这个国家的生存或壮大。可以任命一位出色的战略家作为军队的总参谋，其总司令必须是一位有丰富战争经验的人，因为他有战争理论无法替代的经验，他还应该阳刚而果断，精力充沛。如果能将具备上述不同天分的两个人才结合在一起，这个国家的军队是可以取得辉煌战果的。

我对本书第二十九节中关于战略的阐述和第四十七节以后的结论就不做补充了，以避免陷入无止境的重复。以上就是我在结束这一部分概述时，提出的一些关于如何应用《战争的艺术》中的基本原则的使用方法。

培养优秀的战略眼光

在学习了战略的基本原则后，如果只是硬性记忆这些原则，而不是深刻理解，不将其应用到图上作业，也不在假想战争中使用这些原则，或在研究伟大统帅取得的辉煌胜利中检验这些原则，那么即使是知道了这样的原则，也并不会在实际作战中取得良好的效果。只有在不断的练习中使用并逐渐熟悉这些原则，才能养成敏锐而又准确的战略眼力，而这种战略眼力对一个指挥官来说，是最需要具备的素质。如果指挥官缺乏这样的素质，即使他使用了世界上最好的作战理论，也发挥不出真正的效果；即使他领导着世界上最优秀的军队，也发挥不出这支军队的最强实力。

对于一位善于在学习中不断完善自己的指挥官来说，当他了解到逐次投入到战斗中的部队所具备的优越机动性的时候，尤其是当他知道了把主力部队用到作战区域的关键点上的重要意义的时候，他在战斗中就一定会力求能够尽早发现这样的关键点。我在本书第三章中提出的"战争的基本原理"中的内容，便能够帮助读者完成这样的思想转变。

实际上，在一次大规模战斗中需要用到很多计谋，而其中最终的计谋却是非常简单的，那就是一个指挥官如果能够在不同的位置、不同的时间，正确地决定自己究竟应该在中央、左翼还是右翼行动，那么胜利将会离他更近一步。

为了证实这一理论的正确性，我先介绍一位在战争开始的时候坐在办公室中的将军。战争开始前，他必须选择一条正确的作战线，以提高自己的军队在战斗中取胜的概率，同时也保证自己的部队在失败的情况下能够以最小的代价撤出战斗。我们已经知道，整个战场只会被划分为左、中、右三个区域，只要了解并运用我在第十七节到第二十二节中介绍的原则，就能充分认识不同地区的特点，同时总结出每个地区的优越性和危险性，这也就能很好地解决作战线选择的问题。

当这位将军已经选定了要投入主力部队的作战区域，并最终将主力部队部署到这一区域后，他的军队便形成了对敌作战的正面，而敌军也同样形成了作战正面，此时，双方的作战正面又可以分为三个区域：中央、左翼和右翼。所以，最关键的问题就是在这三个方向中选择一个能够给敌军重创的方向，同时利用这个方向保证己方运输线的安全。而我在本书中已经把所有的可能性一一列举出来了，并且明确指出应该争取什么，避免什么。

最后，当两军之间就要爆发决战的时候，或是在战场上双方都位于对方前面的时候，双方都有中央、左翼和右翼三个方向，在实施主攻或突击的过程中，每一个方向都会有优点和缺点。

经过这样的分解，我们可以看到，一场大规模战斗的进程就被总结成了三个基本方面，我们可以从更宏观的角度决定究竟应该选择这三个方向中的哪一个方向。当确定了某个最有利的方向时，就不应该还对其他方向抱有幻想，因为这会给自己的军队带来致命的危险，甚至失去即将到手的胜利。

在选定了作战地区之后，机动中的作战正面仍有三种不同的情况需要我们考虑到，这是我们在之前就已经提出的理论。而为了证明这一理论的正确性，我将再次以莱茵河至北海之间的战区为例加以说明。我们在前面的论述中同样也已经谈到过这个作战地区，具体情况详见下面的图例。

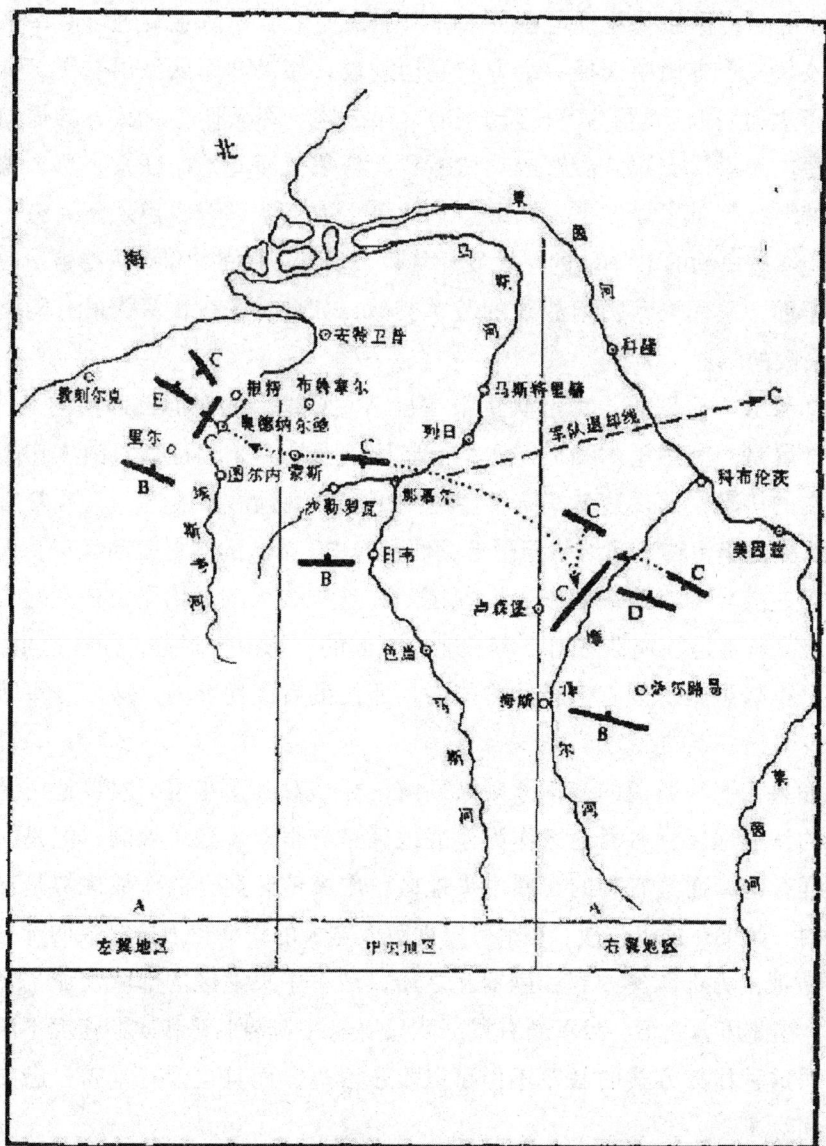

这个作战地区在地理上可以分成四个部分，即莱茵河和摩泽尔河之间的地区、摩泽尔河和马斯河之间的地区、马斯河和埃斯考河之间的地区、埃斯考河和北海之间的地区。如果在该作战地区有一支军队，其作战基地为AA，作战正面为BB，那么，这支军队就总是只有三个方向可以选择，

战争的艺术
ZHAN ZHENG DE YI SHU

这是不可辩驳的。无论如何划分，该作战地区中的两个地区同属于一个中央地区，而其余的两个地区则分别为左翼地区和右翼地区。

C 军队将作战基地设定在了莱茵河上，如果 B 军队想要进攻 C 军队，就应该从三个方向中选择一个方向发动进攻。如果 B 军队派出右翼部队，顺摩泽尔河向西运动，一直运动到 D，那么这支军队便会对敌人的退路构成威胁。如果这支军队能够成功切断敌人与莱茵河基地的联系，那么整场战斗就变得简单了。但是，如果 C 军队将主力部队部署在卢森堡后方，那么就能够对机动的 B 军队的左翼发动猛攻，受到威胁的 BB 军队将被迫改变作战正面，从而与莱茵河战线的敌军交战，如此一来，B 军队很有能就要面对失败的结局了。

如果 B 军企图将主力部队集中在自己左翼地区的对面，即指向 E，这样的部署是想利用里尔和瓦朗谢讷等坚固的要塞，来保证其对敌人作战正面右端的机动，那么这支军队将会遇到更多的麻烦。事实上，只要 C 军队将全部兵力集中在奥德纳尔德附近，便可向 BB 军队的右翼发动猛攻，而且还可以在战斗中对该翼实施迂回包围。在这样强大的压力下，B 军的右翼部队就会被迫退往埃斯考河下游和北海方向的安特卫普附近，而在这里，B 军除了投降是绝对没有生还的可能的，即便最后成功突围，这部分军队也将至少损失一半的兵力。

如果按照我所说的基本原则来理解，那么对 B 军来说，左翼地区是最不利的作战地区，右翼地区作为作战地区是有很多可取之处的，但是缺点也同样存在，而最有利的当属中央地区。中央地区拥有的作战优势是显而易见的，如果在这里作战，B 军可以把敌人宽大的作战正面分割成两部分，当 B 军把主力部队集中到沙勒罗瓦之后，敌军中央地区的部队便成了瓮中之鳖，在此压力之下，敌军的右翼部队只得退往安特卫普和埃斯考河下游。而采取这种作战方式的 B 军不但可以步步紧逼，而且也没有暴露自己交通线的危险。

所以，当一支军队把兵力集中到最有利的地区之后，一旦发现敌军作战正面的某一部分对己方取得作战胜利有重要意义，那么就应该果断地让这支部队担负起攻击敌军这一部分的任务。如果这支军队为了切断敌军的大部分兵力与其在莱茵河的基地之间的联系，而用右翼部队向敌左翼实施机动，那么这支军队的作战方向也必须与此一致。否则，这支军队就还要派出兵力来对付敌军作战正面的右翼，而此时这支军队的作战计划是攻击敌军左翼。很明显，作战计划与实际行动发生了脱节，那么无论这支军队采取什么样的行动，都不一定会取得作战计划中预期的战斗结果。换一种作战形式，如果这支军队想从作战地区的左翼展开攻击，其作战目的是把敌人逼迫到该方向上的大海附近，那么这支军队就必须保持右翼的机动作战，这样才能够顺利地实现作战目标。而如果这支军队一味机动自己的左翼部队，那么陷入绝境的恐怕就是这支军队了。

当我们把这些作战原则与马伦戈、乌尔姆和耶拿战区结合在一起的时候，我们就可以发现，虽然同样可以被划分为中央、左翼、右翼三个作战地区，但是在作战部署中，最有利的方向并不是指向敌军中央的方向。1800 年的战斗中，最有利的方向直指波河地区，这一方向也恰好是梅拉斯退路的左翼。1805 年的战斗中，最有利的方向是左翼地区，这一方向可经过多瑙佛特直接抵达马克的左翼，并且能够切断其退路。而在 1806 年，情况与前两次截然不同，最有利的作战方向是右翼地区，因为拿破仑可以从这一方向直接切断普鲁士军队的撤退路线，而且能够顺利地从班贝格抵达格拉。

1800 年，可供拿破仑选择的作战线有三条：

（1）右翼作战线，作战军队沿该线可直接抵达突尼斯和萨沃纳附近的海岸；

（2）中央作战线，作战军队沿该线从正面出发，经蒙塞尼后第一时间抵达都灵；

（3）左翼作战线，作战部队沿该线可经圣贝尔纳山口或辛普朗，直接切断梅拉斯的交通运输线。

前两个作战方向显然是不值得选取的，因为事实已经证明，右翼作战线是非常危险的，在这条作战线上的马塞纳遭遇了失败就是最好的证明，他最终被包围在了热那亚，而中央作战线对于作战胜利也没有太大意义。只有左翼作战线才是对作战结果有决定性意义的方向。关于这个问题，我的观点就是这些，有些内容甚至并不是我应该说的。

如果说到作战，那就更复杂了。在交战中，指挥官必须把战略眼光和战术眼光结合运用，才能取得作战的最终胜利。除了作战基地和撤退路线

战争 的 艺术
ZHAN ZHENG DE YI SHU

等重要事项，作战部署中还应有另一个重要事项，即明确的战略方向。这样综合的作战部署与即将开战的地区的地形特点有很大的关系，同时，交战双方各兵种的部署对此也会有非常重要的影响，这些战术方面的问题都是一个指挥官必须考虑的。一支军队在确定战斗线的时候，通常希望可以将撤退路线设定在这条战斗线的后面。但常常会有这样的情况发生，这支军队在战斗的过程中可能会因为种种因素的限制而被迫在与撤退路线相平行的另一条线上作战，这也就意味着，这支军队的作战线正处在某一侧翼的延伸线上。在这样的情况下，如果敌军果断以具有压倒性优势的兵力对该侧翼发动攻击，那么这支军队的撤退路线就会被彻底切断或打乱。一旦如此，这支军队即便没有被全部歼灭，也会被迫展开突围，总之会遭到重大的损失。

下面，我将以我曾在《腓特烈战争史》中记述过的 1757 年发生在莱顿的著名战役和 1812 年从莫斯科撤退到克拉斯诺耶的令人难忘的战斗为例，来具体说明上述情况。

下图展示了在克拉斯诺耶交战双方的部署和态势：

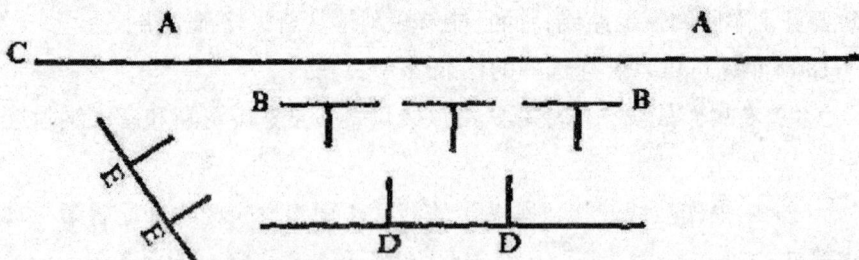

AA 是拿破仑选取的撤退路线，C 是这条撤退路线的走向，BB 是保护部队的部署情况，用以掩护沿 AA 线退却的己方军队。

从图上我们可以看出，库图佐夫的主力军队 DD 正在进攻法军右翼，如果进攻部队移向 EE 位置，则情况就会大为不同。若从 EE 发动攻击，部署在 C 点的法军如果得知了敌军这样的行动意图，一定会出现非常大的心理波动，尤其是当士兵们意识到自己已经远离法军基地二千四百千米的时候，这样的危险境境将会再次给他们的作战信心以沉重的打击，而法军也会必败无疑。

同样的情况还在热马普发生过，迪穆里耶作战地区中并没有进攻奥地利军队的右翼，而是针对奥地利军队左翼实施迂回包围战术，完全切断了奥地利军队与莱茵河基地的联系。

在莱顿之战中，腓特烈击败了奥地利军队撤退路线方向上的左翼部队，结果迫使其右翼部队逃到布雷斯劳，经过几天的围困，这些军队投降了。

在类似情况中，任何一点犹豫都会断送作战良机。敌人距离撤退路线最近的部队就是必须予以坚决攻击的关键点。在竭尽全力击败这一地区敌军的同时，还要保证自己的撤退路线不能受到敌军的威胁。

当敌军有一条或两条与战斗线垂直的撤退路线的时候，应该凭借战术手段尽快击败敌军并切断其撤退路线。在这样的情况中，通常要攻击敌军部队的中心或是没有有利地形可以提高防御能力的侧翼，因为这种战斗的最终目的是取得胜利，而不是歼击敌军。要想全歼敌军，只依靠上面的战术是不够的，这受到敌我双方兵力对比情况、军队的作战积极性，以及很多并不是绝对规则的复杂情况的影响。

还有一种作战方式，那就是在双方没有展开作战前，就抢先占领敌方的撤退路线，拿破仑在马伦戈就曾采用这样的战术，而乌尔姆和耶拿也曾做过同样的事情。在这样的战斗中，通过战斗前的巧妙行军抵达有重要军事意义的战略要地，并在那里阻止敌人开辟通路，此时要做的只是保持与敌人作战线的水平机动，因为此时作战线已经平行，就不存在哪一翼更有利的问题。而被切断了撤退路线的敌军可就不会这么轻松了，在战斗还没有开始之前就面临失败的危险，这首先在心理上就是非常大的打击。敌人若想逃出这样的困境，就只能通过某一侧翼尽快让自己的军队回到撤退路线上去，一旦确定了实施机动的侧翼，就一定要把全部兵力投入到这一翼中，这样可以挽救这一翼的大部分兵力。而问题的关键简单来说就是要通过慎重的思考，确定究竟要向左翼还是右翼实施突击。

在此我要特别指出的是，当一支军队在敌军正面渡河的时候，作战方式并不会收到上述原则的左右。因为这是一项非常棘手的军事行动，一定要保证己方军队所使用的桥梁或是渡河设施能够得到充分的保护，确保万无一失。如果这支军队在渡河之后的作战计划是将主力部署在自己的左翼或右翼，通过强攻占领一个关键地点或是压制敌人，而就在渡河的过程中，如果敌人全力抢夺桥梁的控制权，而这支军队还在这样的抢夺战中失败，其处境将会非常危险。要想深入而透彻地研究这样的情况，巴格拉姆之战是一个不错的战例。关于这个问题，我在本书第三十七节中，已经列举出一些原则可供在面临上述作战情况的指挥官参考，但是这些原则仍属一般原则范围之内。

一个军人只有接受并理解这些原则，才能具备锐利的洞察力和准确的战略眼光。如果一个将军能做到我所说的这些，而同时他又经常阅读军事历史资料和进行图上模拟作业，以这样的形式锻炼自己的作战能力，那么当他来到真正的战场上时，就不会因为优柔寡断而失去最好的胜利时机，即便是敌人乘其不备采取了作战行动，这个将军也能用自己平时积累的作战经验，按照最初制订的作战计划和作战目标，坚定而果断地采取最好的应对措施，粉碎敌人的企图。

虽然我在这里把崇高的战争艺术归纳为如此细小的几点概念，但是我绝无贬低或是轻视战争艺术的意思。在办公室内拟订作战计划所须遵循的基本准则，和在惨烈的战场中指挥军队去实现这一作战目标所需要的能力，这二者之间究竟有什么样的本质区别呢？我相信没有人能够比我说得更清楚。我永远相信，要让一支军队可以像一个完整的人一样协调运动，并在最恰当的时机，将这样一支军队用在最关键的作战地点上，同时保证士兵的武器、弹药和粮食等必要的供给，这需要具备所有的军事才能和坚定的意志。如果说这只是一个军人的本领，那么我更愿意承认一个伟大统帅的最高能力就是能够指挥自己的部队在最重要的战略地点战斗。而一支强大的军队，如果实施了错误的机动，不但可能会导致整场战斗的失败，甚至还可能导致一个国家的灭亡。这样的情况并不少，利尼、滑铁卢、包岑、登涅维茨和莱顿之战，已经足以说明这种错误的机动对成败甚至是存亡有多么重大的影响。

我要结束这篇文章了，不然我又会陷入无休止的重复中。很多人在看了之后可能会批评我过分强调我指出的基本原则对实战结果的影响，我不得不事先解释并提醒大家，正是我第一个指出："战争是一场充满激情的戏剧，而不是一门精确的科学"，"士气、军事才能、指挥官的个人性格和群众的情绪都会对战斗结果有非常大的影响。"我已经写完了三十年的战争批判史，我也亲身参加了十二场最著名战役，但是在我所了解的战斗中，还没有运用了正确的原则却无法胜利的战斗。

但是，总是有人擅长实践，而也总是有人只注重理论而且还是重复他人的教条，根本没有自己的任何创新，行动的本领和对战略的敏锐洞察力将会将这两种人区别开来。我承认，无论多么成功的著作也不能让一个缺乏必备素质的人具备这样的素养，因为这不是光靠理论就能够养成的。但是，我也必须指出，我见过很多将军或元帅，他们善于援引一些原则作为自己的理论支撑，或者是进一步提高自己的声望，而到了真正的战斗中，他们根本就不会使用这样的原则，甚至他们早已经把自己所鼓吹的原则抛在脑后了。很不幸的是，恰恰有很多这样的人被委以高级指挥的重任；但是只有他们自己和很少一部分人知道：他们根本无法承担起如此重任，因为他们缺乏判断能力，缺乏敏锐的眼光。但他们依旧狂妄自大，所以也才会有了很多荒谬的，甚至是可笑的作战计划的诞生。

我的著作并不是为那些徒有虚名的人写的，甚至可以说我的著作不是为个人而写。我列出我所总结的基本原则，只是想为那些真心想在战斗中总结出实战经验的人一点可以借鉴的理论。所以，我也坚信，那些想要在军事领域有所作为，而又真正具备军事才能的人，一定能够从我的著作中找到自己需要的东西。

最后，我以下面一条真理来结束我的这个概述：

要想在战斗中取胜，先决条件就是要有坚强的战斗意志。如果一个将军真正具备尚武精神，同时他又能感染自己的士兵，那么即便他可能在战斗中犯错误，他还是可以取得作战的胜利，并得到属于自己的荣誉。

《战争的艺术》续编（二）

军队的作战部署

1851 年末，当时我还在巴黎，有一位非常著名的专家曾诚恳地向我咨询这样一个问题：火器的发展和不断完善是否会引起作战方法的重大改变。

我的回答是：火器的不断完善是一定会对战术的细节问题产生影响的，但是在具有战略性意义的大规模战斗中，像亚历山大、恺撒、腓特烈和拿破仑那些古今伟大的统帅在胜利战斗中所使用的基本原则，仍旧是未来作战胜利的保障。而与我对话的这位地位显赫的人也完全赞同我的这一观点。

不久，发生在塞瓦斯托波尔的战斗，简直可以用壮观来形容，但这也没有让我对自己的这一观点产生丝毫的动摇。这场战斗是在分别拥有两千门最大口径火炮的两个完整军团之间展开的，他们为各自占据的营垒而战。这场斗争是空前绝后的，在这之前从来没有发生过这样的战斗，而在这之后，也不会有类似的战斗再次发生。

单纯以火炮攻击筑垒工事的作战行动，与以往在陆地上进行的正规交战完全不同，这样的作战行动不会对未来的大规模军事行动产生重大影响，当然也更不可能会动摇现有的作战战术。

但是，发生在阿尔马和因克尔曼的流血事件已经证明了新火器的致命威力，所以我承认新式武器对步兵作战的影响，我在这里也正是要用尽量少的篇幅探讨一下新式火器对步兵战术的影响，我也借此机会对我二十年来在《战争的艺术》中关于这个问题所提出的观点做一些必要的补充。

关于步枪的火力在作战中的重要影响，已经不是一个新近出现的问题了。早在腓特烈大帝时代，围绕这个问题展开的争论就已经开始了，尤其是在莫尔维茨交战之后，这个问题再次成为军事领域的焦点之一。据说，在莫尔维茨交战中，腓特烈大帝的步兵装备的火枪配备有圆柱形装药杆，这样的射击可以使步枪在一分钟内比敌人多发射三发子弹，腓特烈大帝也正是凭借这样的优势取胜的。对军事理论有过研究的人都会知道，当时支持浅近战斗队形的人和支持纵深战斗队形的人展开了激烈的辩论，而这样的辩论也正是由这次战役激发的。

步兵在战斗中的部署曾采用纵深为三人或三列的横队体制，而骑兵则采用两列的体制，而且骑兵在战斗队形中往往在两翼展开，或有一部分留作预备队。

著名的1791年机动条例把展开的队形固定为唯一的战斗队形。该条例规定，只有在进攻孤立据点、树林和小型工事的局部战斗中，才可以在每个营的中央地区采取双纵队队形。

　　法国军队在机动性方面的训练明显不足，所以那些本身就缺乏机动指挥能力的将军们在战斗中通常会采用有很多狙击兵支援的纵队队形。客观上，孚日山、阿尔卑斯山、比利牛斯山和旺代省的特殊地形特点，也使这种队形成为唯一适用的队形。那么我不禁要问，在当时究竟要怎样才能用几个展开的团进攻索尔日奥、费吉耶尔和蒙塞尼等处的营垒呢？

　　拿破仑指挥的军队通常都会采用纵队体制，他在战斗中几乎一直都是进攻的一方。

　　1807年，我在西里西亚的格洛高发表了一本小册子——《战争艺术一般原则概要》，在这本小册子中，我建议，在进攻作战中应该采用正面为两个分连组成的营纵队的线式队形，也就是说，在向敌人接近的过程中，应该用以营为单位的整体线式队形或间距为一个分连的线式队形，在线式队形前面应部署数量众多的狙击兵，而各纵队之间应保持必要的距离，这一距离最大可以与纵队展开的正面宽度相同，最小也应该与纵队的正面相当。

　　根据我对乌尔姆、奥斯特利茨、耶拿和艾劳等著名战役的研究和理解，我认为要用一支以纵深为两三列的展开的线式队形进攻在阵地中防御的敌人，即使有实施的可能性，实施起来也肯定是非常困难的。也正是因为坚信这样的观点，所以我才坚决地发表了作为《论大规模军事行动》一书最后一章的这篇《概要》。到目前为止，这本书也只是出版了第一卷、第二卷和第五卷。

　　在相对长期的过程中，这个小册子已经在战略方面和战术方面都引起了巨大反响。

　　威灵顿正是因为采取了纵深为两列的展开的线式战斗队形，所以才能够在西班牙和滑铁卢的战斗中取胜，他所指挥的军队中的精锐步兵大多拥有强大的杀伤火力，而这也让很多人开始怀疑小纵队作战的正确性。但是，关于最佳战斗部署的争论，也只是在1815年后尚布莱侯爵出版了一本小册子之后才重新展开的。

　　在这些争论中，我发现很多卓越的军事人物都有一种错误的甚至是有害的思想：想要把一切作战体系都归结为绝对的形式，把所有的可以由指挥官独立思考的战术问题统一到一种模式中，而完全忽略地形条件、士气、民族特点和指挥官的个人军事才能。我很早就建议，在作战中尤其是向前冲击的作战中，采取小纵队的线式队形，但是我从来没有妄想把这种队形变成唯一的作战队形，尤其是在防御战中，更是如此。

有两个重要事件让我深信我的这种部署建议已经得到了当代最著名的几位军队统帅的肯定和赞同。

第一个重要事件是在 1814 年末，卡尔大公在维也纳的会议上提出了对我的这一建议的肯定。他当时说非常感谢我能够在 1807 年发表《概要》这篇著作，这篇文章是瓦尔莫德将军在 1808 年从瓦尔姆布伦浴场带到西里西亚转交给他的。1809 年，战争刚刚开始的时候，卡尔大公本人还不相信采用我所建议的部署形式可以在战斗中取胜。但是在埃斯灵会战中，卡尔大公的军队受到战场空间的限制而无法施展，他被迫将部分兵力（特别是后备部队）编成了营纵队的战斗队形，结果这些部队在抵御西班牙胸甲骑兵的猛烈攻击中出色地完成了任务。卡尔大公本人也承认，如果当初没有采取展开的线式队形，那么那次作战的胜负还是不可预知的。

在瓦格拉姆会战中，奥军的大部分部署，都和在埃斯灵会战中的部署一样，而卡尔大公率领的军队在经过了两天的英勇奋战，付出二万人的代价之后，退出了战场。这样的结果并不是大公的军队受到了重创而引起的，而是因为他的左翼被敌军迂回击退，他的军队向匈牙利的撤退道路受到了威胁。但是卡尔大公确信，部队之所以能够表现得如此坚定而沉着，和采用小纵队和展开的营相混合的战斗队形有分不开的联系。

而第二个事件只是从侧面让一位军事统帅肯定了我的观点，这位统帅就是威灵顿。1823 年，在维罗纳会议上，有人把我引荐给威灵顿公爵，我也因此有机会与他交谈，当时，我们主要是就他提出的战斗部署方法展开了争论。威灵顿公爵将自己取得的大部分胜利，都归功于他的这种部署方法。他说他非常确信法军采取的有一定深度的纵队队形在与一支队形稳固的步兵部队作战的时候是很危险的，因为这支步兵部队不仅配备了精良的火枪，同时又有炮兵和骑兵的支持，无论是在心理上还是在可观条件上，这支军队都有非常大的优势。而我则提醒公爵注意区分这种深远的纵队与我所建议的小纵队之间有非常大的差别，我所建议的小纵队能够提高作战的稳定性，同时可以鼓舞军队的士气，保证取胜的快速性。而公爵所采用的重兵纵队不仅没有线式队形的快速性和攻击力，而且还很容易遭到敌军火炮的沉重打击，这很有可能会导致作战失败。

我向这位卓越的军事统帅发出了这样的疑问：他在滑铁卢是不是没有把汉诺威人、布伦瑞克人和夏塞的比利时人编成营纵队。他说他的确没有那么做，因为不像相信英国士兵一样对那些士兵充满信心。于是我毫不客气地指出，他的这种做法足以从侧面证明，他也认为成营纵队的线式队形比展开很长的线式队形更稳定。

他反驳我说："展开很长的线式队形也是非常好的，不过这种队形能否发挥作用主要取决于地形的因素和军队士气的高低。当然，一支军队不可能在任何情况中都采取相同的作战队形。"

除了以上两个事件，我还可以再补充一个证明。1813 年，拿破仑曾在战斗中亲自下令将步兵按照分营（一个分营含两个分连）的建制编成两列纵队，这是最适合进攻作战的队形，而这也恰恰就是我在 1807 年提出的建议。

法军在滑铁卢组成的纵队，特别是其右翼的纵队，不是由一个营组成的小纵队，而是纵深大得多、机动性差的大部队的纵队，在这一点上，我和威灵顿公爵的看法是一致的。根据普军公布的作战计划和报告来看，内伊的四个师很有可能只编成了四个纵队，至少能够确认这四个师在为实施攻击行动而做的机动行军，也就是在攻击赫桑特农场和该农场至帕佩洛特一线之前的行军时，其军队只编成了四个纵队。虽然我没有参加这次战斗，但是我询问过几个曾参加了这场战斗的军官，我从他们的回答中了解到，在这次攻击行动中，法军在一段时间内以两旅建制的师编成了纵队，纵队中的各营前后依次展开，各自相距六步远。

这也让我们充分地认识到，改进军事语言是多么必要的一件事，至少在法语中，这一改进已经迫在眉睫。例如，同一个名词（division），既可以表示由四个团组成的兵团，也可以表示由两个分连编成的分队，这简直是太荒唐了。这对作战计划的制订和实施是有很大障碍的。我们做这样一种假设，如果拿破仑在 6 月 18 日早晨命令军队编成师纵队和营纵队的线式队形，而且他完全相信他的将领能够按照 1813 年规定的准则执行这一命令。但是因为法语中军事术语的歧义，他的助手在传达命令的过程中很有可能会理解出另一番不同的意思，那么也就可能会有如下两种执行方式：

（1）右翼的四个师可能会编成四大集团军，每个集团军中有八至十二个营（营的数量视团的编制而定），各营前后依次展开，右图正是由八个营组成的集团军，其中每一条横线都代表一个营的部署。

（2）第二种情况与第一种情况恰恰相反，这也正是我所建议的部署方式，即每个师编成八或十二个营纵队，每个分营为两个分连，具体部署如下图：

我不能够确定，当年法军在滑铁卢编成了几个大集团的战斗队形，是否是因为上述误解造成的。但是这种歧义确实存在，而误解也就有可能会出现，所以军队中就应该有独一无二的军用术语，避免重复。在上述这种情况中，就应该确定两个不同的词汇分别表示十二个营编成的一个师和两个分连（四分之一营）编成的一个营，而不应该出现像"division"这样包含两种不同意思的军用术语。

正是因为有上述情况的存在，所以我认为有必要对前面提到的《概要》做一些修正，实际上也就是我在《战争的艺术》中用整个第七章的篇幅所论述的战斗部署问题。

此外，我还想对贝尼格森将军在艾劳所采用的混合队形提出几点补充意见。他所采用的队形由一个三营制的团编成，各营的部署情况是：一个营展开成一线位于中央，另外两个营编成纵队部署在两翼，具体如下图所示：

无论争论的重点和结果如何，我可以做出如下结论。

（1）威灵顿的部署方法在防御战斗中是非常有利的。

（2）贝尼格森的部署方法在不同的具体情况中，对攻击战斗和防御战斗都可能是一种好方法，但这要视实际情况而定。拿破仑就曾使用这种方法在横渡塔格利亚门托河的行动中取得成功。

（3）在一次战斗中，如果是为了集中尽可能猛烈的枪炮火力对占领正面阵地的敌人发动进攻，而要指挥成两三列展开的四十至五十个营，保持完整的队形穿过阵地前长达一千至一千二百米的地区，任何一个杰出的指挥官在指挥这样的作战行动中都有可能会感到无能为力。而我本人在过去的战争中也从未见过这种情况的出现，所以我大胆地认为这是不可能实现的。而且还有一点可以确定，如果一支军队要完成如此密集的运动，那么当军队接近敌方阵地的时候就已经失去了取胜所必备的旺盛士气。

拿破仑经常提醒他的元帅们："要善于指挥你们的军队，果敢地向敌人发动进攻。"但是，如果由四十或五十个营组成的军队成排分散，并向敌人接近，在这样的队形中指挥官是很难控制军队的具体行动的，也就更谈不上指挥这支军队以完整的队形向敌人发动攻击了。

在乌尔姆、耶拿、艾劳、包岑、德累斯顿、库尔姆、莱比锡的战斗中，我从来没有见过那种作战预期可以实现；在奥斯特利茨、弗里德兰、卡茨巴赫、登涅维茨的战斗中，我也从未见过类似的情况发生。

据我所知，威灵顿一般的作战方法都是等着敌人前来进攻，随后展开大规模战斗，我甚至还不知道，威灵顿究竟是在哪次战役中使用了展开的线式队形向敌人发动进攻的。威灵顿在维多利亚（西班牙城市）和图卢兹之所以能够取得胜利，关键在于他对敌人的侧翼实施了机动。在图卢兹的战斗中，苏尔特的右翼为了进攻威灵顿的军队，从高地迅速冲下来，却不幸被击败。而在滑铁卢的战斗中，如果英军离开蒙圣让高原，以威灵顿所说的展开的线式队形进攻驻扎在贝尔阿利昂斯高地的拿破仑，那么恐怕英军将会遭到灭顶之灾。

我在《战争的艺术》中提出的很多理论和意见几乎与我上述内容完全相同，希望读者能够原谅我在这里又进行了复述，但是为了解决这一问题，以避免在日后引起不必要的争论，我认为这样的重复还是有必要的。

有些德国将军在 1813 年的战斗中发现了营纵队取得的优势，于是便想到了在战斗的间歇期完善营纵队这种部署，试图通过缩短营纵队的纵深，使这种队形更容易变换为展开的线式队形，以发挥更大的战斗优势。为了实现这样的部署效果，他们建议改变四个分营或连前后排列的部署现状，不是让这些部队并列排列，同时改变横队的作战队形，而是编成小纵队。如果按照这样的原则部署，那么，如果一个营辖四个连，每个连有二百四十人，则每个连都应分成四个排，每个排六十人。在这四个排中，有一个排的兵力可作为狙击兵分散配置，另外三个排的兵力则分成两列编成小纵队。如此一来，一个营就被分成了四个纵队，而一个三营建制的团也不再是分成三个纵队，而是被编成了十二个小纵队。

第3营　　　　　第2营　　　　　第1营

结论已经很明显，这样分成的小纵队要比展开的线式队形更适用于进攻作战中。这种小纵队由六十名射手和一百八十名普通士兵组成，其队形和密度永远也无法和一个统一的营纵队相比。但是这种小纵队的部署形式又确实存在很多优点，这已经在奥地利和普鲁士的军队中得到了证实，所以这种小纵队还是值得指挥官一试的。

举一反三，这种部署形式不但适用于上述部队，同样地适用于六或八连建制的营。区别就是，在这样的部队中，营的队形不以连为基本单位，而是以由两个连组成的分营为基本单位。所以，这样的部队可以根据连的数量分成三个或四个纵队。

但是，我不得不诚实地指出这种部署方法的两大弊端：当这种小型纵队受到敌方骑兵的冲击时，势必会有一定的损失；当这样的部队在进攻敌人防线的战斗中失败甚至是反被敌人追击的时候，这种小型纵队反而比营纵队更容易出现混乱的情况。无论在战斗中要采取何种部署形式，都将根据战斗双方的对比情况、作战地区的实际情况和军队的士气等因素来决定。只有在战斗中才能够验证这种部署形式的好坏和适用情况。我不知道奥地利军队是否会在库斯托扎和诺瓦拉试用连纵队部署，我也无法确定这样的部署形式目前是不是还只处于机动性试验阶段。

无论如何，我还有必要在这里说一下另外一个非常重要的问题，即米尼埃式卡宾枪、线膛枪和改进后的弹药是否会对目前的战斗部署和战术思想产生重要的影响。

如果说上述这些武器确实帮助联军在阿尔马和因克尔曼赢得了胜利，那也是因为当时交战双方中只有联军一方装备了这种武器。如果一段时间之后，各国所有的作战部队都配备了这样的武器和弹药，作战双方在实力上就会变得势均力敌了，而这些武器和弹药自然也就不是胜利的关键了。

或许有人有这样的疑问：武器装备性能的提升会不会对战术思想产生什么影响呢？为了发挥这些武器的威力，军队会不会被分成散兵部署呢？展开的横队或营纵队的作战队形是否能够与这些武器完美地配合呢？

甚至有人问：战斗是否会变成卡宾枪的决斗？也就是说，作战双方的军队是否不用实施机动，只用卡宾枪在原地互相射击，直到一方逃跑或被击溃呢？恐怕没有任何一个军事将领敢给出肯定的回答。如果有哪一支军队幻想着原地不动就能决定战斗的结果，那么最终的胜利必将属于最能巧妙地实施机动的军队。在实施机动的过程中，一定是采取展开的横队或者是营纵队，而营纵队可能是密集的，也可能是由一两个连组成的小纵队。但是，如果要用具体的条令规定出在什么样的情况中必须采取什么样的作战部署，这将是非常荒诞的想法。

如果一个指挥能力非常强的将领拥有一支具有高度机动能力的军队，如果这个将领能够指挥四十或五十个营展开成横队向敌人运动，那么他会采取浅近的队形，而只在攻击敌方的孤立据点的时候才会使用纵队队形。但是，我必须承认，我并不肯定这样的作战形式，在战斗队形的部署中，我们唯一要注意的，也是必须予以高度重视的，就是要避免纵队的纵深过大或过于笨重，因为这样的纵会像展开的横队一样难以指挥和控制。如果被敌军发现了这样一支军队，他们的猛烈炮火将会给这支军队带来毁灭性的灾难。即使逃脱了被消灭的命运，这支军队也是不会在这次战斗中取胜的。

如果我奉命部署一支军队，那么我会把步兵编成两列，从而保证各团的组织形式和作战部署能够协调统一。如我所说，编成的步兵团将各有三个营和一个补给站，每营下辖六个连，每连有六个分连，而展开成分营纵队的每个营，则仅有三个分营，纵深为六列。

这是我在慎重的思考中总结出来的最合理的一种部署方式，在这样的部署中，无论是想把全团展开，还是想以营中心的分营组成进攻纵队，或是以分营为单位组成进攻纵队，这种部署方式都能够实现。

按照上述设想部署的军队，以分营编成的纵队，只有六列纵深，自然就能避免成为敌军炮火攻击的目标，同时又能够具备相对较高的机动性。如果指挥官还能够利用这样的队形激发士兵的高昂士气，那么这种部署方式对这支军队的作战能力来说，将会是质的提高。如果是在方阵队形中，无论是在机动性方面，还是在作战能力方面，纵深为三个分营的纵队会比纵深为四个或六个分营的纵队更优越。

举一个例子，俄军中的一个营有四个连，每个连有二百五十人，这种规模的连相当于法军的一个分营（两个分连）。很明显，在俄国军队中采用中心双纵队的部署形式是行不通的，因为俄军的营部队的中央是空的，这个空间正是第二连和第三连之间的距离。在这样的一支俄国军队中，最好的作战队形就是普通纵队，只是这个纵队的位置不在军队中心，而是在四个连中的某一个连上。如果一定要在军队中心编成双纵队，就必须以第二、三连为基础，将第一、四连部署在前两个连后方很近的地区。但是如果这样部署，这个军队的作战队形就不是纵队了，而是两个横队。正是基于这样的考虑，一个营辖六个连或三个分营的建制才是最适用的。

还有这样一种情况，现在四个连中的每个连都分成两个分连，所以在八个分连组成的一个营的中心位置，这个营的第四分连和第五分连就可能编成双纵队。但是，这两个分连又分别属于两个不同的连，也就是说，为了编成双纵队而从左右两个不同的连中抽调的两个分连集结在一起，那么这两个连的连长所指挥的士兵将有一半归其他连长指挥，而双纵队中的连长所指挥的士兵中又有一半属于其他的连。这样奇怪的指挥关系和反常现象，将会在对敌运动中埋下非常危险的隐患。如果一个连长是他现在指挥的连的真正长官，那么他的命令一定可以被很好地执行，他的士兵也一定愿意为这位长官取得作战的胜利。如果这支双纵队在作战中失利，并要后撤，那么队形就会回归为横队，而双纵队中的各连士兵在返回各自的连的时候，就势必造成军队中心位置的混乱，这将是非常危险的举动。而在法军的编制中，每个营包括八个连，每个连都分成适于机动的分连，所以就不会出现上述的反常现象和危险举动。因为每个连在双纵队中都由真正的长官亲自指挥，即使是在变换队形的过程中，也能够按照命令行动，所以不会出现混乱的情况。事实上，合并成分营的两个连是非常明智的，即便是每个分连都有原来的长官，但是集结到一起的这两个连长及其士兵之间，会存在竞争关系，他们会努力展示自己的作战实力和勇敢精神，而就是这样的竞争和自尊心，将会激起这两个连的最大战斗力。另外，如果不得不将合并的军队交由一人指挥，或是在有这种必要的情况中，两个连长中资历最老的可以掌管分营的指挥权。

对所有这些次要细节问题的研究，应该到此结束了。那么我们就再来回顾一下我们研究的主要问题。

上文中，我们已经论述了威灵顿采用的一般部署原则，我想在本书结束之前，再介绍一下威灵顿所采用的这种部署形式，并根据历史资料中所能提供的记载给读者做出清晰而合理的解释。

在西班牙，尤其是在葡萄牙，威灵顿拥有大量的民兵，但是这些民兵不可能成为战斗中的主力，他们也没有被用到正规作战中，因为这些民兵缺乏必要的军事训练和对军令无条件服从的精神。但是有一点是非常明确的，那就是这些民兵都非常痛恨法国军队，这也让威灵顿拥有了大量可以扰乱敌人作战计划的散兵射手。在长期的交战过程中，威灵顿了解了法军的作战热情，并总结了马塞纳和内伊等统帅在指挥纵队进攻中的习惯和猛烈程度，从而找到了对付这种进攻的正确办法，在后来的战斗中威灵顿也确实按照自己的办法瓦解了这样的进攻。威灵顿采取的办法是：在作战地区中选择易守难攻的阵地，在通往这处阵地的道路两侧埋伏善于利用地形发动突袭的西班牙和葡萄牙民兵，他们的主要任务是掩护和突袭。在阵地的部署中，威灵顿把一部分炮兵部署在高地上，另一部分炮兵则部署在阵地后方，而装备精良的英国军队就据守在阵地中。当敌军纵队向阵地运动并准备发动进攻的时候，威灵顿的炮兵部队便会发动猛烈的炮火攻击，而埋伏在道路两侧的西班牙和葡萄牙民兵，也将会突然出现，给敌人以猝不及防的攻击。当敌军突破这些封锁，逼近步兵据守的阵地的时候，早就已经疲惫不堪，并且已经出现了重大伤亡。此时，阵地中的步兵和炮兵再一次发动枪炮火力攻击，然后英国步兵展开成横队出击，与已经陷入混乱中的敌军纵队展开白刃战。

因为有了大批能够巧妙利用地形的狙击兵的配合，所以这种作战方法在西班牙和葡萄牙是完全合理的，当然这样的战术在当地也确实取得了优秀的作战成绩。但如果要将这样的方法用在比利时，那么就需要进行一些必要的修改了。在滑铁卢，威灵顿占领一处缓坡高原作为阵地，阵地前有一片宽阔地带，这为炮兵提供了极好的射击和攻击范围，炮兵对这一开阔地带展开的攻击将会是非常可怕的，而且还能够掩护阵地的两翼。威灵顿能够从自己的阵地中发现法军的运动情况，但是法军在自己的阵地中却无法察觉威灵顿军队的动向。这正是威灵顿在滑铁卢所具备的优势，但是即便如此，如果没有许多其他因素的帮助，威灵顿的这一部署方法还是有可能会遭遇失败的。

人们对这次战役中的很多突发情况都是比较了解的，而我也曾经对这次战斗做过公正的记述。在我的观点中，威灵顿在战斗中取得的胜利，并不能归功于步骑枪的猛烈火力，也不能归功于及时展开的横队，而应归功于以下几个偶然因素：

（1）大雨使道路变得湿滑泥泞，法军的行进速度变慢了，而且攻势也没有以往迅猛，法军的行动甚至可以用步履维艰来形容，法军因此在作战初期就遭遇到了挫折，而炮兵又没能对这次作战行动给予充分的支援；

（2）法军在战斗开始的时候军队纵深过大，尤其是右翼的纵深过大；

（3）法军的各个兵种在这次战斗中没能实现协调作战，最明显的表现就是法军的步兵和骑兵都分别进行了多次轮番的攻击，但是从没有实施过一次联合攻击；

（4）在这场战斗的关键时刻，也就是决定性战斗打响的时候，普军突然发动了对法军右翼和背后的突然袭击，这是法军在这次战斗中失败的最重要原因。

任何一个有军事素养的人都对这样的观点持肯定态度，即便是道路泥泞，即便是英军步兵作战能力出色，如果法军步兵主力能够组成营纵队的队形在骑兵部队发动猛烈冲击之后，全面投入战斗，那么联军的坚固防线还是有可能被突破的，甚至联军还会被迫退到安特卫普。而且如果不是布吕歇尔的援军及时赶到，英军还是有可能无法抵挡法军的进攻。

所以我坚信，联军在这次战斗中的胜利并不能证明步骑枪火力在应对敌方指挥得当的纵队冲击时具有优势。

基于以上论述，我得出如下结论。

（1）火气的发展和完善，不可能使作战方法发生巨大的变化。但是我要承认，如果在连纵队中，能够部署大批优秀射手，以此推动军队进行更多的设计练习，那么对提高作战能力将会是大有帮助的。一支军队中的轻骑兵团可以被分散在旅中使用，而最好的办法还是将这些优秀的射手轮流分编到不同的连里，如果军队中经常进行射击训练，按照上述的做法实施起来也并不困难。使用这一方法后，指挥官可以把狙击兵团编成横队使用。如果从连里抽调的射手还不足以组成横队，那么还可以给每个师中再增加一个狙击兵营的编制，以增加狙击兵数量。

（2）威灵顿以展开的横队配合步骑枪的火力参加战斗，这样的部署在防御战斗中是非常有利的，但是在进攻敌人阵地的战斗中，想凭借这样的部署取得胜利将会是非常困难的。

（3）无论火器的完善给部队作战带来多么大的优越性，突然遭遇并展开战斗的两支军队，绝不可能一直保持相对不变的距离进行射击，势必会有一方向前运动并试图攻击另一方。

（4）和以往我所说的战斗胜利的关键原则一样，战斗的胜利取决于在大战术原则的约束下实施的巧妙机动，而这些大的战术原则就是：善于把握作战时机，把己方的主力部队投入到战场的关键点上，同时指挥三个兵种在以胜利为同一目的的前提下实施联合而统一的作战行动。

（5）上述问题我已经在《战争的艺术》的第四章和第五章中做了详细的说明，我也没有要补充的内容了。如果想要以条令的形式严格规定战斗部署按照绝对的体系实行，那将会是十分荒谬的，因为条令只能用于规定作战行动。

（6）在进攻的战斗中，胜利的关键要素在于：军队的统帅能够鼓舞士气，让自己的士兵勇猛地向敌军发动攻击，而且还要根据地形条件、军事对比的变化和军队士气等因素适当调整作战部署。

最后，在结束本文之前，我还想再次提醒大家注意：战争并不是一门精确的科学，而是一出残酷又充满激情的戏剧。虽然战斗中只有少得可怜的几条基本原则可以遵循，但是战斗的最后结局却是千千万万、错综复杂的主观和客观因素共同作用的结果。这个关于战斗的真理，是我在七年前的第一个续编中提出的，而本续编可以作为第一个续编的补充。

附图 **I**

1806 年的战略棋盘

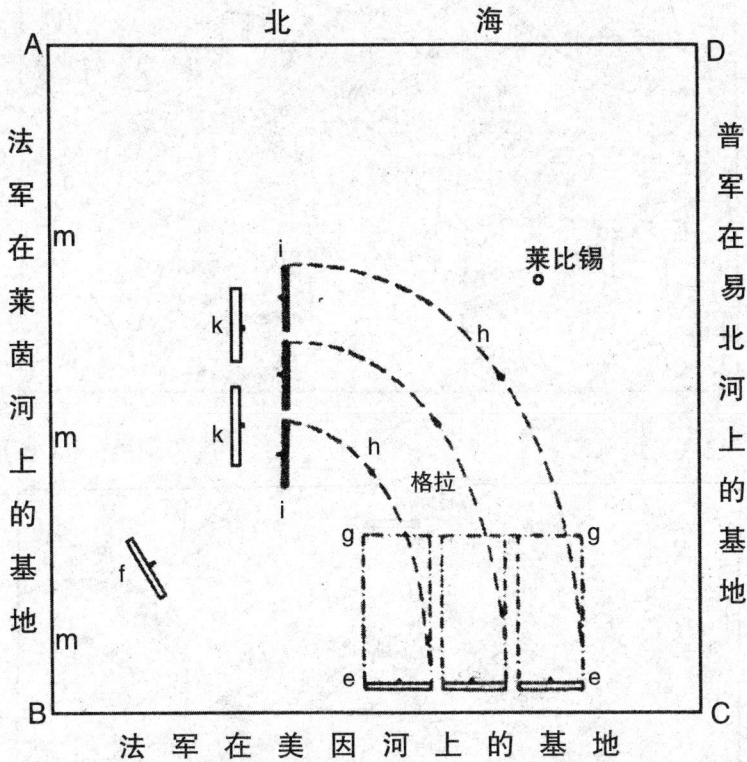

北　　海

法军在莱茵河上的基地

普军在易北河上的基地

莱比锡

格拉

法 军 在 美 因 河 上 的 基 地

　　法军从美因河上的基地出发，集中在弗兰肯山背面的 g g，然后将战略正面变换至 hi，以求切断普军至易北河的交通线 kk，但仍保持其自己的交通线 hge。

　　若普军欲从 h 和 e 之间突入，则法军（ⅱ）可重新占领其在莱茵河上的直的交通线 m m m

附图 Ⅱ（1）

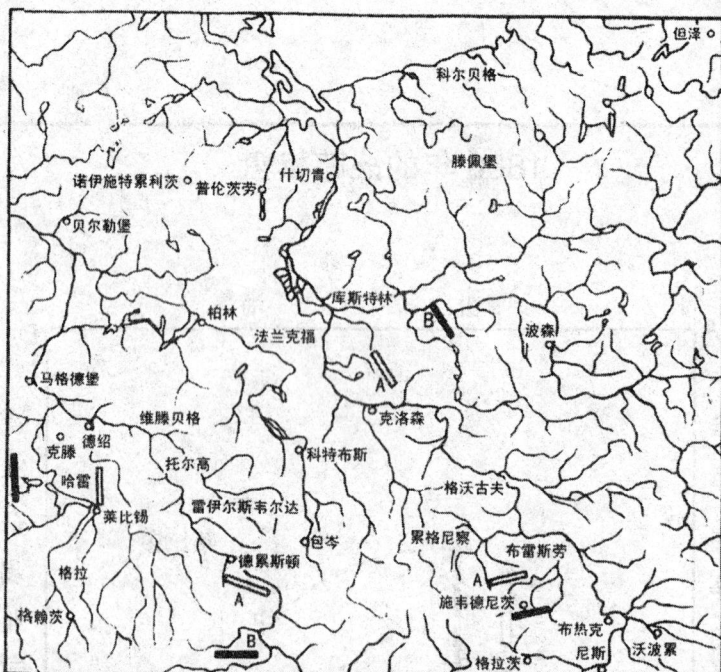

附图 Ⅱ（2）

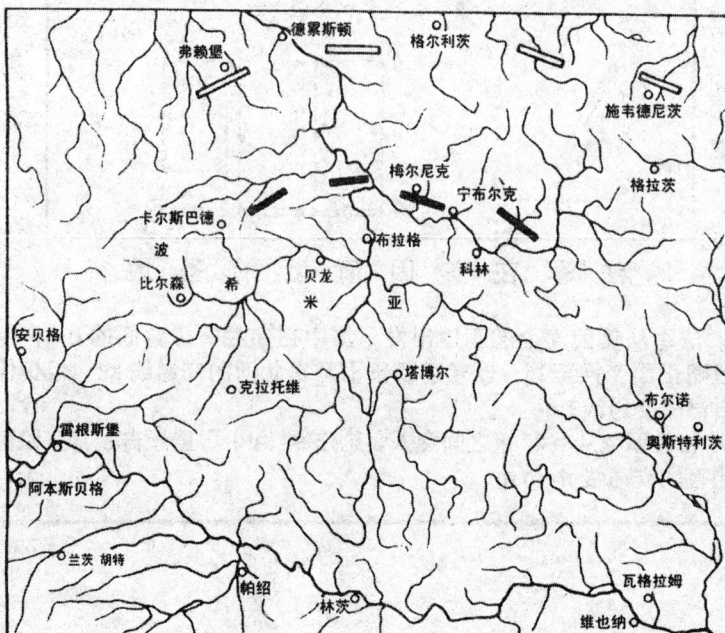

中央作战线示意略图（方案）

附图Ⅱ（3）

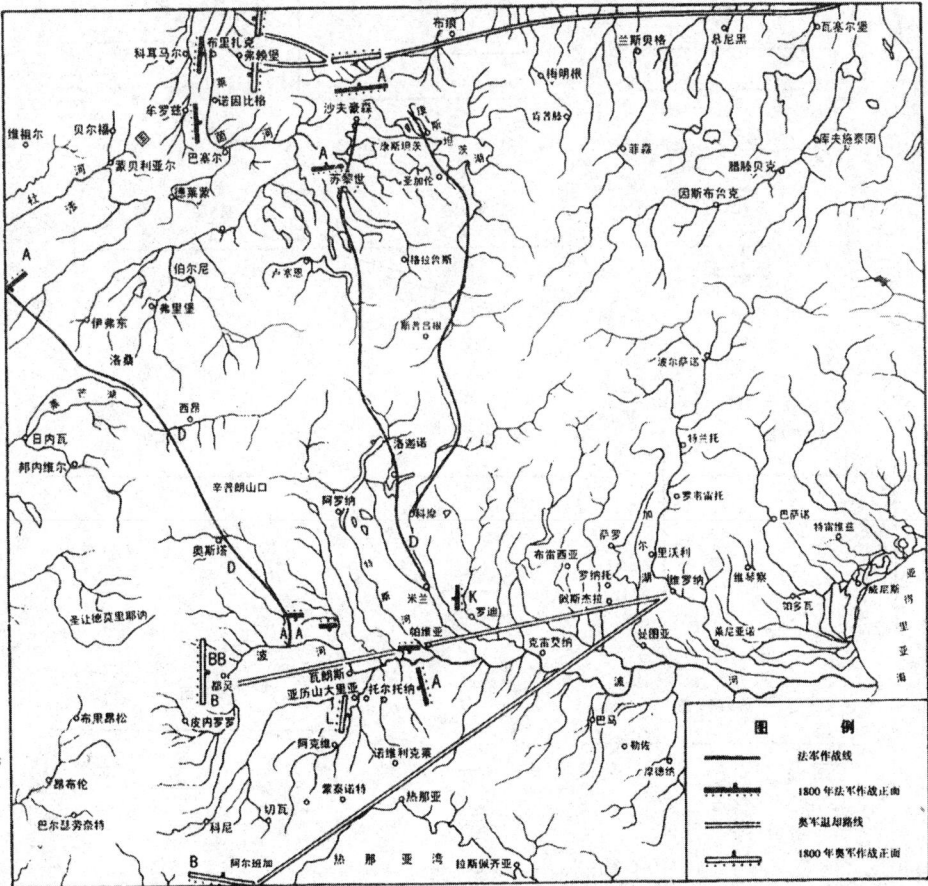

图例

	法军作战线
	1800年法军作战正面
	奥军退却路线
	1800年奥军作战正面

攻防战斗队形

附图 III

第 1 图

A

B

第 2 图

A

B

B

第 3 图

A

B

第 4 图

A

B

第 5 图

A

B

第 6 图

C

A

C

B

第 7 图

A

B　　　　　　　B

第 8 图

B

A

第 9 图

A　　　　　　　A

B

第 9 图（乙）

A　　　　　　　A

B

第 10 图

A

B

第 11 图

A

B

B　　　B

第 12 图

A

B　　　　B

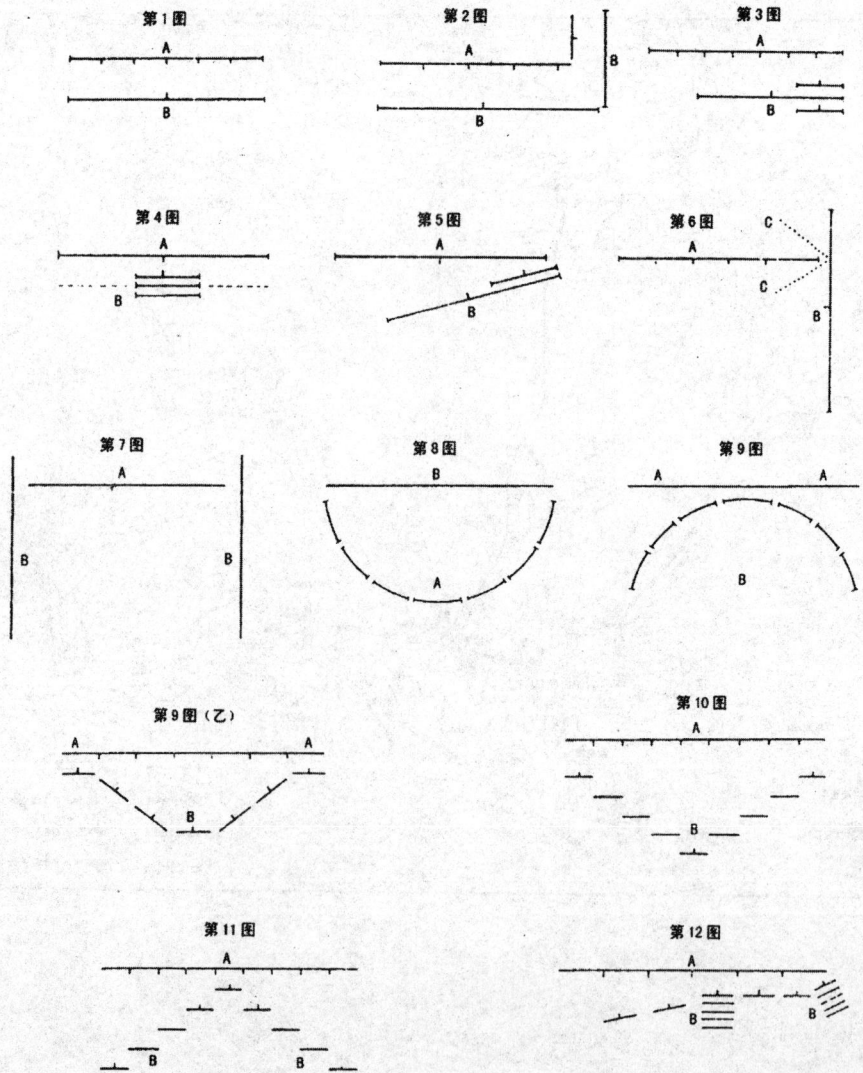

A 表示防御军队、B 表示进攻

注：我把攻防军队均画成一线，目的是使图形不致于过于复杂。但必须注意，一定要使整个战斗队形保持两线。在这两线战斗队形中，不论军队展开成一线，或编组强击纵队，或编成方阵（正方形或长方形），均无多大关系。决不会改变军队的战术部署。

2个步兵军的各种战斗线的编成

附图 Ⅳ

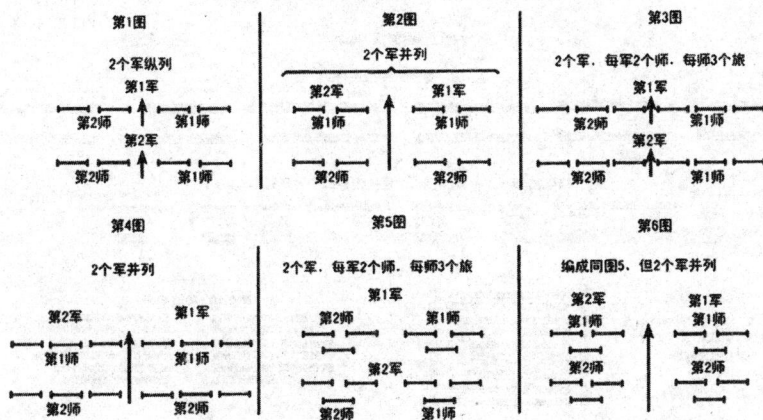

2个3师制（每师2个旅）的军的编成

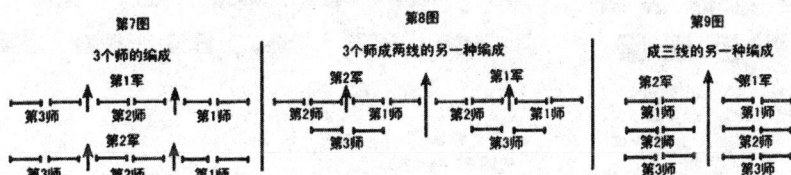

2个3师制（每师3个旅）的军的编成

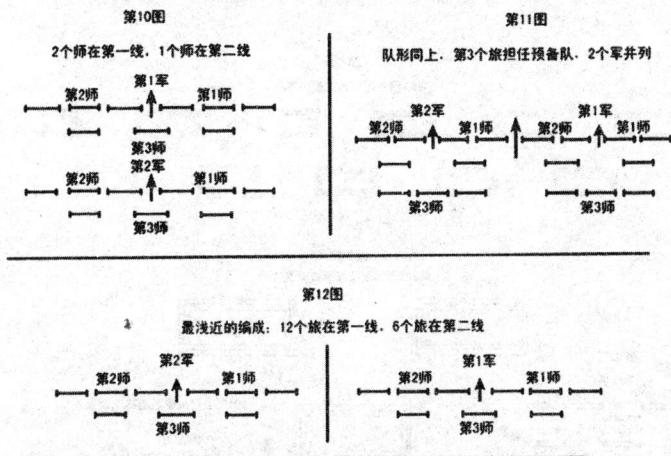

注：在所有以上编成中，均以旅为单位。各组分别为一线，各线由展开的各营编成或由以2个分连组成的各分营攻击纵队编成。骑兵部署在两翼

也可这样部署各旅，将其1个团配置在第一线，另1个团配置在第二线

各种战斗线的编成

附图 V

（均按12营建制师部署）

第1图 展开成两线的序列

可不把这些步兵营编成纵队，配置在炮兵第1和第4营后面，而可将其与这2个炮兵营并列配置。这可使每团增大两营的正面。

第2图

4个团，每团3个营，其中1个营成横队，2个营成纵队

第3图

10个营前后依次展开，组成1个纵队，纵队两翼各派1个营成纵队并进。

第4图

同前师，按旅部署。

第5图

12个营编成强击纵队，成两线，各营之间设阻击兵

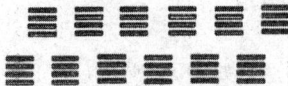

第6图

12个营成2列两不成3列，第4炮兵营成散兵线。

第7图

师各营成正方形的方阵

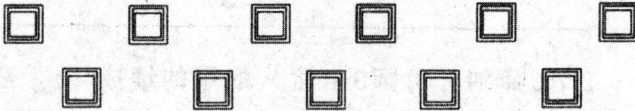

第8图

师各营成长方形的方阵

第9图

师属3营制各团成长方形的方阵

第10图

5团制骑兵师

骑兵宁可编成正方形队列，也不宜成实线部署。

方阵也可成暴露的梯次配置。

既可编成方阵队形，也可编成线式战斗队形。

1793 年战争末期战略行动示意略图

附图 Ⅵ

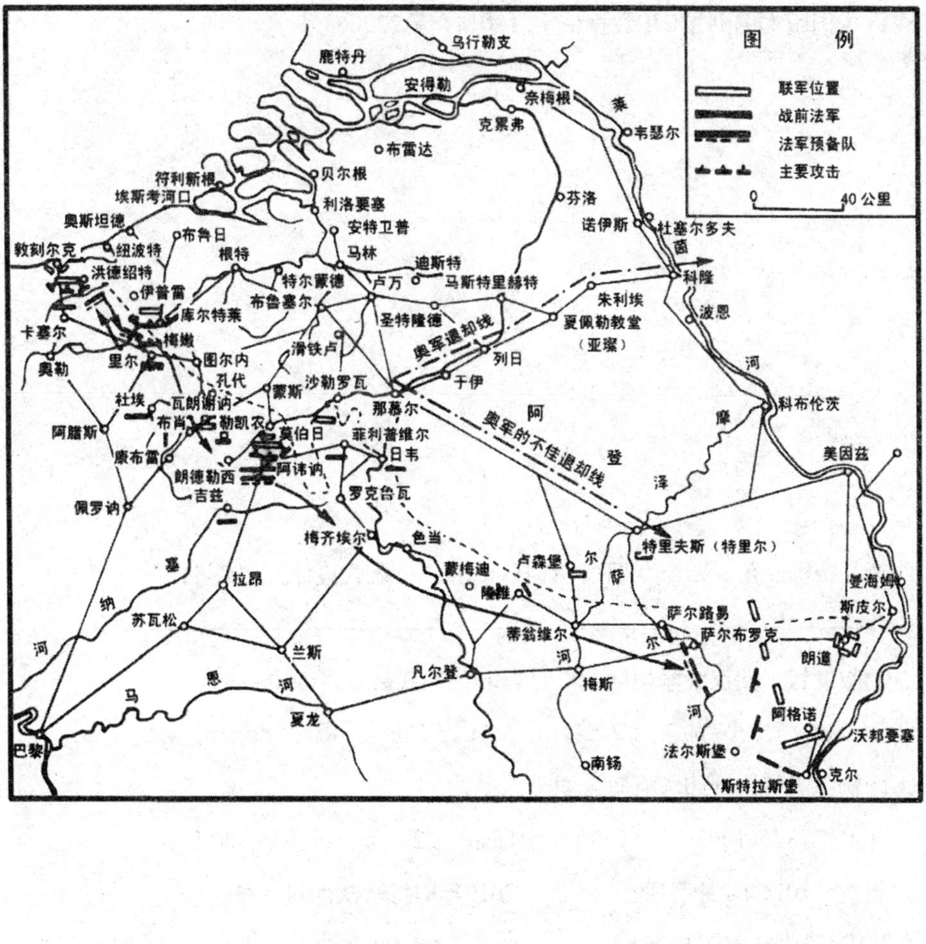

图　例

▭▭▭	联军位置
▬▬▬	战前法军
▬▬▬	法军预备队
♠♠♠♠	主要攻击

40公里

图书在版编目（CIP）数据

战争的艺术／（法）若米尼著；盛峰峻译. —武汉：武汉大学出版
社，2014.1（2019.8重印）

ISBN 978-7-307-11764-8

Ⅰ.战… Ⅱ.①若… ②盛… Ⅲ.战争理论 Ⅳ.E8…

中国版本图书馆CIP数据核字（2014）第222068号

责任编辑：袁 侠 责任校对：刘建国 版式设计：文豪设计

出版发行：武汉大学出版社 （430072 武昌 珞珈山）

（电子邮箱：cbs22@whu.edu.cn 网址：www.wdp.com.cn）

印刷：阳谷毕升印务有限公司

开本：787×1092 1/16 印张：22 字数：360千字

版次：2014年1月第1版 2019年8月第2次印刷

ISBN 978-7-307-11764-8 定价：58.00元